Photoshop Elements 14

POUR LES NULS

005.3 PHO

Photoshop Elements 14 POUR LES NULS

Barbara Obermeier et Ted Padova

FIRST
Interactive

Photoshop Elements 14 pour les Nuls

Titre de l'édition originale : *Photoshop Elements 14 For Dummies*

Collection dirigée par Jean-Pierre Cano
Traduction : Laurence Chabard
Mise en page : Catherine Kédémos

Edition française publiée en accord avec Wiley Publishing, Inc.
© Éditions First, un département d'Édi8, 2016
12 avenue d'Italie
75013 Paris
Tél. : 01 44 16 09 00
Fax : 01 44 16 09 01
E-mail : firstinfo@efirst.com
Web : www.editionsfirst.fr

ISBN : 978-2-7540-8326-3
Dépôt légal : janvier 2016

Imprimé en France par Pollina - L74956

Sommaire

Chapitre 12 : Dessiner et peindre 311

Chapitre 13 : Travailler avec le texte 341

Introduction

La photo fait partie de notre quotidien et Photoshop Elements est devenu un outil utilisé par les amateurs et les professionnels qui souhaitent modifier, améliorer, gérer, manipuler, et organiser des médias numériques. De par son rapport qualité-prix, Photoshop Elements est le logiciel de traitement d'images indispensable à votre arsenal numérique.

À propos de ce livre

Ce livre étudie dans ses moindres détails les tenants et les aboutissants de ce programme aux fonctionnalités aussi riches que faciles à appréhender. Si vous utilisez un ordinateur Macintosh, vous trouverez toutes les instructions nécessaires pour travailler avec la version 14 de Photoshop Elements, y compris le marquage sur une carte des lieux de prises de vue. Nous verrons qu'il n'y a désormais presque plus de différences entre les versions pour Macintosh et pour Windows.

Lorsqu'un éditeur sort une nouvelle version de son logiciel, on trouve souvent tout un assortiment de nouvelles fonctions, mais il peut aussi n'y avoir que peu de nouveautés apparentes, mais de bien meilleures performances. La version 14 de Photoshop Elements fait partie de cette seconde catégorie de mises à jour. Vous souvenez-vous du format Flash d'Adobe ? Et bien, Flash est sur le déclin et l'essentiel de l'interface qui reposait autrefois sur Flash a été entièrement recodé. La conséquence pour vous est que vous disposez maintenant de meilleures performances avec davantage de stabilité, ce qui vous permet d'effectuer en un clin d'œil les tâches qui étaient nettement plus lentes dans les versions précédentes.

Vous allez découvrir dans la version 14 des nouveautés très intéressantes, comme une amélioration de la fonction de reconnaissance faciale et de l'étiquetage par lieu de prise de vue. La reconnaissance des visages s'effectue désormais par lot. Elements tente d'identifier les photos d'une même personne et les regroupe. Vous identifiez la personne dans une première photo, et toutes les photos où elle figure sont automatiquement étiquetées avec ce nom. Avec le nouvel étiquetage par lieu, vous constaterez qu'il est encore plus facile de placer les photos sur une carte géographique.

Elements 14 propose comme autres nouveautés l'importation par lot, qui permet d'importer ensemble des fichiers multimédias d'origines diverses. Après importation, vous constaterez une présentation encore plus pratique du navigateur multimédia avec les informations fournies par l'affichage en mosaïque (lorsque le mode Détails est désactivé). Quand la souris survole une vignette, Elements présente des données importantes concernant vos photos et vidéos. De plus, l'outil Améliorer la forme de sélection a aussi gagné en performance. Vous trouverez cet outil très pratique pour détourer avec précision une chevelure qui flotte au vent.

Vous trouverez aussi une toute nouvelle interface en mode Guidée. L'Éditeur a remodelé l'accès aux retouches guidées : les commandes se présentent désormais en catégories et sont illustrées d'images d'exemple. Les fonctions Photomerge sont désormais accessibles depuis le mode Guidée. Vous pouvez ainsi suivre une procédure étape par étape pour composer des images panoramiques. Elements continue de vous faciliter toutes les étapes dans la réalisation d'une multitude de tâches de retouche photo.

Vous verrez que l'Éditeur de Photoshop Elements propose quelques nouveautés fort sympathiques, notamment la commande Réduire le tremblement. Appliquez-la à vos clichés pour voir, et vous constaterez que le photographe manquait de stabilité pour certaines prises. Vous trouverez d'autres nouveautés, comme des effets automatiques, la possibilité de redresser les photos en mode Rapide et la fonction de réduction de la brume.

Photoshop Elements est un programme qui s'adresse à tous. Aussi, savons-nous bien que chacun n'utilisera pas tous les outils, commandes ou méthodes figurant dans ce livre. Nous avons donc inséré dans le texte de nombreux renvois à utiliser comme références. Ainsi, si dans un chapitre un concept mérite d'être approfondi, laissez-vous guider et retrouvez les explications qui s'y rapportent.

Tout au long de ce livre, nos instructions font référence à des menus dans lesquels vous trouverez les commandes à lancer. L'instruction sera formulée de la manière suivante :

Choisissez Fichier/Obtenir des photos et des vidéos/À partir de fichiers/dossiers.

Vous êtes dans ce cas invité à cliquer sur le menu Fichier pour ouvrir le menu déroulant, à cliquer sur la commande intitulée Obtenir des photos et des vidéos, puis à choisir la commande À partir de fichiers/dossiers dans le sous-menu qui apparaît.

Nous parlerons parfois des menus contextuels. Un *menu contextuel* apparaît à l'emplacement du pointeur dans l'écran pour présenter une liste de commandes relatives à l'objet sur lequel vous avez cliqué. Pour ouvrir un menu contextuel, cliquez du bouton droit de la souris (Ctrl + clic sous Mac si votre souris ne possède qu'un seul bouton).

Les commandes peuvent aussi se lancer par des touches du clavier. Lorsque nous indiquons qu'il faut appuyer sur certaines touches, nous présentons l'instruction sous la forme :

Appuyez sur Alt + Maj + Ctrl + S (Option + Maj + ⌘ + S sous Mac).

Dans ce cas, vous maintenez enfoncée(s) la touche Alt sous Windows ou Option sous Mac, les touches Maj et Ctrl sous Windows ou Maj et ⌘ sous Mac, puis vous appuyez sur la touche S. Relâchez ensuite les touches simultanément.

Icônes utilisées dans ce livre

Des icônes apparaissent en marge pour vous indiquer que le texte comporte un élément important.

Cette icône indique que la fonction dont il est question est une nouveauté de Photoshop Elements 14.

Accordez une attention particulière à cette icône. Elle vous met en garde contre certaines manipulations dans Elements qui risqueraient d'endommager votre image.

Cette icône signale une information importante qui mérite d'être mémorisée. Elle désigne généralement un raccourci pour une tâche répétitive, dans le but de vous faire gagner du temps.

Cette icône signale une autre méthode possible pour une procédure, en vous donnant par exemple un raccourci ou une autre information permettant d'effectuer une tâche décrite dans la section.

Elements reste un programme informatique. Même si nous essayons de simplifier au maximum nos explications, il nous est impossible d'éviter totalement les commentaires techniques. Si un sujet nous semble complexe, nous le signalons par cette icône.

Et maintenant ?

Tâchez de trouver le temps nécessaire à lire les trois chapitres de la première partie. Une fois que vous saurez comment modifier et enregistrer les photos, consultez les chapitres de votre choix et repérez bien les renvois, au cas où vous seriez bloqué sur un concept. Après avoir exploré l'Éditeur de

Photoshop Elements, nous verrons dans la deuxième partie les méthodes d'organisation et de recherche des photos. Lorsque vous serez prêt à découvrir des sujets plus pointus, consultez les troisième et quatrième parties pour apprendre à effectuer des sélections, combiner calques et effets, ajouter des filtres et du texte, et bien d'autres fonctions.

Nous espérons que la lecture de ce livre vous permettra d'exploiter Adobe Photoshop Elements 14 dans les meilleures conditions, et que les pages à venir vous apporteront une première base pour bien démarrer avec ce programme.

Première partie

Prise en main de Photoshop Elements 14

Dans cette partie...

- Ouvrez l'Éditeur de Photoshop Elements et appliquez quelques retouches faciles en mode Rapide.
- Définissez la bonne résolution pour une photo.
- Choisissez le bon format de fichier lors de l'enregistrement d'une image.
- Découvrez l'interface de l'Éditeur pour savoir comment basculer entre les images et accéder aux nombreuses palettes et options.

1

Initiation à la retouche d'images

Dans ce chapitre :

- Démarrez l'Éditeur de Photoshop Elements.
- Ouvrez, modifiez, partagez et enregistrez une photo.
- Créez un nouveau document.
- Exploitez le panneau Historique.
- Obtenez de l'aide.
- Enregistrez vos fichiers.

La retouche d'images est une activité très amusante, surtout avec un outil comme Photoshop Elements, qui vous permet de modifier vos photos, les combiner et même de dessiner en toute liberté. Pour tirer le meilleur parti de ce logiciel, il importe de connaître les principes de base de son fonctionnement, même si l'envie vous démange de mettre la main à la pâte sans tarder.

Vous avez de la chance : le mode Rapide d'Elements vous aide à effectuer des retouches élémentaires sur vos photos, comme éclaircir un visage à contre-jour ou éliminer une vilaine poubelle au bord d'une photo de paysage autrement parfaite. Ce chapitre vous met le pied à l'étrier en vous expliquant comment utiliser le mode de retouche Rapide, partager vos photos en ligne, revenir en arrière, enregistrer vos modifications, *etc.*

Lancez l'Éditeur

Photoshop Elements se compose de deux espaces distincts :

- **L'Organiseur** est l'espace où vous gérez vos photos. Ses multiples fonctions vous servent à étiqueter, noter, filtrer et retrouver des photos. La deuxième partie décrit en détail l'emploi de l'Organiseur.
- **L'Éditeur** est l'espace ou vous corrigez la luminosité et les couleurs des photos, ajoutez des effets, éliminez des défauts, *etc*.

Dans ce chapitre, vous travaillez dans l'Éditeur pour appliquer des retouches élémentaires à une photo.

Voici comment démarrer Photoshop Elements et accéder à l'Éditeur :

1. **Double-cliquez sur le raccourci Photoshop Elements sur le bureau ou dans le dossier Applications (Mac OS) pour lancer l'écran d'accueil d'Elements.**
2. **Cliquez sur le bouton Éditeur de photo dans l'écran d'accueil de la Figure 1.1.**

   L'espace de l'Éditeur se charge et apparaît à l'écran, comme l'illustre la Figure 1.2. Au premier démarrage, l'Éditeur s'ouvre en mode de retouche Rapide, l'onglet Rapide étant actif en haut de la fenêtre, c'est justement le mode que nous allons utiliser dans ce chapitre. Le mode Rapide présente un nombre restreint d'outils et de fonctions pour régler la luminosité, le contraste, la couleur et la netteté.

Figure 1.1 : L'écran d'accueil de Photoshop Elements.

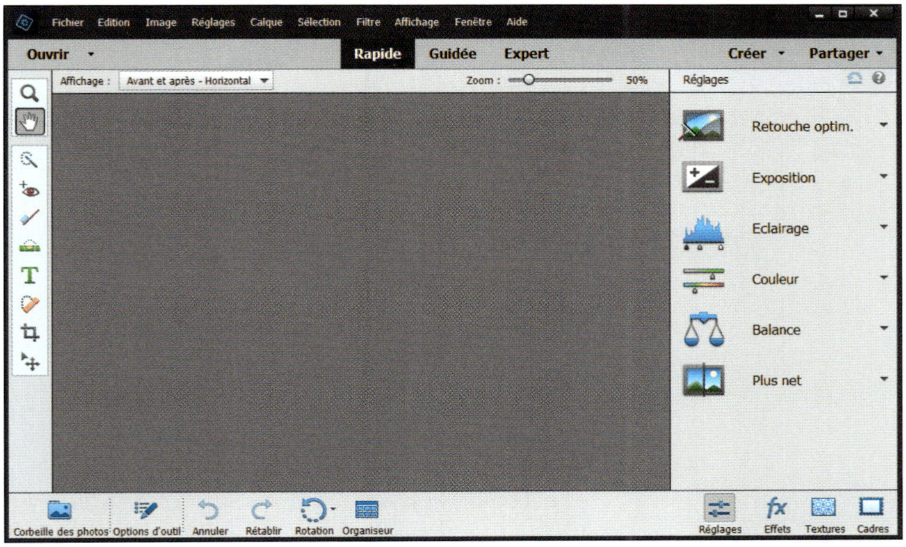

Figure 1.2 : Interface de l'Éditeur en mode Rapide.

Dans la portion droite de la fenêtre, vous voyez le panneau de réglages ancré dans une zone qu'on appelle Corbeille des panneaux. Différents panneaux apparaissent ici selon le mode de retouche actif (Rapide, Guidée ou Expert). Dans la portion gauche de la fenêtre, vous avez une palette d'outils. Entre les commandes des panneaux de réglages et cette série d'outils, vous disposez d'un nombre impressionnant d'options pour retoucher, améliorer et personnaliser vos photos.

Appliquez des retouches de base en mode Rapide

Pour les débutants, le mode Rapide de l'Éditeur est à la fois puissant et simple d'emploi. Suivez ces instructions pour effectuer quelques retouches élémentaires dans une image.

1. **Ouvrez l'Éditeur et vérifiez que le mode Rapide est activé en haut de la fenêtre.**

2. **Choisissez Fichier/Ouvrir.**

   Si Elements est l'application définie par défaut pour ouvrir les images, vous pouvez aussi double-cliquer le fichier d'une photo dans l'Explorateur Windows ou dans le Finder sous Mac OS, et la photo s'ouvre directement dans l'Éditeur.

3. **Dans la boîte de dialogue Ouvrir qui apparaît, parcourez votre disque dur pour accéder à vos dossiers, puis choisissez une image et cliquez sur Ouvrir.**

4. **Dans le menu Affichage (dans l'angle supérieur gauche de la fenêtre d'image), choisissez Avant et après – Horizontal, comme dans la Figure 1.3.**

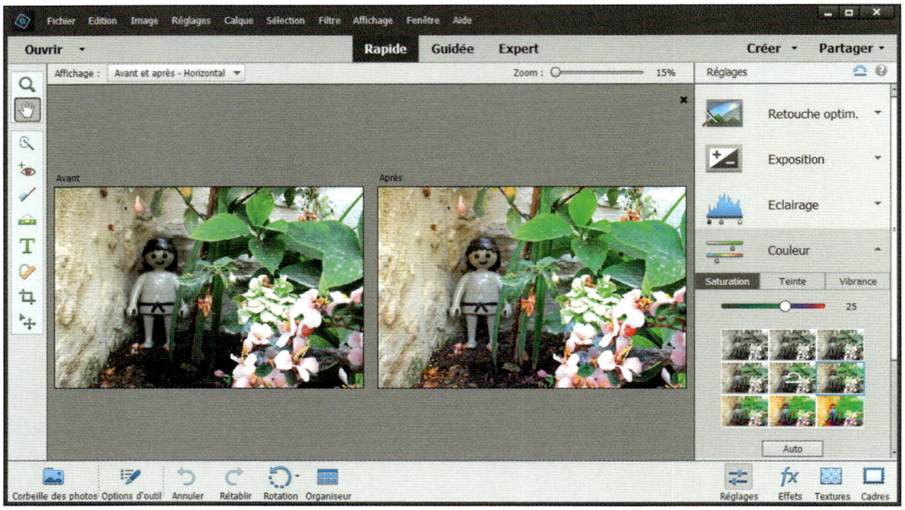

Figure 1.3 : Les vues avant et après correction du mode Rapide.

5. **Effectuez des retouches dans la photo.**

   Voici un bref aperçu de deux retouches simples disponibles en mode Rapide :

   - *Appliquer une retouche optimisée* : cliquez sur Retouche optim. dans la corbeille des panneaux pour voir les options. Commencez par cliquer sur Auto au bas du panneau Retouche optim. et sélectionnez la vue Après pour voir si le résultat vous plaît.

     La Figure 1.3 montre plusieurs éléments sous l'option Retouche Optim. dans la corbeille des panneaux. Cliquez sur un élément pour voir les commandes correspondantes et déplacez des curseurs ou cliquez sur des vignettes pour agir sur la luminosité, le contraste ou la couleur de la photo. Très souvent, il n'y a pas de bon ou de mauvais réglage. Vous jouerez avec les options de manière à vous approcher de l'aspect recherché pour la photo. Pour une présentation plus détaillée de la retouche photo en mode Rapide, passez au Chapitre 10.

- *Recadrer la photo* : dans la palette d'outils, dans la partie gauche de la fenêtre, cliquez sur l'outil Recadrage pour l'activer. Vous obtenez alors un rectangle superposé à la photo. Déplacez les bords du rectangle pour recadrer la photo à votre convenance. Lorsque vous avez fini, cliquez sur la coche verte, illustrée à la Figure 1.4, pour valider cette modification.

Dans l'Éditeur, vous verrez souvent sur vos photos les icônes présentées à la Figure 1.4. La coche verte sert à valider la modification en cours, tandis que l'icône rouge (un cercle barré en diagonale) symbolise l'annulation. Cliquez sur l'icône rouge quand vous ne voulez pas appliquer la modification que vous êtes en train de définir.

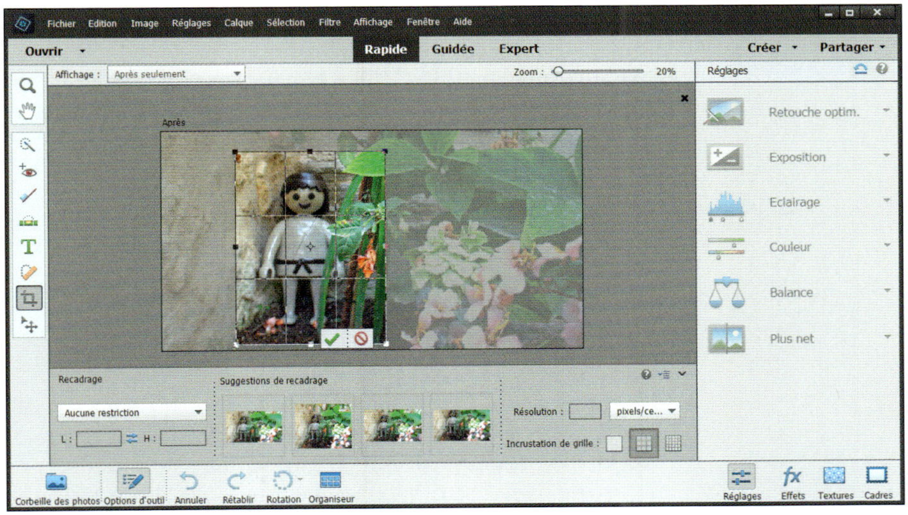

Figure 1.4 : Utilisation de l'outil Recadrage sur une photo.

6. **Choisissez Fichier/Enregistrer sous et dans la boîte de dialogue Enregistrer sous qui apparaît, attribuez un nouveau nom à la photo. Cliquez sur Enregistrer.**

Partagez une photo

Après avoir retouché une photo, vous pouvez l'imprimer pour la partager avec vos proches ou la publier en ligne sur un réseau social.

Comme le partage de photos sur les réseaux sociaux est de plus en plus courant, nous vous présentons dès à présent les fonctions de partage de Photoshop Elements en indiquant la procédure de partage sur Facebook.

1. **Préparez la photo que vous voulez publier sur Facebook.**

   Les appareils photo numériques produisent généralement des images de très grande taille, beaucoup trop grandes pour qu'elles soient téléchargées et affichées rapidement sur un écran d'ordinateur ou d'appareil mobile. Pour modifier la photo de sorte que ses dimensions et sa résolution soient mieux adaptées à un affichage en ligne, procédez de la manière suivante :

   a. Choisissez Image/Redimensionner/Taille de l'image.

   b. Dans la boîte de dialogue Taille de l'image, entrez la largeur (ou hauteur) désirée.

      Définissez indifféremment la largeur ou la hauteur, et l'autre dimension s'adaptera automatiquement de façon à conserver les proportions de l'image. Une largeur de 15 à 20 centimètres convient très bien. Si nécessaire, cliquez sur le menu à droite de la valeur pour choisir le centimètre comme unité de mesure.

   c. Tapez **144** dans le champ Résolution. Si l'image est destinée à un affichage écran, la valeur 72 pix./po convient très bien. Mais pour imprimer la photo, la résolution **144** est préférable. Choisissez la résolution qui convient.

   d. Cochez l'option Rééchantillonnage et cliquez sur **OK** (voir Figure 1.5).

      L'image est redimensionnée à une taille adaptée à sa publication sur Facebook. Nous verrons plus en détail au Chapitre 2 le rôle des options de redimensionnement des images et comment choisir les bons réglages pour l'affichage en ligne ou l'impression papier.

2. **Choisissez Fichier/Enregistrer sous/JPEG pour enregistrer le fichier au format JPEG.**

   Prenez note de l'emplacement où vous enregistrez le fichier sur le disque dur. Le Chapitre 2 indique également comment choisir le bon format de fichier pour vos images. (JPEG n'est que l'un des nombreux formats de fichiers pris en charge par Elements.)

3. **Cliquez sur Partager dans l'angle supérieur droit de la fenêtre pour dérouler le menu Partager et choisissez Facebook.**

   Elements vous permet aussi d'envoyer vos photos vers d'autres services en ligne, comme Twitter et Flickr. Vous en saurez plus à propos du menu Partager en lisant le Chapitre 15.

Figure 1.5 : Redimensionnez une photo dans la boîte de dialogue Taille de l'image.

4. **Autorisez la connexion à votre compte.**

   Une boîte de dialogue apparaît lorsque vous choisissez Facebook dans le menu Partager, pour vous demander d'autoriser l'accès à votre compte Facebook. Cela se déroule ainsi :

   a. Cliquez sur Autoriser dans la boîte de dialogue.

   b. Renseignez l'identifiant et le mot de passe de votre compte Facebook.

      Vous êtes désormais identifié.

5. **Cliquez sur le bouton Télécharger pour envoyer le fichier vers les serveurs de Facebook.**

   Une fois le transfert terminé, une boîte de dialogue apparaît pour vous proposer de voir le fichier mis en ligne.

6. **Cliquez sur Accéder à Facebook.**

   La photo s'est ajoutée à votre journal Facebook, comme le montre la Figure 1.6.

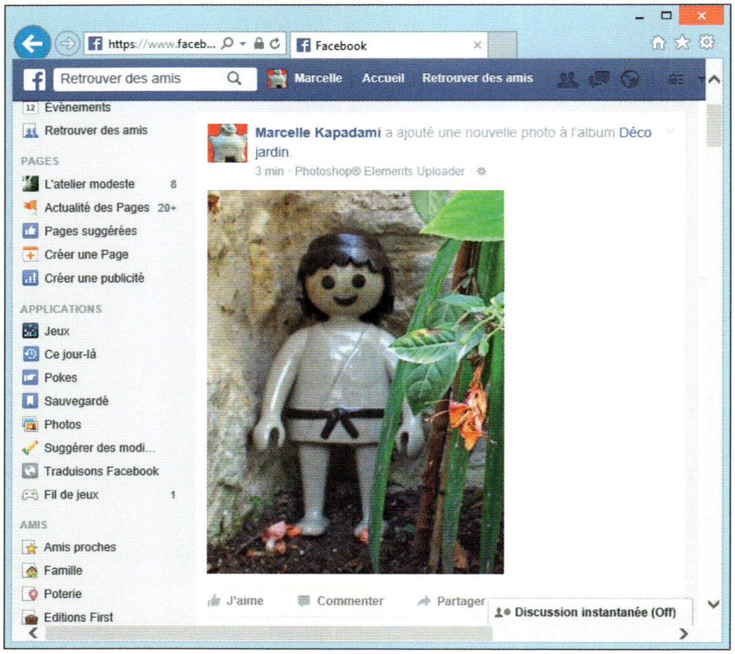

Figure 1.6 : Publication sur Facebook d'une photo retouchée dans l'Éditeur.

Créez vos propres images

Il est possible de démarrer un projet à partir de rien en créant un nouveau document dans l'Éditeur. Les usages des pages vierges sont divers :

- fusionner des images dans un nouveau document (voir Chapitre 8) ;
- créer une page vierge où dessiner et peindre (voir Chapitre 12) ;
- recourir à la boîte de dialogue Nouveau pour vérifier le poids, les dimensions et la résolution d'un fichier. Nous verrons au Chapitre 2 pourquoi ces propriétés sont importantes.

Suivez ces instructions pour créer un nouveau document :

1. **Dans l'Éditeur de Photoshop Elements, choisissez Fichier/Nouveau/ Fichier vide ou appuyez sur Ctrl + N (⌘ + N sous Mac).**

   Vous pourriez aussi choisir Ouvrir/Nouveau fichier vide dans l'angle supérieur gauche de la fenêtre de l'Éditeur.

   La boîte de dialogue Nouveau s'affiche, illustrée à la Figure 1.7.

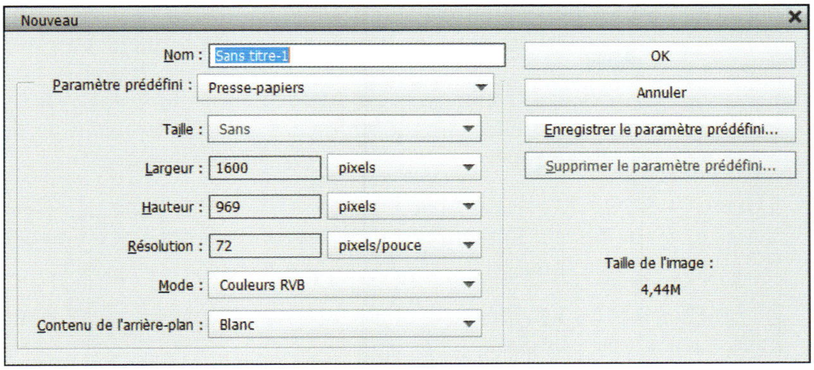

Figure 1.7 : La boîte de dialogue Nouveau apparaît pour la création d'un fichier vierge.

2. **Spécifiez les attributs du nouveau fichier.**

   Les attributs de votre nouveau fichier dépendront de sa destination. Comme les fichiers pour le Web ou un diaporama se mesurent en pixels, vous n'avez pas besoin de spécifier leur résolution. Pour les fichiers à imprimer, en revanche, les dimensions se mesurent dans une autre unité que le pixel, et il faut spécifier une résolution.

   Vous disposez des options suivantes :

   - *Nom : attribuez un nom au fichier.*
   - *Paramètre prédéfini* : sélectionnez une taille prédéfinie.
   - *Taille :* choisissez une taille parmi les propositions. Cette option n'est pas obligatoire, car vous pouvez changer les attributs du fichier dans les autres champs.
   - *Dimensions (Largeur/Hauteur) :* les valeurs des champs Largeur et Hauteur sont indépendantes. Vous pouvez modifier l'une sans conséquence sur l'autre. *À droite* des champs, vous avez des menus déroulants pour le choix d'une unité de mesure : pixels, pouces, centimètres (cm), millimètres (mm), points, picas ou colonnes.
   - *Résolution :* de manière générale, si l'image va être imprimée, choisissez la résolution 300 ppp (pixels par pouce). Si vous prévoyez d'afficher l'image sur ordinateur ou sur appareil mobile, choisissez 72 ppp. La résolution est un concept essentiel que nous traiterons en détail au Chapitre 2.
   - *Mode :* le plus souvent vous conserverez le mode par défaut, RVB. Le Chapitre 2 explique la fonction des autres modes de couleur.
   - *Contenu de l'arrière-plan :* vous avez trois possibilités, en l'occurrence Blanc, Couleur d'arrière-plan et Transparent. Votre

choix détermine la couleur de l'image vide. Si vous sélectionnez Couleur d'arrière-plan, l'image prend la couleur d'arrière-plan définie dans la palette d'outils. Reportez-vous au Chapitre 12 pour apprendre comment la changer. Si vous choisissez Transparent, l'image est créée en tant que calque, qui prend le nom de « Calque 0 », comme nous le verrons au Chapitre 8.

- *Taille de l'image :* cette valeur varie en fonction des valeurs Largeur, Hauteur et Résolution. La valeur indiquée correspond à l'espace requis pour enregistrer le fichier sans compression.

3. **Une fois les attributs du fichier définis, cliquez sur OK pour créer le nouveau document.**

TRUC

Vous aurez parfois besoin de copier une sélection vers le Presse-papiers et de convertir le contenu copié en une image. Après avoir copié des données graphiques dans le Presse-papiers, dans l'Éditeur, choisissez Fichier/ Nouveau/Image du presse-papiers. Le contenu du Presse-papiers apparaît dans la fenêtre d'un nouveau document.

Après création d'une image vide, amusez-vous avec les outils de dessin, juste pour voir leur effet. Vous pourriez activer le pinceau, choisir une forme d'outil et faire glisser le pointeur dans l'image pour dessiner. Autrement, passez au Chapitre 12 pour découvrir l'emploi et les options des outils de dessin.

Revenez sur vos pas

La commande Annuler est sans conteste l'une des plus utilisées par les débutants comme par les utilisateurs expérimentés. Si vous n'êtes pas satisfait par votre intervention sur l'image, il vous suffit de choisir Édition/ Annuler ou d'appuyer sur les touches Ctrl + Z (⌘ + Z sous Mac).

Elements va beaucoup plus loin que de simplement permettre l'annulation de la dernière opération, car la retouche d'image nécessite beaucoup d'essais avant de trouver les bons réglages. Les sections suivantes présentent tout le potentiel d'annulation dans l'Éditeur.

Exploitez le panneau Historique

Le panneau Historique affiche toutes les opérations effectuées durant la session de retouche en cours. À partir de cette liste, vous pouvez annuler toute une suite d'opérations en choisissant l'étape à laquelle revenir. Cette palette est uniquement disponible en mode Expert. Après avoir cliqué sur Expert en haut de l'Éditeur, voici comment revenir sur vos pas à l'aide du panneau Historique.

1. **Pour ouvrir le panneau, choisissez Fenêtre/Historique.**

   Le panneau Historique présente la liste de toutes les opérations effectuées sur l'image en cours de retouche, comme le montre la Figure 1.8.

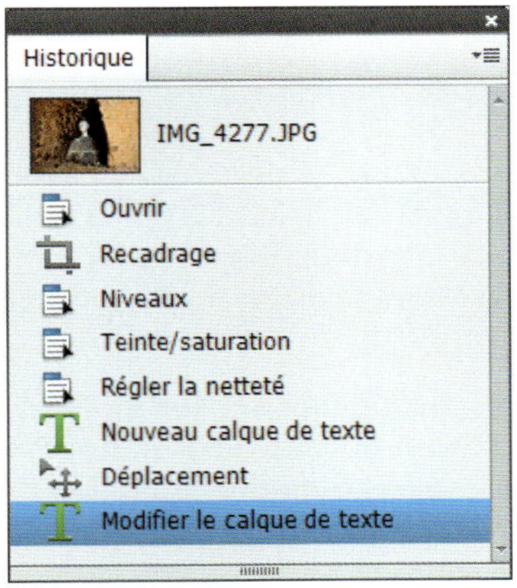

Figure 1.8 : Panneau Historique.

2. **Pour annuler une ou plusieurs opérations, cliquez sur une étape dans le panneau Historique.**

   Elements rétablit l'image à ce stade. Toutes les opérations qui suivent l'étape sélectionnée sont désormais grisées dans la liste.

3. **Si vous souhaitez rétablir les opérations annulées, cliquez l'une des étapes grisées dans le panneau.**

   Elements rétablit les modifications jusqu'à cette étape.

Le panneau Historique conserve toutes vos interventions tant que vous ne fermez pas l'Éditeur ni le fichier. Ce faisant, toutes les informations de l'historique s'effacent.

Si le programme ralentit et que les traitements semblent s'éterniser, essayez l'une des solutions suivantes :

- **Choisissez Édition/Effacer/Effacer l'historique.** Elements élimine de la mémoire toutes les étapes d'historique, ce qui a pour effet d'accélérer les traitements. Soyez certain de ne pas avoir besoin de revenir aux étapes enregistrées jusqu'à présent dans le panneau Historique.
- **Éliminez de la mémoire les données entreposées dans le Presse-papiers.** Pour ce faire, choisissez Édition/Effacer/Contenu du Presse-papiers ou Édition/Effacer/Tout.

Rétablissez la valeur par défaut de 50 pour le nombre d'étapes gardées en mémoire. Au Chapitre 3, vous verrez comment augmenter le nombre d'états d'historique dans les préférences d'Elements. Vous pouvez conserver jusqu'à 1000 étapes, mais plus ce nombre est élevé, plus vous monopolisez de mémoire.

Rétablissez la dernière version enregistrée

Lorsque vous travaillez dans Elements, pensez à enregistrer régulièrement vos fichiers. Chaque fois que vous enregistrez le fichier en cours, le panneau Historique conserve la liste des opérations effectuées avant l'enregistrement dans la limite du nombre maximal d'états d'historique défini dans les préférences. Cette liste est perdue lorsque vous fermez le fichier.

Si vous enregistrez un document puis le modifiez, sachez qu'il existe un moyen rapide de rétablir sa dernière version enregistrée. Choisissez Édition/Version précédente. Elements supprime vos dernières modifications et rétablit l'image à l'état qu'elle avait au moment de votre dernier enregistrement.

Si vous choisissez Version précédente, l'opération *Version précédente* apparaît dans le panneau Historique. Pour annuler cette commande, cliquez dessus du bouton droit dans le panneau et choisissez Supprimer dans le menu contextuel. Vous retrouvez ainsi les modifications apportées après le dernier enregistrement.

Obtenez de l'aide

Vous avez sans doute acheté ce livre parce que vous voulez des réponses directes sans avoir à chercher dans le système d'aide du logiciel. Nous fournissons ici toutes les informations nécessaires aux débutants, mais Elements est trop sophistiqué pour être traité en entier dans ce livre. Aussi, vous aurez parfois recours au système d'aide d'Elements.

Chaque fois que vous aurez une question, sachez qu'il vous suffit de regarder directement dans le programme pour retrouver rapidement et aisément des informations de qualité. Quand vous peinez à comprendre l'emploi d'une fonction, un clic de souris peut vous aider à clarifier le sujet.

La première chose à faire pour vous informer sur l'emploi d'Elements consiste à afficher le menu Aide. Vous y retrouvez plusieurs commandes :

- **Aide de Photoshop Elements :** choisissez Aide/Aide de Photoshop Elements ou appuyez sur la touche F1 (Windows) ou le raccourci ⌘ + ?

(Mac) pour ouvrir le système d'aide d'Elements. Saisissez un terme à rechercher, et vous obtenez directement la liste des rubriques en rapport avec votre question.

- **Prise en main :** choisissez cette commande pour obtenir des instructions et des astuces destinées aux débutants.
- **Concepts clés :** si, dans ce livre, vous rencontrez un terme que vous ne comprenez pas bien, lancez la commande Aide/Concepts clés, et vous accédez à une page Web de documentation d'Adobe qui présente la définition de différents termes et concepts.
- **Support technique :** cette commande vous conduit sur le site Web d'Adobe, sur une page qui présente des informations de dépannage, les problèmes signalés par des utilisateurs et des méthodes et astuces pour effectuer certaines tâches. Le site d'informations d'Adobe est très fourni, et vous y trouverez certainement réponse à votre question.
- **Didacticiels vidéo :** choisissez Aide/Didacticiels vidéo pour atteindre le site Web d'Adobe et accéder à une liste de vidéos qui décrivent des tâches courantes.
- **Forum :** choisissez Aide/Forum pour consulter des commentaires et des questions et réponses postées par des utilisateurs traitant de nombreux problèmes courants.

TRUC

Lorsque vous survolez des outils et des panneaux avec le pointeur et marquez une pause, une infobulle s'affiche pour vous donner une aide dynamique supplémentaire.

Enregistrez les fichiers selon leur destination

Lors de l'enregistrement d'un fichier après sa modification, vous pourriez le conserver dans le même format de fichier ou choisir un autre format selon les consignes du labo photo qui va imprimer vos images ou pour accélérer le téléchargement des photos à mettre en ligne.

Quand vous enregistrez, en plus de mettre le fichier modifié sur disque dur, Elements vous permet de tirer profit de fonctions spéciales, telles que l'enregistrement sous différentes versions d'un même fichier de départ et l'ajout dans l'Organiseur du fichier modifié.

Cette section fait le tour des boîtes de dialogue Enregistrer sous et Enregistrer pour le Web. Vous trouverez au Chapitre 2 une explication détaillée des considérations à prendre en compte pour le choix du format de fichier.

Utilisez la boîte de dialogue Enregistrer sous

La boîte de dialogue Enregistrer sous se retrouve dans pratiquement tous les programmes pour choisir la manière d'enregistrer le fichier. Elle permet d'enregistrer une copie dupliquée ou modifiée du document, tout en conservant le fichier d'origine. Si vous prévoyez de publier l'image sur le Web, il est inutile de passer par la boîte de dialogue Enregistrer sous et rendez-vous directement à la section « Enregistrez des fichiers pour le Web ».

Pour accéder à la boîte de dialogue Enregistrer sous, choisissez Fichier/Enregistrer dans le cas d'un nouveau fichier qui n'a encore pas été sauvegardé, ou Fichier/Enregistrer sous pour les autres fichiers.

Lorsque vous ouvrez une image, pensez toujours à lancer la commande Enregistrer sous avant même de commencer les retouches. Enregistrez l'image sous un autre nom pour en faire une copie, puis lancez-vous dans la retouche. Si vos corrections ne vous conviennent pas, vous pouvez retrouver la photo originale et la dupliquer pour essayer d'autres méthodes de retouche.

Les outils de navigation de la boîte de dialogue Enregistrer sous d'Elements sont ceux que l'on retrouve dans toutes les boîtes de dialogue Enregistrer sous. Voici les options standard de la boîte de dialogue Enregistrer sous :

- **Nom du fichier :** élément commun à toutes les boîtes de dialogue Enregistrer sous. Dans ce champ de texte, tapez le nom à attribuer au fichier.
- **Format :** le menu déroulant propose des formats de fichiers. Nous détaillerons au Chapitre 2 les formats pris en charge par Elements.

Quelques options de cette boîte de dialogue diffèrent de celles des autres boîtes de dialogue Enregistrer sous que vous avez l'habitude d'utiliser. La section Options d'enregistrement de la boîte de dialogue Enregistrer sous propose les choix suivants :

- **Enregistrer dans Elements Organizer :** cochez cette case pour ajouter le fichier à l'Organiseur (reportez-vous à la deuxième partie pour plus d'informations sur l'Organiseur).
- **Enregistrer dans un jeu de versions avec l'original :** vous pouvez retoucher une image et enregistrer une version liée au fichier original, mais seulement en mode Rapide (depuis les autres modes, l'option n'est pas disponible). Cochez cette case pour regrouper dans l'Organiseur l'original et la version modifiée.

- **Calques :** si le fichier contient des calques, vous les conserverez dans certains formats en cochant cette case.
- **En tant que copie :** cochez cette option pour enregistrer une copie sans écraser le fichier d'origine.
- **Couleur :** cochez la case Profil ICC (*International Color Consortium*). Selon le profil que vous utilisez, l'option est définie à sRGB ou Adobe RGB (1998). Si la case est cochée, le profil sera intégré à l'image. Reportez-vous au Chapitre 2 pour en savoir plus sur les profils et au Chapitre 14 pour voir comment utiliser les profils des images à imprimer.
- **Aperçu (Windows seulement) :** si vous enregistrez un fichier avec aperçu, une représentation en miniature de l'image apparaît lorsque vous l'affichez dans des dossiers ou sur le Bureau. Si vous avez sélectionné l'option Choix à l'enregistrement dans les préférences d'enregistrement des fichiers, vous pouvez cocher ou non cette case. Si vous avez sélectionné Toujours enregistrer ou Ne jamais enregistrer, la case est grisée, cochée ou non. Dans ce cas, vous devez accéder à la boîte de dialogue Préférences pour changer l'option des aperçus.

Enregistrez des fichiers pour le Web

La fonction Enregistrer pour le Web vous aide à préparer des photos à afficher sur le Web ou simplement sur écran. Pour exploiter cette commande, assurez-vous d'être en mode Expert, puis choisissez Fichier/Enregistrer pour le Web. Vous obtenez la boîte de dialogue de la Figure 1.9. Vous y voyez la photo originale à gauche et un aperçu de l'effet des réglages à droite.

La règle générale avec les images pour le Web est de trouver le poids de fichier le plus léger tout en conservant une qualité d'image acceptable. La boîte de dialogue Enregistrer pour le Web propose diverses options permettant de réduire le poids du fichier. Remarquez à la Figure 1.9 que le poids de la photo originale est indiqué à gauche sous l'image. Vous constatez qu'avec le niveau de qualité défini ici pour le format JPEG, le fichier peut passer de 3,22 Mo à 80,4 ko. (Voyez le Chapitre 2 pour en savoir plus sur le choix du format de fichier.)

Le premier menu déroulant permet de choisir un format de fichier parmi JPEG, GIF, PNG-8 et PNG-24. Avec le format JEPG, vous réglez le niveau de qualité à l'aide du curseur de l'option Qualité, à droite. Vous chercherez à trouver le meilleur compromis entre le temps de téléchargement et l'aspect de la photo. Gardez un œil sur l'aperçu et vérifiez toujours le temps de téléchargement indiqué pour le fichier optimisé.

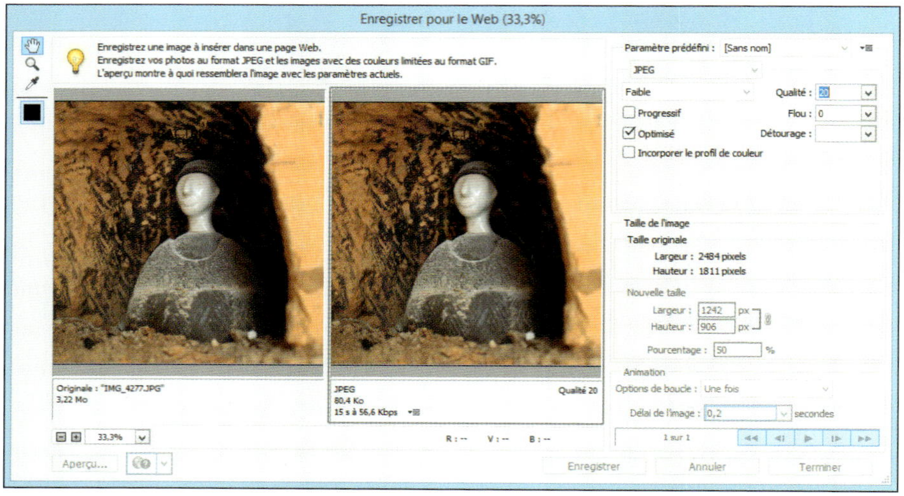

Figure 1.9 : Boîte de dialogue Enregistrer pour le Web.

Pour vérifier la qualité d'image avec précision, il importe de l'afficher en zoom 100 %. Dans l'angle inférieur gauche de la boîte de dialogue, vous pouvez choisir un facteur de zoom dans la liste ou taper une valeur dans le champ de saisie. Si les réglages choisis dégradent la qualité d'image de façon notable, vous le verrez immédiatement à l'affichage 100 %.

N'OUBLIEZ PAS

L'emploi de la boîte de dialogue Enregistrer pour le Web est simple. Il suffit de faire des réglages et de constater l'effet produit sur l'aperçu. Essayez tour à tour les différents formats et réglez la qualité ou le nombre de couleurs. Si vous constatez une dégradation, changez le niveau de qualité ou le format de fichier. Regardez toujours le poids de fichier estimé sous l'aperçu à droite. L'objectif est d'obtenir une bonne qualité d'image avec un fichier le plus léger possible.

2

Notions de base de la retouche d'images

Dans ce chapitre :

- Vérifiez et modifiez la résolution.
- Rééchantillonnez des images.
- Découvrez les modes de couleur.
- Exploitez les formats de fichiers.
- Découvrez la couleur numérique.

Lorsque vous ouvrez une image dans Photoshop Elements, vous visualisez des millions de pixels. Il s'agit de minuscules carrés de couleur ; dans une image, leur nombre détermine la *résolution* de l'image.

La relation entre les pixels et la résolution, essentielle dans tout projet Elements, a des conséquences sur la définition de sélections (voir Chapitre 7), l'impression de fichiers (voir Chapitre 14) et sur le partage de fichiers (voir Chapitre 15).

Les *modes de couleur* déterminent le nombre de couleurs que peut contenir l'image et jouent un rôle important pour l'emploi de certains outils, pour l'impression et pour le partage de fichiers. Vous choisirez le mode de couleur adéquat en fonction de l'usage que vous ferez de l'image et de sa nature (photo, dessin au trait ou illustration).

Comme la résolution et le mode de couleur, le format du fichier dépend de la destination de l'image, impression ou affichage écran, c'est pourquoi ce chapitre vous explique comment choisir le bon format. Vous y étudierez quelques points essentiels sur la résolution, les modes de couleur et les formats de fichiers que vous exploitez pour enregistrer vos images dans Elements. Nous allons voir comment modifier la résolution en redimensionnant des images, convertir les modes de couleur et enregistrer les résultats sous différents formats de fichiers.

Les pixels, particules élémentaires

Les fichiers que vous ouvrez dans Elements se composent de millions de minuscules pixels carrés, chacun possédant une, et une seule, valeur de couleur. La juxtaposition des pixels de différentes couleurs et luminosités crée une impression de continuité lorsque vous visionnez une image à l'écran. Par exemple, des pixels noirs et blancs peuvent donner l'impression que l'image est grise et non composée de petits carrés noirs et blancs.

Dans Elements, pratiquement toutes les opérations agissent sur des pixels :

- entourer les pixels à l'aide d'outils de sélection pour sélectionner une zone ;
- assombrir ou éclaircir les pixels pour modifier le contraste et la luminosité ;
- modifier la teinte des pixels pour corriger la couleur ;
- effectuer diverses autres tâches de retouche.

Retenez également le concept d'*images tramées*, plus couramment appelées images bitmaps. Les photos sont toujours des bitmaps, car qui dit pixels, dit image tramée. Si vous ouvrez dans Elements un fichier qui n'est pas composé de pixels, Elements va *pixelliser* les données. Autrement dit, Elements convertit les données en pixels si le document n'en contient pas à l'origine.

NOTE TECHNIQUE

Les images dépourvues de pixels sont des *images vectorielles*. Il est possible qu'un fichier Elements contienne des données vectorielles. Du texte ajouté à l'aide de l'outil Texte, par exemple, est un objet vectoriel. Quand vous enregistrez un fichier Elements avec le calque de texte intact ou au format Photoshop PDF, vous conservez les données vectorielles. Nous reviendrons sur ce sujet au Chapitre 13. En attendant, concentrons-nous sur les données bitmaps.

N'OUBLIEZ PAS

Pour pouvoir exploiter la majorité des outils et commandes d'Elements, vous devez travailler sur une image bitmap. Si vos données ne sont pas pixellisées, de nombreux outils et commandes seront indisponibles.

Les pixels d'un fichier déterminent la résolution et les dimensions de l'image, comme nous l'expliquons dans ce chapitre.

Résolution

Le nombre de pixels d'une image, ou plus précisément leur densité, détermine sa résolution. À titre d'exemple :

- Si vous avez 72 pixels sur une ligne d'un pouce, votre image a une résolution de 72 pixels par pouce (ppp ou dpi, *pixels per inch* ou *dots per inch*).
- Si vous avez 300 pixels sur une ligne d'un pouce, la résolution d'image est de 300 ppp.

N'OUBLIEZ PAS

La résolution d'image est fondamentale pour obtenir un bon résultat lorsque :

- **Vous imprimez des images :** la résolution optimale pour imprimer est 300 ppp. Si la résolution est trop faible, la qualité d'impression de l'image est mauvaise. Si elle est au contraire trop élevée, vous perdrez du temps à traiter toutes les données à envoyer à l'imprimante.
- **Vous affichez des images à l'écran :** la résolution optimale pour l'affichage écran est 72 ppp. Elle est plus faible que pour l'impression pour s'adapter à la résolution des écrans. À l'instar des images qui possèdent leur propre résolution dans leur fichier, votre écran d'ordinateur affiche tout ce que vous voyez à une résolution définie : 72 ppp (ou 85 ou 96 ppp). La densité des points ne peut pas être plus élevée sur un écran d'ordinateur. Retenez simplement que les photos rendent mieux à l'écran si elles ont une résolution de 72 ppp et qu'elles sont affichées au zoom 100 %.

  Les nouveaux appareils, comme les smartphones et les tablettes, rendent mieux les images de haute résolution. On trouve des appareils mobiles avec une résolution d'affichage de 150 ppp à plus de 300 ppp. Lorsque vous préparez des images à afficher sur différents appareils, il est important de connaître leurs capacités d'affichage dès le départ.

  Pour comprendre comment la résolution de l'image et la résolution de l'écran influencent le rendu de l'image, observez l'exemple de la Figure 2.1. L'affichage de l'image est d'abord réduit à 50 %, puis nous avons augmenté le facteur de grossissement. L'affichage perd en qualité quand le grossissement devient important. Quand la taille d'affichage est définie à 100 %, chaque pixel de l'image est rendu par un pixel de l'écran, c'est donc l'affichage le plus fidèle pour les photos de 72 ppp. Le Tableau 2.1 explique ce phénomène.

Tableau 2.1 : Influence de la résolution de l'image et de la résolution de l'écran sur le rendu à l'écran

Résolution d'image	***Résolution d'écran***	***Facteur de zoom***	***Rendu***
72 ppp	72 ppp	100 %	L'image apparaît à l'écran à sa taille réelle, l'affichage écran est similaire à ce que l'image rendrait sur papier. Mais l'impression ne serait pas très nette, parce que la résolution est trop faible. Une faible résolution convient très bien pour un affichage à l'écran, mais pas pour une impression papier.
72 ppp	72 ppp	50 %	L'image apparaît plus petite à l'écran, comme si ses pixels étaient deux fois plus concentrés.
72 ppp	72 ppp	200 %	L'image apparaît plus grande à l'écran, comme si elle avait une résolution plus faible (avec une concentration apparente de 36 ppp, la moitié de sa résolution réelle). L'écran doit étaler les pixels de l'image pour rendre cette version agrandie.
300 ppp	72 ppp	100 %	L'image apparaît à l'écran plus grande qu'elle ne sera sur papier, parce que l'écran ne peut pas afficher plus de 72 pixels par pouce.
300 ppp	72 ppp	50 %	L'image apparaît plus petite à l'écran, mais sur papier elle restera plus grande que sa représentation à l'écran.
300 ppp	72 ppp	200 %	L'image apparaît plus grande à l'écran, mais sur papier elle sortira plus petite que sa représentation à l'écran.

Il importe de comprendre cette relation entre la résolution d'image et l'affichage de l'image avec différents niveaux de zoom. Si vous récupérez une image sur le Web puis grossissez son affichage, vous risquez d'obtenir un résultat semblable à celui de la Figure 2.1 à 800 %. Si vous ouvrez une image issue d'un appareil photo numérique, vous devrez sûrement réduire le zoom à 16 % pour faire tenir l'image entière dans la fenêtre d'image.

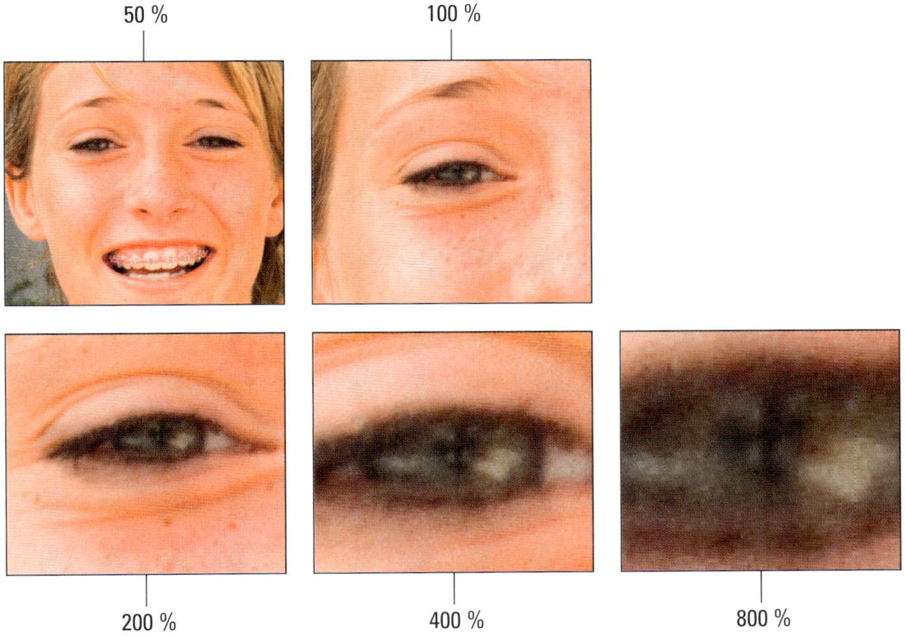

Figure 2.1 : La même image avec différents niveaux de zoom.

Les différences d'affichage s'expliquent tout simplement par la différence de résolution des images. L'image que vous avez récupérée sur le Web fait peut-être 6 × 6 cm à 72 ppp et celle de l'appareil numérique 25 × 40 cm à 240 ppp. Pour remplir la totalité de la fenêtre avec l'image Web, vous devrez la grossir, ce qui diminue la qualité d'image. Plus vous zoomez, plus la qualité baisse à l'écran, comme si l'image avait une résolution plus faible.

N'OUBLIEZ PAS

Lorsque vous modifiez le niveau de zoom d'une image, vous avez l'impression de changer la résolution telle qu'elle apparaît à l'écran. La résolution du fichier ne subit en réalité aucune modification. La résolution de l'image ne varie que si vous utilisez l'une des commandes d'Elements pour réduire ou augmenter la résolution.

Dimensions d'une image

Les dimensions d'une image font référence à la taille physique du document imprimé sur papier. Si la taille est de 10 × 15 cm, par exemple, le fichier peut avoir n'importe quelle valeur de résolution. Une fois le fichier ouvert dans Elements, il est possible de changer les dimensions de l'image et/ou sa résolution.

Si vous modifiez les dimensions d'une image sans changer le nombre de pixels qu'elle contient, une relation inverse s'établit entre la taille physique de l'image et sa résolution. Quand la taille de l'image augmente, la résolution diminue. À l'inverse, quand vous augmentez la résolution, vous diminuez la taille de l'image imprimée puisque vous augmentez la densité en concentrant le même nombre de points sur une surface réduite.

Maîtrisez l'art du rééchantillonnage

Certaines images sont parfois trop grandes et vous obligent à réduire leur résolution et leur taille physique. Il arrive au contraire qu'il faille augmenter la résolution pour imprimer l'image en plus grand format. Quand il y a modification de la taille et du nombre de pixels, le redimensionnement d'une image est une opération de *rééchantillonnage*. Plus précisément, réduire la résolution revient à sous-échantillonner l'image, tandis qu'augmenter la résolution équivaut à la suréchantillonner.

Prenons un exemple simple pour illustrer l'intérêt du rééchantillonnage. Disons que vous avez une photo prise avec un reflex numérique qui produit des images de haute résolution. La photo pourrait facilement avoir une résolution de 300 ppp et des dimensions de 24 x 36 cm. Si vous désirez seulement corriger la couleur et le contraste dans Elements avant de sortir des tirages papier de 12 x 18 cm pour vos proches, en rééchantillonnant la photo vous obtenez un fichier de poids raisonnable pour être traité dans Elements et envoyé à un service en ligne de tirage photo. Puisque vous avez réduit les dimensions de la photo, elle conserve la résolution nécessaire pour une bonne qualité d'impression (soit 300 points par pouce ou ppp). Si vous réduisez les dimensions de moitié sans rééchantillonner, la résolution va automatiquement doubler, ce qui produit un fichier inutilement lourd.

Le rééchantillonnage impose de prendre quelques précautions, car il s'agit bien de supprimer ou de créer des pixels. Pour protéger les photos que vous rééchantillonnez, il est vivement conseillé de travailler sur des copies et de conserver les originaux intacts.

Modifiez la taille et la résolution d'une image

Il existe deux manières de modifier la taille et la résolution d'une image. Premièrement, vous pouvez la recadrer à l'aide de l'outil Recadrage, avec ou sans rééchantillonnage. Reportez-vous pour ce faire au Chapitre 9. Deuxièmement, vous pouvez faire appel à la boîte de dialogue Taille de l'image.

Pour redimensionner une image à l'aide de la boîte de dialogue Taille de l'image, procédez comme suit :

1. **Choisissez Image/Redimensionner/Taille de l'image.**

   Vous disposez aussi du raccourci Ctrl + Alt + I (⌘ + Option + I sous Mac). La boîte de dialogue Taille de l'image s'affiche, illustrée par la Figure 2.2.

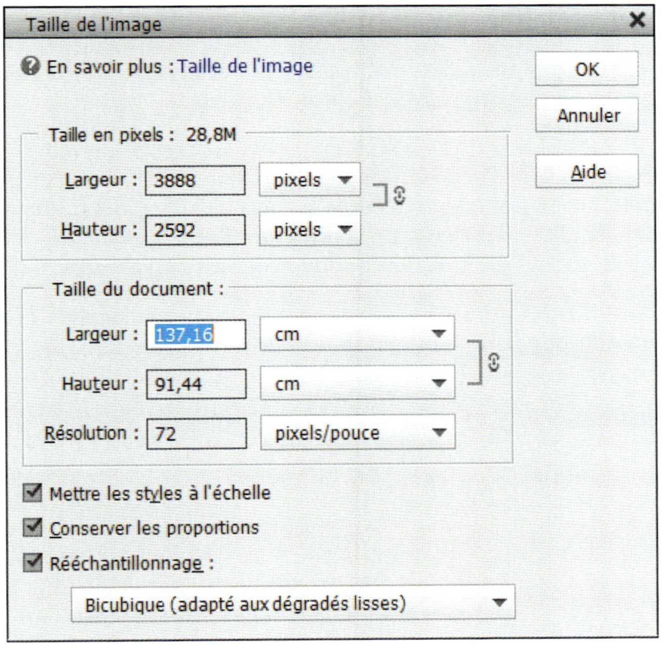

Figure 2.2 : Boîte de dialogue Taille de l'image.

   La section Dimension de pixel indique la taille (ou poids) du fichier (comme 28,8 Mo). Il s'agit de la quantité d'espace occupée par l'image sur votre disque dur. La largeur et la hauteur sont fixes, sauf si vous cochez la case Rééchantillonnage, au bas de la boîte de dialogue.

2. **Dans la section Taille du document, vous définissez les dimensions et la résolution. Voici les différentes options :**

   - *Largeur :* tapez une valeur dans le champ de texte pour changer la largeur de l'image et appuyez sur la touche Tab pour atteindre le champ suivant et valider la modification. Le menu déroulant à droite du champ propose plusieurs unités de mesure : pour cent, pouces, centimètres, millimètres, points, picas et colonnes.

   - *Hauteur :* options identiques au champ Largeur, à l'exception de l'unité Colonnes.

TRUC

Si vous choisissez de conserver les proportions, vous spécifiez uniquement la largeur ou la hauteur, mais pas les deux. Lorsque vous changez l'une des dimensions, l'autre valeur est modifiée de manière à conserver les proportions de l'image.

- *Résolution :* tapez une autre valeur de résolution et appuyez sur la touche Tab pour valider la modification. Lorsque vous modifiez la résolution, les valeurs Largeur et Hauteur sont également modifiées (si la case Rééchantillonnage n'est pas cochée).

3. **Si vous décidez de rééchantillonner votre image pour obtenir la taille souhaitée, cochez la case Rééchantillonnage.**

   Quand cette case est cochée, vous pouvez changer simultanément les dimensions et la résolution, ce qui a pour effet de réduire ou d'augmenter le nombre de pixels. Quand la case n'est pas cochée, les valeurs de hauteur et largeur sont liées à la résolution. Le changement d'une valeur affecte automatiquement les autres valeurs.

   Avant de rééchantillonner une image, lisez bien la section « Résultats du rééchantillonnage ».

4. **Si vous cochez la case Rééchantillonnage, choisissez une méthode de rééchantillonnage et les autres options liées au rééchantillonnage.**

   La liste déroulante propose des méthodes de rééchantillonnage, que le Tableau 2.2 décrit en détail.

   Les deux cases situées au-dessus de la case Rééchantillonnage deviennent disponibles si vous cochez cette case. Voici leur effet :

   - *Mettre les styles à l'échelle :* Elements possède un panneau Styles qui permet d'ajouter différents effets de style à des images (voir Chapitre 11). Lorsque vous appliquez un style, comme un contour, celui-ci apparaît avec une épaisseur définie. Si vous cochez la case Mettre les styles à l'échelle, puis redimensionnez l'image, l'effet de style varie dans les mêmes proportions. *Si la* case n'est pas cochée, la taille du style reste inchangée après le redimensionnement de l'image.

   - *Conserver les proportions :* par défaut, cette case est cochée. Laissez-la telle quelle, sauf si vous voulez déformer intentionnellement l'image.

5. **Après avoir défini les options, cliquez sur OK pour redimensionner l'image.**

Tableau 2.2 : Méthodes de rééchantillonnage

Méthode	*Effet*	*Conseils d'emploi*
Au plus proche	La plus rapide. Elle diminue la taille du fichier.	Convient particulièrement lorsque l'image contient de grands aplats de couleur unie.
Bilinéaire	Produit une image de qualité moyenne.	Sélectionnez cette option avec des images en niveaux de gris ou des dessins au trait.
Bicubique	Méthode par défaut, elle produit une image de bonne qualité.	Conservez cette option, sauf si vous obtenez un meilleur résultat avec l'une des autres méthodes.
Bicubique plus lisse	Plus efficace que la méthode Bicubique, mais adoucit légèrement les contours.	Si la netteté n'est pas capitale et que vous trouvez que Bicubique ne donne pas satisfaction, essayez cette option. Elle convient mieux pour agrandir les images.
Bicubique plus net	Produit des images de bonne qualité et accentue la netteté.	Elle convient mieux pour réduire les images haute résolution destinées à être affichées à l'écran et sur le Web.

Résultats du rééchantillonnage

N'OUBLIEZ PAS

En règle générale, réduire la résolution ne pose pas de problème. En revanche, son augmentation est plus délicate. Si vous avez besoin d'une image haute définition et que vous pouvez revenir à la source (en la renumérisant ou en reprenant la photo), essayez, si possible, de créer un nouveau fichier avec la résolution voulue, au lieu de la rééchantillonner dans Elements. En effet, le suréchantillonnage a souvent pour effet de dégrader fortement les images. Chaque fois que vous rééchantillonnez une image, pensez à enregistrer une copie de l'original sous un autre nom.

Si vous prenez une photo avec un appareil numérique pour l'insérer ensuite à une page Web, vous devrez la réduire à 72 ppp. Dans la plupart des cas, vous passez par la boîte de dialogue Taille de l'image, cochez la case Rééchantillonnage, modifiez la largeur ou la hauteur et tapez « 72 » dans le champ Résolution. Vous obtenez ainsi une image qui ressort très bien dans les pages Web. La Figure 2.3 présente une image réduite dans Elements, qui mesurait plus de 35 cm de large à l'origine.

Figure 2.3 : Réduire la résolution produit le plus souvent des résultats satisfaisants.

N'espérez pas pouvoir imprimer au format poster une image préparée à l'origine pour une page Web. Ni Elements ni aucun éditeur d'image ne feront l'affaire. L'augmentation de la résolution rend les photos très floues, comme le prouve l'exemple de la Figure 2.4.

Figure 2.4 : Le suréchantillonnage d'images basse résolution donne des résultats très médiocres.

Vous vous demandez peut-être dans quelles circonstances on peut suréchantillonner une image. Dans certains cas, les résultats sont acceptables. Essayez avec une résolution élevée au départ, comme 300 ppp ou davantage si la taille à obtenir n'est pas extrême. Si rien d'autre ne marche, appliquez un filtre à une image suréchantillonnée pour en masquer les défauts. Reportez-vous à cet effet au Chapitre 11.

Choisissez une résolution pour l'impression ou l'affichage écran

La résolution dans Elements est primordiale lorsqu'il s'agit d'imprimer les fichiers. Les images 72 ppp posent moins de problèmes, en particulier pour les sites Web et les diaporamas. N'hésitez pas à réduire vos fichiers volumineux à 72 ppp si vous les destinez à ces usages. En revanche, dès lors qu'il s'agit d'imprimer, le problème est tout autre. Il existe de nombreux systèmes pour l'impression, et leurs exigences en matière de résolution varient.

Pour votre imprimante de bureau, prévoyez d'imprimer plusieurs images tests en changeant la résolution. Vous déterminerez rapidement quels sont les meilleurs attributs de fichier. Si vous envoyez des fichiers à des professionnels, demandez-leur quels sont les attributs de fichier qui conviennent le mieux à leur équipement.

N'OUBLIEZ PAS

Le blanc ne s'imprime pas en tant que couleur. Le blanc de vos images sort transparent à l'impression, si bien que les zones blanches prennent la couleur du papier utilisé pour l'impression.

Pour commencer, référez-vous au Tableau 2.3, qui indique les résolutions recommandées en fonction de la destination des images.

Tableau 2.3 : Résolutions et rendu

Périphérique de sortie	Résolution optimale	Résolution acceptable
Imprimante laser de bureau	300 ppp	200 ppp
Imprimante à jet d'encre couleur	300 ppp	180 ppp
Imprimante à jet d'encre grand format	150 ppp	120 ppp
Imprimante photo professionnelle	300 ppp	200 ppp
Imprimante laser de bureau (noir et blanc)	170 ppp	100 ppp
Qualité magazine – presse offset	300 ppp	225 ppp
Images à l'écran (Web, diaporamas, vidéos)	72 ppp	72 ppp
Smartphones et tablettes	150 ppp ou plus	150 ppp

Si ces histoires de résolution vous dépassent, laissez le pilote de l'imprimante se charger du rééchantillonnage.

Définissez votre mode de couleur

Quelle que soit la destination de vos fichiers, vous devez tenir compte du mode de couleur et du format de fichier. La section « Découvrez les couleurs », plus loin dans ce chapitre, présente en détail le mode de couleurs RVB (rouge, vert et bleu). C'est le mode qu'on utilise pour préparer les fichiers en couleurs à l'impression sur une imprimante de bureau ou dans un laboratoire professionnel. C'est aussi le mode le plus courant pour les images affichées à l'écran.

D'autres modes de couleur sont disponibles. Si vous voulez changer le mode de couleur d'une image RVB, plusieurs options de conversion s'offrent à vous. Photoshop Elements emploie un *algorithme* (formule mathématique) pour convertir les pixels d'un mode à un autre. Dans certains cas, la conversion effectuée *via* une commande de menu produit de bons résultats, et dans d'autres cas, vous aurez recours à d'autres méthodes pour changer de mode avec un meilleur résultat.

Les sections qui suivent décrivent les modes disponibles dans Elements et expliquent comment passer du mode RVB à l'un des modes de votre choix : Bitmap, Niveaux de gris ou Couleurs indexées.

Vous avez peut-être entendu parler du mode CMJN. S'il n'est pas disponible dans Elements, vous devez néanmoins savoir ce dont il s'agit et à quoi il sert. CMJN, que l'on appelle également *procédé quadrichromie*, se définit par des pourcentages de couleurs cyan, magenta, jaune et noir. C'est le mode utilisé chez les imprimeurs professionnels. Si vous concevez une couverture de magazine dans Elements et que vous envoyez le fichier à un imprimeur, le fichier sera converti en CMJN. Notez également que la plupart des imprimantes de bureau emploient différentes combinaisons d'encres dans l'espace colorimétrique CMJN. De plus, CMJN est un espace colorimétrique plus étroit que RVB, ce qui signifie qu'il contient moins de couleurs. Aussi, l'emploi d'encres CMJN génère souvent des différences de couleur entre la version papier et l'image affichée à l'écran en RVB.

Convertissez en mode Bitmap

Le mode Bitmap sert le plus souvent à imprimer des dessins au trait, tels que des logos et illustrations en noir et blanc ou des effets en noir et blanc que vous créez à partir d'images RVB. En outre, vous pouvez numériser votre signature en mode Bitmap et l'importer dans d'autres programmes, comme ceux de la suite Microsoft Office. Avec un peu de créativité, vous pouvez combiner des images bitmaps noir et blanc avec de la couleur RVB pour obtenir des effets très intéressants.

N'OUBLIEZ PAS

Retenez que lorsque vous combinez plusieurs images en un seul document, vous devez convertir les fichiers bitmaps en niveaux de gris ou en couleurs si vous voulez fusionner les images avec une image RVB. Si vous les convertissez en niveaux de gris, Elements se charge de convertir les niveaux de gris en mode RVB.

La Figure 2.5 montre l'effet de la combinaison d'images en niveaux de gris et en couleurs. L'image RVB d'origine a été convertie en bitmap, puis enregistrée sous un autre fichier. Le fichier bitmap a été converti en niveaux de gris et superposé à l'image RVB. Après réglage de l'opacité, nous obtenons un effet de grain avec une couleur désaturée.

Figure 2.5 : Créez des effets intéressants en combinant la même image à partir d'un fichier bitmap et d'un fichier RVB.

Elements définit directement le mode Bitmap si vous numérisez des images en noir et blanc. Certains documents se numérisent directement en mode Bitmap, tels que les dessins, logos, signatures ou copies de fax. Il est en outre possible de convertir des images en mode Bitmap.

La conversion RVB vers Bitmap s'effectue en deux étapes. Il vous faut d'abord convertir en niveaux de gris, puis en Bitmap. Si vous sélectionnez la commande Bitmap alors que vous êtes en couleurs RVB, Elements vous invite à passer préalablement par les niveaux de gris.

Le mode Bitmap d'Elements n'a rien à voir avec celui des fichiers `.bmp` de Windows. Dans Elements, le mode Bitmap est un mode de couleur. Sous Windows, Bitmap est un format de fichier dont les images en couleurs utilisent le mode RVB, le mode Niveaux de gris, ou bien encore un mode colorimétrique Bitmap.

Voici comment convertir le mode RVB en Bitmap :

1. **Ouvrez dans l'Éditeur, en mode Expert ou Rapide, l'image à convertir en Bitmap.**

2. **Choisissez Image/Mode/Bitmap.**

   Si vous démarrez en mode RVB, Elements vous invite à convertir l'image en niveaux de gris.

3. **Si l'invite de conversion intermédiaire apparaît, cliquez sur OK.**

   Dans la boîte de dialogue Bitmap qui apparaît, vous définissez la résolution à obtenir et une méthode de conversion.

4. **Sélectionnez une résolution.**

   Par défaut, la boîte de dialogue Bitmap, illustrée par la Figure 2.6, propose la résolution en cours. Vous êtes libre de changer cette valeur ou de la conserver. Reportez-vous à la section « Maîtrisez l'art du rééchantillonnage » pour connaître les conséquences de ce choix.

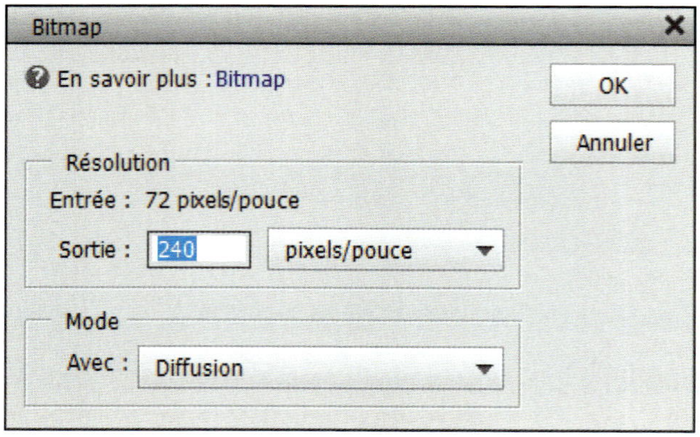

Figure 2.6 : Définissez la résolution de l'image convertie et sélectionnez une méthode de conversion dans le menu déroulant Avec.

5. **Dans le menu déroulant Avec, sélectionnez l'une des trois méthodes de conversion :**

   - *50 % Seuil*
   - *Motif géométrique*
   - *Diffusion*

   La Figure 2.7 montre l'effet produit par chaque méthode.

6. **Cliquez sur OK pour convertir l'image en mode Bitmap.**

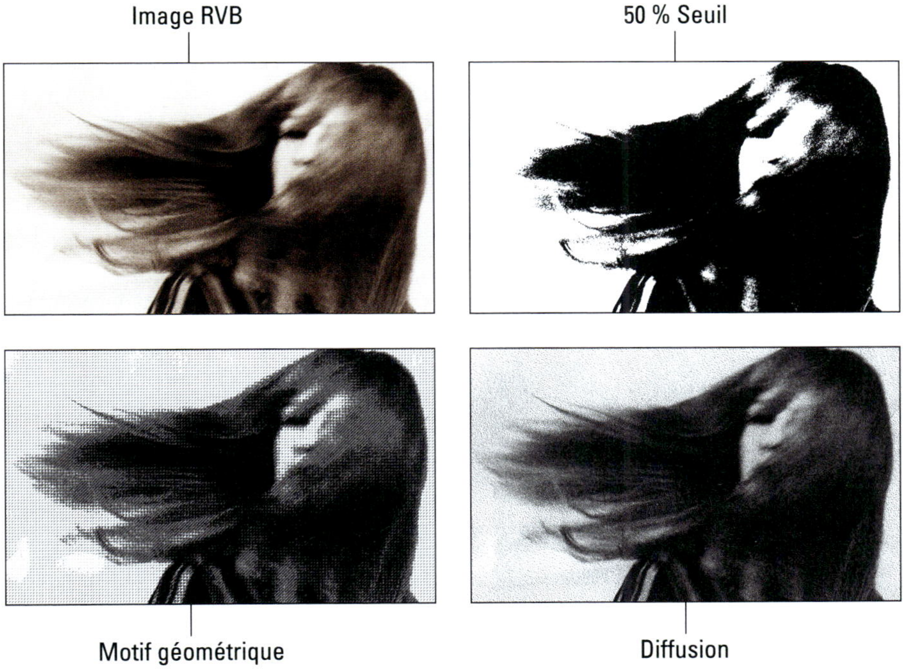

Figure 2.7 : Image RVB d'origine, puis convertie en Bitmap à l'aide des méthodes 50 % Seuil, Motif géométrique et Diffusion.

Convertissez en Niveaux de gris

Les images en niveaux de gris se composent de pixels noirs, blancs et gris parmi 254 autres tons de gris possibles. En convertissant une image RVB en niveaux de gris, vous lui donnez l'aspect d'une photo noir et blanc.

Parmi les trois manières de convertir une image en niveaux de gris, l'une d'entre elles est moins satisfaisante. Évitez de choisir Image/Mode/Niveaux de gris. Lorsque Elements effectue cette conversion, il supprime la couleur des pixels et l'opération est irréversible. Si vous convertissez une image en niveaux de gris et enregistrez le fichier, vous allez définitivement perdre l'original en couleurs. Il est certes possible d'enregistrer une copie du fichier, mais vous risquez de les confondre par la suite et vos doublons de fichiers vont occuper de l'espace superflu sur votre disque.

Les deux prochaines sections présentent les autres manières de convertir des images en niveaux de gris.

Désaturez un calque

Sans avoir à perdre définitivement les couleurs de la photo, vous pouvez obtenir une version en noir et blanc par la méthode suivante :

1. **Ouvrez une image RVB dans Elements en mode Expert.**
2. **Dupliquez le calque.**

   La corbeille des panneaux contient par défaut le panneau Calques. Cliquez dans l'angle supérieur droit de cette palette pour ouvrir son menu d'options. Choisissez Dupliquer le calque (voir le Chapitre 8 pour plus d'informations). Dans cet exemple, nous avons dupliqué le premier calque, appliqué un réglage au calque dupliqué, puis nous l'avons dupliqué à son tour pour obtenir un troisième calque.

   Vous pouvez aussi dupliquer un calque en faisant glisser sa vignette sur l'icône Créer un calque en haut du panneau Calques.
3. **Choisissez Réglages/Régler la couleur/Teinte/Saturation pour ouvrir la boîte de dialogue Teinte/Saturation, illustrée à la Figure 2.8.**

   Vous pourriez aussi appuyer sur Ctrl + U (⌘ + U sous Mac).
4. **Positionnez le curseur Saturation à l'extrémité gauche pour désaturer le contenu du calque actif, puis cliquez sur OK.**

   Toutes les valeurs chromatiques disparaissent, mais les valeurs de luminosité de tous les pixels restent inchangées. (Consultez le Chapitre 10 pour en savoir plus sur cette boîte de dialogue et les autres commandes de réglage des couleurs.)

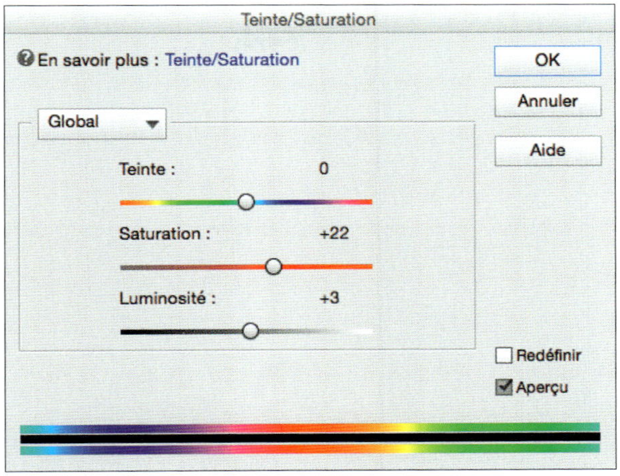

Figure 2.8 : Ouvrez la boîte de dialogue Teinte/Saturation et déplacez le curseur Saturation complètement à gauche pour supprimer les couleurs.

5. **Désactivez l'affichage du calque de couleur en cliquant sur l'icône d'œil.**

   Le panneau Calques contient trois calques, comme le montre la Figure 2.9. Le calque supérieur en couleur est masqué (comme l'indique l'icône d'œil barré). Le deuxième calque est en niveaux de gris. Il n'est pas nécessaire de masquer le calque de couleur pour imprimer le fichier en niveaux de gris, mais cela peut vous aider à mémoriser quel calque vous avez utilisé la dernière fois que vous avez imprimé ou exporté le fichier.

Figure 2.9 : Le panneau Calques contient les calques de couleur et de niveaux de gris. Cliquez sur l'icône d'œil pour les afficher ou les masquer à votre guise.

Cette méthode vous permet d'obtenir un fichier qui contient du RVB et des niveaux de gris. Si vous voulez imprimer le calque de couleur, vous pouvez masquer le calque de niveaux de gris. Si vous devez échanger des fichiers avec des concepteurs graphiques, vous pouvez envoyer le fichier avec les deux calques. Le graphiste pourra alors exploiter l'image en couleurs et l'image en niveaux de gris.

La conversion des couleurs RVB en niveaux de gris *via* la boîte de dialogue Teinte/Saturation présente un autre avantage : vous n'affectez en aucun cas les valeurs de luminosité des pixels. Le curseur Saturation n'agit en effet que sur la couleur. Les valeurs de teinte et de luminosité restent identiques.

Exploitez la commande Convertir en noir et blanc

Une commande spéciale accessible en mode Expert et Rapide permet de convertir les images couleur en niveaux de gris. Choisissez Réglages/Convertir en noir et blanc, et vous obtenez la boîte de dialogue illustrée à la Figure 2.10.

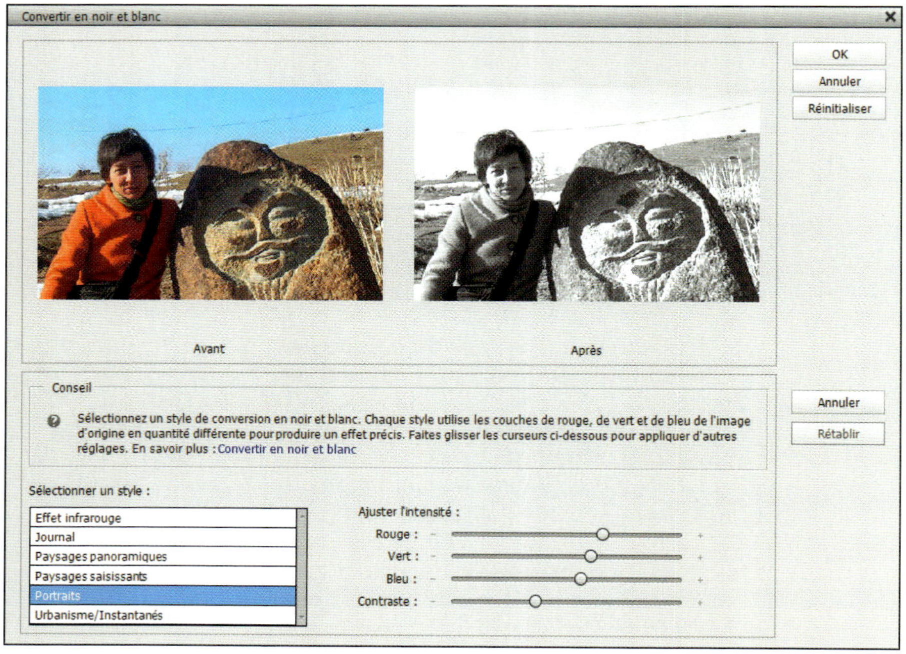

Figure 2.10 : Boîte de dialogue Convertir en noir et blanc.

Cette boîte de dialogue contient des réglages de la luminosité et du contraste.

- **Sélectionner un style :** applique des paramètres prédéfinis. Si vous en modifiez les réglages, un aperçu dynamique permet de suivre en temps réel l'impact de vos modifications sur l'image.

- **Ajuster l'intensité :** faites glisser les curseurs jusqu'à obtention du résultat escompté.

Cliquez sur OK pour fermer la boîte de dialogue Convertir en noir et blanc lorsque vous avez terminé.

TRUC

Pour conserver votre image RVB dans le même fichier que sa version en niveaux de gris, dupliquez l'arrière-plan en choisissant Dupliquer le calque à partir du menu d'options du panneau Calques. Cliquez sur l'arrière-plan et choisissez Réglages/Convertir en noir et blanc. La conversion s'applique uniquement à l'arrière-plan et vous conservez les couleurs du calque Arrière-plan copie.

Mode Couleurs indexées pour le Web

Couleurs indexées est un mode que l'on utilise occasionnellement pour les éléments graphiques des pages Web. Les fichiers image enregistrés en couleurs indexées sont généralement plus légers qu'en RVB. Ils conviennent parfaitement pour la création de sites Web, car plus les fichiers sont légers, plus la page se charge rapidement dans le navigateur.

Si vos images sont des logos, illustrations ou dessins, vous n'aurez quasiment pas de différence entre les versions en couleurs indexées et RVB. Dans ce cas, choisissez le mode Couleurs indexées pour les graphismes de vos pages Web.

Pour convertir des images RVB en couleurs indexées, choisissez Image/Mode/Couleurs indexées. La boîte de dialogue Couleurs indexées qui s'affiche comporte de nombreuses options et présente l'aperçu des réglages choisis. Essayez différents réglages dans la boîte de dialogue et observez les résultats dans la fenêtre d'image. Pour constater l'intérêt du mode Couleurs indexées, enregistrez une image au format GIF ou PNG-8 (décrits ci-après).

Découvrez les formats de fichiers

Lorsque vous enregistrez des fichiers dans Elements, il vous faut choisir un format de fichier dans le menu déroulant Format de la boîte de dialogue Enregistrer sous.

Pour le choix d'un format, retenez quelques points importants :

- **Les formats de fichiers ont une grande importance lorsque vous échangez des fichiers avec d'autres utilisateurs.** Chaque format a des particularités en fonction de la destination des fichiers. Certains programmes risquent de refuser vos fichiers à cause du format que vous avez choisi.

- **Les formats possibles dépendent du mode de couleur, de la profondeur et de la présence de calques.** Si un format n'apparaît pas dans le menu Format, revenez en mode Expert et apportez une modification au fichier, comme changer le mode de couleur ou aplatir les calques, afin de pouvoir enregistrer le fichier dans le format voulu.

La profondeur d'une image numérique est le nombre de bits qui définissent chaque pixel. Les photos JPEG, par exemple, sont codées en 8 bits. Les photos prises au format RAW peuvent contenir 16, voire 32 bits par pixel. Avec une profondeur plus élevée, le fichier comprend davantage de données. Aussi, quand vous retouchez une photo en 16 bits, vos modifications entraînent moins de perte de données que dans une photo en 8 bits.

Elements propose un grand choix de formats de fichiers, mais certains sont obsolètes. Retenez seulement les formats dont vous aurez besoin, car parmi tous les formats pris en charge par Elements, vous n'en utiliserez qu'un petit nombre. La Figure 2.11 présente tous les formats disponibles pour l'enregistrement d'un fichier dans Elements.

Les sections suivantes présentent les principaux formats de fichiers que vous êtes susceptible d'utiliser.

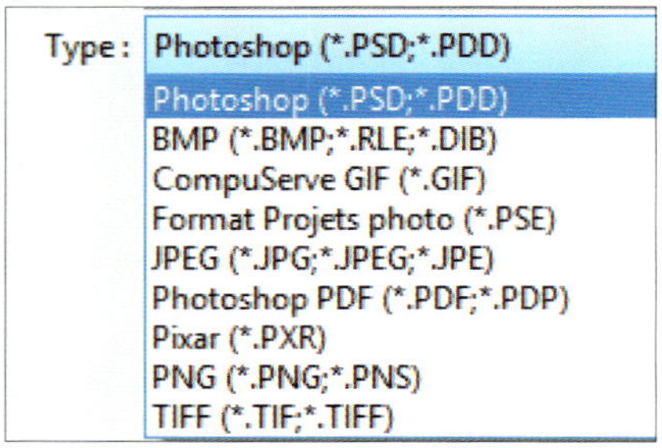

Figure 2.11 : Menu Format présentant la liste des formats de fichiers pris en charge par Elements.

Photoshop (*.PSD, *.PDD)

Il s'agit du format de fichier natif de Photoshop et Photoshop Elements. Il est compatible avec tous les modes de couleur et profondeurs et permet de conserver les calques. Choisissez-le lorsque vous voulez enregistrer au format natif ou échanger des fichiers avec des utilisateurs de Photoshop. Il sert également à enregistrer des fichiers que vous prévoyez de retoucher plus tard. En enregistrant les calques, vous conservez la possibilité de modifier ultérieurement le texte présent dans des calques de texte. (Consultez le Chapitre 13 pour ajouter du texte à une image.)

BMP (*.BMP, *.RLE, *.DIB)

Le terme *bitmap* peut prêter à confusion. S'il correspond à un type d'images, à un format de fichier et à un mode de couleur, il ne faut pas confondre les termes.

Le *format* bitmap permet d'enregistrer dans tous les modes de couleur et avec toutes les profondeurs. Le *mode de couleur* Bitmap, que vous retrouvez à la section « Convertissez en mode Bitmap », précédemment dans ce chapitre, correspond au mode 1 bit où chaque pixel est soit noir soit blanc.

Choisissez le format bitmap pour ajouter des images dans des logiciels ou fonctions de Windows qui exigent ce format. Il s'utilise également avec de nombreux programmes. Si vous ne parvenez pas à importer des images dans des documents d'autres programmes, essayez de les enregistrer en tant que fichiers BMP.

CompuServe GIF (*.GIF)

À l'origine, les comptes de messagerie passaient par CompuServe et les utilisateurs échangeaient fichiers et messages *via* des modems 300 bauds. Puis en 1977, CompuServe a développé le format GIF (*Graphics Interchange Format*) pour échanger des fichiers entre des centraux informatiques et le nombre croissant d'utilisateurs exploitant des ordinateurs Osborne, Kaypro, Apple et Radio Shack TRS-80.

Si vous optez pour le format GIF, n'utilisez pas la commande Fichier/Enregistrer sous, mais passez par Fichier/Enregistrer pour le Web, comme nous l'expliquons à la fin du Chapitre 1.

Format Projets photo (*.PSE)

Cette option permet de créer un projet et d'enregistrer le fichier sous forme de projet. Reportez-vous au Chapitre 16 pour créer des projets dans Elements.

JPEG (*.JPG, *.JPEG, *.JPE)

Le format JPEG (*Joint Photographic Experts Group*) est sans doute le format de fichier graphique le plus courant aujourd'hui. En effet, comme les fichiers JPEG sont beaucoup plus légers, ce format facilite l'échange de photos et le chargement des images sur le Web. Vous utiliserez ce format pour les photos à imprimer, à envoyer par e-mail ou à partager en ligne. Il n'y a guère que pour la mise en page de qualité professionnelle que l'on n'utilise pas le format JPEG ; en dehors de ça, les fichiers JPEG s'emploient dans tous les types de documents.

Attention toutefois à prendre quelques précautions lorsque vous travaillez avec le format JPEG. Les images JPEG sont compressées pour réduire la taille des fichiers. Vous pouvez alléger une image de plusieurs mégaoctets pour réduire son poids à quelques centaines de kilooctets. Lorsque vous enregistrez un fichier avec compression JPEG, vous perdez des données. Cette perte peut ne pas être perceptible à l'écran ni même sur la photo imprimée, si vous définissez une faible compression pour maintenir une bonne qualité d'image. En revanche, avec une forte compression, vous perdez davantage de données, et la dégradation de l'image devient évidente.

Lorsque vous enregistrez, ouvrez et réenregistrez des images au format JPEG, chaque nouvel enregistrement dégrade davantage l'image. Si vous devez transmettre des images JPEG à un laboratoire photo en vue de leur impression, enregistrez toujours les fichiers au format Photoshop PSD et ne choisissez le format JPEG qu'au dernier enregistrement, avec une faible compression pour une meilleure qualité.

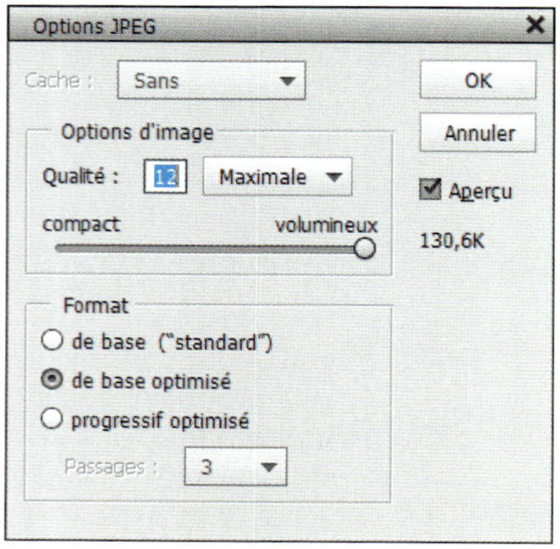

Figure 2.12 : Quand vous enregistrez au format JPEG, choisissez le degré de compression à appliquer à l'image.

Quand vous sélectionnez JPEG pour le format puis que vous cliquez sur Enregistrer, la boîte de dialogue Options JPEG de la Figure 2.12 s'affiche. Pour choisir le degré de compression, tapez une valeur dans le champ Qualité ou déplacez le curseur entre compact et volumineux. Les valeurs vont de 0 à 12 : 0 correspondant à la qualité la plus basse avec la compression la plus forte, et 12 à la qualité la plus élevée avec la compression la plus faible.

Vous avez d'autres options à choisir dans la section Format de la boîte de dialogue Options JPEG. Le paramètre Progressif optimisé crée un fichier JPEG à affichage progressif, type couramment utilisé avec les navigateurs Web. La qualité de l'image augmente à mesure du chargement du fichier. L'image apparaît d'abord de faible qualité, puis sa résolution augmente jusqu'à ce qu'elle apparaisse en pleine résolution une fois entièrement téléchargée dans la fenêtre du navigateur.

Photoshop PDF (*.PDF, *.PDP)

Le format Adobe PDF (*Portable Document Format*) a été conçu pour conserver l'intégrité du document et échanger des fichiers entre ordinateurs. PDF est l'un des formats les plus courants. Il s'affiche au moyen du programme gratuit Adobe Reader, téléchargeable sur le site Web d'Adobe. Sous Mac, vous pouvez aussi ouvrir les fichiers PDF dans l'application Aperçu d'Apple ou avec la fonction Coup d'œil du Finder.

Le format PDF est prédominant dans Elements. Lorsque vous créez des présentations avec diapositives, des cartes ou des calendriers, vous avez la possibilité d'exporter les documents sous forme de fichiers PDF. Lorsque vous enregistrez au format Photoshop PDF, vous conservez les calques et le texte. Adobe Reader, ainsi que les autres visionneuses Acrobat, reconnaît le texte et autorise les recherches dans le texte.

Les fichiers PDF peuvent être imprimés, hébergés sur des sites Web et échangés avec des utilisateurs de Windows, Macintosh, Unix et Linux. De plus, ce format est idéal pour créer dans Elements des fichiers contenant du texte, des calques et de la transparence, surtout si vous comptez les échanger avec des utilisateurs qui ne possèdent ni Elements, ni Photoshop.

Pixar (*.PXR)

Ce format sert à échanger des fichiers avec les stations de travail Pixar. Vous n'en aurez probablement jamais besoin.

PNG (*.PNG)

PNG (*Portable Network Graphics*) est un autre format conçu pour le Web. Il prend en charge tous les modes de couleur, les images 24 bits et la transparence. L'inconvénient du PNG est qu'il n'intègre pas les profils de couleurs dans les images, contrairement au format JPEG. Son avantage, en revanche, est que la compression en PNG n'entraîne pas de dégradation de la qualité d'image.

Le format PNG est également disponible dans la boîte de dialogue Enregistrer pour le Web, décrite au Chapitre 1. Lancez la commande Fichier/Enregistrer pour le Web pour exporter vos photos en PNG.

TRUC

Pour un dessin ou un logo destiné au Web et contenant peu de couleurs, préférez le format GIF ou PNG-8. Si vous avez besoin de transparence dans l'image à optimiser, il faut choisir GIF ou PNG-24. Le format PNG-24 donne souvent les meilleurs résultats.

TIFF (*.TIF, *.TIFF)

TIFF (*Tagged Image File Format*) est le format le plus employé par les graphistes. On l'utilise pour importer des images dans des programmes de mise en page professionnels, comme Adobe InDesign et QuarkXPress, dans les laboratoires de développement photo et chez les imprimeurs dont l'équipement permet de télécharger des fichiers TIFF directement sur leurs appareils. (On parle de téléchargement direct quand on ne passe pas par une boîte de dialogue Imprimer.)

Bien que les graphistes utilisent TIFF depuis très longtemps, il est préférable pour la PAO, avec un programme comme Adobe InDesign, d'enregistrer au format natif Photoshop PSD. Ainsi, le graphiste n'aura besoin d'enregistrer qu'un seul fichier en format natif, sans se préoccuper d'enregistrer aux formats TIFF et natif.

À l'instar des formats Photoshop PSD et Photoshop PDF, TIFF permet d'enregistrer des fichiers avec leurs calques et accepte tous les modes de couleur. Lorsque vous enregistrez au format TIFF, vous avez le choix entre plusieurs systèmes de compression. La compression en TIFF n'entraîne aucune perte de données, sauf si vous choisissez la compression JPEG.

Quand vous sélectionnez le format TIFF et cliquez sur Enregistrer dans la boîte de dialogue Enregistrer sous, la boîte de dialogue Options TIFF de la Figure 2.13 s'affiche.

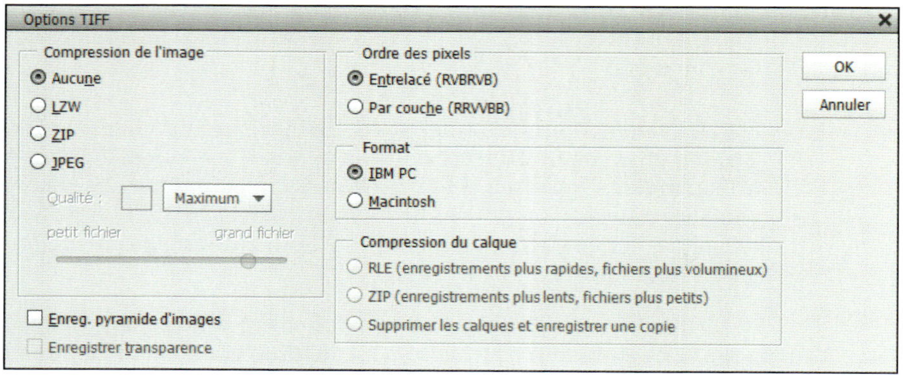

Figure 2.13 : Boîte de dialogue Options TIFF.

La section Compression de l'image propose les choix suivants :

- **Aucune :** cette option n'effectue aucune compression. Elle sert à préparer des fichiers pour la PAO dans des programmes comme Adobe InDesign. Il vaut mieux éviter toute compression si le fichier est destiné aux presses d'un imprimeur.
- **LZW :** ce mode de compression sans perte réduit considérablement la taille des fichiers sans nuire à la qualité d'image.
- **ZIP :** il s'agit également d'un modèle de compression sans perte. Il convient mieux que LZW lorsque l'image contient de grands aplats unis.
- **JPEG :** la compression JPEG entraîne une dégradation, mais produit les fichiers les plus légers. Comme pour l'enregistrement au format JPEG, vous choisirez le degré de compression.

Conservez les réglages par défaut pour les autres options de la boîte de dialogue Options TIFF et cliquez sur OK pour enregistrer l'image.

Tour d'horizon sur les formats de fichiers

Nous travaillons avec Photoshop, dont les formats d'enregistrement sont les mêmes que ceux présentés ici, depuis 1989. Pourtant, nous n'avons jamais utilisé tous les formats disponibles dans Photoshop Elements. Vous en emploierez tout au plus trois ou quatre.

TRUC

Il n'est pas indispensable de se souvenir de tous les formats et de leurs fonctions. Il vous suffit de repérer ceux qui conviennent à vos projets habituels et de vous référer au Tableau 2.4 en cas de besoin, pour savoir sans hésiter comment préparer vos fichiers pour les enregistrer au format voulu. Si d'aventure vous receviez d'un autre utilisateur un fichier d'un format inhabituel, revenez à la description de ce chapitre pour retrouver les détails sur son emploi.

Tableau 2.4 : Attributs de format de fichier pris en charge par Photoshop Elements

Format	*Modes de couleur*	*Profils intégrés**	*Profondeur***	*Calques*
Photoshop PSD, PDD	Bitmap, RVB, Couleurs indexées, Niveaux de gris	Oui	1, 8, 24, S	Oui
BMP	Bitmap, RVB, Couleurs indexées, Niveaux de gris	Non	1, 8, 24, S	Non
CompuServe GIF***	Bitmap, RVB, Couleurs indexées, Niveaux de gris	Non	1, 8	Non
JPEG	RVB, Niveaux de gris	Oui	8, 24	Non
Photoshop PDF	Bitmap, RVB, Couleurs indexées, Niveaux de gris	Oui	1, 8, 24, S	Oui
Pixar	Bitmap, RVB, Couleurs indexées, Niveaux de gris	Non	1, 8, 24, S	Non
PNG	Bitmap, RVB, Couleurs indexées, Niveaux de gris	Non	1, 8, 24, S	Non
TIFF	Bitmap, RVB, Couleurs indexées, Niveaux de gris	Oui	8, 24, S	Oui

* L'intégration des profils se limite aux profils sRGB IEC61966-2.1 ou Adobe RGB (1998).

** La lettre S de la colonne 4 représente les modes supérieurs, à savoir les images 16 bits et 32 bits, que vous obtenez avec les scanners et les appareils photo numériques. Reportez-vous au Chapitre 5 pour en savoir plus sur ce type d'images.

** CompuServe GIF ne permet pas l'enregistrement des calques, excepté sous forme d'images qui servent à créer un GIF animé pour les pages Web.

Formats audio et vidéo pris en charge dans Elements

Outre les formats d'image listés dans le Tableau 2.4, Elements prend en charge des fichiers audio et vidéo. Mais vous pouvez seulement ajouter et afficher des fichiers audio et vidéo dans l'Organiseur et imprimer la première image d'un fichier vidéo. Pour modifier des fichiers audio ou vidéo, vous devez faire appel à un logiciel spécial.

Il est possible d'importer des fichiers audio dans des diaporamas, comme l'explique le Chapitre 16. Les formats de fichier acceptés pour l'audio sont MP3, WAV, QuickTime et WMA. Si vous avez des fichiers audio sous un autre format, il vous faut d'abord les convertir. Recherchez à cet effet un programme de conversion audio sur Internet.

Vous pouvez également importer des fichiers vidéo dans des diaporamas (voir Chapitre 16). Elements prend en charge le format vidéo WMV (Windows) et Apple QuickTime (Mac OS). Comme pour les fichiers audio, si des vidéos sont enregistrées sous d'autres formats (trop nombreux pour être cités), vous devrez les convertir dans un format accepté par Elements. En ce qui concerne les utilitaires de conversion vidéo, il existe également des programmes conçus à cet effet sur Internet.

Découvrez les couleurs

Cette section présente les notions de base indispensables à connaître pour retoucher des images en couleur.

N'OUBLIEZ PAS

Avant toute manipulation des couleurs, il est essentiel de savoir ce que signifie *RVB : rouge*, *vert* et *bleu*. Il s'agit des couleurs primaires dans l'univers informatique. Oubliez tout ce que vous savez sur les couleurs primaires sur papier et pensez RVB comme votre ordinateur. Les couleurs RVB se divisent en *couches de couleur*. Même si vous ne pouvez pas visualiser chaque couche dans Elements, vous devez tout de même avoir une idée de ce dont il s'agit.

Lorsque vous voyez un *pixel* de couleur (minuscule point carré), sa couleur est définie par un niveau de luminosité (ou niveau de gris) dans chaque couche. Cela semble étrange au premier abord, mais vous allez comprendre. Lorsque vous avez une couche de couleur, comme la couche rouge, et que vous laissez passer toute la lumière au travers, vous obtenez un rouge vif. Si vous masquez légèrement cette lumière à l'aide d'un filtre gris, vous bloquez le passage de la lumière et diluez la couleur rouge. Voilà comment fonctionnent les couches. Individuellement, elles se composent toutes de différents niveaux de gris qui filtrent le rouge, le vert ou le bleu au moyen de

256 niveaux de lumière au maximum. Si vous changez l'intensité de lumière des différentes couches, vous modifiez la couleur du pixel.

Chaque couche acceptant jusqu'à 256 niveaux de luminosité, dans le modèle RVB, le nombre total de couleurs possibles correspond au produit des valeurs de chaque couche (256 × 256 × 256). Le résultat dépasse 16,7 millions, autant de couleurs qu'un écran d'ordinateur peut en afficher en mode RVB.

Maintenant que les bases théoriques sont posées, qu'en est-il de la pratique ? En effet, de nombreux outils et boîtes de dialogue mentionnent RVB dans Elements. Par exemple, si vous ouvrez un fichier et choisissez Réglages/Régler l'éclairage/Niveaux, la boîte de dialogue de la Figure 2.14 s'affiche.

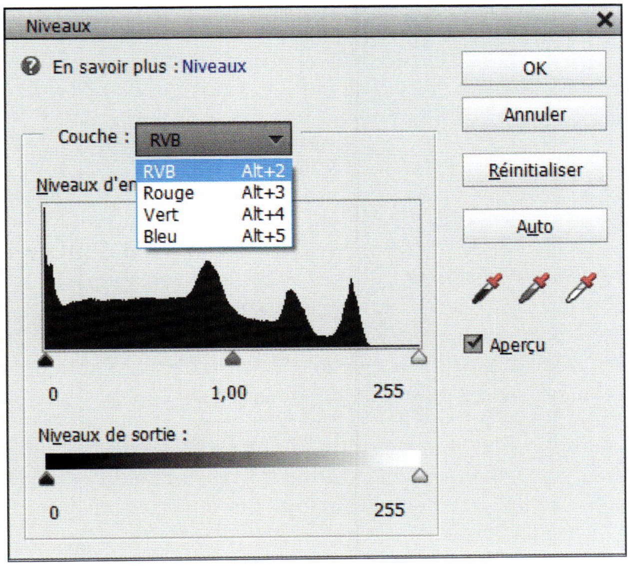

Figure 2.14 : Boîte de dialogue Niveaux.

Notez que le menu Couche contient Rouge, Vert et Bleu comme couches individuelles, ainsi que la couche combinée RVB. De plus, la zone Niveaux de sortie présente les valeurs allant de 0 à gauche à 255 à droite. En comptant 0, vous obtenez un total de 256 niveaux de luminosité différents.

Retenez que vous allez travailler avec des images RVB comportant trois couches différentes. Cela signifie que 256 niveaux de gris peuvent laisser passer ou retenir la lumière et affecter les valeurs de la luminosité et de la couleur. Reportez-vous aux Chapitres 9 et 10 pour de plus amples informations sur l'emploi des outils, tels que les niveaux, qui règlent la couleur de cette manière.

Retrouvez la bonne couleur

En matière de couleur, le plus difficile n'est pas de comprendre tous les concepts et définitions, mais de retrouver en sortie la couleur la plus proche de celle qui apparaît sur votre écran en RVB. Lorsque l'on parle de *sortie*, il peut s'agir d'une feuille imprimée ou de l'affichage sur le Web.

On se contente de la couleur « la plus proche », car il est impossible de retrouver exactement la même. Il existe bien trop de variables à gérer concernant les imprimantes et les écrans. Cependant, si vous parvenez à maîtriser la gestion des couleurs, vous limiterez au minimum les différences de couleur.

Pour faire correspondre la couleur qui apparaît à l'écran et en sortie, il vous faut préalablement étalonner, ou calibrer, votre écran, puis choisir le profil colorimétrique de l'espace de travail, ce que nous allons décrire dans les prochaines sections.

Estimez vos besoins

N'OUBLIEZ PAS

Les instructions de calibrage sont assez complexes et nécessitent une bonne compréhension pour être suivies correctement. Si vous prévoyez de partager vos photos sur écran uniquement (pages Web, Flickr, Facebook, Twitter, *etc.*) sans jamais les imprimer, vous n'avez pas besoin de vous soucier de calibrer votre écran pour corriger l'affichage des couleurs.

Contentez-vous de vérifier le niveau de luminosité de votre écran. Si les images apparaissent nettement plus sombres ou plus claires que sur d'autres écrans, vous devrez lire les instructions qui suivent pour apprendre à régler la luminosité de votre écran.

Calibrez votre écran

Votre écran a besoin d'être étalonné pour ajuster le *gamma* et la luminosité, corriger toutes les teintes ou dominantes de couleurs et généralement pour reproduire le plus fidèlement possible les bonnes couleurs en sortie. Il existe quelques outils permettant de régler la luminosité des écrans, allant des périphériques bon marché aux appareils d'étalonnage professionnels très coûteux. Autrement, vous pouvez aussi faire appel aux outils proposés par les systèmes Mac OS et Windows.

NOTE TECHNIQUE

Le *gamma* est la mesure du contraste d'une image : il représente d'une façon très technique la luminosité des tons moyens de l'image.

Nous n'allons pas mentionner ici tous les périphériques de pointe et utilitaires logiciels qui sont à votre disposition. Nous vous suggérons de vous équiper au minimum d'un système matériel destiné à créer un profil d'écran. Il existe également quelques appareils abordables, pour environ 100 , qui vous aident à régler la luminosité et la balance des couleurs de votre écran. Le mieux est de chercher un appareil sur Internet en fonction de votre budget et de votre équipement actuel. Les plus réputés sont ColorVision Spyder2express et le correcteur de couleurs Pantone Huey.

Sur les écrans LCD/LED, vous réglerez la luminosité à l'aide des boutons du moniteur de sorte que les couleurs de l'écran correspondent à celles obtenues sur papier. Effectuez quelques tests d'impression et comparez le résultat avec l'affichage à l'écran pour obtenir les couleurs les plus fidèles possible.

Ne sautez pas les étapes du calibrage de votre écran et de la recherche de couleurs fidèles à l'écran et en sortie. Nous reviendrons sur la fidélité des couleurs imprimées au Chapitre 14.

Choisissez un espace colorimétrique

Une fois les couleurs de l'écran réglées *via* un système de profilage matériel, il vous faut choisir un espace colorimétrique. Dans Elements, vous avez le choix entre deux espaces : sRVB ou Adobe RVB (1998). Pour accéder aux paramètres de l'espace de couleurs, choisissez Édition/Couleurs. La boîte de dialogue Couleurs s'affiche, comme le montre la Figure 2.15.

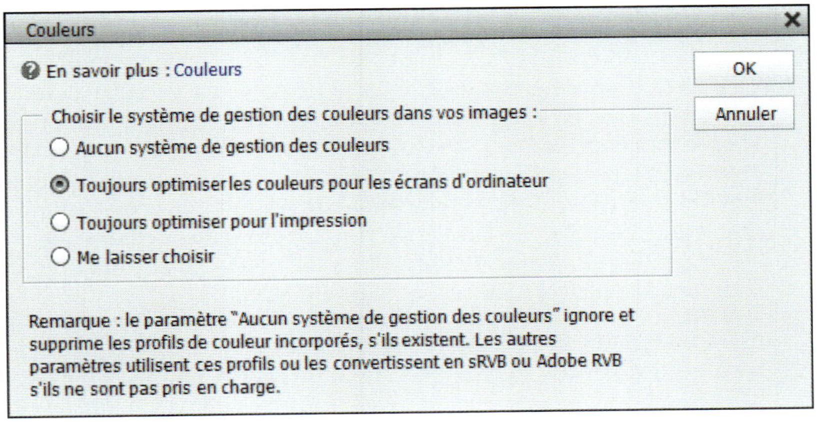

Figure 2.15 : Boîte de dialogue Couleurs.

Voici les options proposées dans la boîte de dialogue Couleurs :

- **Aucun système de gestion des couleurs :** cette option désactive la gestion des couleurs. Elle ne convient pas si vous devez réaliser un projet dans Elements. Elle vous impose d'exploiter des fichiers dont les profils de couleurs sont intégrés aux photos, ce qui n'est pas très courant. Pour de plus amples informations sur l'emploi de cette option, reportez-vous au Chapitre 14.
- **Toujours optimiser les couleurs pour les écrans d'ordinateur :** cette option définit l'espace colorimétrique sRVB. Si la couleur sRVB sert principalement à afficher des images à l'écran, cet espace convient aussi pour l'impression en couleur. De nombreuses imprimantes couleur sont capables de restituer toutes les couleurs visibles dans l'espace colorimétrique sRVB. En outre, beaucoup de services de tirage en ligne préfèrent l'espace sRVB (voir Chapitre 16).
- **Toujours optimiser pour l'impression :** cette option définit l'espace colorimétrique Adobe RVB (1998). La couleur de cet espace est la meilleure qu'on puisse obtenir avec des écrans récents et des imprimantes récentes. Vous pouvez donc choisir cette option comme espace par défaut.
- **Me laisser choisir :** avec cette option, Elements vous invite à choisir un profil lorsque vous ouvrez des images sans profil. Ce paramètre est très pratique si vous alternez souvent entre des images pour affichage écran et pour l'impression.

Fonctionnement des profils

Vous avez probablement créé le profil de couleurs de votre écran en le calibrant. Vous avez également sélectionné un profil de couleurs lorsque vous avez ouvert la boîte de dialogue Couleurs et choisi votre espace colorimétrique. Au démarrage de l'ordinateur, votre profil de couleurs d'écran s'active et règle la luminosité de l'écran, puis corrige une éventuelle dominante couleur. Si vous ouvrez une photo dans Elements, la couleur de l'espace colorimétrique de votre écran se convertit automatiquement en couleurs de votre espace de couleurs de travail.

Au moment de l'impression, un autre profil de couleurs entre en jeu pour restituer les photos à l'aide de votre imprimante couleur de bureau. La couleur de votre espace de travail est alors convertie dans l'espace colorimétrique de l'imprimante. Le Chapitre 14 explique comment exploiter les profils de couleurs pour l'impression. En attendant, retenez que le résultat obtenu en sortie dépend du bon usage de chacun de ces profils.

3

Explorer l'Éditeur

Dans ce chapitre :

- Examinez l'espace de travail de l'Éditeur.
- Utilisez la corbeille des photos.
- Travaillez en mode Rapide et en mode Guidée.
- Accédez aux préférences.
- Personnalisez les paramètres prédéfinis.

Photoshop Elements se compose de deux espaces distincts : l'Organiseur, étudié au Chapitre 4, et l'Éditeur, présenté au Chapitre 1. Vous gérez vos catalogues d'images dans l'Organiseur et retouchez les photos dans l'Éditeur.

Nous continuons d'étudier l'Éditeur dans ce chapitre pour vous permettre d'aller plus loin dans les tâches de retouche d'image. Vous trouverez ici une description détaillée de l'espace de travail de l'Éditeur et apprendrez à basculer entre les trois modes de retouche : Expert, Rapide et Guidée.

Interface de l'Éditeur

Avant de vous lancer dans la retouche, prenez le temps de vous familiariser avec l'espace de travail de l'Éditeur et surtout d'apprendre à passer d'un mode à l'autre. Lorsque l'Éditeur est en mode Expert vous disposez des éléments suivants (illustrés à la Figure 3.1)

A. Barre de menus : comme la majorité des logiciels, Elements présente une barre de menus déroulants. Conçus et nommés avec logique, ils donnent accès aux commandes nécessaires pour travailler sur les images, y compris de nombreuses commandes qu'on ne trouve pas ailleurs dans l'interface. Le nom de chaque menu est évocateur des types de commandes qu'il regroupe. Nos instructions vous dirigent vers la barre de menus lorsque nécessaire. La plupart des commandes de menus de Photoshop Elements 14 sont les mêmes que dans les versions précédentes.

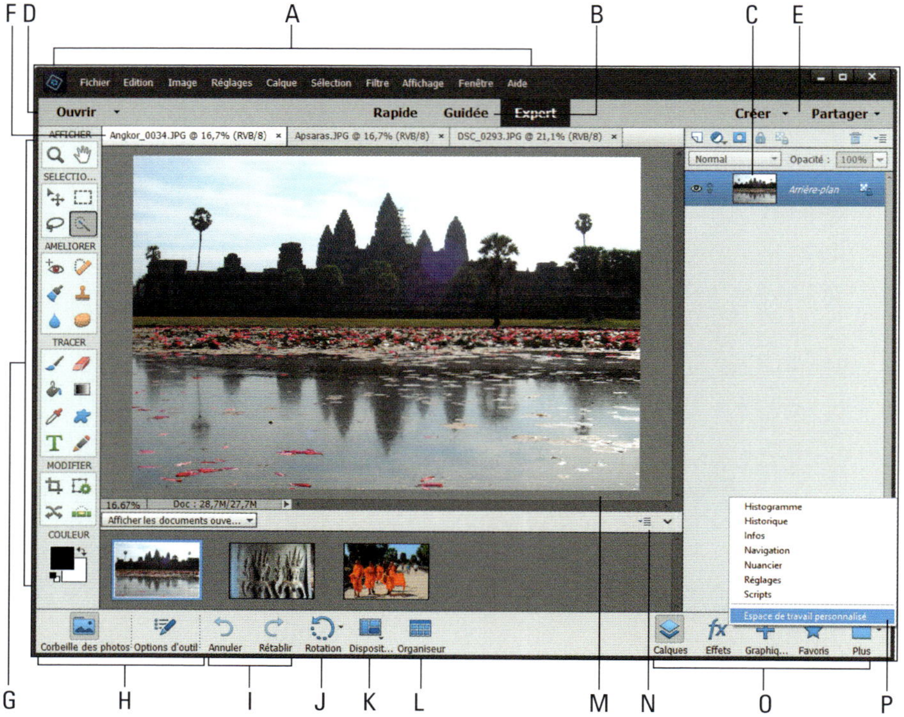

Figure 3.1 : Espace de travail de l'Éditeur.

B. Modes d'édition : il y a trois modes de retouche. Le mode illustré Figure 3.1 est le mode Expert. Le mode Rapide est présenté brièvement au Chapitre 1 et étudié en détail au Chapitre 9. Vous trouverez plus loin dans ce chapitre une introduction au mode Guidée. Les troisième et quatrième parties sont consacrées aux différentes fonctions du mode Expert, y compris la définition de sélections, la composition de plusieurs images, le dessin, l'ajout de texte et les expérimentations artistiques avec les filtres et les effets.

C. Corbeille des panneaux : dans la Figure 3.1, vous voyez le panneau Calques. Vous pouvez afficher un autre panneau en cliquant sur son nom au bas de la corbeille des panneaux (voir le point O). Les options des projets apparaissent aussi dans cette zone lorsque vous débutez un projet en cliquant sur une commande du menu Créer (voir le point E).

D. Menu Ouvrir : quand vous avez plusieurs fichiers ouverts dans l'Éditeur, le menu Ouvrir est l'une des méthodes possibles pour basculer entre les fichiers. Pour utiliser ce menu, cliquez sur la pointe de flèche du bouton Ouvrir et choisissez dans la liste l'image à activer. Notez que le menu Ouvrir permet également de créer un nouveau fichier vide.

Trois fichiers sont ouverts dans la Figure 3.1, ce qui est indiqué par la présence de trois onglets en haut de la fenêtre d'image, un pour chaque photo ouverte. Vous disposez d'autres méthodes pour afficher dans la fenêtre d'image l'une des photos ouvertes :

- Cliquez sur l'un des onglets en haut de la fenêtre d'image pour activer l'image correspondante (voir le point F).
- Cliquez sur une vignette dans la corbeille des photos (voir le point H).
- Ouvrez le menu Fenêtre et sélectionnez un fichier.

E. **Créer et Partager :** lorsque vous cliquez sur l'une des commandes du menu Créer, vous quittez le mode de retouche pour passer en mode de création. Par exemple, si vous êtes en mode Expert et sélectionnez Créer/Collage photo, tous les outils du mode Expert disparaissent pour faire place à l'assistant Collage photo. Pour revenir au mode de retouche, terminez ou annulez la création en cours. Le menu Partager fonctionne sur le même principe pour présenter des options de partage de vos photos. (Vous verrez les options du menu Partager au Chapitre 15 et celles du menu Créer au Chapitre 16.)

F. **Onglets des images :** par défaut, chaque photo ouverte est représentée par un onglet en haut de la fenêtre.

En jargon technique, on dit que les images sont *ancrées* à la fenêtre d'image. Vous pouvez faire glisser un onglet vers le bas pour rendre l'*image flottante* (à condition que l'option Autoriser les documents flottants en mode Expert soit cochée dans les préférences générales de l'Éditeur, comme nous verrons à la fin de ce chapitre). L'image flottante apparaît alors dans sa propre fenêtre d'image, ce qui est utile lorsque vous voulez copier et coller des portions d'une image à l'autre. Vous pouvez aussi voir tous les fichiers ouverts en fenêtres flottantes en choisissant Tout en mode flottant dans le menu Disposition (voir le point K).

G. **Palette d'outils :** cette palette met à votre disposition les outils de l'Éditeur. Il suffit de cliquer sur l'icône d'un outil pour l'activer et l'utiliser dans l'image. Voir « Activez les outils » et « Définissez les options d'un outil », plus loin dans ce chapitre.

H. **Corbeille des photos/Options d'outil :** la Figure 3.1 présente la corbeille des photos ouvertes dans cette zone. Cliquez sur le bouton Options d'outil pour remplacer les vignettes des photos par les options de l'outil actif. Les options apparaissent automatiquement lorsque vous activez un outil dans la palette d'outils.

Les options d'outil servent à configurer le fonctionnement de l'outil actif. Par exemple, vous voyez à la Figure 3.2 les options du Pinceau, qui permettent, entre autres, de changer le style et le diamètre des traits. (Vous en saurez plus sur le fonctionnement des outils dans les chapitres concernés ; l'emploi du Pinceau, par exemple, est décrit au Chapitre 12, consacré au dessin.)

Les options proposées varient en fonction de l'outil actif. Pour revenir à la corbeille des photos, cliquez sur le bouton Corbeille des photos dans l'angle inférieur gauche de la fenêtre.

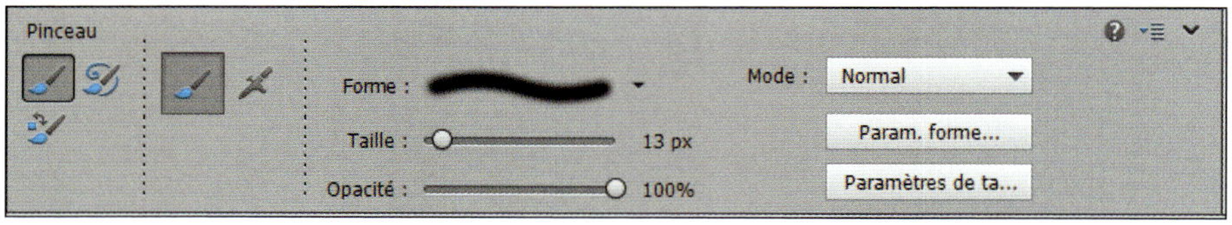

Figure 3.2 : Les options d'outil servent à personnaliser le fonctionnement de l'outil actif.

I. **Annuler/Rétablir :** ces commandes sont si utiles qu'Adobe leur a réservé une position de choix dans l'interface d'Elements. (Le Chapitre 1 présente d'autres méthodes pour annuler et rétablir.) Cliquez sur le bouton Annuler ou Rétablir pour effectuer l'opération correspondante. Vous disposez aussi des raccourcis clavier Ctrl + Z (⌘ + Z sous Mac) pour annuler et Ctrl + Y (⌘ + Y) pour rétablir l'opération annulée.

J. **Rotation :** cliquez sur le bouton Rotation pour faire pivoter l'image active d'un quart de tour. Pour faire pivoter dans l'autre sens, cliquez sur la flèche du bouton afin de choisir le sens de rotation.

K. **Disposition :** lorsque plusieurs photos sont ouvertes dans l'Éditeur, vous pouvez choisir leur présentation dans la fenêtre d'image en sélectionnant l'une des options du menu Disposition (rangées, colonnes, grille, *etc.*). Pour retrouver l'affichage habituel avec les images ancrées, choisissez l'option Par défaut dans le menu Disposition.

L. **Organiseur :** cliquez sur le bouton Organiseur pour ouvrir la fenêtre Organiseur. Vous constatez qu'il est très facile de basculer d'un espace à l'autre en cliquant sur le bouton Organiseur ou Éditeur au bas de la fenêtre.

M. **Fenêtre d'image :** cette zone affiche l'image active sur laquelle vous pouvez travailler. Selon la disposition choisie, il peut y avoir plusieurs images visibles dans la fenêtre d'image.

N. **Menu d'options de la corbeille des photos :** cliquez sur cette icône pour ouvrir une liste de tâches, telles qu'Imprimer les fichiers de la corbeille ou Enregistrer la corbeille sous forme d'album.

O. Icônes de la corbeille des panneaux : cliquez sur une icône au bas de la corbeille des panneaux pour afficher le panneau correspondant. Les panneaux accessibles par ce biais sont les panneaux Calques, Effets, Graphiques et Favoris. Ils restent ancrés à la corbeille et ne peuvent pas être déplacés, à moins que vous ne choisissiez Espace de travail personnalisé (voir le point P). L'emploi des panneaux est décrit en détail plus loin à la section « Manipulez les panneaux ».

P. Menu d'options des panneaux : pour accéder à d'autres panneaux, cliquez sur la flèche du bouton Plus et sélectionnez un panneau dans la liste. Ces panneaux s'ouvrent en panneaux flottants et ne peuvent pas être ancrés à la corbeille des panneaux.

Remarquez la dernière option du menu Plus, nommée Espace de travail personnalisé. Elle vous permet de déplacer tous les panneaux, de les ancrer et les détacher à volonté de la corbeille des panneaux.

Ce chapitre se limite à une brève description de l'espace de travail de l'Éditeur. L'emploi des outils, panneaux et commandes est décrit plus en détail dans les prochains chapitres. Pour l'instant, contentez-vous d'observer ce que propose chacun des modes d'édition et de vous habituer à passer de l'un à l'autre.

Examinez la fenêtre d'image

Les outils et fonctions de l'Éditeur sont évidemment plus utiles lorsqu'une image est ouverte dans la fenêtre. Pour ouvrir une image dans cette fenêtre, comme dans la Figure 3.3, procédez comme suit :

1. **Choisissez Fichier/Ouvrir.**

   La boîte de dialogue Ouvrir apparaît. Elle est identique à celle de toutes les applications.

   N'OUBLIEZ PAS

   Vous pourriez aussi sélectionner des photos dans l'Organiseur et cliquer sur le bouton Éditeur pour les ouvrir dans l'Éditeur.

2. **Parcourez votre disque dur pour accéder à vos dossiers, puis choisissez une image.**

3. **Une fois l'image sélectionnée, cliquez sur Ouvrir.**

   La photo s'ouvre dans une nouvelle fenêtre d'image de l'Éditeur.

N'OUBLIEZ PAS

Ouvrez autant d'images que vous le souhaitez. Seule la mémoire de votre ordinateur peut limiter le nombre de fichiers ouverts. Quand vous ouvrez un fichier, une vignette d'image s'ajoute à la corbeille des photos au bas de l'écran (voir Figure 3.1).

Remarquez, à la Figure 3.1, que les noms des fichiers ouverts apparaissent dans une rangée d'onglets en haut de la fenêtre d'image. Les fichiers ouverts sont aussi représentés chacun par une vignette dans la corbeille des photos. Pour activer une image, cliquez sur son onglet ou double-cliquez sur sa vignette dans la corbeille des photos. Pour fermer une photo, cliquez sur la croix (X) à côté du nom de fichier ou lancez la commande Fichier/Fermer.

Voici un aperçu des éléments importants de la fenêtre d'image, illustrée par la Figure 3.3 :

- **Nom de fichier :** apparaît en haut de la fenêtre d'image pour chaque fichier ouvert dans l'Éditeur.
- **Bouton de fermeture :** cliquez sur la croix à droite du nom de fichier pour fermer l'image correspondante (sous Mac, cliquez sur le bouton rouge à gauche lorsque la fenêtre d'image est flottante.)
- **Barres de défilement : elles apparaissent** lorsque vous augmentez le facteur de zoom d'une image. Pour décaler la vue, vous pouvez cliquer sur les flèches, faire glisser le pavé des barres de défilement ou activer l'outil Main dans la palette d'outils et faire glisser l'image.

Figure 3.3 : La fenêtre d'image affiche un fichier ouvert dans l'Éditeur.

Sous Mac, si les barres de défilement n'apparaissent pas par défaut, ouvrez les Préférences Système depuis le Dock. Dans les préférences générales, activez l'option Toujours de la section Afficher les barres de défilement.

- **Case de zoom :** indique le facteur de grossissement actuel.
- **Zone d'informations :** affiche certaines informations, que vous choisissez en sélectionnant l'une des options du menu déroulant, sur lequel nous reviendrons plus loin dans cette section.

Lorsque vous travaillez sur une image, il peut être utile de connaître sa taille, sa résolution et son mode de couleur (termes que nous expliquons au Chapitre 2). Quelle que soit l'option choisie dans la barre d'état, vous pouvez visualiser ces données d'un seul coup d'œil en cliquant dans la zone d'informations (et non pas sur la pointe de flèche), qui ouvre un menu semblable à celui de la Figure 3.4.

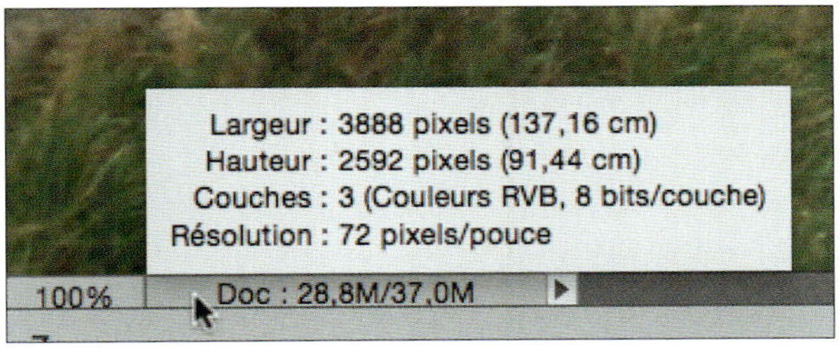

Figure 3.4 : Cliquez dans la zone d'informations de la barre d'état pour afficher des informations sur le fichier.

- **Case de redimensionnement :** permet de redimensionner la fenêtre quand elle n'est pas ancrée. Lorsque vous placez le pointeur sur la case, une flèche diagonale à deux têtes apparaît. Cliquez et faites glisser le pointeur pour réduire ou agrandir la fenêtre.

Vous pouvez aussi redimensionner une fenêtre flottante en faisant glisser l'un des trois autres angles.

Maintenant que la fenêtre d'image n'a plus aucun secret pour vous, passons au menu déroulant de la zone d'informations, qui sert à choisir le type d'informations à présenter. Cliquez sur la flèche noire à droite de la zone d'informations pour ouvrir son menu, illustré à la Figure 3.5.

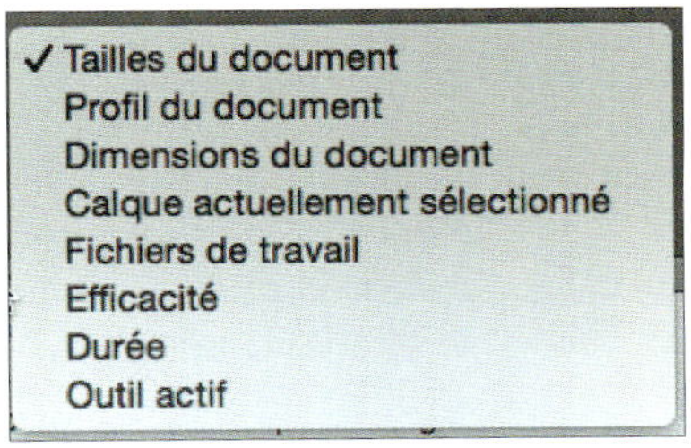

Figure 3.5 : Choisissez dans ce menu le type d'informations à afficher dans la barre d'état à propos du fichier actif.

Voici les différentes options du menu :

- **Tailles du document :** indique le poids du fichier enregistré. Pour en savoir plus à propos du poids des fichiers et de la résolution, reportez-vous au Chapitre 2.
- **Profil du document :** indique le profil couleur associé au fichier. Ce profil est utile pour l'impression des photos. Reportez-vous aux Chapitres 2 et 14 pour vous informer sur l'emploi des profils couleur.
- **Dimensions du document :** indique la taille du document dans l'unité de mesure définie par défaut, à savoir les centimètres.
- **Calque actuellement sélectionné :** cette zone affiche le nom du calque actif dans le panneau Calques, c'est-à-dire le calque sur lequel les outils agissent.
- **Fichiers de travail :** indique la quantité de mémoire du disque dur mobilisée par tous les documents ouverts dans Elements. Par exemple, 20 Mo/200 Mo signifie que les documents ouverts consomment 20 Mo et que 200 Mo sont à la disposition d'Elements pour modifier vos images. Si vous ajoutez du contenu à un fichier, comme de nouveaux calques, le premier nombre va augmenter, mais pas le second. Si Elements semble peiner à traiter vos commandes, vérifiez la taille des fichiers de travail pour voir si la lenteur provient de la complexité du fichier en cours. Auquel cas, vous pourriez effacer l'historique (voir Chapitre 1) ou fusionner des calques (voir Chapitre 8) pour libérer de la mémoire.
- **Efficacité :** indique le nombre d'opérations que vous exécutez en mémoire RAM par rapport à la taille de l'espace disque. Si vous avez 100 %, vous travaillez en mémoire vive. Si le nombre est inférieur à 100 %, vous exploitez le disque de travail.

  Si vous êtes continuellement sous 100 %, cela signifie qu'il vous faut davantage de RAM pour améliorer votre efficacité.
- **Durée :** indique le temps qui a été nécessaire pour achever la dernière opération.
- **Outil actif :** présente le nom de l'outil actif, sélectionné dans la palette d'outils.

Ces informations sont-elles vraiment utiles ? Prenons l'exemple d'une belle photo que vous voudriez publier sur Facebook. Vous constatez ici que la photo imprimée mesurerait 20 centimètres sur 25 avec une résolution de 300 pixels par pouce (ppp) et que son fichier pèse plus de 20 Mo. Un seul coup d'œil vous suffit donc pour savoir qu'il faudrait réduire de moitié les dimensions de la photo sans oublier de réduire sa résolution à 72 ppp (ce qui réduirait son poids de façon significative de 20 Mo à moins de 400 ko). Changer la résolution est très efficace pour réduire le poids des photos.

Nous indiquons au Chapitre 2 comment modifier le poids des fichiers et les dimensions des images. Retenez que ce menu présente des informations utiles lors de la préparation d'images à imprimer ou à afficher sur écran.

Il n'est pas indispensable de comprendre l'intérêt de toutes ces informations. Retenez que vous pouvez ouvrir ce menu à tout moment pour changer le type d'informations présentées.

Exploitez les menus contextuels

Les menus contextuels apparaissent dans de nombreux programmes et Photoshop Elements ne déroge pas à la règle. Il s'agit de menus qui s'affichent en réponse à un clic du bouton droit pour vous proposer des commandes et des outils associés à la zone ou à l'outil sur lequel vous avez cliqué.

Les menus contextuels constituent une bonne solution lorsque vous ne savez pas vraiment quel menu consulter pour trouver une commande. Il vous suffit de cliquer sur un élément du bouton droit et un menu déroulant apparaît.

Comme les menus contextuels proposent des commandes associées à l'outil en cours d'utilisation, ces dernières varient selon l'outil ou la fonctionnalité que vous employez et selon l'endroit où vous cliquez pour ouvrir le menu. Par exemple, la Figure 3.6 illustre le menu contextuel qui apparaît lorsque nous traçons un rectangle de sélection et que nous cliquons à l'intérieur de la sélection dans la fenêtre d'image. Notez que les commandes proposées sont toutes en relation avec les sélections.

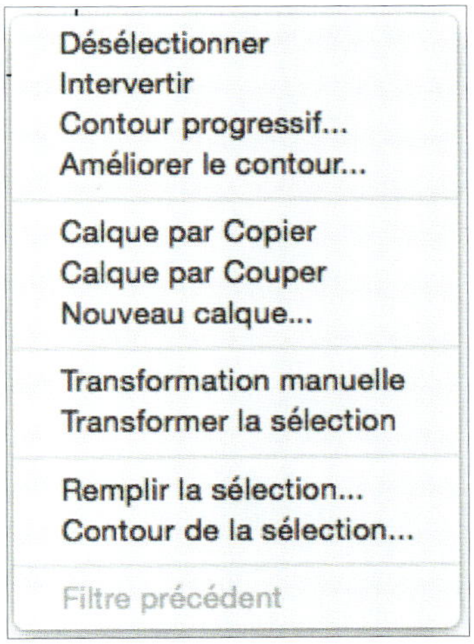

Figure 3.6 : Menu contextuel des sélections.

Activez les outils

Très souvent, pour travailler sur une image, vous commencerez par activer un outil dans la palette d'outils. (Si nécessaire, référez-vous à la Figure 3.1 pour voir la palette d'outils.) La logique est d'activer d'abord l'outil puis de régler ses options pour définir son fonctionnement.

Certains outils de la palette d'outils sont associés à des outils complémentaires ou variantes, accessibles dans la zone Options d'outil.

Par exemple, l'Ellipse de sélection est accessible dans la zone Options d'outil du Rectangle de sélection, sous la fenêtre d'image. La Figure 3.7 montre que lorsque l'outil Baguette magique est actif dans la palette d'outils, la zone Options d'outil donne accès aux outils Sélection rapide, Forme de sélection et Améliorer la forme de sélection. L'emploi de la zone Options d'outil est décrit à la section suivante.

N'OUBLIEZ PAS

Si vous ne trouvez pas un outil dans la palette d'outils, pensez à le chercher dans les options d'un outil apparenté.

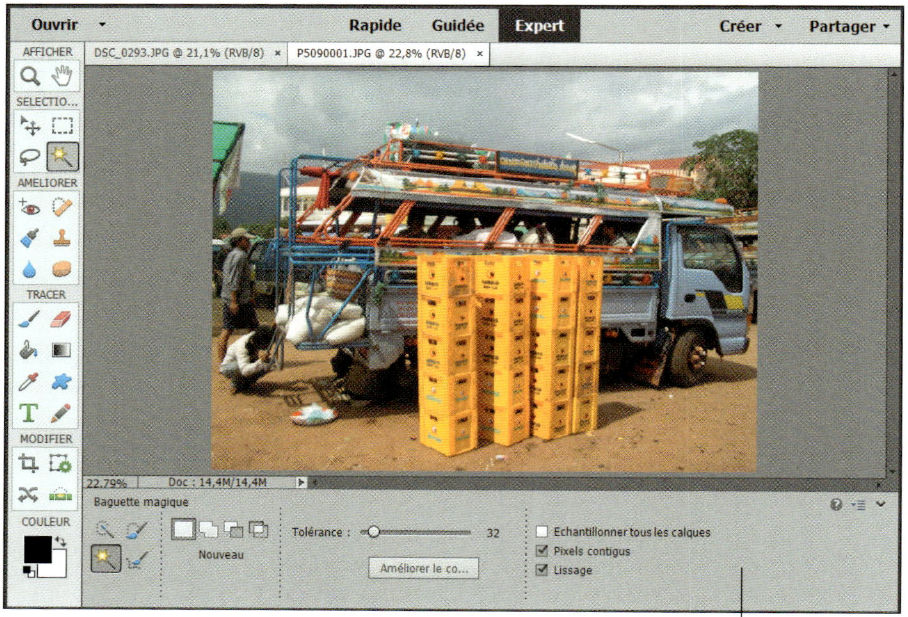

Panneau Options d'outil

Figure 3.7 : Les outils complémentaires sont accessibles dans les options de l'outil actif.

Il est facile d'activer les outils par leur touche de raccourci clavier ; ces touches sont indiquées à la Figure 3.8.

Les astuces suivantes vous aideront à activer les outils au moyen du clavier :

- **Appuyez de nouveau sur la touche de raccourci pour activer l'outil suivant au sein du groupe.** Par exemple, appuyez deux fois sur L pour activer le Lasso puis le Lasso magnétique.
- **Un paramètre des préférences générales détermine si vous devez appuyer sur la touche Maj pour sélectionner les outils d'un groupe.** Par défaut, l'option Touche Maj pour changer d'outil est activée dans les préférences de l'Éditeur. Pour modifier ce paramètre, appuyez sur Ctrl + K (⌘ + K sous Mac).

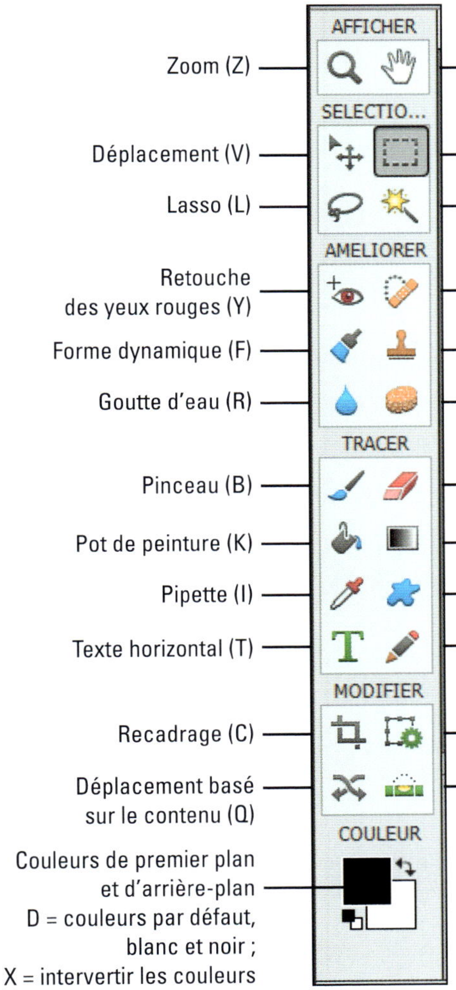

Figure 3.8 : La palette d'outils et les touches permettant d'activer chaque outil depuis le clavier.

> ✓ **Les raccourcis fonctionnent toujours, sauf quand vous tapez du texte avec le curseur actif dans un bloc de texte.** Assurez-vous de cliquer dans la palette d'outils pour activer un autre outil lorsque vous avez terminé de modifier du texte ou cliquez sur la coche de validation pour désactiver la saisie de texte.

Les outils sont très variés et il est très probable que vous n'aurez pas besoin de tous les utiliser pour vos projets. Au lieu de décrire les fonctions de tous les outils, nous avons réparti les explications dans tout le livre aux endroits où ils servent à effectuer une tâche précise.

Définissez les options d'un outil

Lorsque vous activez un outil dans la palette d'outils, la zone Options d'outil affiche les options associées à cet outil. Vous avez vu à la Figure 3.7 les options disponibles pour l'outil Baguette magique. C'est à cet endroit que vous pouvez activer un autre outil du groupe et définir le fonctionnement de l'outil actif.

À la Figure 3.7, il y a un curseur pour régler la tolérance de la Baguette magique et des options pour ajouter et soustraire à la sélection ou former une nouvelle sélection.

Ces options sont communes à la majorité des outils disponibles dans la palette d'outils.

Manipulez les panneaux

Les panneaux vous permettent d'exploiter des fonctions spéciales comme les calques et les effets. Dans l'Éditeur, ces panneaux s'ouvrent dans la corbeille des panneaux.

- **Calques.** Le panneau Calques affiche tous les calques que vous avez ajoutés à la photo. Le Chapitre 8 est entièrement consacré aux calques. Pour l'instant, tâchez de comprendre ce que contiennent les panneaux. Le panneau Calques présente une rangée d'outils en haut et l'icône de quatre barres horizontales dans l'angle supérieur droit (voir Figure 3.9).

  Cette icône ouvre un menu d'options relatives au panneau. La Figure 3.10 présente les commandes disponibles dans ce menu pour agir sur les calques.

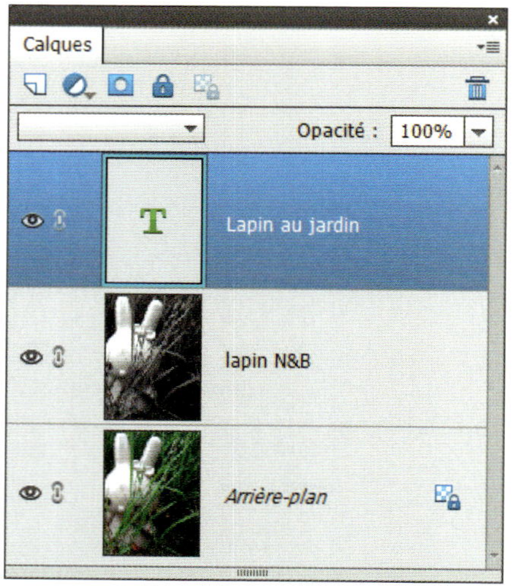

Figure 3.9 : Le panneau Calques contient des outils et une icône qui ouvre un menu de commandes relatives aux calques.

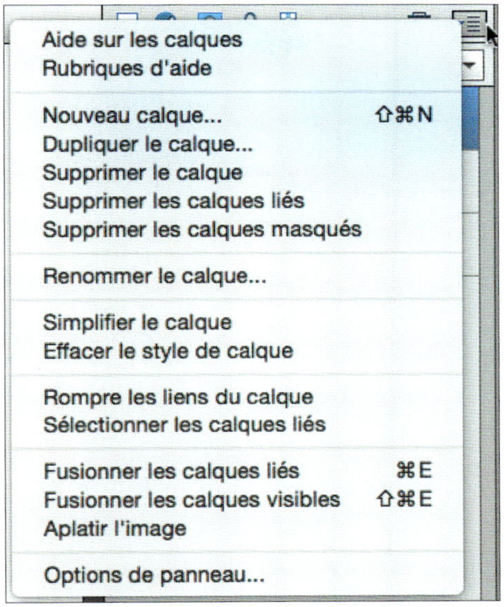

Figure 3.10 : Menu d'options du panneau Calques.

- **Effets.** Au bas de la corbeille des panneaux, cliquez sur le bouton fx pour ouvrir le panneau Effets. Celui-ci contient des menus et des onglets vous permettant d'appliquer différents effets spéciaux à vos images. Il suffit de double-cliquer sur la vignette d'un effet pour l'appliquer. Les effets seront étudiés au Chapitre 11.
- **Graphiques.** Le panneau Graphiques présente un large assortiment d'illustrations et de graphismes que vous pouvez intégrer à vos images, y compris des cadres fantaisie.
- **Favoris.** Le panneau Favoris vous sert à regrouper vos effets et graphismes préférés.
- **Autres panneaux.** Cliquez sur la flèche du bouton Plus au bas de la corbeille des panneaux pour ouvrir un menu donnant accès à d'autres panneaux. Les panneaux Calques, Effets, Graphiques et Favoris sont ancrés à la corbeille des panneaux et ne peuvent en être détachés. Les panneaux complémentaires, qui s'ouvrent à partir du bouton Plus (voir Figure 3.11) sont des panneaux flottants.

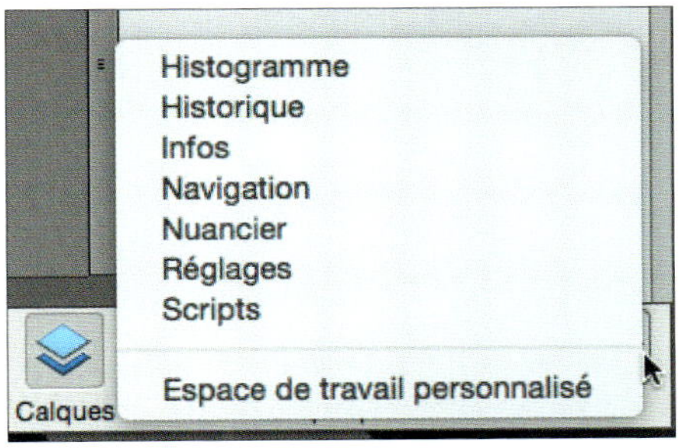

Figure 3.11 : Cliquez la flèche du bouton Plus pour ouvrir un panneau complémentaire.

- **Histogramme.** Ce panneau affiche l'histogramme de l'image active (voir Chapitres 9 et 10).
- **Historique.** Ce panneau sert à revenir dans l'historique de modification de l'image (voir Chapitre 1).
- **Informations.** Le panneau Informations affiche les valeurs de couleur du point survolé par le pointeur et sa position dans le document.
- **Navigation.** Ce panneau sert à se déplacer dans l'image et à changer son grossissement.
- **Nuancier.** Ce panneau affiche un nuancier de couleurs prédéfinies que vous pouvez sélectionner pour dessiner dans l'image (voir Chapitre 12).
- **Réglages.** Le panneau Réglages s'active seulement lorsqu'il y a un calque de réglage ajouté à l'image (voir Chapitre 10).
- **Scripts.** Les scripts sont des macrocommandes qui servent à automatiser une série d'opérations sur les images. La Figure 3.12 présente la série de scripts d'Elements. Le menu d'options du panneau Scripts permet de charger, remplacer, réinitialiser et effacer les scripts.

  Vous ne pouvez pas enregistrer vos propres scripts dans Elements 14, mais vous pouvez charger ceux qui sont créés dans Photoshop.

  TRUC Vous trouverez sur le Web des scripts à télécharger gratuitement en lançant une recherche sur les termes « scripts Photoshop » ou « Photoshop actions » en anglais.

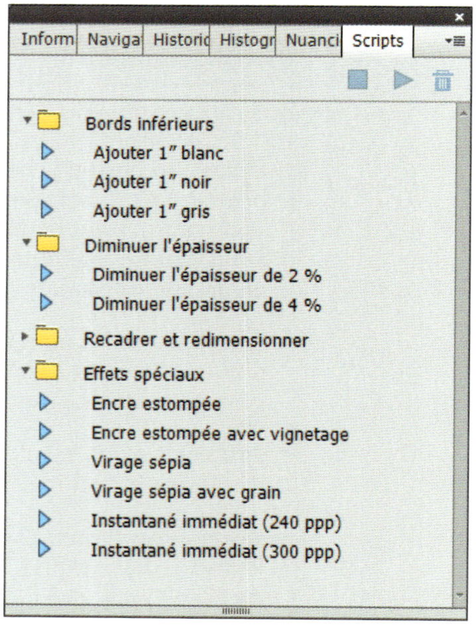

Figure 3.12 : Scripts pour l'application rapide de commandes prédéfinies.

- **Espace de travail personnalisé :** en activant cette option, vous pouvez ancrer et détacher les panneaux pour configurer l'espace de travail à votre guise.
- **Créer/Partager.** Ces volets sont également présents dans l'Organiseur. Sélectionnez l'une des commandes du menu Créer en haut de la

corbeille des panneaux pour ouvrir le volet Créer dans l'Éditeur. Dans l'Éditeur comme dans l'Organiseur, le volet Créer sert à réaliser des projets guidés, tels que des calendriers, cartes de vœux, collages, *etc*. Le volet Partager contient des options de partage de vos photos. L'utilisation de ces volets est étudiée aux Chapitres 15 et 16.

Par défaut, les panneaux complémentaires s'ouvrent groupés dans une fenêtre flottante. Vous pouvez faire glisser un panneau pour le détacher du groupe, puis le réintégrer au groupe par glissement.

N'OUBLIEZ PAS

Tous les panneaux, dans l'Éditeur et dans l'Organiseur, ont un menu d'options qui s'ouvre d'un clic sur l'icône de quatre petites lignes horizontales dans l'angle supérieur droit.

Utilisez la corbeille des photos

La corbeille des photos contient les vignettes de toutes les images ouvertes dans l'Éditeur. Elle vous permet de voir ensemble les miniatures de toutes les images ouvertes, comme le montre la Figure 3.1. Vous pouvez également voir des vignettes de toutes les vues que vous avez définies pour une même image. Les sections suivantes expliquent l'emploi de la corbeille des photos.

TRUC

Vous pouvez changer l'ordre des vignettes dans la corbeille des photos en les faisant glisser latéralement une à une.

Définissez plusieurs vues pour une image

Des vues différentes de la même image ? Tout à fait. Vous pouvez définir une nouvelle vue lorsque vous voulez grossir une portion pour y apporter une modification précise, puis revenir à une vue plus large. Voici comment procéder :

1. **Double-cliquez sur la vignette d'une image dans la corbeille des photos.**

   Il faut au moins un fichier ouvert dans l'Éditeur. La photo choisie apparaît dans la fenêtre d'image en tant que document actif.

2. **Choisissez Affichage/Nouvelle fenêtre pour *<nomdufichier>*.**

   <nomdufichier> est le nom du fichier actif dans la fenêtre d'image.

3. **Zoomez dans la nouvelle fenêtre.**

   Un deuxième exemplaire de l'image apparaît et une vignette s'ajoute à la corbeille des photos.

Pour grossir la vue, activez l'outil Zoom et cliquez plusieurs fois dans l'image.

4. **Passez d'une vue à l'autre de la même image.**

Double-cliquez sur la vignette d'origine pour afficher la première vue ou l'autre vignette pour afficher la vue grossie.

Affichez le nom des fichiers

Par défaut, les images ouvertes sont présentées en miniatures dans la corbeille des photos sans le nom de leur fichier. Si vous voulez qu'ils y apparaissent, cliquez du bouton droit sur une vignette dans la corbeille des photos et choisissez Afficher les noms de fichier.

Utilisez les raccourcis de la corbeille des photos

Le menu d'options de la corbeille des photos propose différentes tâches que vous pouvez effectuer simultanément sur les photos ouvertes dans l'Éditeur. Cliquez sur l'icône du menu d'options pour voir la liste de commandes présentée à la Figure 3.13.

Figure 3.13 : Ouvrez le menu d'options de la corbeille pour voir les tâches proposées.

Les tâches disponibles dans ce menu sont les suivantes :

- **Imprimer les fichiers de la corbeille.** Sélectionnez dans la corbeille les photos que vous désirez imprimer et choisissez Imprimer les fichiers de la corbeille. Les images sélectionnées s'ouvrent dans la boîte de dialogue Imprimer où vous pouvez configurer et lancer l'impression.
- **Enregistrer la corbeille sous forme d'album.** Vous pouvez ajouter des photos à un album ou en créer un nouveau. Les albums sont très utiles comme point de départ d'une création, comme vous le verrez au Chapitre 16.
- **Afficher la grille.** Par défaut, aucun séparateur n'apparaît entre les miniatures affichées dans la corbeille. Pour séparer ainsi les images, cochez cette option.

Mode Guidée

Le mode d'édition guidée est une fonction de retouche fantastique. Pour y accéder, cliquez sur le bouton Guidée en haut de la fenêtre de l'Éditeur.

Le mode de retouche Guidée n'est pas une nouveauté d'Elements 14, mais l'interface de ce mode a été entièrement remodelée. Comme son nom l'indique, le mode Guidée suit un processus ordonné pour vous guider dans l'exécution de diverses tâches de retouche photo. La fenêtre de retouche guidée présente graphiquement une liste de retouches et d'effets spéciaux. Sélectionnez l'une des catégories de retouche en haut ; dans l'exemple de la Figure 3.14, c'est la catégorie Notions de base qui est affichée. Les différentes tâches de retouche sont groupées par catégorie, comme vous le constatez en cliquant sur chacune d'elle en haut de la fenêtre.

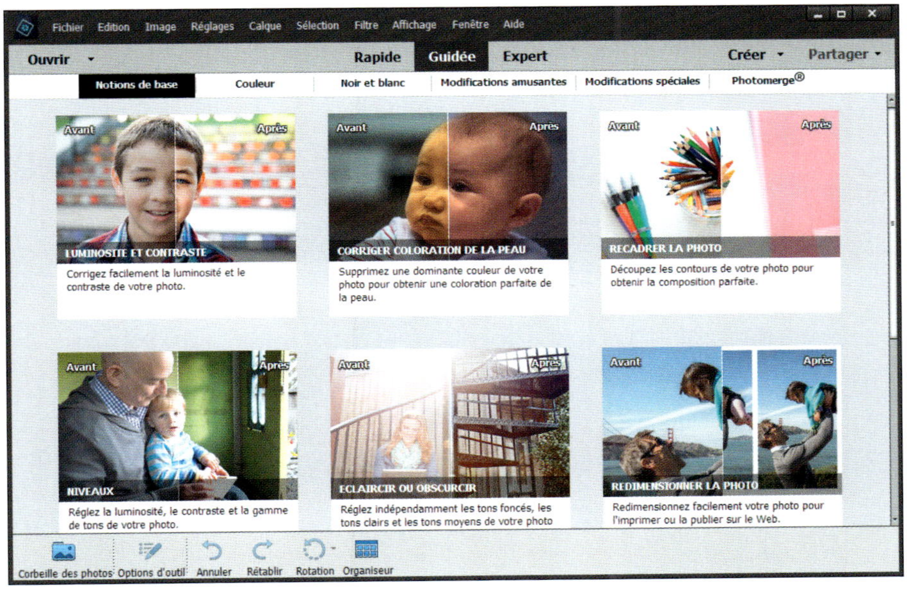

Figure 3.14 : Cliquez sur le bouton Guidée pour passer en mode de retouche guidée.

Ce mode ne contient pas toutes les retouches possibles, mais vous disposez ici d'une liste impressionnante des nombreuses tâches auxquelles vous aurez souvent recours.

Elements 14 propose deux nouvelles tâches en mode Guidée :

- **Effet de vitesse** ajoute un effet de mouvement en toute simplicité.
- **Redimensionner** vous aide à changer les dimensions d'une photo.

TRUC

La meilleure façon d'apprendre quels résultats sont possibles consiste à ouvrir des photos et à leur appliquer différentes retouches guidées. Pour les tâches les plus complexes, vous disposez d'un lien qui conduit vers un didacticiel vidéo en ligne pour vous aider à comprendre la procédure.

Certaines tâches, comme Pile d'images, nécessitent l'emploi de plusieurs photos. Ouvrez toutes les photos dans l'Éditeur et sélectionnez-les dans la corbeille des photos avant de leur appliquer un effet.

Certains effets ont pour résultat de donner du lustre à des photos qui paraissaient auparavant sans intérêt. Essayez les effets Appareil photo Lomo (équivalent du traitement croisé du négatif), Photo ancienne, Effet de film saturé et Profondeur de champ. Pour appliquer un effet créatif, essayez Effet Puzzle dans la catégorie Modifications amusantes ou Accentuer les couleurs N&B de la catégorie Noir et blanc.

Vous obtiendrez un résultat très original en conservant la couleur sur une portion de l'image tandis que le reste est converti en niveaux de gris. C'est l'effet produit par la retouche Sélection en N&B, dont les instructions sont illustrées à la Figure 3.15.

Figure 3.15 : Suivez les instructions du mode Guidée pour réaliser une tâche particulière.

Contrôlez l'environnement de l'Éditeur

Le tout premier démarrage d'Elements équivaut à intégrer un nouveau bureau. Avant de vous mettre au travail, vous devez organiser la pièce. Il vous faut au minimum disposer le bureau et l'ordinateur avant de pouvoir faire quoi que ce soit. Dans Elements, l'organisation de la pièce consiste à définir les préférences. Les *préférences* sont des paramètres qui personnalisent certaines fonctions et régissent le fonctionnement du programme selon les habitudes de travail de chacun.

Les sections suivantes décrivent les préférences que vous êtes susceptible de personnaliser. S'il vous faut des informations sur une option particulière des préférences, consultez les documents d'aide dont nous avons parlé au Chapitre 1.

Il y a deux boîtes de dialogue Préférences : l'une pour l'Éditeur et l'autre pour l'Organiseur. Cette section présente la boîte de dialogue Préférences qui s'ouvre dans l'Éditeur, commune aux versions Windows et Mac. Les préférences de l'Organiseur sont étudiées à la fin du Chapitre 4.

Ouvrez et parcourez les préférences

Les préférences de l'Éditeur sont regroupées dans une boîte de dialogue et classées en treize volets. Par défaut, la boîte de dialogue Préférences s'ouvre sur le volet Général.

Pour y accéder, choisissez Édition/Préférences/Général (ou Adobe Photoshop Elements Editor/Préférences/Général sous Mac.) Vous pourriez aussi appuyer sur Ctrl + K (⌘ + K sous Mac). Par l'une ou l'autre méthode, vous obtenez les options de la Figure 3.16.

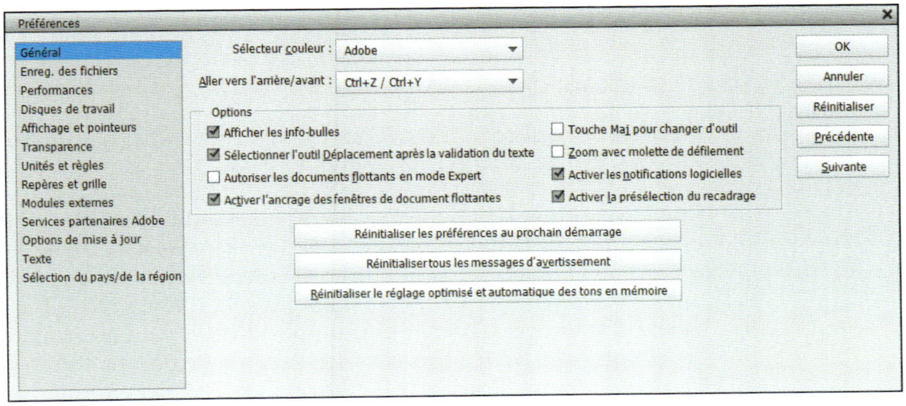

Figure 3.16 : Volet Général de la boîte de dialogue Préférences.

Vous voyez à la Figure 3.16, dans les portions gauche et droite de la boîte de dialogue, des éléments communs à tous les volets. Voici un bref descriptif de ces éléments et de leur fonction :

- **Liste des volets :** Elements liste tous les volets dans la partie gauche de la boîte de dialogue Préférences. Cliquez sur l'un d'eux pour en afficher les paramètres à droite.
- **OK :** cliquez sur OK pour accepter toutes les modifications apportées dans tous les volets et fermer la boîte de dialogue.
- **Annuler :** cliquez sur Annuler pour rétablir les paramètres avant votre intervention et fermer la boîte de dialogue.
- **Réinitialiser** : cliquez sur Réinitialiser pour rétablir les paramètres qui étaient définis au moment de l'ouverture de la boîte de dialogue Préférences et laisser la boîte de dialogue ouverte.
- **Précédente :** affiche le volet précédent.
- **Suivante :** affiche le volet suivant. Vous pouvez aussi appuyer sur Ctrl + (touches 1 à 9) ou ⌘ + (touches 1 à 9) pour accéder à un autre volet.

N'OUBLIEZ PAS

Portez votre attention sur deux options importantes du volet Général qui concernent la possibilité d'afficher la fenêtre de vos images sous la forme de documents flottants. Comme nous l'avons expliqué plus tôt dans ce chapitre (voir « Examinez la fenêtre d'image »), il faut cocher les deux cases relatives aux documents flottants pour pouvoir détacher les images ancrées en onglets.

Découvrez tous les volets de préférences

Les paramètres de la boîte de dialogue Préférences sont organisés en *volets*, selon les catégories de préférences. La liste suivante décrit brièvement les types de paramètres que l'on définit dans chacun des volets de préférences :

- **Général :** comme son nom l'indique, concerne des paramètres généraux qui affectent tout l'environnement de travail.
- **Enregistrement des fichiers :** regroupe les options disponibles pour enregistrer les fichiers. Dans ce volet, vous choisissez d'ajouter des extensions aux noms de fichiers, de conserver les calques ou de les aplatir à l'enregistrement (voir Chapitre 8), d'enregistrer les fichiers avec un aperçu qui sert à représenter l'image par une miniature dans les dossiers et vous définissez des options de compatibilité pour l'enregistrement. Sous Mac, le Finder génère automatiquement des miniatures sans qu'il soit nécessaire de le spécifier dans la boîte de dialogue Enregistrer.

- **Performances :** c'est le volet où se définissent les états d'historique (voir Chapitre 1) et les paramètres liés à la mémoire tels que les paramètres des disques de travail. Reportez-vous à l'encadré « Qu'est-ce qu'un disque de travail ? », dans ce chapitre. Vous pouvez voir dans la fenêtre d'image si l'utilisation de la mémoire est bien réglée par rapport à vos activités (voir « Examinez la fenêtre d'image » plus tôt dans ce chapitre).
- **Affichage et pointeurs :** propose des options relatives à l'affichage des pointeurs d'outils et du voile de l'outil Recadrage (voir Chapitre 9).
- **Transparence :** permet de définir les options de transparence, un concept essentiel en retouche. Imaginez par exemple que vous peigniez un portrait sur une feuille transparente. La zone peinte est opaque, celle qui entoure le portrait est restée transparente. Dans Elements, pour afficher la transparence, il vous faut un moyen de représenter les zones transparentes (voir Chapitre 7 pour plus de détails). Vous choisirez dans le volet Transparence comment représenter la transparence dans vos documents.
- **Unités et règles :** permet de définir les unités de mesure des règles, les repères de colonnes et les résolutions par défaut des nouveaux documents.
- **Repères et grille :** sert à définir la couleur, le pas et les sous-divisions de la grille. Une *grille* est constituée de lignes horizontales et verticales qui n'apparaissent pas à l'impression. Ce quadrillage sert à aligner des objets, du texte ou n'importe quel autre élément. Il est possible de plaquer des éléments sur les lignes de la grille pour les aligner avec précision. En faisant glisser le pointeur depuis la règle vers l'image, vous placez des repères d'alignement, que vous pouvez positionner entre les lignes de la grille.
- **Modules externes :** permet de sélectionner un dossier de modules externes supplémentaires où seront stockés des utilitaires tiers à exploiter avec Elements. Ces utilitaires fournissent des fonctions absentes d'Elements pour travailler, par exemple, sur la luminosité et le contraste, la correction des couleurs ou sur des effets spéciaux originaux. Vous trouverez de nombreux modules gratuits sur Internet en lançant une recherche sur les termes *Photoshop Elements Plug-Ins*.
- **Services partenaire Adobe :** permet de gérer la recherche automatique de nouveaux services, de réinitialiser les comptes et d'effacer les données pour tous les services.
- **Options de mise à jour :** sert à commander l'installation automatique des mises à jour de Photoshop Elements.

- **Texte :** fournit des options qui définissent des attributs du texte, à savoir le type de guillemets, les options de texte asiatique, l'affichage du nom des polices et la taille de leur aperçu.
- **Sélection du pays/de la région :** vous y trouvez une seule option qui permet, en effet, d'indiquer votre pays de résidence.

Qu'est-ce qu'un disque de travail ?

Supposez que vous possédiez 1 Go de RAM disponible et que vous souhaitiez travailler sur une image qui pèse 1,25 Go. Elements doit charger la totalité des 1,25 Go du fichier dans la RAM. Par conséquent, une source auxiliaire de RAM est nécessaire pour que vous puissiez travailler : Elements va exploiter votre disque dur qui, en tant qu'extension de la RAM, devient un *disque de travail*.

Si plusieurs disques durs sont connectés à l'ordinateur, vous pouvez indiquer à Elements de tous les employer pour étendre la RAM et choisir leur ordre d'utilisation. Tous les disques et supports sont numérotés dans une liste ordonnée.

N'utilisez pas de disque dur externe USB 1.1 ou de lecteur dont la connexion est inférieure au débit USB 2.0, Thunderbolt ou FireWire, car ils ralentissent les performances d'Elements. Les disques fabriqués ces dix dernières années étant en majorité de type USB 2.0, seul un disque très ancien pourrait vous causer des soucis.

Personnalisez les paramètres prédéfinis

La retouche d'image devient amusante lorsqu'il s'agit de choisir des formes de pinceau, des couleurs, des dégradés et des motifs pour obtenir le résultat souhaité. Elements vous offre un point de départ en proposant un grand nombre de bibliothèques de paramètres prédéfinis que vous chargez et exploitez à votre guise. Par exemple, vous pouvez charger une bibliothèque Formes afin de bénéficier de formes à associer à l'outil Pinceau ou Gomme. Vous aurez sans doute envie de personnaliser quelque peu ces bibliothèques prédéfinies.

Les bibliothèques se modifient individuellement, à l'endroit où vous utilisez leur contenu. Par exemple, vous pouvez modifier les bibliothèques du nuancier de couleurs dans le panneau Nuancier ou celles des formes de pinceau dans les options d'outil. Les bibliothèques se modifient également à l'aide du Gestionnaire des paramètres prédéfinis, illustré à la Figure 3.17.

Nous reviendrons sur les paramètres prédéfinis et vous apprendrez à les utiliser au Chapitre 12. Retenez maintenant qu'il est possible de les modifier en fonction de vos besoins de retouche.

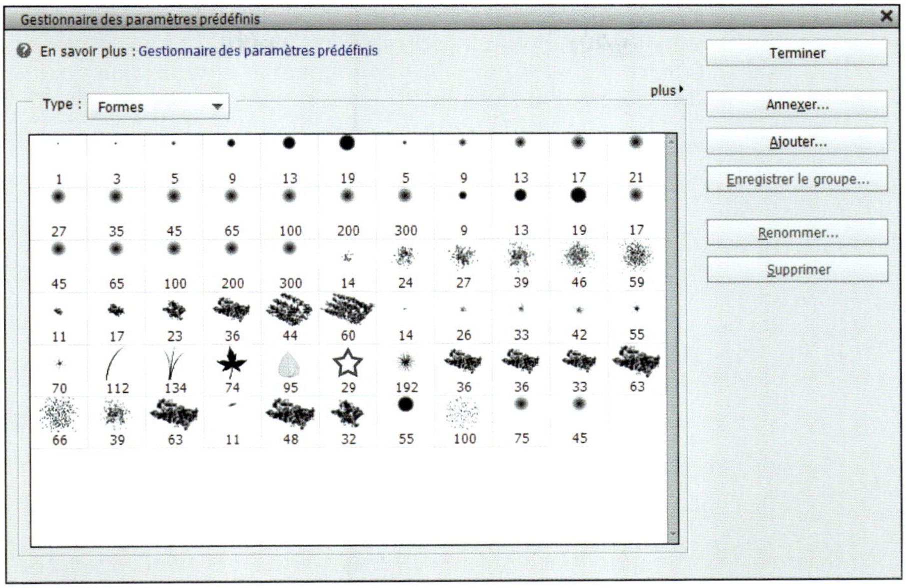

Figure 3.17 : La boîte de dialogue Gestionnaire des paramètres prédéfinis permet de modifier le contenu des bibliothèques.

Pour accéder au Gestionnaire des paramètres prédéfinis, choisissez Édition/ Gestionnaire des paramètres prédéfinis. Voici les options disponibles :

- **En savoir plus : Gestionnaire des paramètres prédéfinis :** cliquez sur le lien hypertexte bleu pour ouvrir le document d'aide correspondant.
- **Type :** ouvrez le menu déroulant pour choisir entre Formes, Nuancier, Dégradés, Styles, Motifs ou Effets.
- **Plus :** liste les différentes options d'affichage des éléments, sous forme de vignettes petites ou grandes, avec ou sans texte.
- **Terminer :** enregistre toutes les modifications effectuées dans le Gestionnaire.
- **Annexer :** cliquez sur le bouton Annexer pour ajouter à la bibliothèque actuelle le contenu d'une autre bibliothèque.
- **Ajouter :** ouvre une autre bibliothèque. Elements en propose plusieurs parmi lesquelles vous choisissez un type de paramètres prédéfinis.
- **Enregistrer le groupe :** toutes les modifications apportées dans le Gestionnaire de paramètres prédéfinis peuvent s'enregistrer en tant que nouvelle bibliothèque. Servez-vous de cette option pour effectuer une modification sans toucher aux paramètres prédéfinis d'origine.

- **Renommer :** chaque élément d'une bibliothèque est identifié par un nom unique. Pour en renommer un, cliquez sur sa vignette dans la fenêtre d'aperçu, cliquez sur Renommer et tapez son nom dans la boîte de dialogue qui s'affiche.
- **Supprimer :** cliquez sur un élément dans la fenêtre d'aperçu, puis cliquez sur Supprimer pour le retirer de la bibliothèque.

Deuxième partie

Gestion des fichiers multimédias

Dans cette partie...

- Découvrez l'interface de l'Organiseur.
- Importez dans l'Organiseur des images d'un disque dur, d'un appareil photo ou d'un scanneur.
- Étiquetez les images avec des mots-clés et identifiez les personnes, lieux et événements pour faciliter la recherche.
- Affichez vos photos dans le navigateur multimédia et configurez son affichage.
- Exploitez les fonctions de recherche de l'Organiseur pour retrouver des photos.

4

Explorer l'Organiseur

Dans ce chapitre :

- Organisez vos photos sur l'ordinateur.
- Importez des photos dans l'Organiseur.
- Explorez le navigateur multimédia.
- Numérisez des photos et des dessins.
- Récupérez les photos des téléphones portables.
- Définissez les préférences.

Que vous soyez une personne particulièrement méthodique ou adepte du désordre artistique, vous verrez que l'Organiseur fournit toutes sortes de méthodes pour vous aider à classer vos photos et à automatiser une partie du travail.

Avant de découvrir les outils de classement, vous devez commencer par importer des photos dans l'Organiseur. Et c'est justement le sujet de ce chapitre.

Les images à importer dans l'Organiseur peuvent provenir de diverses sources. Nous expliquons ici comment importer facilement des photos depuis un appareil photo ou un lecteur de carte. Nous verrons également comment importer des images depuis un CD ou DVD, un scanner ou un téléphone portable.

Organisez vos photos et autres fichiers multimédias sur un disque dur

Les photos et les fichiers multimédias occupent la majeure partie de l'espace de stockage des ordinateurs domestiques. Nous prenons tous quantités de photos et vidéos avec nos appareils photo numériques, smartphones et tablettes. Et si vous transférez tous ces fichiers tels quels sur votre ordinateur, vous vous retrouvez avec des milliers de photos aux noms obscurs, comme `DS603_Azb42.jpg`.

Si toutes les photos sur votre disque dur sont réparties dans des dossiers avant leur importation dans l'Organiseur, les tâches de gestion s'en trouveront grandement simplifiées. Par conséquent, nous vous conseillons de ranger les fichiers d'images dans des dossiers avant de commencer à utiliser l'Organiseur d'Elements.

Vous nommerez les dossiers selon votre logique personnelle. Vous pourriez regrouper des sous-dossiers par année, comme dans l'exemple de la Figure 4.1, et nommer chaque sous-dossier d'après un événement, un lieu ou le contenu des photos. L'exemple de la Figure 4.1 n'est qu'une suggestion, d'autres solutions sont possibles.

Après avoir réparti vos photos dans des dossiers, vous utiliserez la commande d'importation comme nous l'expliquons plus loin dans la section « Importez des fichiers depuis des dossiers et des supports amovibles ».

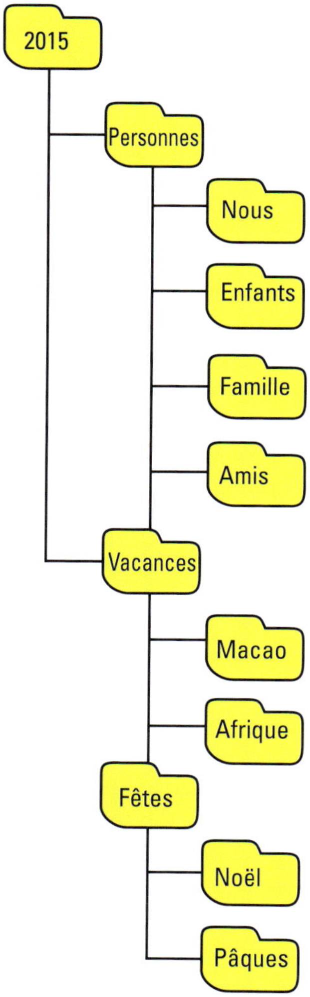

Figure 4.1 : Rangez vos photos et fichiers multimédias dans des dossiers et sous-dossiers du disque dur.

Si vos photos occupent trop d'espace sur le disque dur interne de votre ordinateur, nous vous recommandons de grouper toutes vos photos sur un disque externe. Heureusement, le prix des disques de grande capacité est très abordable pour qui possède un ordinateur, un appareil photo numérique et un smartphone. Pour archiver vos photos, vous aurez intérêt à investir dans un disque externe USB d'une capacité de 1 à 4 To. Réservez ce disque à vos photos et fichiers multimédias et laissez-le connecté à l'ordinateur. Quand tous les fichiers multimédias et photos sont centralisés, il est nettement plus facile de maintenir un système d'organisation cohérent.

Ajoutez des images dans l'Organiseur

Pour utiliser l'Organiseur, vous devez d'abord importer les photos sur le disque dur de l'ordinateur puis dans l'Organiseur.

Plusieurs solutions sont possibles pour transférer sur ordinateur des photos d'un appareil photo numérique ou d'une autre source :

- Utiliser la fonction d'exécution automatique sous Windows ou l'assistant de transfert sous Mac.
- Importer des photos directement dans l'application Photos (autrefois nommée iPhoto) sur un Mac.
- Exploiter le Téléchargeur de Photoshop Elements.

L'assistant de transfert de votre système d'exploitation est censé vous simplifier la tâche. Mais, dans la pratique, il peut être plus complexe d'utiliser une application de transfert puis d'avoir ensuite à organiser les fichiers dans des dossiers comme nous l'avons mentionné au début de ce chapitre.

TRUC

La méthode la plus simple pour transférer le contenu d'un appareil photo ou d'une carte mémoire est de refuser l'exécution du transfert proposé par le système d'exploitation ou le logiciel fourni avec l'appareil photo et d'utiliser uniquement les outils fournis par Photoshop Elements.

Vous verrez ici les méthodes disponibles pour ajouter des images dans l'Organiseur. Si vous avez déjà rangé vos fichiers multimédias dans des dossiers de votre disque dur, servez-vous de la commande d'obtention de fichiers à partir de dossiers (décrite ci-après). Si les images sont encore dans votre appareil photo, le Téléchargeur de Photoshop Elements se charge de les transférer dans le dossier de votre choix selon le système d'organisation que vous avez défini et de les importer simultanément dans l'Organiseur.

Importez des fichiers depuis des dossiers et des supports amovibles

La plupart des gens ont des photos sur leur disque dur ou sur des supports amovibles, tels que des CD ou une clé USB. Il est facile d'importer dans l'Organiseur des photos à partir du disque dur. Si vos photos se trouvent sur un support amovible, vous pouvez les copier sur le disque dur réservé à l'archivage de vos photos ou les importer directement dans l'Organiseur depuis le support amovible.

Les instructions suivantes décrivent l'importation d'images depuis le disque dur vers le navigateur multimédia de l'Organiseur.

1. **Choisissez Fichier/Obtenir des photos et des vidéos/À partir de fichiers/dossiers.**

   Autrement, cliquez sur le bouton Importation pour choisir À partir de fichiers/dossiers ou appuyez sur Ctrl + Maj + G (⌘ + Maj + G sous Mac) pour ouvrir la boîte de dialogue de la Figure 4.2.

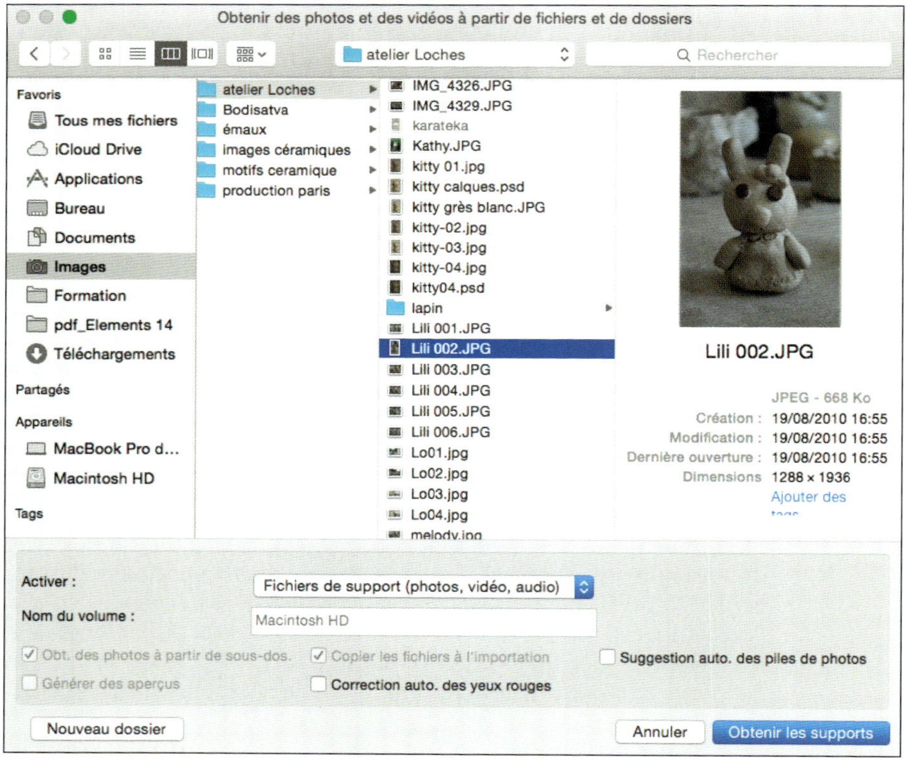

Figure 4.2 : Boîte de dialogue Obtenir des photos et des vidéos à partir de fichiers et de dossiers.

2. **Parcourez le disque dur à la recherche des photos à importer.**

   Vous pouvez parcourir le contenu de votre disque interne ou de tout disque externe raccordé à l'ordinateur. Il peut même s'agir d'une clé USB ou d'un CD d'images inséré dans le lecteur CD. Le contenu du lecteur ou dossier sélectionné apparaît dans le volet central de la boîte de dialogue.

Par défaut, l'importation depuis un support externe copie les fichiers sur votre disque dur lorsque vous cliquez le bouton Obtenir les supports. Si vous ne cochez pas l'option Copier les fichiers à l'importation, vous obtiendrez les vignettes des images dans l'Organiseur sans copier les fichiers. Dans ce cas, chaque fois que vous voudrez modifier l'une des photos, vous devrez insérer le CD ou DVD dans l'ordinateur. Si vous choisissez de copier les fichiers, les photos restent disponibles sur le disque dur à chaque démarrage de Photoshop Elements.

3. **Sélectionnez des fichiers ou le dossier que vous voulez importer et cliquez sur Obtenir les supports.**

   Vous pouvez importer une seule image, un seul dossier de photos ou un dossier entier avec tous ses sous-dossiers.

4. **Cliquez sur le bouton Obtenir les supports**

L'ajout de fichiers dans l'Organiseur définit un lien entre les vignettes des images et les fichiers stockés sur le disque dur. Vous n'importez pas les fichiers eux-mêmes.

Si vous importez une seule photo et voulez connaître les propriétés de son fichier, placez le pointeur de la souris sur un fichier, et vous obtenez la réponse dans une infobulle sous Windows. Sous Mac, activez le mode d'affichage Colonnes comme dans l'exemple de la Figure 4.2.

Exploitez le Téléchargeur de photos d'Elements

L'importation de photos dans l'Organiseur à partir d'un appareil photo se déroule ainsi :

1. **Insérez une carte mémoire ou connectez un appareil photo à l'ordinateur *via* un port USB.**

Pour éviter les problèmes en cas de batterie faible, nous conseillons l'emploi d'un lecteur de carte plutôt que de connecter l'appareil photo à l'ordinateur. En effet, si la batterie tombe à plat pendant le transfert, l'importation s'arrête. Si vous possédez un lecteur de carte, retirez la carte mémoire de votre appareil photo et insérez-la dans le lecteur de carte interne ou externe que vous aurez relié à l'ordinateur *via* un port USB.

2. **Si vous obtenez l'affichage de l'assistant d'Exécution automatique sous Windows ou d'une boîte de dialogue pour l'importation de photos vers Photos sous Mac, annulez la boîte de dialogue et laissez Elements se charger de l'importation.**

3. **Ouvrez l'Organiseur et choisissez Fichier/Obtenir des photos et des vidéos/À partir d'un app photo/lecteur carte ou appuyez sur Ctrl + G (⌘ + G sous Mac).**

   Le Téléchargeur de photos de la Figure 4.3 apparaît.

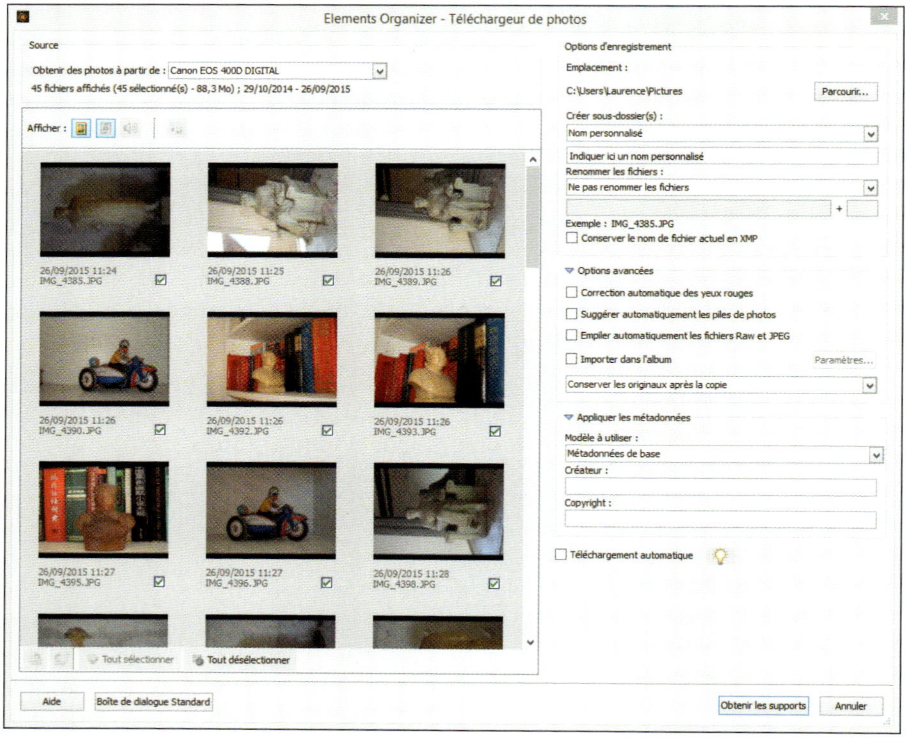

Figure 4.3 : Téléchargeur de photos de Photoshop Elements.

4. **Déroulez le menu Obtenir des photos à partir d'en haut de la boîte de dialogue et sélectionnez la carte mémoire connectée.**

5. **Cliquez sur le bouton Choisir et repérez le dossier de votre disque dur dans lequel vous voulez copier les photos.**

N'OUBLIEZ PAS

   Si vous omettez de choisir un dossier de destination, tous les fichiers sont copiés par défaut dans le dossier Images de votre compte d'utilisateur. Si vous regroupez vos photos sur un disque dur externe, vous devez sélectionner ce disque à cette étape. Choisissez comme dossier de destination un dossier qui s'intègre à votre système d'organisation, afin que vos images restent rangées selon votre logique.

Vous pouvez conserver les autres réglages par défaut ou renommer les fichiers à ce stade. Sachez que vous pourrez changer les noms ultérieurement dans l'Organiseur. Ne supprimez pas les photos de la carte mémoire maintenant, au cas où vous en supprimeriez certaines dans l'Organiseur puis souhaiteriez les récupérer. Une fois certain que tout vous convient dans Elements, vous pourrez alors supprimer les photos de la carte depuis votre appareil photo.

Le Téléchargeur de photos donne accès à un volet supplémentaire qui s'ouvre d'un clic sur le bouton Boîte de dialogue Avancé. Dans les paramètres avancés, vous pouvez activer des fonctions comme la correction automatique des yeux rouges et la formation de piles ou modifier les données associées aux photos (nous y revenons au Chapitre 6). Comme toutes ces opérations peuvent s'effectuer dans Elements, conservez les paramètres avancés par défaut.

6. **Importez les photos en cliquant sur le bouton Obtenir les supports.**

   Les photos s'ajoutent à l'Organiseur, et vous voyez leurs miniatures dans le navigateur multimédia à l'issue de l'importation.

Importez d'autres photos des dossiers

Imaginons que vous avez mis au point un système d'organisation et rangé des photos dans plusieurs dossiers. Lorsque vous prenez des photos de votre famille, vous les ajouterez à un dossier déjà nommé Famille. Pour ajouter dans l'Organisateur des images provenant d'un dossier déjà importé, procédez ainsi :

1. **Copiez sur le disque dur les photos à partir d'un CD, d'une carte mémoire ou d'un disque externe.**

   Dans cet exemple, il s'agit de copier des photos vers un dossier nommé Déco jardin.

2. **Dans l'Organiseur, choisissez Obtenir des photos et des vidéos/À partir de fichiers/dossiers.**

   La boîte de dialogue Obtenir des photos et des vidéos à partir de fichiers et de dossiers.

3. **Sélectionnez sur le disque dur le dossier contenant les nouvelles photos à ajouter à l'Organiseur.**

4. **Cliquez sur Obtenir les supports.**

   La boîte de dialogue Obtention des supports apparaît, et les photos s'ajoutent à l'Organiseur (voir Figure 4.4).

5. **Cliquez sur OK dans la boîte de dialogue Obtention des supports.**

   Photoshop Elements est capable de détecter les images déjà présentes dans l'Organiseur et d'importer uniquement les nouvelles photos du dossier. Vous êtes informé que les photos déjà en catalogue ne seront pas importées.

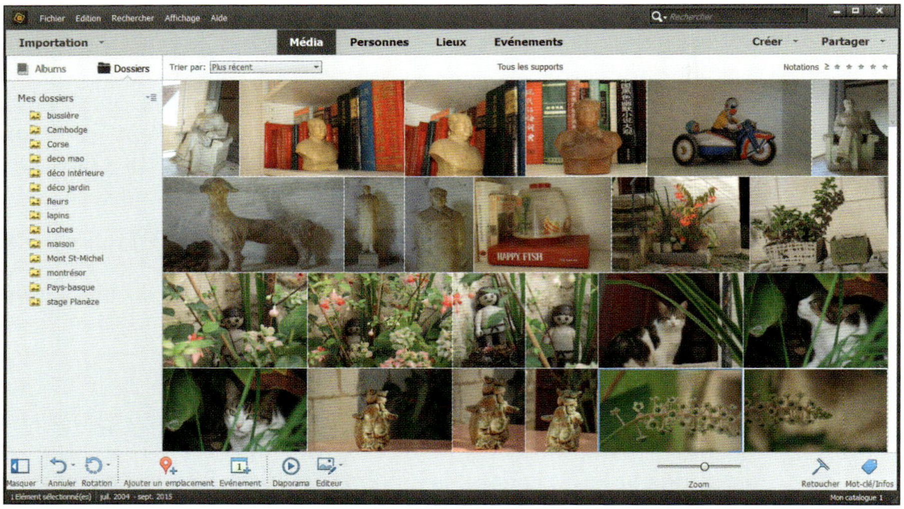

Figure 4.4 : Le nom des dossiers d'images est visible dans le volet Dossiers.

Découvrez le navigateur multimédia

Lorsque vous ajoutez des fichiers dans l'Organiseur, les photos et autres fichiers multimédias apparaissent sous forme de vignettes dans le volet central de la fenêtre de l'Organiseur. Ce volet s'appelle le navigateur multimédia ou navigateur de supports.

À l'issue de l'importation d'une série de fichiers dans l'Organiseur, seuls les derniers éléments importés apparaissent dans le navigateur multimédia. De même, lorsque vous cliquez sur un dossier du volet Dossiers sous Importation, seules les photos de ce dossier sont visibles. Afin de voir tout le contenu de votre catalogue, vous devez cliquer sur le bouton Tous les supports situé dans la partie supérieure gauche du navigateur multimédia.

Le volet Albums/Dossiers présente une liste d'albums ou de dossiers qui s'affiche à gauche. Vous pouvez masquer ce volet pour laisser plus d'espace à l'affichage des vignettes. Pour ce faire, cliquez sur le bouton Masquer dans l'angle inférieur gauche de la fenêtre de l'Organiseur (voir Figure 4.5).

Le volet Dossiers propose deux modes d'affichage :

TRUC

- **Liste :** par défaut, les dossiers sont ordonnés dans une liste alphabétique qui n'indique aucune hiérarchie. Dans le mode Liste, vous ne voyez pas quels dossiers sont des sous-dossiers ni où ils se trouvent dans la structure du disque interne.
- **Arborescence :** Pour voir dans l'Organiseur la structure hiérarchique de vos dossiers d'images, ouvrez le menu d'options du volet et choisissez Afficher sous forme d'arborescence. Vous obtenez la hiérarchie des dossiers importés, comme dans l'exemple de la Figure 4.6.

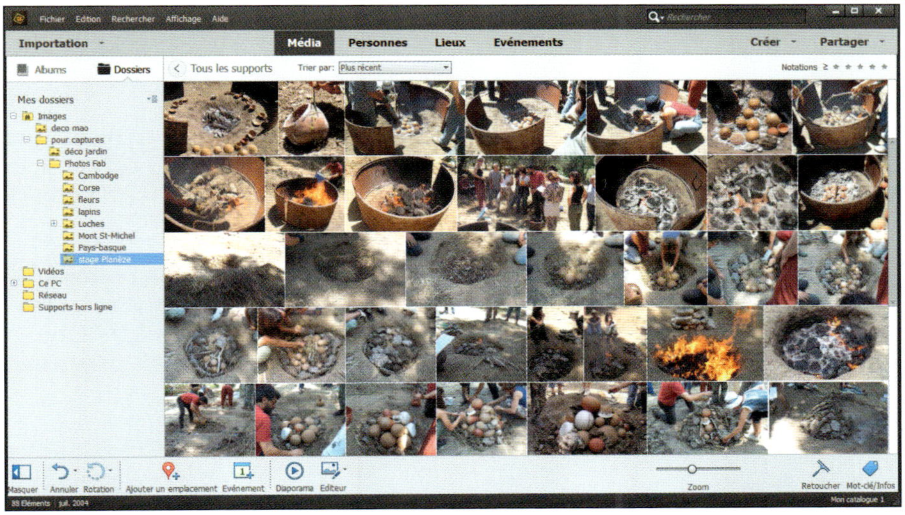

Figure 4.5 : Affichage de la hiérarchie des dossiers.

N'OUBLIEZ PAS

Si vous utilisez un écran tactile, vous pouvez balayer les photos pour les voir une à une.

Si aucune information n'apparaît sous les photos, appuyez sur Ctrl + D (⌘ + D) pour activer l'affichage des détails dans le navigateur multimédia. Le même raccourci masque les détails pour laisser plus de place aux vignettes.

Utilisez un scanner

Les scanners se branchent aux mêmes ports que les appareils photo et les lecteurs de carte mémoire, en général sur un port USB ou FireWire. Les nouveaux scanners d'entrée de gamme se branchent tous en USB.

Même les scanners les moins chers numérisent en 14 bits, ce qui donne un peu plus de détails dans les tons clairs et foncés. À l'instar des appareils photo, le prix des scanners est généralement proportionnel à leur qualité.

Respectez les spécificités des images

Les logiciels fournis avec les scanners permettent de définir la résolution et le mode de couleur avant la numérisation. Le Chapitre 2 vous informe sur le choix de la résolution et du mode de couleur.

N'OUBLIEZ PAS

Déterminez l'usage que vous allez faire du document et définissez la résolution en conséquence. Tenez compte de quelques éléments :

- **Numérisez le dessin ou la photo à la taille et à la résolution voulues au final.** Si votre photo 6 × 10 cm doit mesurer 3 × 5 cm sur une page Web, numérisez l'original en réduisant sa taille de 50 % à 72 ppp (la résolution à choisir pour le Web).

- **Dimensionnez les images à l'aide du logiciel du scanner.** Si vous prévoyez d'imprimer votre photo 8 × 12 cm chez un imprimeur aux dimensions 16 × 24 cm, numérisez-la à 8 × 12 cm à 600 ppp (afin de la grossir à 200 % pour obtenir 300 dpi (*dots per inch*, points par pouce), la résolution nécessaire pour l'impression).

- **Adaptez votre numérisation s'il s'agit d'un dessin au trait.** Le *dessin au trait* se compose uniquement de pixels noirs ou blancs (4 bits). Pour imprimer un dessin au trait sur une imprimante laser ou chez un imprimeur, la résolution du dessin doit correspondre à celle de l'équipement utilisé. Par exemple, l'impression sur une imprimante laser 600 dpi nécessite de définir la résolution du dessin au trait 4 bits à 600 ppp.

- **Numérisez en couleur des photos en noir et blanc.** Selon le scanner et l'image, on obtient parfois de meilleurs résultats en numérisant l'image en couleur RVB (rouge, vert, bleu) et en la convertissant ensuite en niveaux de gris à l'aide des boîtes de dialogue Teinte/Saturation ou Convertir en noir et blanc, selon les instructions du Chapitre 2.

- **Numérisez avec une profondeur élevée. Choisissez** toujours la profondeur maximale proposée par votre scanner, 14 ou 32 bits, afin de capturer le maximum de données. Reportez-vous au Chapitre 2 pour en savoir plus sur la profondeur de couleur.

Numérisez sous Windows

Généralement, lorsque vous installez le logiciel de votre scanner, une application autonome et un module externe s'installent pour contrôler le processus de numérisation. Les *modules externes* sont conçus pour fonctionner au sein d'autres programmes, comme Photoshop Elements. Grâce à quoi, vous pouvez lancer la commande de numérisation directement depuis l'interface d'Elements. Voici comment fonctionne le module externe :

1. **Après avoir installé le nouveau scanner et le logiciel d'accompagnement, ouvrez l'Organiseur.**
2. **Ouvrez la boîte de dialogue Préférences de l'Organiseur en appuyant sur Ctrl + K.**

   La boîte de dialogue Préférences apparaît.
3. **Dans le volet gauche, cliquez sur Scanner et définissez les préférences du scanner. Il s'agit de sélectionner un scanner et de choisir un dossier de destination pour les documents numérisés.**

Si la boîte de dialogue Préférences détecte votre scanner, cela signifie que la connexion est opérationnelle et que vous pouvez démarrer la numérisation. Pour effectuer la numérisation, procédez comme suit :

1. **Dans l'Organiseur, choisissez Fichier/Obtenir des photos et des vidéos/À partir d'un scanner (Windows).**
2. **Dans la boîte de dialogue Obtenir des photos à partir d'un scanner (voir Figure 4.6), vérifiez le dossier de destination des documents numérisés, réglez la qualité et cliquez sur OK.**

   Cette boîte de dialogue vous permet de choisir un autre scanner dans la liste Scanner, d'indiquer un dossier de destination sur le disque dur, de définir le niveau de qualité et éventuellement d'éliminer les yeux rouges.

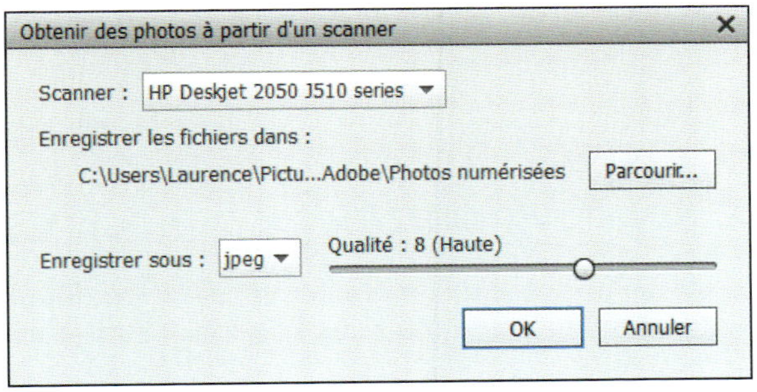

Figure 4.6 : Définissez le niveau de qualité et réglez les autres paramètres si nécessaire avant de cliquer sur OK.

Après quelques instants de préparation, la fenêtre du scanner apparaît (voir Figure 4.7). Il s'agit du logiciel fourni par le fabricant du scanner. (À moins que vous n'utilisiez le même modèle de scanner que nous, vous n'aurez pas la même fenêtre chez vous.)

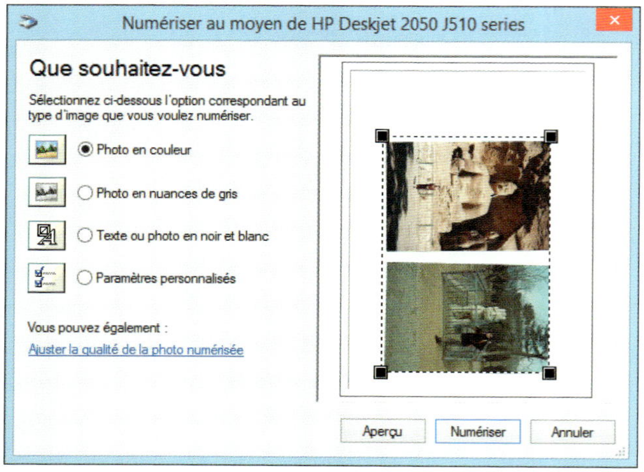

Figure 4.7 : Lorsque vous lancez la numérisation depuis l'Organiseur, la fenêtre du logiciel d'accompagnement du scanner vient se superposer à Elements.

3. **Commandez l'aperçu.**

   Quel que soit le logiciel utilisé, vous devez avoir des options pour générer un aperçu, sélectionner une portion et choisir la résolution, le mode de couleur, *etc*. Un clic sur le bouton Aperçu permet de voir si la ou les photos sont correctement placées sur la vitre du scanner.

4. **Définissez les options selon vos besoins et les recommandations faites par le fabricant du scanner.**

5. **Lorsque tout est réglé, cliquez sur Numériser.**

   L'image numérisée apparaît dans une fenêtre d'image de l'Éditeur d'Elements.

Numérisez sous Macintosh

Sous Mac OS, il n'est pas possible de lancer la numérisation depuis Photoshop Elements comme c'est le cas sous Windows. Vous aurez donc recours à d'autres solutions :

- **Application du scanner.** Vous pouvez utiliser l'application fournie avec votre scanner puis ouvrir dans l'Éditeur d'Elements les fichiers ainsi obtenus.

- **Transfert d'images.** Avec Transfert d'images (accessible dans votre dossier Applications), vous pouvez effectuer la numérisation puis ouvrir directement le fichier dans Elements. L'application Transfert d'images permet d'enregistrer les images numérisées au format JPEG, TIFF, PNG ou PDF. Le format PNG fournit souvent les meilleurs résultats.

Numérisez plusieurs photos simultanément

Vous avez la possibilité de numériser plusieurs photos simultanément. Il suffit de les placer sur le plateau du scanner et de lancer la numérisation. Définissez toutes les options du scanner en fonction de l'usage prévu. L'image numérisée est constituée des différentes photos assemblées, comme le montre la Figure 4.8.

Figure 4.8 : Numérisez plusieurs images simultanément.

TRUC

Lorsque vous numérisez plusieurs images ensemble, Elements vous aide à les séparer pour obtenir chaque document dans une fenêtre d'image, où vous les enregistrerez individuellement. Dans l'Éditeur en mode Expert, choisissez Image/Diviser les photos numérisées. Chaque image s'ouvre alors dans une fenêtre séparée tandis que l'original reste intact. Les images apparaissent dans la corbeille des photos, où vous pouvez les sélectionner et les retoucher, comme le montre la Figure 4.9. (Reportez-vous au Chapitre 3 pour en savoir plus sur l'emploi de l'Éditeur et de la corbeille des photos.)

TRUC

Si vous prévoyez d'exploiter la commande Diviser les photos numérisées, pensez à bien aligner les photos parallèles les unes aux autres sur le plateau du scanner pour obtenir un meilleur résultat après division et redressement des photos.

Quand vous fermez l'une des images issues de la division, Elements vous invite à l'enregistrer. Seul le document regroupant toutes les photos a été enregistré après la numérisation, c'est pourquoi vous devez ensuite enregistrer chacune des images issues de la division.

Après avoir divisé les images, choisissez Fichier/Tout fermer. Elements ferme tous les fichiers enregistrés et vous demande d'enregistrer toutes les images que vous n'avez pas enregistrées.

Figure 4.9 : Le document numérisé est réparti sur plusieurs fenêtres d'image.

Récupérez les images de votre téléphone

Vous pouvez importer dans Elements les images provenant de divers appareils mobiles : téléphones portables, iPhone, iPod, iPad, *etc.* Le transfert d'images peut se faire dans les deux sens : vous pouvez aussi mettre sur un appareil mobile les photos de votre ordinateur et les préparer pour l'écran des mobiles.

Pour ajouter des images d'un téléphone dans l'Organiseur ou les ouvrir dans l'Éditeur, vous devez copier les fichiers *via* une connexion USB ou Bluetooth ou les envoyer par e-mail si le téléphone est compatible avec la messagerie électronique.

Une fois les fichiers copiés sur le disque dur, procédez ainsi :

1. **Choisissez Fichier/Obtenir des photos et des vidéos/À partir de fichiers/dossiers ou appuyez sur Ctrl + Maj + G (Maj + ⌘ + G sous Mac).**

2. **Localisez le dossier contenant les fichiers et ajoutez-les à l'Organiseur.**

   Vous pourriez aussi les ouvrir directement dans l'Éditeur.

   Avec un iPhone, iPod ou iPad, vous pouvez passer par le Téléchargeur de photos pour importer les images.

3. **Connectez l'appareil *via* un câble USB.**

   Le Téléchargeur de photos démarre automatiquement.

4. **Cliquez sur le bouton Choisir de la section Options d'enregistrement pour sélectionner le dossier de destination où les photos seront enregistrées (voir Figure 4.10).**

5. **Cliquez sur le bouton Obtenir le média pour copier les fichiers de l'appareil mobile vers l'ordinateur.**

Dans le cas d'un iPhone, iPod touch ou iPad, vous pouvez raccorder l'appareil par un câble USB et lancer la commande Obtenir des photos et des vidéos/À partir d'un app photo/lecteur carte. Elements reconnaît l'appareil connecté et ouvre le Téléchargeur de photos, qui propose de tout importer ou de sélectionner des images.

Pour transférer vers un iPhone ou un iPad des photos retouchées ou des projets réalisés dans Elements, importez les images dans l'application Photos et activez dans les Préférences système la fonction de synchronisation automatique d'iCloud pour retrouver ces images sur votre appareil mobile.

TRUC

Grâce au kit de connexion d'appareil photo pour iPad, vendu environ 29 € par Apple, vous pouvez importer vos photos sur l'iPad sans passer par iTunes. Le kit est prévu pour les cartes SD, mais on peut connecter différents types de lecteurs de cartes sur un port USB et, par conséquent, utiliser d'autres types de cartes mémoire. Vous copierez les fichiers de l'Organiseur vers la carte mémoire et l'exploiterez comme une clé USB pour transférer des photos dans les deux sens entre l'ordinateur et l'iPad.

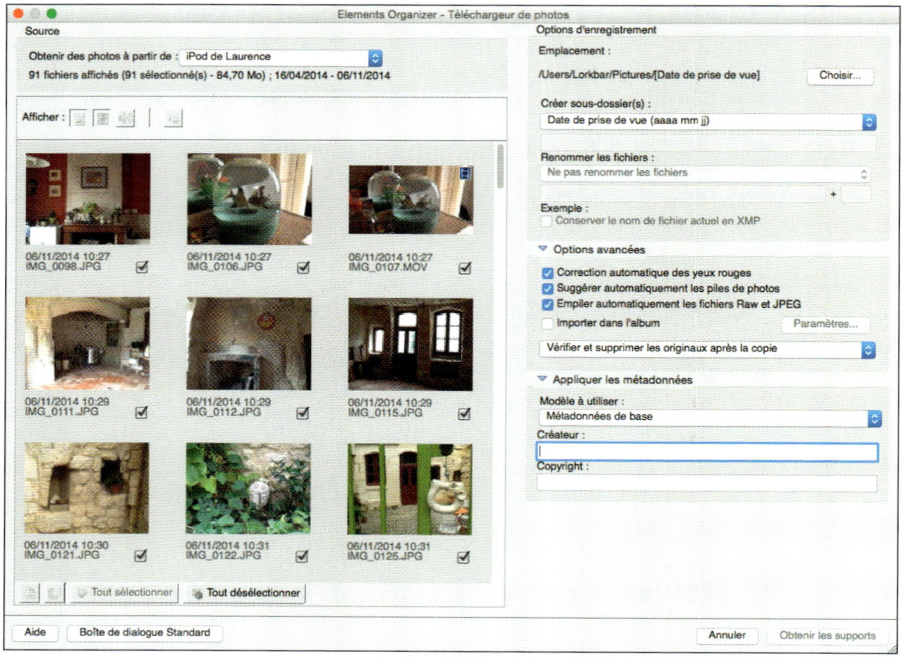

Figure 4.10 : Raccordez un iPhone ou un iPad **via** un câble USB et lancez la commande Fichier/Obtenir des photos et des vidéos/À partir d'un app photo/lecteur carte.

Définissez les préférences de l'Organiseur

Tout au long de ce livre, nous faisons souvent référence à des options à régler dans les préférences d'Elements. L'Organiseur et l'Éditeur ont chacun leur jeu de préférences, auxquelles vous accédez par la commande Édition/Préférences (Windows) ou Elements Organizer/Préférences (Mac OS). Vous trouverez une série de volets dans chaque jeu de préférences. Cliquez sur un titre à gauche, et les options correspondantes apparaissent à droite. Après avoir modifié certains paramètres, cliquez sur OK, et les préférences restent actives pour toutes les prochaines sessions de travail dans l'Organiseur.

La fonction de chaque paramètre est assez facile à deviner. Si vous avez des questions, vous devriez trouver la réponse dans le système d'aide d'Adobe en choisissant Aide/Aide de Elements Organizer.

5

Organiser vos photos

Dans ce chapitre :

- Définissez et organisez des étiquettes de mots-clés.
- Attribuez des notes à vos photos.
- Travaillez avec des albums.
- Identifiez les personnes dans les photos.
- Localisez les lieux de prises de vue sur une carte.
- Exploitez des événements.

Un minimum d'organisation est essentiel. Si vous videz le contenu de vos cartes mémoire et que vous éparpillez les dossiers contenant vos photos sur votre disque dur, cela équivaut à travailler dans un bureau en désordre, jonché de paperasse. Même à l'aide des fonctions de recherche décrites au Chapitre 6, vous risquez de passer plus de temps à retrouver un fichier particulier qu'à fouiller vos piles de feuilles. Par conséquent, il vous faut un système de gestion de fichiers efficace.

Ce chapitre explique comment étiqueter, organiser et annoter des images, mais aussi comment créer des versions et des piles. Vous apprendrez également à créer des albums thématiques et découvrirez toutes les techniques qui vous aideront à parcourir rapidement votre photothèque. Prenez le temps d'assimiler les méthodes d'organisation offertes par Elements et de mettre au point un système d'organisation pour la copie des nouveaux fichiers sur le disque dur. La maîtrise de toutes ces techniques de gestion vous permettra de retrouver rapidement les photos que vous voulez retoucher, exploiter dans des projets ou partager avec vos amis.

Maîtrisez l'interface de l'Organiseur

Afin de vous fournir les premières clés pour commencer à utiliser les outils de gestion d'images d'Elements, ce chapitre débute par une description de l'interface de l'Organiseur.

La Figure 5.1 présente les éléments qui composent l'espace de travail de l'Organiseur. Il s'agit des éléments suivants :

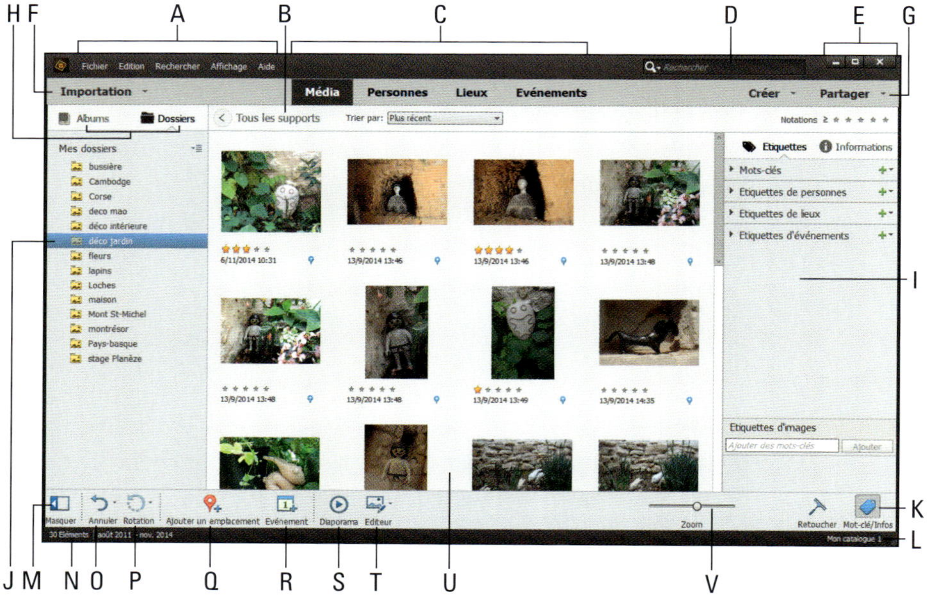

Figure 5.1 : Espace de travail de l'Organiseur.

A. Barre de menu : les menus de commandes de l'Organiseur sont regroupés dans la partie gauche de la barre de titre, en haut de la fenêtre. Sous Windows, les menus sont intégrés à la fenêtre d'application. Sous Mac, la barre de menus reste ancrée en haut de l'écran.

B. Tous les supports/Trier par : lorsque vous cliquez sur un dossier, comme l'illustre le point J, le navigateur multimédia (point V) affiche uniquement les photos de ce dossier. Dans la Figure 5.1, c'est le dossier Déco jardin qui est sélectionné. Le bouton Tous les supports vous permet de quitter le dossier actuel pour revenir au catalogue complet. Le menu Trier par, à droite de Tous les supports, sert à trier les vignettes du navigateur multimédia par ordre croissant ou décroissant de date ou par lots importés.

C. Média, Personnes, Lieux, Événements : en haut de la fenêtre de l'Organiseur, vous disposez de quatre onglets :

- **Média :** cliquez sur l'onglet Média pour afficher les vignettes d'un dossier ou du catalogue entier (voir Chapitre 6 à propos des catalogues).
- **Personnes :** cliquez sur l'onglet Personnes pour afficher les photos dans lesquelles vous avez identifié des visages, comme nous verrons plus loin dans ce chapitre.
- **Lieux :** cliquez sur l'onglet Lieux pour faire apparaître une carte géographique dans la corbeille des panneaux. Vous pouvez étiqueter des photos d'après le lieu de la prise de vue. Le bouton Ajouter un emplacement (point R) sert à associer une photo à un lieu sur la carte. Cette fonction est décrite au Chapitre 6.
- **Événements** : cliquez sur Événements pour afficher les photos étiquetées en événements. Pour associer une photo à un événement, vous utilisez le bouton Événement (point S). Cette fonction est décrite au Chapitre 6.

  Nous traitons de l'étiquetage des photos plus loin dans ce chapitre, à la section « Organisez des groupes d'images *via* des étiquettes ».

D. **Rechercher :** toute photo annotée ou associée à une étiquette peut être retrouvée par une recherche. Tapez un terme, tel que le nom d'une personne identifiée, dans le champ de texte et appuyez sur Entrée/Retour.

E. **Boutons de commande :** sous Windows, les boutons Réduire, Agrandir et Fermer se trouvent dans l'angle supérieur droit de la fenêtre Organiseur. Sous Mac, ils se trouvent dans l'angle supérieur gauche.

F. **Importation :** ce menu permet de lancer l'importation de photos à partir de fichiers et dossiers, d'un appareil photo, d'un lecteur de carte ou d'un scanner (ou depuis iPhoto sous Mac). Il comporte aussi une option pour chercher des fichiers sur le disque dur.

G. **Créer/Partager :** lorsque vous sélectionnez une option du menu Créer ou Partager, vous basculez vers l'Éditeur ou activez un assistant qui vous guide dans la réalisation d'un projet ou le partage de photos. Les projets sont étudiés au Chapitre 16 et le partage au Chapitre 15.

H. **Albums/Dossiers :** cliquez sur Albums pour voir les albums que vous avez définis. Cliquez sur Dossiers pour voir la liste des dossiers, comme ici.

I. **Corbeille des panneaux :** le volet droit héberge plusieurs panneaux ancrés. Par défaut, vous avez les panneaux Étiquettes, Informations et Étiquettes d'images. L'emploi des panneaux est décrit dans ce chapitre à la section « Organisez des groupes d'images *via* des étiquettes ».

J. **Mes dossiers :** cliquez sur le nom d'un dossier pour afficher uniquement les photos de ce dossier. Cliquez sur Tous les supports pour afficher les photos de tous les dossiers.

K. **Retoucher/Étiquette/Info :** cliquez sur le bouton Retoucher pour ouvrir la même palette d'outils de retouche qu'en mode Rapide dans l'Éditeur. L'emploi de ces outils est décrit au Chapitre 1. L'intérêt du volet de retouche dans l'Organiseur est que vous pouvez corriger vos photos directement dans cet espace sans avoir à ouvrir les fichiers dans l'Éditeur. Cliquez sur Mot-clé/Infos pour afficher ou masquer les panneaux Étiquettes et Informations dans la corbeille des panneaux.

L. **Nom du catalogue :** apparaît ici le nom du catalogue ouvert.

M. **Afficher/Masquer :** ce bouton affiche ou masque le volet gauche. En masquant à la fois le volet gauche et la corbeille des panneaux (bouton Mot-clé/Infos, point K), vous disposez d'espace supplémentaire pour l'affichage des vignettes.

N. **Barre d'état :** apparaissent ici des informations décrivant le catalogue. Vous y trouvez le nombre total d'éléments contenus dans le catalogue ou le dossier, la date des éléments les plus anciens et les plus récents et le nom du catalogue à l'extrémité droite.

O. **Annuler/Rétablir :** cliquez sur la pointe de flèche du bouton pour ouvrir un menu qui permet de choisir d'annuler ou de rétablir la dernière opération.

P. **Rotation :** cliquez sur la flèche pour choisir le sens de rotation à appliquer à la vignette sélectionnée dans le navigateur multimédia.

Q. **Ajouter un emplacement :** ce bouton ouvre la fenêtre Ajouter un emplacement, où il vous est demandé de taper le lieu de prise de vue des vignettes sélectionnées. Si rien n'est sélectionné dans le navigateur, l'emplacement sera associé à toutes les photos du dossier affiché.

R. **Événement :** l'ajout d'événements vous aide à organiser vos photos. En associant des personnes, des lieux et des événements à vos photos, vous pourrez filtrer votre catalogue en fonction de ces critères. Il vous suffit ensuite de cliquer sur le bouton correspondant en haut de la fenêtre de l'Organiseur pour voir uniquement les photos d'une catégorie.

S. **Diaporama :** ce bouton fait défiler automatiquement en plein écran les photos actuellement visibles dans le navigateur multimédia. Vous pouvez trier le catalogue d'après vos étiquettes, cliquer sur Diaporama et voir défiler vos photos.

T. **Éditeur :** cliquez sur ce bouton pour accéder à l'Éditeur.

U. **Navigateur multimédia :** la partie centrale où apparaissent les vignettes est le navigateur multimédia, aussi appelé navigateur de supports.

V. **Zoom :** déplacez le curseur pour changer la taille d'affichage des vignettes.

Cette description générale de l'Organiseur vous sera utile lorsque vous aurez des tâches à effectuer dans cet espace de travail. Cornez cette page du livre pour pouvoir y revenir facilement.

Organisez des groupes d'images via des étiquettes

Les étiquettes constituent un moyen très efficace d'organiser les fichiers. Après avoir importé vos images dans l'Organiseur comme l'indique le Chapitre 4, associez-les à des étiquettes décrivant le lieu, le sujet ou une autre catégorie de classement qui vous aidera à les retrouver rapidement.

Le panneau Étiquettes de l'Organiseur vous aide à classer vos images en fonction d'un système personnel d'organisation. Il est scindé en quatre catégories : Mots-clés, Étiquettes de personnes, Étiquettes de lieux et Étiquettes d'événements (voir Figure 5.2).

Vous exploiterez ces quatre catégories pour associer le maximum d'informations à vos photos. Le panneau Étiquettes vous permet d'ajouter de nouvelles étiquettes et sous-catégories pour mettre au point une hiérarchie d'étiquettes. Les prochaines sections expliquent comment créer et gérer les étiquettes.

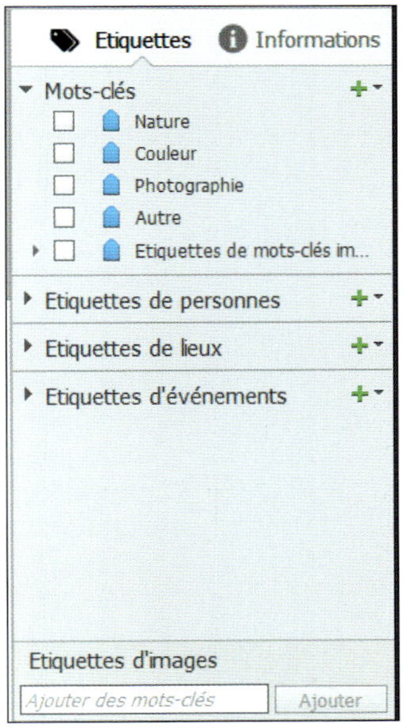

Figure 5.2 : Le panneau Étiquettes de l'Organiseur.

Créez et affichez une étiquette

Voici comment créer une étiquette et y associer des photos :

1. **Ouvrez des photos dans l'Organiseur.**

   Si nécessaire, reportez-vous au Chapitre 4 pour ouvrir des photos dans l'Organiseur.

2. **Pour créer une nouvelle étiquette, commencez par choisir le type d'étiquettes (Mots-clés, Personnes, Lieux ou Événements), puis cliquez sur le signe plus (+) de la catégorie concernée.**

3. **Dans le menu qui apparaît, vous aurez les choix suivants :**

   - Pour Mots-clés : choisissez Nouvelle étiquette de mot-clé.
   - Pour Personnes : Nouvelle personne.
   - Pour Lieux : Nouveau lieu.
   - Pour Événements : Nouvel événement.

   Lorsque vous ajoutez une étiquette de mot-clé, la boîte de dialogue illustrée à la Figure 5.3 apparaît pour vous permettre de définir les attributs de l'étiquette.

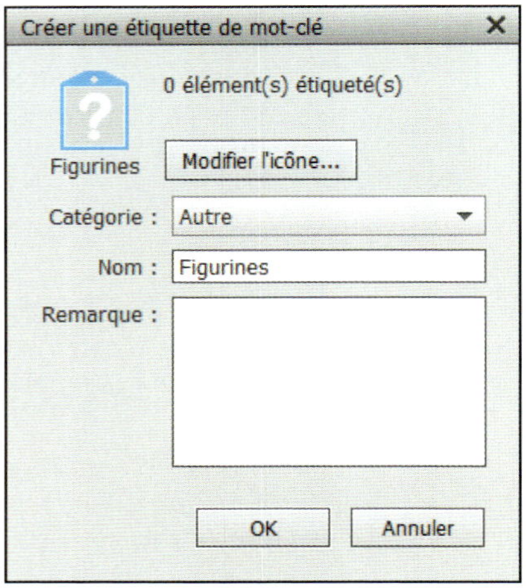

Figure 5.3 : Boîte de dialogue Créer une étiquette de mot-clé.

   Les informations à spécifier varient en fonction de la catégorie choisie. Par exemple, lorsque vous ajoutez une étiquette de mot-clé, la boîte de dialogue qui s'affiche demande de spécifier un nom, de sélectionner une catégorie, de choisir une icône et de taper une remarque. En revanche, lorsque vous ajoutez une étiquette de personne, la boîte de dialogue Nouvelle personne permet d'indiquer le nom de la personne en question, et de spécifier un groupe auquel elle appartient comme Famille, Collègues ou Amis. Pour l'étiquette d'un lieu, vous accédez à une carte qui permet de localiser l'emplacement avec précision. Enfin, avec une étiquette d'événement, vous spécifiez son nom, sa date et vous apportez des précisions dans le champ Description.

   Dans cet exemple, nous ajoutons une étiquette de mot-clé.

4. **Sélectionnez une catégorie.**

   Ouvrez la liste Catégorie pour y sélectionner une catégorie prédéfinie (nous verrons à la section « Exploitez les catégories et sous-catégories d'étiquettes » comment personnaliser la liste de catégories).

5. **Tapez le nom de l'étiquette dans le champ Nom et ajoutez éventuellement une remarque décrivant l'étiquette.**

   Notez par exemple l'endroit où vous avez pris les photos, leur sujet ou d'autres informations descriptives.

6. **Cliquez sur OK.**

   Vous revenez à l'Organiseur.

7. **Dans l'Organiseur, sélectionnez les photos à étiqueter avec ce nouveau mot-clé.**

   Cliquez sur une photo, puis appuyez sur Maj et cliquez sur une autre photo pour sélectionner une série de photos. Si les vignettes ne sont pas contiguës, cliquez sur une photo, puis appuyez sur Ctrl/⌘ pendant que vous cliquez sur les photos dispersées dans l'Organiseur.

   Si vous sélectionnez des photos avant de créer une nouvelle étiquette, celles-ci sont automatiquement associées à la nouvelle étiquette.

8. **Pour associer une étiquette de mot-clé à une photo (ou à une sélection de photos), faites glisser sa vignette vers l'étiquette dans le panneau Étiquettes (voir Figure 5.4).**

   Vous pouvez aussi faire glisser une étiquette du panneau vers les photos sélectionnées.

   Les photos sont associées à l'étiquette dès que vous relâchez le bouton de la souris.

   La case à cocher devant le nom d'une étiquette sert à filtrer l'affichage dans le navigateur : lorsque la case est cochée, seules les photos associées à cette étiquette sont visibles.

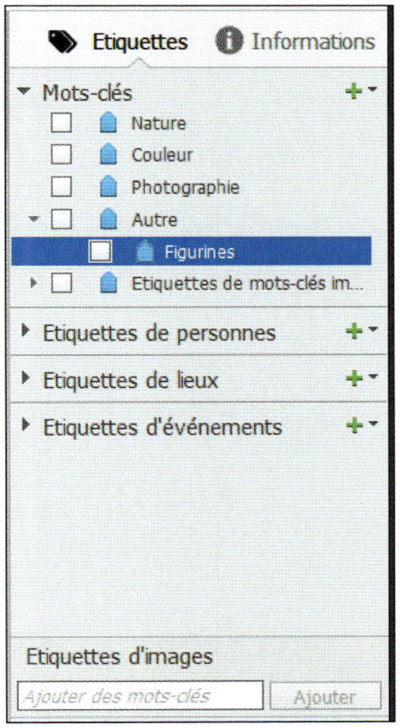

Figure 5.4 : Le panneau Étiquettes après l'ajout d'une étiquette de mot-clé.

9. **Répétez les Étapes 2 à 8 pour créer des étiquettes pour toutes les images à classer.**

Comme nous le verrons plus loin dans ce chapitre, les étiquettes facilitent le tri des images et la création d'albums. Plus vous aurez associé d'étiquettes à vos photos, et plus il sera facile de retrouver rapidement une photo particulière parmi les milliers de clichés qui envahiront bientôt votre catalogue. Nous vous encourageons à créer des étiquettes personnalisées et à étiqueter chaque photo dans les différentes catégories.

Personnalisez l'icône des étiquettes

Par défaut, Elements met à votre disposition un jeu d'icônes qui permet d'identifier visuellement les étiquettes. Vous pouvez changer une icône pour y faire apparaître une miniature de l'une des photos associées à l'étiquette.

Plusieurs techniques peuvent être appliquées pour personnaliser l'icône d'une étiquette. Toutefois, voici la plus fiable :

1. **Cliquez du bouton droit sur l'icône d'une étiquette dans le panneau Étiquettes, puis choisissez Modifier.**

   La boîte de dialogue Modifier l'étiquette de mot-clé apparaît.

2. **Cliquez sur Modifier l'icône.**

   Vous obtenez la boîte de dialogue Modifier l'icône de l'étiquette de mot-clé, illustrée à la Figure 5.5.

3. **Sélectionnez une image pour l'icône de l'étiquette.**

   Cliquez sur le bouton Importer pour aller chercher une image qui représentera l'étiquette. Autrement, cliquez sur les flèches gauche et droite pour défiler entre les images et en choisir une pour l'icône.

   Remarquez le bouton Rechercher : il ouvre une fenêtre qui affiche les vignettes de toutes les images associées à cette étiquette.

Figure 5.5 : Choisissez l'une des photos étiquetées pour représenter l'étiquette visuellement.

4. **(Facultatif) Recadrez l'image en faisant glisser les angles du cadre blanc dans la boîte de dialogue Modifier l'icône de l'étiquette de mot-clé.**

5. **Cliquez sur OK.**

   L'étiquette est désormais représentée dans le panneau Étiquettes par une miniature de l'image que vous avez sélectionnée.

Pour voir des icônes personnalisées dans le panneau Étiquettes, activez l'option Afficher une grande icône, comme l'explique la section suivante.

Exploitez les étiquettes personnalisées

Les étiquettes personnalisées sont celles que vous créez dans le panneau Étiquettes. Elements met à votre disposition une série de catégories qui sont des étiquettes prédéfinies. Cette section traite de la création et de la modification des étiquettes personnalisées.

Les étiquettes se gèrent à l'aide des commandes du menu d'options du panneau Étiquettes (cliquez sur la flèche du bouton « + » vert) et du menu contextuel qui s'affiche par clic droit sur une étiquette dans le panneau Étiquettes.

Voici les commandes proposées par le menu d'options :

- **Nouvelle étiquette de mot-clé :** crée une nouvelle étiquette, comme le décrivent les étapes de la section précédente.
- **Nouvelle sous-catégorie :** une *sous-catégorie* sert à regrouper les étiquettes d'une catégorie. Pour créer une sous-catégorie, choisissez Nouvelle sous-catégorie dans le menu. Une boîte de dialogue vous invite à taper le nom de la sous-catégorie. Prenons un exemple : vous pourriez avoir une sous-catégorie intitulée Mariage de Muriel dans laquelle vous rangerez les étiquettes Essayage de la robe, Cérémonie, Photos de groupe, Vin d'honneur, *etc.*
- **Nouvelle catégorie :** ouvre une boîte de dialogue où vous tapez le nom de la nouvelle catégorie. En plus des catégories prédéfinies, Nature, Couleur, Photographie et Autre, vous pouvez ajouter des catégories personnalisées.
- **Modifier : cliquez sur Modifier pour modifier l'élément sélectionné dans le panneau** Étiquettes. La boîte de dialogue qui apparaît est la même que celle de la Figure 5.3 pour la création d'une étiquette.
- **Importer les étiquettes de mots-clés à partir du fichier :** quand vous exportez des étiquettes, le fichier est copié au format XML (*eXtensible Markup Language*). En choisissant cette commande d'importation, vous pouvez importer le fichier XML des étiquettes de mots-clés. Si vous avez passé beaucoup de temps à étiqueter des fichiers, créez un nouveau catalogue, importer les photos puis importez les étiquettes associées.
- **Enregistrer les étiquettes de mots-clés dans un fichier :** il est possible d'enregistrer les étiquettes de mots-clés dans un fichier que l'on récupère *via* la commande Importer les étiquettes de mots-clés à partir du fichier. Cette option permet d'exporter les noms d'étiquettes pour les utiliser dans un autre fichier de catalogue (voir Chapitre 6).
- **Réduire toutes les étiquettes de mots-clés :** les étiquettes apparaissent dans une arborescence de catégories et sous-catégories. La liste

développée révèle toutes ses sous-catégories. Choisissez Réduire toutes les étiquettes de mots-clés pour refermer la liste.

- **Développer toutes les étiquettes de mots-clés :** développe la liste réduite.
- **Afficher une grande icône :** cliquez sur cette option pour voir les étiquettes de mots-clés représentées par des miniatures personnalisées comme l'explique la section précédente.

Les étiquettes s'enregistrent automatiquement avec le catalogue en cours. Par défaut, Elements enregistre automatiquement votre travail de gestion dans le catalogue en cours. Si vous créez un autre catalogue, vos étiquettes disparaissent. Observez quel catalogue est ouvert lorsque vous créez des étiquettes afin de pouvoir les retrouver.

Modifiez les étiquettes prédéfinies

Les possibilités de modification de l'apparence des étiquettes prédéfinies sont plus limitées que pour les étiquettes personnalisées. Il est par exemple impossible de choisir l'une de vos images pour l'icône d'une catégorie. En revanche, vous pouvez changer le nom des étiquettes prédéfinies de catégories et y ajouter des sous-catégories personnalisées.

Pour modifier l'étiquette d'une catégorie, procédez ainsi :

1. **Cliquez du bouton droit sur l'une des catégories et choisissez Modifier.**

   La boîte de dialogue Modifier la catégorie apparaît (voir Figure 5.6).

2. **Cliquez sur le bouton Choisir une couleur pour changer la couleur de l'icône.**

3. **Pour choisir une autre icône pour la catégorie, faites défiler horizontalement la liste d'icônes et cliquez sur celle que vous voulez utiliser.**

   Votre choix d'icônes pour les catégories est limité à celles fournies ici par Elements.

4. **Cliquez sur OK quand vous avez terminé.**

Figure 5.6 : La boîte de dialogue Modifier la catégorie vous permet de changer l'icône par défaut.

Exploitez les catégories et sous-catégories d'étiquettes

Il existe une hiérarchie dans les étiquettes avec l'étiquette de catégorie au niveau supérieur, puis les sous-catégories qui chapeautent les étiquettes personnalisées. Vous pouvez ajouter des sous-catégories à l'intérieur d'une catégorie ou d'une sous-catégorie sur autant de niveaux que vous le souhaitez.

Dans le panneau Étiquettes de lieux, la hiérarchie se crée automatiquement par pays, région et ville. Dans les panneaux Étiquettes de personnes et Étiquettes d'événements, vous n'ajoutez pas des catégories, mais des groupes qui fonctionnent sur le même système que les catégories.

Vous aurez sans doute envie de définir des groupes ou d'ajouter des personnes dans la catégorie Personnes. Seules les étiquettes de mots-clés peuvent être représentées par une image personnalisée ; l'icône des autres types d'étiquettes reste générique, comme le montre la Figure 5.7. Voici comment ajouter une sous-catégorie dans la catégorie Personnes :

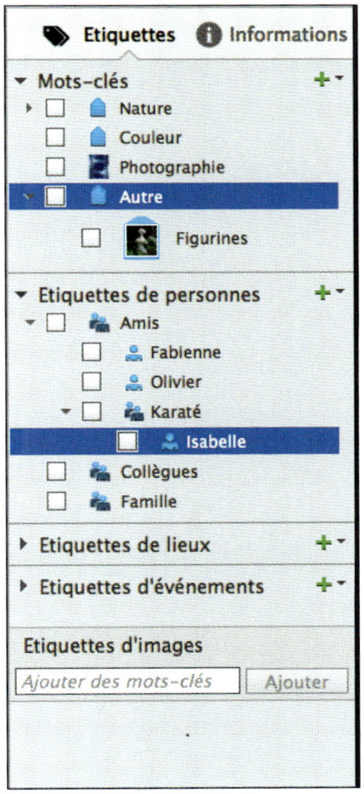

Figure 5.7 : Organisez la hiérarchie des étiquettes et groupes selon vos besoins.

1. **Dans le menu + du panneau Étiquettes de personnes, choisissez Nouveau groupe.**

   Dans cet exemple, nous ajoutons un groupe, et la boîte de dialogue Nouveau groupe est apparue.

2. **Tapez un nom pour le groupe et choisissez éventuellement de l'insérer dans un groupe existant.**

   Dans notre exemple, nous ajoutons un groupe intégré à la sous-catégorie Amis.

3. **Cliquez sur OK et continuez de créer toutes les sous-catégories et étiquettes dont vous avez besoin.**

Remarquez qu'il n'y a pas d'options pour personnaliser les icônes en dehors de la section Étiquettes de mots-clés. La section Personnes contient trois groupes au départ et vous pouvez y ajouter des groupes et sous-groupes selon vos besoins. Dans l'exemple de la Figure 5.7, nous avons ajouté trois étiquettes sous Amis, dont une appartenant au groupe Karaté.

Triez des photos selon leurs étiquettes

Les étiquettes servent à retrouver facilement dans l'Organiseur les images que vous avez étiquetées. Il suffit de cocher la case d'une étiquette (la case se remplit alors d'une paire de jumelles), et le navigateur multimédia affiche toutes les images associées à cette étiquette (voir Figure 5.8).

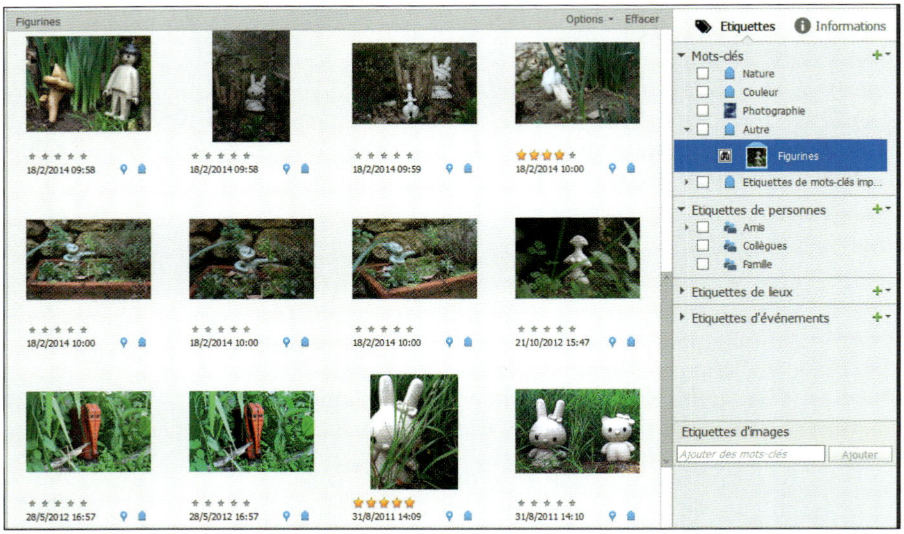

Figure 5.8 : Le navigateur multimédia affiche toutes les images associées à l'élément coché dans le panneau Étiquettes.

Notez des images

Il est possible de noter des photos dans l'Organiseur en leur attribuant de une à cinq étoiles. Vous possédez certainement des photos magnifiques, qui méritent la notation la plus élevée, alors que d'autres, floues ou sans intérêt, ne valent pas plus d'une étoile.

L'attribution d'une note s'effectue dans le panneau Informations. Pour ce faire, sélectionnez une photo dans le navigateur multimédia, puis cliquez sur une étoile comme le montre la Figure 5.9. Une étoile est la note la plus basse et cinq étoiles la meilleure.

TRUC

Si les détails sont affichés, cliquez sur une étoile sous la vignette d'une photo pour définir sa notation sans passer par le panneau Informations.

Après avoir attribué des notes aux photos, vous pouvez filtrer l'affichage afin de ne présenter que les photos dotées d'une certaine notation. Il suffit de cliquer sur une étoile de la section Notations, en haut à droite dans la Figure 5.9. Si vous cliquez sur la troisième étoile, par exemple, le navigateur n'affiche plus que les photos dotées de 3, 4 ou 5 étoiles. Si vous cliquez sur la cinquième étoile, vous n'avez plus à l'écran que les photos notées 5 étoiles.

Cliquez ici pour filtrer l'affichage en fonction des notes.

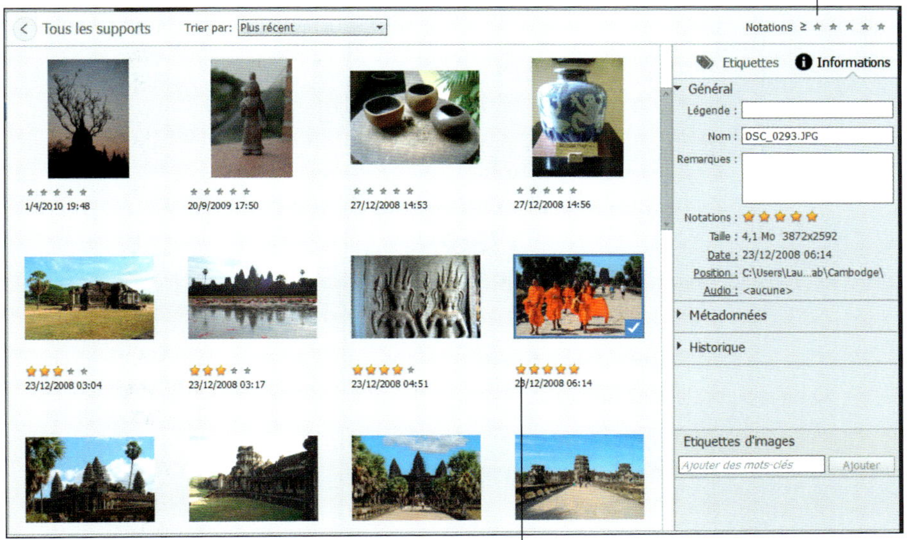

Cliquez sur une étoile pour définir la note de la photo sélectionnée.

Figure 5.9 : Choisissez le nombre d'étoiles à attribuer à vos photos dans le panneau Informations.

Prenez garde de cliquer sur une étoile dans le panneau Informations ou sous la vignette lorsque vous voulez attribuer une note à une photo. Si vous cliquez sur une étoile à droite de Notations dans l'angle supérieur droit de la fenêtre, Elements se contente de filtrer l'affichage sans attribuer de note.

Exploitez les albums

Les albums fournissent une autre méthode d'organisation des photos du catalogue. Vous pouvez utiliser des albums pour regrouper des photos qui répondent à certains critères. Vous pourriez, par exemple, utilisez vos étiquettes et vos notations pour trouver instantanément toutes les photos de famille associées à cinq étoiles. Autrement, les étiquettes Événements et

Lieux peuvent vous servir à trouver toutes les photos que vous avez prises lors d'une conférence à Vienne. Les albums ne servent pas uniquement à rassembler des photos étiquetées ou notées. Lorsque vous avez besoin de grouper des photos pour une raison particulière, la création d'un album est la solution idéale.

Créez un album

Grâce aux albums et aux étoiles de notation, vous pouvez affiner davantage le classement et constituer des groupes en fonction de la destination : impression, partage ou diaporamas.

Voici comment créer un album :

1. **Triez les photos dans le navigateur multimédia pour choisir celles qui vont former un album.**

   Dans notre exemple, nous avons cliqué sur la troisième étoile pour limiter l'affichage aux photos notées au moins trois étoiles.

2. **Cliquez sur Albums dans le volet gauche.**

3. **Cliquez sur la flèche de l'icône dotée du signe + à droite de l'intitulé Albums en haut du volet gauche (Figure 5.10). Choisissez Nouvel album dans le menu déroulant.**

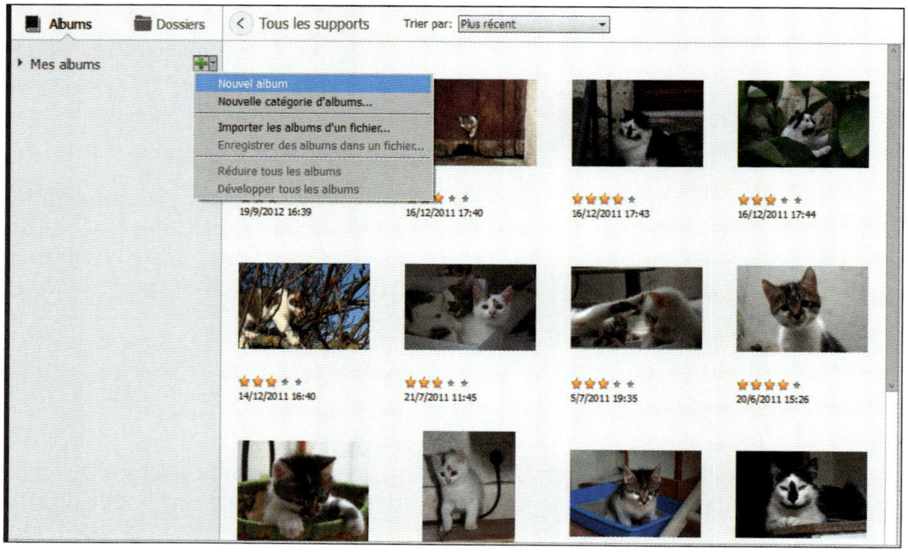

Figure 5.10 : Cliquez sur la flèche de l'icône + pour ouvrir le menu déroulant et choisir Nouvel album.

4. **Nommez le nouvel album.**

   Le panneau Nouvel album est apparu dans la corbeille des panneaux, à droite. Tapez le nom de l'album dans le champ de texte Nom de l'album, comme le montre la Figure 5.11.

   Si vous n'avez pas trié les photos à l'Étape 1, vous pouvez le faire maintenant ou simplement sélectionner dans le navigateur les photos à ajouter à l'album.

5. **Faites glisser des photos du navigateur multimédia vers la partie inférieure du volet Nouvel album.**

   Si le navigateur affiche uniquement les photos à inclure à l'album, appuyez sur Ctrl + A (⌘ + A) ou choisissez Édition/Tout sélectionner. Une fois les fichiers sélectionnés, faites-les glisser vers le volet Nouvel album ou cliquez sur le bouton Ajouter à la corbeille des supports (voir Figure 5.11).

   Si vous n'avez pas limité l'affichage aux photos à inclure à l'album, cliquez sur une ou plusieurs vignettes et faites-les glisser vers le panneau. Continuez de faire glisser les vignettes une à une pour compléter l'album.

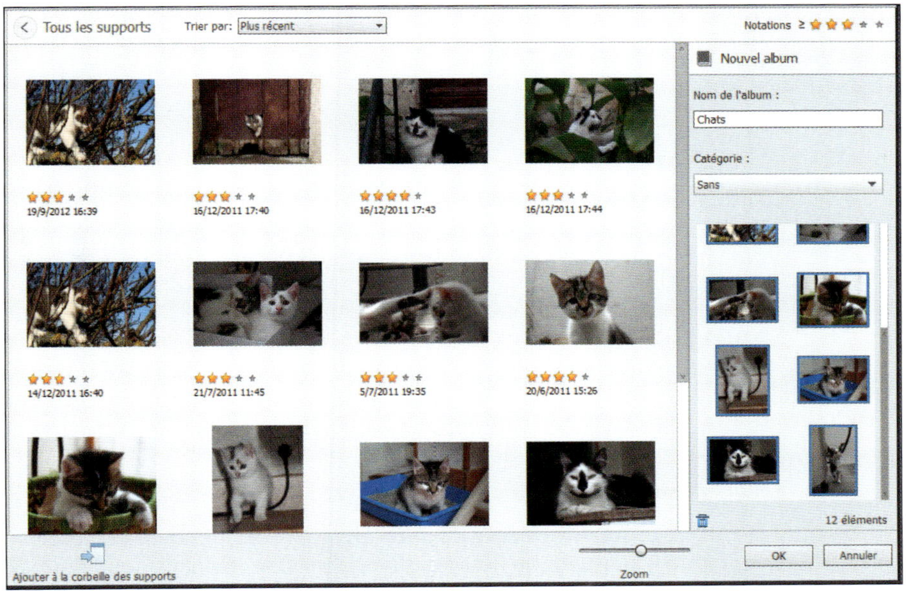

Figure 5.11 : Faites glisser des photos vers le nouvel album.

6. **Cliquez sur le bouton OK au bas du panneau.**

   Le nouvel album apparaît maintenant dans la liste d'albums du volet gauche.

Et voilà ! Votre nouvel album est créé et il contient les photos que vous avez ajoutées. Vous pouvez afficher toutes les photos d'un album particulier en cliquant sur le nom de l'album dans la liste Albums.

La création d'albums occupe beaucoup moins d'espace sur le disque dur que de dupliquer des photos pour les rassembler dans un dossier avant de les imprimer, les héberger sur le Web, les partager, *etc.*

Créez un album provisoire

Vous pouvez composer un album pour un usage temporaire puis le supprimer lorsqu'il devient inutile.

Par exemple, vous pourriez avoir envie de mettre en pratique certaines commandes des menus Créer et Partager. Pour essayer ces commandes chez vous, commencez par créer un album en y ajoutant des photos. Procédez ensuite aux techniques de partage qui vous intéressent. Et quand vous aurez terminé, cliquez sur l'album du bouton droit pour ouvrir le menu contextuel et choisissez la commande Supprimer *<nom de l'album>*.

Modifiez un album

Après avoir créé un album, vous pourriez avoir envie de changer son nom, d'y ajouter des photos ou d'en retirer, de classer l'album dans une autre catégorie ou d'apporter une autre modification.

Pour travailler sur un album, commencez par chercher l'album dans le volet gauche. Ce volet présente sous l'intitulé Albums la liste des albums créés dans le catalogue. Pour modifier un album, cliquez sur son nom du bouton droit et choisissez Modifier dans le menu contextuel. Cette commande ouvre le panneau Modifier l'album dans le volet droit de la fenêtre de l'Organiseur ; il présente les mêmes fonctions que le volet Nouvel album illustré à la Figure 5.11.

D'autres commandes sont disponibles dans le menu contextuel d'un album à partir du volet gauche. Vous pouvez renommer un album, le supprimer ou y ajouter les éléments sélectionnés dans le navigateur multimédia.

N'OUBLIEZ PAS

Pour ouvrir le menu contextuel d'un album, il faut d'abord fermer le panneau Nouvel album ou Modifier l'album dans la corbeille des panneaux. Tant qu'il y a un panneau d'album ouvert à droite, vous n'avez pas accès au menu contextuel des albums. Cliquez sur OK ou Annuler pour fermer le panneau d'album dans la corbeille des panneaux.

Avantages des albums

La constitution d'un album est le point de départ de diverses activités liées aux photos. Les albums sont utiles pour regrouper des photos à visionner sur des appareils mobiles pour les partager. Nous verrons ailleurs dans ce livre plusieurs manières de partager des albums avec vos proches ou avec le monde entier. Vous pourriez :

- mettre des albums en ligne pour les rendre publics ;
- enregistrer un album sur DVD ;
- visualiser les albums en diaporama.

Le Chapitre 15 présente les techniques de partage et la création de diaporamas est décrite au Chapitre 16.

Identifiez les personnes dans les photos

Nos photos préférées sont souvent celles qui représentent la famille et les amis. Même lorsque nous photographions un paysage ou un monument, nous demandons à un proche de se placer devant le Louvre, la porte Tian'anmen ou le Grand Canyon.

Ce sont les photos de nos proches, à la maison ou en voyage, que nous aimons regarder et partager. Et Photoshop Elements nous aide à identifier, trier et visionner les photos de personnes.

NOUVEAUTÉ 14

La fonction de reconnaissance faciale s'est nettement améliorée dans Photoshop Elements 14. Elle existait déjà dans les versions précédentes, mais elle est maintenant plus performante et plus intuitive.

Lorsque vous importez des photos, l'Organiseur s'efforce de reconnaître les personnes que vous avez déjà identifiées avec une étiquette. La première fois que vous accédez à l'affichage Personnes, vous voyez une liste de visages à identifier dans la catégorie Sans nom (voir Figure 5.12).

Pour attribuer un nom à un visage, cliquez Ajouter nom sous la vignette d'un visage, et un champ de saisie apparaît. Tapez le nom de la personne à identifier, comme le montre la Figure 5.12.

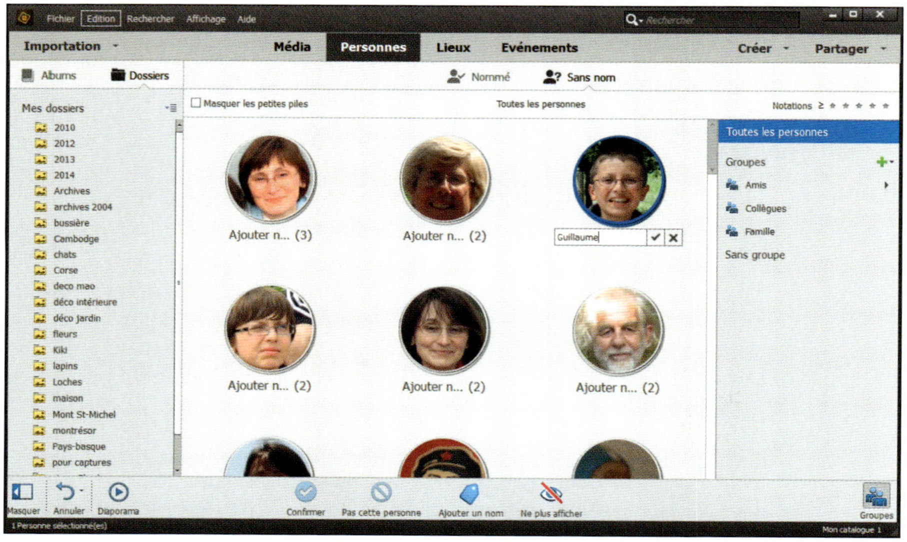

Figure 5.12 : Cliquez sur Ajouter nom, puis tapez le nom de la personne à identifier.

L'affichage Personnes se divise en deux sections : Nommé et Sans nom. Pour voir les visages déjà identifiés, cliquez Nommé en haut du navigateur multimédia. Vous voyez alors les vignettes des personnes reconnues dans le catalogue (voir Figure 5.13).

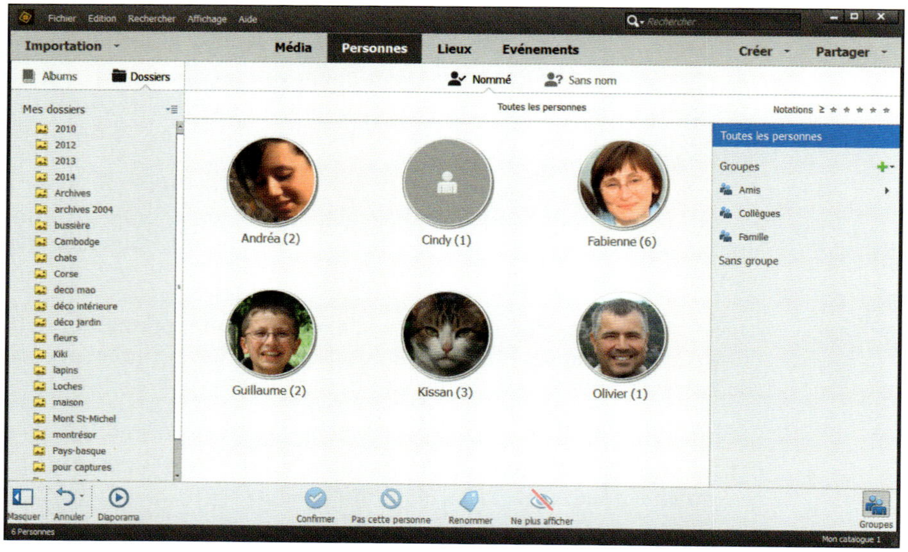

Figure 5.13 : Cliquez sur Nommé en haut de la fenêtre pour voir les visages déjà identifiés.

L'intérêt de la reconnaissance faciale est qu'Elements tente de reconnaître dans vos nouvelles photos les personnes que vous avez identifiées dans d'autres photos, mais le logiciel n'est pas à l'abri de l'erreur. Aussi, quand vous n'êtes pas certain que l'étiquette de nom attribuée par Elements correspond à la personne, placez le pointeur sur la vignette du visage pour voir la photo entière. Cela vous permet de voir où et quand la photo a été prise. Vous pouvez alors confirmer l'identification en cliquant du bouton droit, comme dans l'exemple de la Figure 5.14. Si le nom est correct, cliquez sur C'est untel ; dans le cas contraire, cliquez sur Pas untel. Vous disposez aussi des boutons au bas de la fenêtre pour confirmer ou refuser une identification.

Adobe a prévu une fonction bien pratique par rapport à la reconnaissance faciale, c'est la fonction Masquer les petites piles. Lorsque vous affichez la section Sans nom de l'onglet Personnes dans le navigateur multimédia, Elements présente tous les visages détectés dans votre catalogue en indiquant le nombre d'occurrences de chacun (voir Figure 5.15). Certains visages n'apparaissent qu'une seule fois et il peut même s'agir d'inconnus. Si vous cochez l'option Masquer les petites piles, les visages détectés une seule fois n'apparaissent plus, ce qui vous aide à vous concentrer sur les visages qui méritent d'être identifiés.

Figure 5.14 : Cliquez du bouton droit sur un visage pour ouvrir le menu ou cliquez sur Confirmer si le nom attribué par Elements est correct.

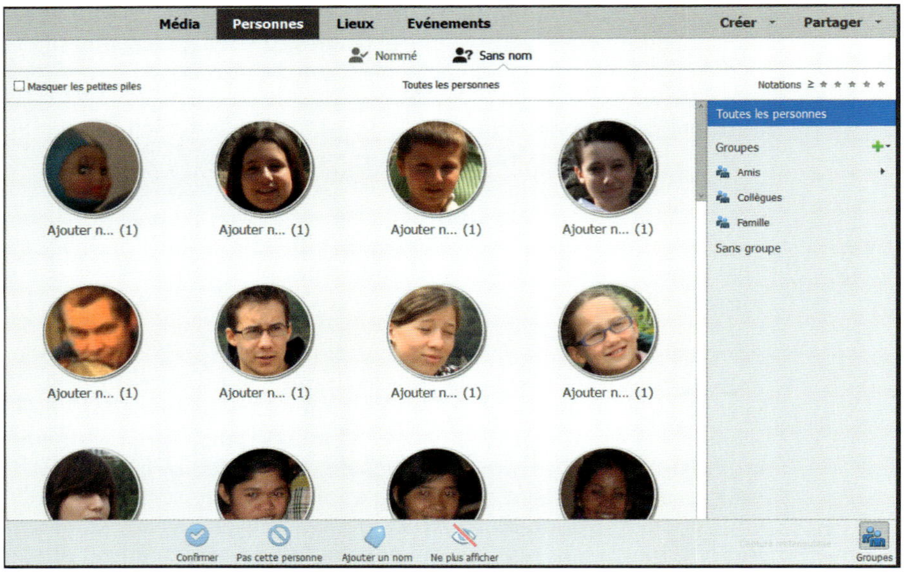

Figure 5.15 : Cochez l'option Masquer les petites piles pour ne plus voir les visages détectés une seule fois dans vos photos.

Marquez les lieux de prises de vue sur une carte

Si vous voyagez avec un appareil photo, vous aurez sans doute envie de trier vos clichés d'après le lieu de la prise de vue. Elements vous permet même de les situer sur une carte géographique.

NOUVEAUTÉ 14

À l'instar de la reconnaissance faciale (étudiée plus tôt à la section « Identifiez les personnes dans les photos »), la fonction d'étiquetage par géolocalisation n'est pas une nouveauté de la version 14, mais son interface a été remaniée.

Vous disposez de deux méthodes pour étiqueter les photos en fonction du lieu de prise de vue. Cliquez sur le bouton Emplacement en bas du navigateur multimédia ou sur Lieux en haut du navigateur pour ouvrir l'onglet Lieux. La seconde solution semble la plus simple.

Pour voir à quel point il est facile de marquer le lieu de prise de vue de vos photos, suivez ces instructions :

1. **Cliquez sur l'onglet Lieux en haut du navigateur multimédia.**

2. **Sélectionnez des photos dans le volet gauche (voir Figure 5.16).**

   Vous constatez à la Figure 15.6 que la nouvelle disposition de l'onglet Lieux permet de faire glisser facilement des photos vers divers emplacements dans la carte. Le volet gauche présente les photos qui ne possèdent pas encore d'étiquette de lieu. Faites défiler le contenu du volet pour trouver les photos que vous voulez étiqueter.

   TRUC

   Pour sélectionner un groupe entier, cliquez sur la plage de dates au-dessus d'un lot de vignettes.

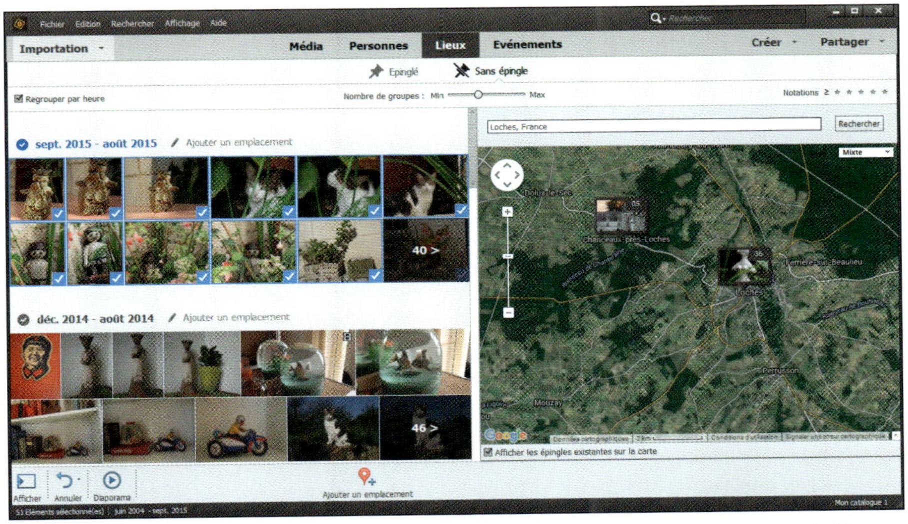

Figure 5.16 : La vue Lieux affiche deux volets ; d'un côté les photos du navigateur et de l'autre la carte de Google Map.

3. **Lancez la recherche d'un lieu.**

   Dans le champ de saisie au-dessus de la carte géographique, tapez le nom du lieu que vous voulez associer aux photos et cliquez sur Rechercher. Vous obtenez une liste de suggestions de lieux. Cliquez sur le lieu qui convient.

4. **Faites glisser la sélection du volet gauche vers la carte.**

   Les photos que vous avez ajoutées à la carte s'empilent et sont représentées par une vignette. Le nombre de photos et le nom du lieu apparaissent lorsque le pointeur survole la vignette dans la carte (voir Figure 5.17).

5. **Affichez toutes les photos associées à un lieu.**

   Cliquez le nombre dans l'angle inférieur droit de la vignette (voir Figure 5.17), et vous obtenez l'affichage de toutes les photos du lieu, comme dans la Figure 5.18. De là, vous pouvez ajouter des photos à un album (comme l'explique la section « Exploitez les albums » plus tôt dans ce chapitre), retoucher les photos ou supprimer l'étiquette de lieu de certaines photos.

TRUC

Pour retirer l'étiquette de lieu associée à une photo, sélectionnez la photo dans l'onglet Lieux et cliquez sur le bouton Supprimer sous le navigateur (voir Figure 5.18).

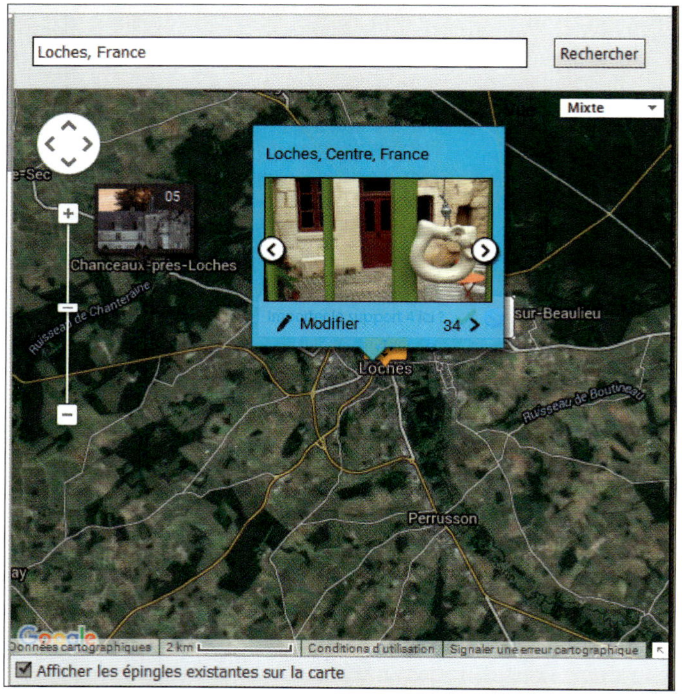

Figure 5.17 : Sélectionnez des photos dans le volet gauche, faites-les glisser vers la carte et déposez-les à l'emplacement qui convient.

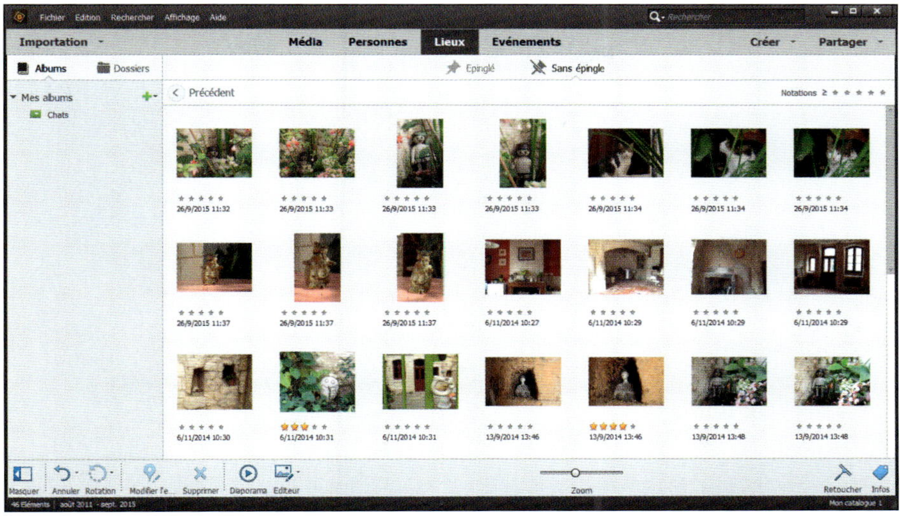

Figure 5.18 : Cliquez dans l'angle inférieur droit d'une vignette dans la carte pour voir toutes les photos associées à un lieu.

Définissez des événements

Si vous avez des photos prises à certaines occasions, vous pouvez perfectionner le système d'organisation de votre catalogue en associant des photos à certains événements.

Libre à vous de choisir la nature des événements que vous définissez. Il peut s'agir d'une fête de famille, d'une randonnée ou d'une soirée. Pour définir un événement et y associer des photos, procédez ainsi :

1. **Cliquez sur l'onglet Événements pour passer en mode Événements. Si nécessaire, cliquez sur Nommé en haut.**

   Elements présente les événements que vous avez définis. Si vous n'avez pas encore associé d'événement à vos photos, cette section est vide.

2. **Cliquez sur le bouton Événement au bas de la fenêtre.**

   La fenêtre présente maintenant deux parties : à gauche tout le contenu du catalogue et à droite le panneau Ajouter un nouvel événement (voir Figure 5.19).

3. **Tapez un nom pour l'événement dans le champ Nom du panneau Ajouter un nouvel événement.**

Figure 5.19 : Tapez le nom d'un événement, définissez ses dates de début et de fin, tapez une description et faites glisser des photos vers le panneau pour les associer au nouvel événement.

4. **Choisissez les dates de l'événement en cliquant sur les icônes de calendrier dans le panneau Ajouter un nouvel événement.**

5. **Tapez une description dans la zone de texte Description.**

6. **Associez des photos à l'événement.**

   Sélectionnez des photos à gauche et faites-les glisser vers le panneau à droite.

7. **Cliquez sur Terminer.**

   Les photos sont désormais associées à l'événement. Pour voir les événements, cliquez sur le bouton Événements en haut de la fenêtre de l'Organiseur. Vous obtenez une pile de photos pour chaque événement défini (voir Figure 5.20). Pour voir les photos d'un événement, double-cliquez sur sa vignette.

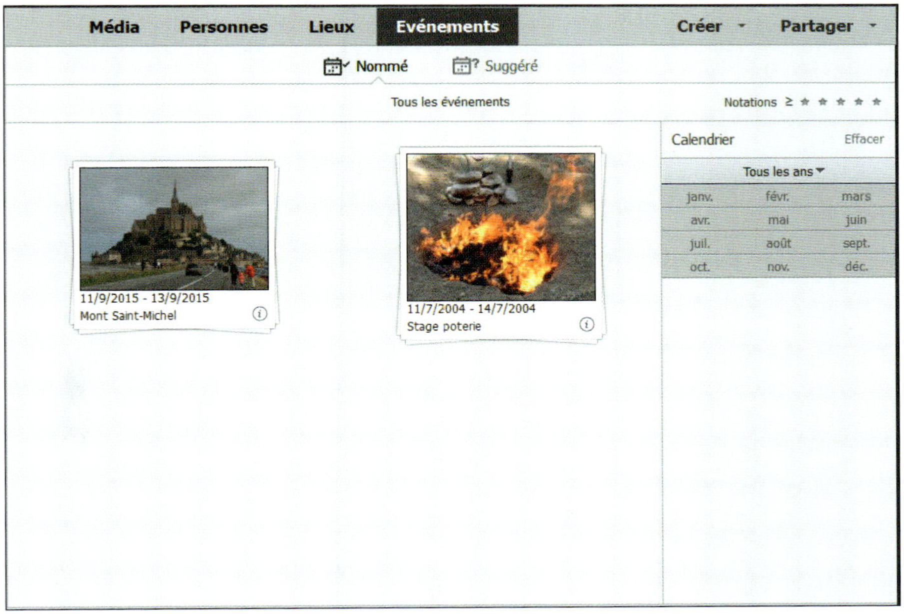

Figure 5.20 : Après définition d'un événement, il apparaît sous forme de pile dans l'onglet Événements.

6

Afficher et retrouver vos images

Dans ce chapitre :

- Exploitez plusieurs catalogues.
- Basculez entre les différents modes d'affichage.
- Visualisez des diaporamas.
- Recherchez des photos.
- Groupez les vignettes en piles.

L'importation des photos dans un catalogue est la première étape de l'organisation de vos images. Par défaut, l'Organiseur crée un nouveau catalogue sans aucune intervention de votre part (si bien que vous pourriez ignorer la notion de catalogue si vous n'aviez pas lu ce livre). À mesure que votre catalogue va s'étoffer par l'ajout de nouveaux fichiers, vous aurez besoin de moyens performants pour y retrouver les photos que vous désirez exploiter dans un projet.

Dans ce chapitre, nous verrons d'abord la notion et l'emploi de catalogues. Ensuite, vous allez apprendre à afficher et à organiser vos images dans l'Organiseur et le navigateur multimédia. Vous découvrirez les nombreuses fonctions qui facilitent le travail dans Elements. Cependant, avant de découvrir le contenu de ce chapitre, reportez-vous au Chapitre 4 afin de vous familiariser avec l'interface de l'Organiseur et certains de ses modes d'affichage. Enfin, consultez le Chapitre 5 pour obtenir des explications précises sur l'étiquetage des photos et la création d'albums dans l'Organiseur.

Cataloguez les fichiers

Les fichiers que vous importez dans l'Organiseur s'enregistrent automatiquement dans un catalogue. En réalité, ce ne sont pas les fichiers qui s'enregistrent, mais des *liens* du catalogue vers chacun des fichiers. Les liens s'apparentent à des pointeurs qui indiquent au catalogue où rechercher les fichiers. Le catalogue se met à jour lorsque vous ajoutez et supprimez des fichiers dans l'Organiseur.

N'OUBLIEZ PAS

Après importation d'images dans l'Organiseur, le programme mémorise un lien vers ces fichiers. Si ensuite vous déplacez vos photos sur un autre disque dur, le lien est rompu. Vous devez alors le recréer en indiquant à Photoshop Elements sur quel nouveau disque dur vos images sont désormais stockées. Une boîte de dialogue s'ouvrira en cas de perte des liens pour que vous puissiez « reconnecter » la référence de vos fichiers images.

Votre catalogue par défaut se nomme *Mon catalogue*. Il gagne en volume à mesure que vous ajoutez des photos dans l'Organiseur ; il peut en contenir des milliers. Si votre catalogue devient trop volumineux, vous serez tenté de créer un deuxième catalogue ou même plusieurs pour y ranger vos photos. Vous pourriez créer un catalogue pour les photos de famille et d'amis, un autre pour vos activités professionnelles ou de loisirs ou même créer un catalogue spécial pour les photos de votre réseau social. Autrement, vous pourriez choisir de répartir vos clichés en différents catalogues selon la logique qui vous sera utile.

Utilisez le Gestionnaire de catalogues

Le Gestionnaire de catalogues sert à créer, supprimer et ouvrir des catalogues. Pour y accéder, choisissez Fichier/Gérer les catalogues. Vous obtenez l'affichage du Gestionnaire de catalogues (voir Figure 6.1).

Pour faciliter la gestion de vos images et éviter de travailler dans un seul gros catalogue, vous pouvez créer un nouveau catalogue avant d'y importer des photos. Vous procéderez ainsi :

1. **Choisissez Fichier/Gérer les catalogues et cliquez sur le bouton Nouveau dans la boîte de dialogue Gestionnaire de catalogues, illustré par la Figure 6.1.**

2. **Dans la boîte de dialogue Entrez le nom du nouveau catalogue, tapez un nom et cliquez sur OK.**

3. **(Facultatif) Pour placer dans le catalogue les fichiers audio gratuits installés avec Elements, cochez l'option Importer de la musique gratuite dans ce catalogue.**

Nous vous conseillons d'importer les fichiers audio gratuits d'Elements, car ils pourront vous servir dans les diaporamas et d'autres projets. Reportez-vous au Chapitre 16 pour en savoir plus sur les projets.

4. **Cliquez sur OK pour créer le nouveau catalogue.**

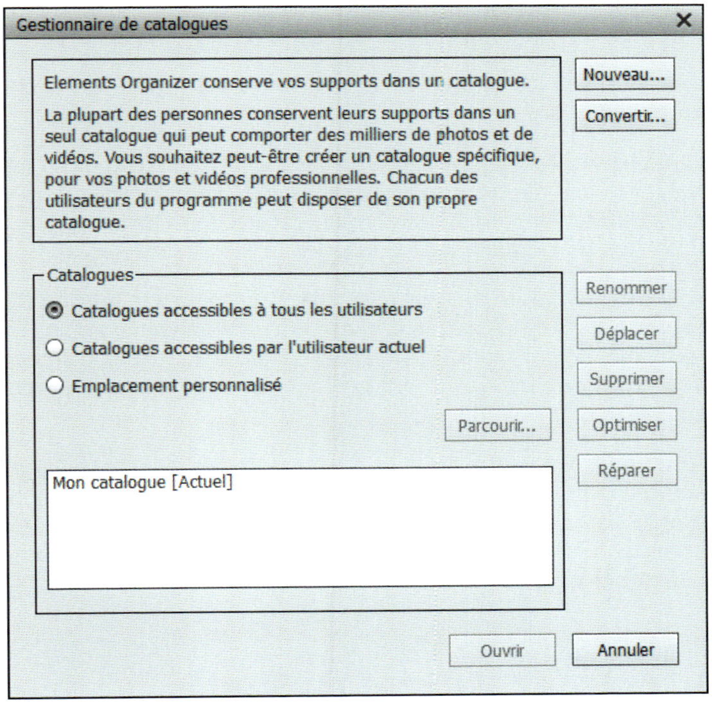

Figure 6.1 : Boîte de dialogue Gestionnaire de catalogues.

5. **De retour dans la fenêtre de l'Organiseur, choisissez Fichier/Obtenir des photos et des vidéos/À partir de fichiers/dossiers pour ajouter des fichiers au nouveau catalogue.**

   La boîte de dialogue Obtenir des photos et vidéos à partir de fichiers et de dossiers apparaît.

6. **Parcourez votre disque dur pour y sélectionner les photos à placer dans le catalogue Après sélection des fichiers, cliquez sur Ouvrir.**

   Les photos sélectionnées s'ajoutent à votre nouveau catalogue multimédia.

Manipulez vos catalogues

Si vous créez plusieurs catalogues, les conseils suivants vous seront utiles :

- **Mettez au point votre système d'organisation avant de créer votre premier catalogue.** Il n'existe pas de commande magique pour diviser un gros catalogue en plusieurs petits. Si vous avez déjà un gros catalogue que vous voulez diviser, il vous faudra créer de nouveaux catalogues et les remplir puis supprimer des photos du premier catalogue.
- **Changez de catalogue.** Lorsque vous souhaitez accéder à un autre fichier de catalogue, choisissez Fichier/Gérer les catalogues et sélectionnez le nom du catalogue. Cliquez sur Ouvrir au bas de la boîte de dialogue. L'Organiseur affiche les fichiers contenus dans ce catalogue.
- **Réparer un catalogue endommagé.** Remarquez le bouton Réparer à la Figure 6.1. Si les vignettes d'aperçu de vos images n'apparaissent pas ou que vous ne parvenez pas à les ouvrir dans l'Éditeur, il se peut que votre fichier de catalogue soit endommagé. La commande Réparer pourrait résoudre le problème.
- **Améliorer les performances d'un catalogue.** Si l'Organiseur vous semble lent à réagir, il peut être nécessaire d'optimiser vos catalogues pour améliorer leurs performances. Exécutez régulièrement la commande Optimiser du Gestionnaire de catalogues de manière à conserver de bonnes performances.

Sauvegardez votre catalogue

Prenez les devants, sauvegardez votre catalogue avant d'avoir des ennuis, ainsi vous n'aurez pas à regretter votre négligence. Il serait dommage de perdre toutes les précieuses heures passées à classer vos photos dans l'Organiseur.

Après avoir organisé vos fichiers, ajouté des étiquettes de mots-clés, créé des albums, des piles et des jeux de versions, il est judicieux de sauvegarder le fichier de catalogue pour anticiper toute corruption de ce dernier. La fonction de sauvegarde des catalogues est disponible sous Windows et Mac, mais la sauvegarde sur CD ou DVD depuis Elements est limitée au système Windows.

N'OUBLIEZ PAS

La sauvegarde du catalogue a pour effet de dupliquer les liens vers les fichiers, les étiquettes, les albums, les projets, *etc.* Cette commande ne sauvegarde pas les photos originales.

Voici comment créer une sauvegarde de votre catalogue :

1. **Choisissez Fichier/Sauvegarder le catalogue pour ouvrir l'assistant de sauvegarde.**

La procédure de sauvegarde se déroule en deux étapes.

2. **Sélectionnez la source à sauvegarder.**

   La première fenêtre de l'assistant propose deux options :

   - *Sauvegarde complète :* cliquez sur ce bouton pour effectuer une première sauvegarde ou pour la refaire sur un nouveau support.
   - *Sauvegarde incrémentielle :* choisissez cette option si vous avez déjà effectué au moins une sauvegarde et que vous voulez mettre à jour le catalogue sauvegardé.

3. **Cliquez sur Suivant et sélectionnez l'emplacement où sauvegarder les fichiers (voir Figure 6.2).**

   Les lecteurs actifs, y compris les lecteurs CD/DVD connectés à l'ordinateur (sous Windows), apparaissent dans la liste Sélectionner le lecteur de destination. Sélectionnez un lecteur, et Elements calcule automatiquement la durée de l'opération et recherche un éventuel fichier de sauvegarde existant.

TRUC

L'assistant indique la taille totale des fichiers à copier. Cette information peut être utile si vous ne savez pas combien de CD ou de DVD sont nécessaires pour accomplir la sauvegarde (sous Windows) ou pour vérifier que le disque externe possède suffisamment d'espace libre.

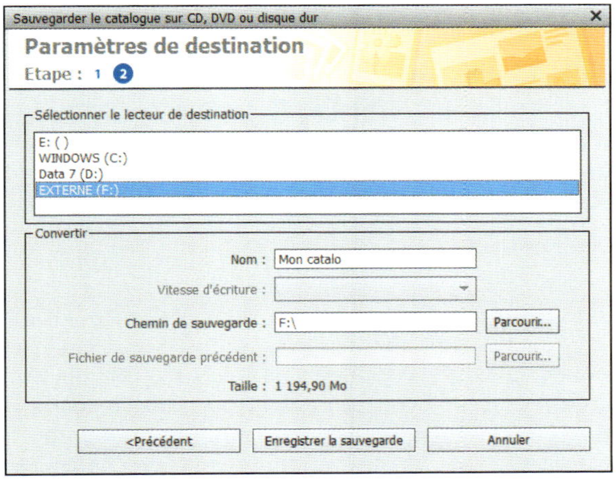

Figure 6.2 : L'assistant de sauvegarde vous aide à sélectionner l'emplacement où enregistrer la sauvegarde.

4. **Si vous voulez copier des fichiers sur votre disque dur ou un autre disque connecté à l'ordinateur, cliquez sur le bouton Parcourir pour indiquer le chemin d'accès.**

Si vous employez un support amovible, tel qu'un CD ou DVD (sous Windows), Elements vous invite à insérer un disque qu'il prépare ensuite à l'opération d'écriture.

5. **Cliquez sur Enregistrer la sauvegarde pour démarrer la sauvegarde.**

   N'interrompez surtout pas la sauvegarde. Comme elle peut prendre un certain temps, laissez le programme travailler jusqu'à ce qu'il vous indique que la sauvegarde est terminée.

Sauvegardez des photos et des fichiers (Windows)

Si vos fichiers sont répartis un peu partout sur votre disque dur, vous risquez de passer pas mal de temps à tous les copier sur un autre disque dur, CD-ROM ou DVD-ROM. Heureusement, Elements vous permet d'effectuer cette opération très facilement.

Choisissez Fichier/Copier/Déplacer vers le lecteur amovible, puis, dans la boîte de dialogue qui s'affiche, activez l'option Déplacer les fichiers et cliquez sur Suivant. Sélectionnez un disque dur ou un lecteur CD/DVD, tapez un nom pour le dossier de sauvegarde et cliquez sur OK. Elements copie alors dans le dossier de sauvegarde tous les fichiers actuellement affichés dans l'Organiseur.

TRUC

La version Mac d'Elements ne permet pas de sauvegarder les photos de l'Organiseur sur CD ou DVD. Sous Mac, vous pouvez créer dans le Finder un nouveau dossier : sélectionnez toutes les photos dans la fenêtre Organiseur, puis faites glisser les fichiers sélectionnés vers le dossier à graver. Cliquez sur Graver, et les fichiers sont copiés sur un CD ou DVD.

Les options d'affichage de l'Organiseur

L'Organiseur propose plusieurs manières d'afficher les images. Au Chapitre 4, vous avez vu comment afficher dans le navigateur multimédia les photos nouvellement importées, tous les fichiers ou seulement ceux du dossier sélectionné. Vous pouvez aussi filtrer l'affichage en fonction de la date des photos, afficher un diaporama, limiter l'affichage à certains types de fichiers ou aux photos associées à des lieux et à des événements. Voici une brève présentation du menu Affichage.

Le menu Affichage sert à filtrer et à personnaliser l'affichage des vignettes dans le navigateur multimédia au moyen des options suivantes :

- **Types de support :** choisissez Affichage/Types de support. Dans le sous-menu qui apparaît, les types de support affichés dans l'Organiseur sont marqués par une coche. Cliquez sur un type pour activer ou désactiver son affichage. Vous pouvez ainsi écarter les fichiers vidéo, audio et PDF pour ne voir que les photos.
- **Fichiers masqués :** si certains fichiers sont masqués, vous pouvez les voir en choisissant Affichage/Fichiers masqués/Afficher tous les fichiers ou Afficher seulement les fichiers masqués. Pour les faire disparaître ensuite, vous choisirez Masquer les fichiers masqués dans ce même sous-menu.
- **Détails :** par défaut, le navigateur présente seulement la vignette de chaque photo. En choisissant Affichage/Détails, vous avez en plus la date de prise de vue et le nombre d'étoiles sous chaque vignette.
- **Noms de fichier :** par défaut, le navigateur n'indique pas le nom de fichier des photos. Vous pouvez l'afficher en plus des détails en choisissant Affichage/Noms de fichier.
- **Montage :** la commande Affichage/Montage affiche une barre chronologique horizontale au-dessus du navigateur multimédia. Faites glisser le curseur de cette barre pour vous déplacer dans les photos en fonction de leur date de prise de vue. Dans la Figure 6.3, la barre chronologique, les détails et les noms de fichier sont visibles.

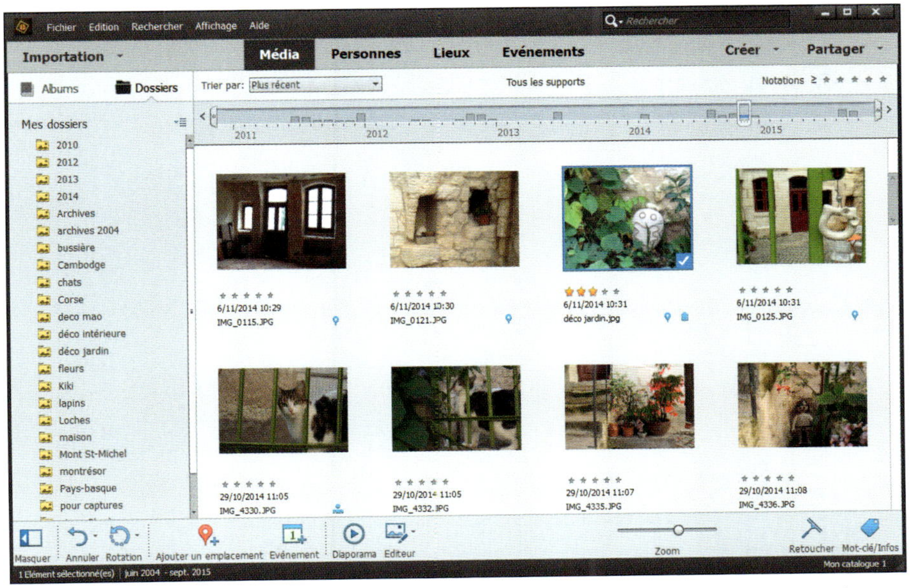

Figure 6.3 : Le navigateur multimédia affiche ici la barre chronologique, la date, la notation et le nom de fichier de chaque photo.

Visualisez les photos en diaporama

Elements propose deux méthodes de diaporama :

- Remarquez le bouton Diaporama sous le navigateur multimédia. Vous avez aussi une commande Diaporama dans le menu Créer. Ces deux commandes servent à composer un diaporama que vous pouvez exporter en fichier vidéo pour le partager avec vos proches. La création de diaporamas est étudiée en détail au Chapitre 16.
- L'autre méthode de diaporama vous permet de faire défiler à l'écran une sélection de photos. Sa commande se trouve dans le menu Affichage, sous le nom Plein écran.

Voici comment lancer un diaporama en plein écran à partir du menu Affichage :

1. **Sélectionnez des photos dans l'Organiseur et choisissez Affichage/ Plein écran.**

   La première photo apparaît avec une barre d'outils et deux panneaux de retouche et d'organisation (voir Figure 6.4). Ainsi, en plein écran vous pouvez noter, étiqueter, classer vos photos dans des albums et les retoucher.

Figure 6.4 : Les panneaux et outils disponibles permettent d'agir sur la photo en mode Plein écran.

2. **Cliquez sur le bouton Bande de film dans la barre d'outils et cliquez sur Organiser le long du bord gauche de l'écran pour afficher ce panneau.**

Les photos du diaporama apparaissent en miniature au bas de l'écran (voir Figure 6.5). Cliquez sur une miniature pour l'afficher directement.

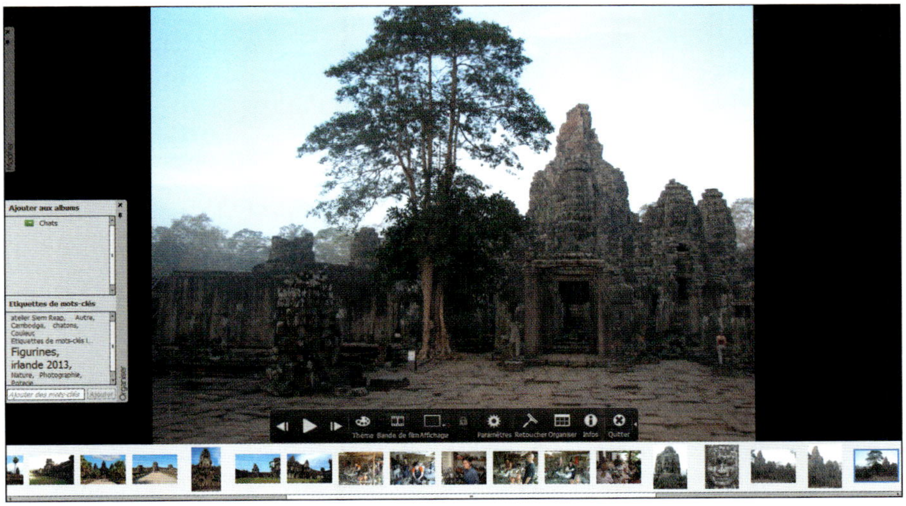

Figure 6.5 : Cliquez Bande de film pour voir les miniatures des photos du diaporama.

Vous constaterez que toutes les commandes ne sont pas disponibles en mode Plein écran. Vous ne pouvez ni enregistrer ni exporter le diaporama ; pour cela, reportez-vous aux instructions du Chapitre 16.

Exploitez les fonctions de recherche

Lorsque vous cherchez une photo sans trop savoir comment vous l'avez classée dans le catalogue, les options de recherche d'Elements vous seront fort utiles. Vous vous rappelez sans doute quelques détails à propos des photos à retrouver. Il est très probable que l'Organiseur possède une fonction capable de lancer une recherche par rapport à ces détails, ce qui vous permettra de retrouver les photos en question en un rien de temps.

Effectuez une recherche

Avant d'étudier les nombreuses commandes de menus disponibles pour les recherches, observez la fenêtre de l'Organiseur. Vous constatez en haut la présence d'un champ de saisie et l'icône d'une loupe. Tapez un terme de recherche et appuyez sur la touche Entrée ou Retour du clavier pour lancer la recherche dans tout le catalogue. Si vous ouvrez le menu déroulant de la loupe, vous accéderez à quelques options permettant de cibler la recherche.

La fonction de recherche d'Elements est très puissante. En plus des recherches sur un seul terme (comme le nom d'une personne), vous pouvez exploiter des expressions booléennes pour réduire le nombre des images trouvées avec les expressions AND, OR et NOT. Par exemple, vous pouvez rechercher Jacques *AND* Jeannine pour n'afficher que des photos auxquelles ces deux noms ont été assignés. Vous pouvez également lancer une recherche comme Jacques *OR* Henri *NOT* Jeannine, pour ne trouver que les photos de Jacques ou de Henri, excluant celles où Jeannine apparaît.

Testez différentes combinaisons d'expressions booléennes pour vous familiariser avec leur logique. Vous ne pourrez plus vous en passer pour retrouver des photographies bien spécifiques. Cette méthode est si efficace que vous n'aurez pas souvent besoin d'utiliser les options du menu Rechercher.

Recherchez des éléments sans étiquette

Vous pouvez ajouter des étiquettes à des fichiers avec de nombreux critères, comme l'explique le Chapitre 5. Quand les images sont associées à des étiquettes, il est possible de s'en servir pour trier les fichiers, ce que vous avez vu aussi au Chapitre 5. Maintenant, observez le menu Rechercher, et vous y constatez la présence de la commande Éléments sans étiquette.

Si certains fichiers n'ont pas encore d'étiquette et que vous voulez afficher uniquement ces derniers pour les étiqueter, choisissez Rechercher/Éléments sans étiquette ou appuyez sur Ctrl + Maj + Q (ou ⌘ + Maj + Q sous Mac). Seuls les fichiers dénués d'étiquette s'affichent alors dans l'Organiseur.

Recherchez des légendes et des remarques

Les légendes et remarques s'ajoutent dans le panneau Informations. L'ajout de légendes et de remarques vous permet ensuite de rechercher le texte d'une légende et/ou des mots contenus dans une remarque. Voici comment procéder :

1. **Si nécessaire, importez des fichiers dans l'Organiseur.**

   Reportez-vous au Chapitre 4 pour découvrir les techniques d'importation.

2. **Ajoutez des légendes et/ou des remarques.**

   Si vous n'avez aucune photo avec une légende ou une remarque, ajoutez-les maintenant. Ouvrez le panneau Informations et tapez une légende et une remarque dans les deux champs de texte.

3. **Choisissez Rechercher/Par légende ou remarque.**

   La boîte de dialogue Rechercher par légende ou remarque de la Figure 6.6 s'affiche.

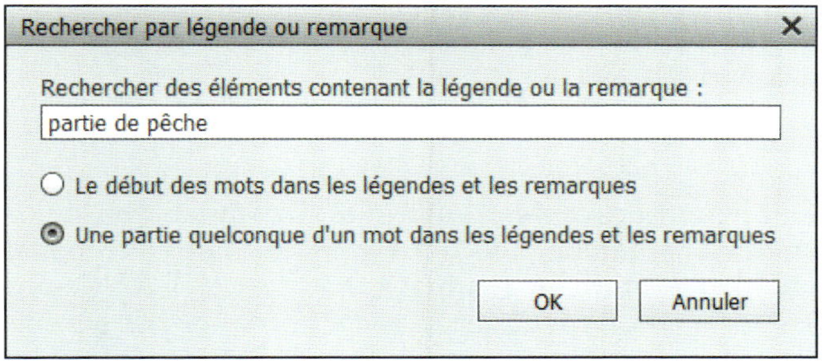

Figure 6.6 : Dans la boîte de dialogue Rechercher par légende ou remarque, tapez le texte à rechercher.

4. **Dans le champ de texte, tapez les mots à trouver et choisissez une option de recherche.**

   Voici les options proposées :

   - *Le début des mots dans les légendes et les remarques :* choisissez cette option si vous savez que la légende ou remarque commence par le mot tapé dans le champ de texte.
   - *Une partie quelconque d'un mot dans les légendes et les remarques :* choisissez cette option lorsque vous ne savez pas si le texte recherché apparaît en début de légende ou de remarque ou s'il est juste contenu dans la légende ou la remarque.

5. **Cliquez sur OK.**

   Les résultats apparaissent dans l'Organiseur.

Recherchez par historique

La recherche par historique est une recherche chronologique qui porte sur les opérations effectuées sur vos fichiers multimédias, telles que les impressions, l'envoi par courrier électronique, le partage et bien d'autres tâches. Elements conserve la trace de toutes vos opérations. Il est ainsi possible de rechercher des fichiers en fonction de leur historique en choisissant Rechercher/Par historique. Les options du sous-menu Par historique rapportent les fichiers en fonction du traitement qu'ils ont reçu.

Recherchez par métadonnées

Les *métadonnées* incluent les informations fournies par l'appareil photo numérique et les données personnalisées que vous ajoutez au fichier. Elles contiennent des descriptions de l'image, telles que le modèle de l'appareil photo, les réglages de l'appareil employés pour prendre la photo, une mention de copyright, *etc.*

Les métadonnées comprennent aussi les informations que vous ajoutez dans l'Organiseur, comme les étiquettes, le nom des albums et des personnes identifiées, les lieux marqués, *etc.* Vous pouvez combiner plusieurs éléments de métadonnées à rechercher, tels que étiquette, marque et modèle de l'appareil photo, ouverture du diaphragme, vitesse ISO, *etc.* Ce type de recherche est utile si vous avez une série de photos prises par plusieurs personnes lors d'un événement. Vous pouvez ainsi trouver les photos prises avec un modèle particulier d'appareil.

Pour rechercher des photos d'après leurs métadonnées, procédez ainsi :

1. **Choisissez Rechercher/Par détails (métadonnées) dans l'Organiseur.**

   La boîte de dialogue Rechercher par détails (métadonnées) s'affiche (voir Figure 6.7).

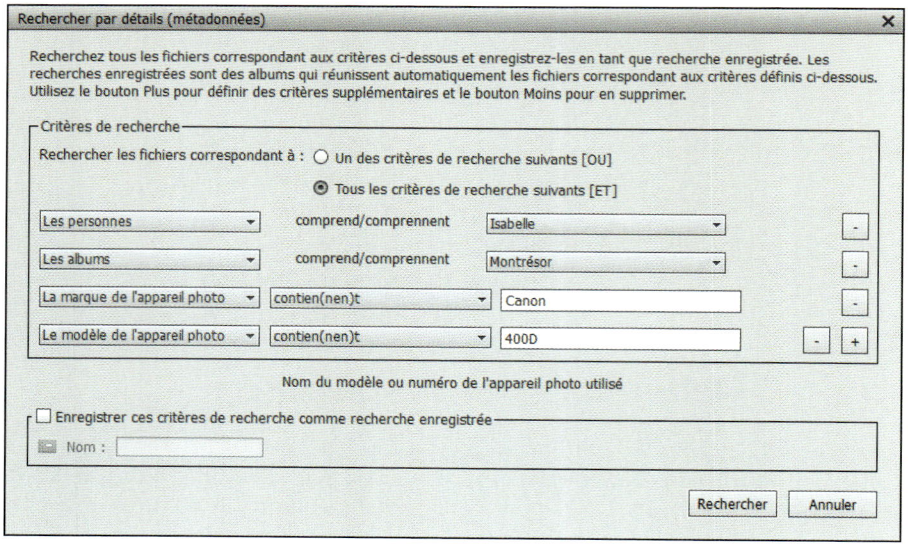

Figure 6.7 : Choisissez Rechercher/Par détails (métadonnées) dans l'Organiseur pour ouvrir la boîte de dialogue où spécifier les métadonnées.

2. **Choisissez de chercher l'un des critères ou tous les critères en sélectionnant l'un des deux boutons radio.**

Les deux premières options servent à définir une recherche booléenne OU ou ET. Autrement dit, vous choisissez de trouver les photos qui répondent à au moins l'un des critères ou qui combinent tous les critères spécifiés. Les résultats peuvent varier grandement selon les critères choisis dans les menus sous les deux boutons radio.

3. **Sélectionnez une métadonnée dans le premier menu (la recherche porte sur Les personnes dans l'exemple de la Figure 6.7), puis choisissez de l'inclure ou de l'exclure. Complétez ensuite la troisième colonne.**

   Le critère à spécifier dans la troisième colonne dépend des choix faits dans les deux premières colonnes. Elle peut contenir un champ de texte ou un menu selon le type de métadonnées sélectionné.

4. **(Facultatif) Cliquez sur le bouton plus (+) pour ajouter des lignes et spécifier d'autres critères de recherche (il y en a quatre dans notre exemple).**

   Une ligne s'ajoute dans la boîte de dialogue pour vous permettre de définir un deuxième critère de recherche selon les instructions de l'Étape 3.

5. **Une fois les critères définis, cliquez sur Rechercher.**

   Les fichiers correspondant à vos critères s'affichent dans le navigateur multimédia.

Recherchez par similarités

Nous avons vu au Chapitre 5 comment identifier des personnes dans les photos. Après avoir identifié des personnes, vous pouvez cliquer sur le bouton Personnes en haut de la fenêtre de l'Organiseur pour voir tous les visages identifiés.

Recherchez par similarités visuelles

L'Organiseur vous permet en outre de chercher les photos qui présentent certaines similarités. Si vous avez des photos de groupe, de maisons ou d'animaux, vous disposez d'une fonction pour trouver les photos qui présentent le même sujet.

Pour chercher les photos ayant des similarités visuelles, choisissez Rechercher/Par recherches visuelles. Un sous-menu s'ouvre proposant Photos et vidéos de similarité visuelle, Objets apparaissant dans les photos et Photos en double.

Recherchez les doublons

Si vous avez plusieurs photos du même sujet qui sont quasiment identiques, vous pourriez avoir envie de les repérer pour en éliminer certaines ou les empiler (voir « Empilez des vignettes », plus loin dans ce chapitre). La recherche de doublons s'effectue facilement grâce à la commande Rechercher/Par recherches visuelles/Photos en double.

Les photos qui se ressemblent sont regroupées sur une même ligne. Remarquez la présence du bouton Empiler à droite. Cliquez sur Empiler pour regrouper dans une pile les photos similaires.

Si vous voulez supprimer une photo, cliquez sur sa vignette et sur le bouton Supprimer du catalogue au bas de la fenêtre.

Recherchez des objets

Vous pourriez avoir envie de supprimer ou regrouper les photos où apparaît le même sujet, qu'il s'agisse d'une maison, de personnes ou d'animaux. Voici comment chercher un objet dans vos photos :

1. **Choisissez Rechercher/Par recherches visuelles/Photos et vidéos de similarité visuelle.**

2. **Rouvrez ce sous-menu pour y choisir Objets apparaissant dans les photos.**

   Un cadre apparaît pour la sélection d'une photo qui contient l'objet à rechercher.

3. **Positionnez et redimensionnez le cadre de manière à entourer l'objet à rechercher (voir Figure 6.8).**

4. **Cliquez sur Rechercher un objet.**

   Elements affiche les photos qui contiennent le même objet.

Figure 6.8 : Encadrez l'objet à rechercher et cliquez sur Rechercher un objet.

Écartez les vignettes superflues

Elements propose plusieurs solutions pour gérer les vignettes qui encombrent le catalogue. Vous pouvez masquer des fichiers, former des piles et regrouper les versions d'une photo, comme l'expliquent les sections suivantes.

Marquez des fichiers comme masqués

Une simple commande suffit pour marquer comme *masqués* les fichiers sélectionnés dans l'Organiseur. Sélectionnez les vignettes que vous voulez masquer et, à partir du menu Édition ou du menu contextuel, choisissez Visibilité/Marquer en tant que masqué. Pour voir les fichiers que vous avez masqués, revenez au sous-menu Visibilité et choisissez Afficher tous les fichiers ou Afficher seulement les fichiers masqués selon vos besoins. Pour afficher ou masquer les vignettes marquées comme masquées, passez par le sous-menu Affichage/Fichiers masqués.

Empilez des vignettes

Représentez-vous une *pile* comme un tas de cartes face découverte. Vous ne voyez que la première carte, toutes les autres étant masquées derrière. Les piles fonctionnent de la même manière. Vous masquez plusieurs images derrière l'image au-dessus de la pile. À tout moment, vous pouvez trier les images ou afficher toute la pile dans l'Organiseur.

Voici comment créer une pile :

1. **Dans l'Organiseur, sélectionnez plusieurs photos.**

   Le nombre de photos n'est pas limité, mais il est impossible d'empiler des fichiers audio ou vidéo.

2. **Choisissez Édition/Pile/Empiler les photos sélectionnées.**

   Vos photos s'empilent. La première vignette sélectionnée reste visible pour représenter le groupe empilé dans l'Organiseur. L'icône Pile apparaît dans l'angle supérieur droit de la vignette, qui représente la pile.

3. **Pour voir le contenu d'une pile, cliquez sur la pointe de flèche illustrée à la Figure 6.9.**

   Une fois la pile ouverte, vous avez une flèche pointant vers la gauche (en bas dans la Figure 6.9). Cliquez sur cette flèche pour refermer la pile.

Après avoir empilé des images, faites appel aux commandes du sous-menu Pile pour agir sur la pile. Pour former ou modifier une pile, sélectionnez des photos ou une pile, puis choisissez Édition/Pile. Voici les commandes disponibles :

- Suggérer automatiquement les piles de photos.
- Empiler les photos sélectionnées.
- Désempiler les photos.
- Développer la pile.
- **Réduire les photos dans la pile.**
- Aplatir la pile.

  En aplatissant une pile, vous supprimez les photos de la pile en conservant uniquement l'image au-dessus de la pile. Les photos sont supprimées du catalogue, mais pas du disque dur.

- Supprimer la photo de la pile.
- Définir comme photo au-dessus de la pile.

Pile fermée

Pile ouverte

Figure 6.9 : Affichage d'une pile dans le navigateur multimédia.

TRUC

Pour développer le contenu de toutes les piles dans l'Organiseur, choisissez Affichage/Développer toutes les piles. Avec cette commande, il est inutile de sélectionner les piles une à une dans l'Organiseur avant de les développer.

Créez des versions

Les versions s'apparentent aux piles, mais se créent à partir d'un seul fichier. Vous pouvez retoucher une image puis enregistrer la version modifiée et la version originale en un jeu de versions. Il est toujours possible de pratiquer des retouches dans l'un des espaces d'édition et d'enregistrer une version de plus dans le même jeu de versions. Voici comment créer un jeu de versions :

1. **Sélectionnez une image en cliquant dessus dans le navigateur multimédia.**
2. **Effectuez des retouches dans l'image.**

   Par exemple, vous pourriez corriger la luminosité de l'image directement dans l'Organiseur. Cliquez sur Retoucher pour ouvrir le volet de retouche et utiliser les fonctions de correction automatique disponibles.

Il suffit de cliquer sur une icône pour appliquer la correction. Vous en saurez plus à propos des corrections automatiques et des outils de retouche en lisant le Chapitre 9.

3. **Pour afficher les différentes versions d'une photo corrigée, cliquez sur l'image dans le navigateur multimédia et choisissez Édition/Jeu de versions/Développer le jeu de versions.**

   L'Organiseur crée automatiquement un jeu de versions lorsque vous appliquez l'une des corrections automatiques du volet de retouche. Vous avez alors deux vignettes, l'une pour la photo d'origine et l'autre pour la photo corrigée.

4. **Pour ouvrir l'image d'origine dans l'Éditeur, sélectionnez-la, puis cliquez sur le bouton Éditeur.**

5. **Retouchez l'image en mode Expert.**

   Les possibilités de retouche sont infinies en mode Expert. Changez, par exemple, le mode de couleur en choisissant Image/Mode/Couleurs indexées, comme l'explique le Chapitre 2.

6. **Enregistrez une version en choisissant Fichier/Enregistrer sous.**

7. **Dans la zone Options d'enregistrement de la boîte de dialogue Enregistrer sous, cochez les cases Enregistrer dans Elements Organizer et Enregistrer dans un jeu de versions avec l'original.**

8. **Cliquez sur Enregistrer.**

   La retouche effectuée dans l'Éditeur s'enregistre sous une autre version dans le jeu de versions.

Une fois que vous avez créé un jeu de versions, des commandes de gestion supplémentaires sont à votre disposition. Pour y accéder, sélectionnez un jeu de versions dans le navigateur et choisissez Édition/Jeu de versions ou ouvrez un menu contextuel sur un jeu de versions, puis choisissez Jeu de versions.

Troisième partie

Sélection et correction des photos

Dans cette partie...

Modifiez, optimisez, améliorez, et combinez des images sous forme de montages.

Sélectionnez et modifiez le contenu d'une image pour appliquer des corrections localisées et extraire des éléments à insérer dans d'autres photos.

Corrigez le contraste, la luminosité et la couleur.

Convertissez d'un mode de couleur à un autre.

7

Définir des sélections et modifier leur contenu

Dans ce chapitre :

- Définissez des sélections à l'aide des outils Lasso, Baguette magique et autres.
- Utilisez l'outil Emporte-pièce.
- Effacez avec les outils Gomme.
- Mémorisez et récupérez vos sélections.

Si votre objectif se résume simplement à admirer vos photos à l'état brut, sans aucune retouche, sautez ce chapitre et passez aux sujets suivants. En revanche, si vous voulez vous amuser à extraire un élément de son environnement pour le coller dans un autre paysage ou appliquer un réglage à une portion de votre image, ce chapitre va vous intéresser.

La maîtrise de l'art des sélections est une compétence qui mérite amplement le temps investi. Dans ce chapitre, nous allons étudier tous les outils et techniques de sélection possibles. Nous vous aiderons à choisir l'outil de sélection le mieux adapté en fonction des circonstances. Il existe généralement plusieurs façons d'obtenir un même résultat, et au final, c'est à vous de choisir la méthode que vous allez emprunter.

Définissez des sélections

Avant de plonger dans le vif du sujet, arrêtons-nous un instant sur la signification de l'expression *définir une sélection*. Lorsque vous définissez une sélection, vous spécifiez la partie de l'image sur laquelle vous voulez travailler. Tout ce qui est inclus dans la sélection est considéré comme sélectionné. Tout ce qui se situe hors de la sélection n'est pas sélectionné. Quand il y a une sélection dans l'image, les commandes et outils d'Elements s'appliquent uniquement à la portion sélectionnée. De plus, sélectionner une portion vous permet de l'extraire pour la copier dans une autre image. Vous rêvez de vous téléporter de votre bureau vers une plage de sable fin ? Sélectionnez-vous sur une photo quelconque, recherchez sur Internet la photo d'une île tropicale et glissez-vous dans ce paysage de rêve à l'aide de l'outil Déplacement. Rien de plus facile.

Lorsque vous effectuez une sélection, un tracé en pointillé – appelé *contour de sélection* – apparaît autour de la zone sélectionnée. Elements est suffisamment perfectionné pour vous permettre de sélectionner partiellement les pixels en bordure de manière à estomper le contour des sélections. Pour ce faire, vous devez appliquer un contour progressif à la sélection, la lisser ou faire appel à un masque. Mais rassurez-vous, nous détaillerons ces techniques à la section « Définissez les paramètres de sélection », plus loin dans ce chapitre.

Toutes les techniques de sélection décrites dans ce chapitre concernent uniquement les images ouvertes en mode Expert.

Créez des sélections de forme rectangulaire ou ovale

Si vous savez cliquer et faire glisser le pointeur de la souris, vous n'aurez aucune difficulté à gérer les outils Rectangle et Ellipse de sélection. Il n'existe pas d'outil plus simple à utiliser. Par conséquent, si vous avez juste besoin d'une sélection de forme rectangulaire ou ovale, n'allez pas chercher ailleurs.

L'outil Rectangle de sélection a pour simple objectif de réaliser des sélections rectangulaires ou carrées. Il est idéal pour recadrer une photo, en conserver la partie essentielle et éliminer les portions superflues de l'arrière-plan.

Voici comment effectuer une sélection rectangulaire :

1. **Dans la palette d'outils, sélectionnez l'outil Rectangle de sélection.**

   Son icône est un rectangle en pointillé. Vous pouvez également appuyer sur la touche M. Si cette icône n'est pas visible, appuyez une nouvelle fois sur M.

2. **Faites glisser le pointeur en diagonale de manière à encadrer la zone à sélectionner.**

   Le cadre de sélection se forme à mesure que vous faites glisser le pointeur de la souris sur l'image. La forme du cadre varie en fonction du déplacement du pointeur.

3. **Relâchez le bouton de la souris.**

   Vous avez dans l'image une sélection rectangulaire, comme le montre la Figure 7.1.

Figure 7.1 : Servez-vous de l'outil Rectangle de sélection pour tracer des sélections de forme rectangulaire.

L'outil Ellipse de sélection, regroupé avec le Rectangle de sélection, sert à créer des sélections de forme ovale ou circulaire. Il convient parfaitement pour sélectionner des ballons, des horloges et tout autre élément rond.

Voici comment l'utiliser :

1. **Activez le Rectangle de sélection, puis cliquez sur l'icône de l'outil Ellipse de sélection dans les options d'outil.**

   Son icône est un ovale en pointillé. Vous pouvez aussi appuyer sur M pour le sélectionner s'il est visible dans la palette d'outils. Sinon, appuyez deux fois sur M.

2. **Placez le pointeur près de la zone à sélectionner et faites-le glisser à travers l'élément souhaité de manière à l'englober.**

   Avec cet outil, vous partez d'un point donné de l'ellipse. Un contour de sélection se dessine à mesure que vous faites glisser le pointeur.

3. **Quand la sélection vous convient, relâchez le bouton de la souris.**

   Votre sélection est terminée, comme le montre la Figure 7.2. Si elle n'est pas tout à fait centrée autour de l'élément ciblé, il vous suffit de décaler le contour de sélection en faisant glisser le pointeur à l'intérieur du contour.

Quand vous tracez une sélection avec le Rectangle ou l'Ellipse de sélection, vous pouvez déplacer le contour en appuyant sur la barre d'espace puis continuer à définir la sélection.

Figure 7.2 : L'outil Ellipse de sélection est idéal pour sélectionner des objets ronds.

Tracez des carrés et des cercles parfaits

Il est parfois nécessaire de créer une sélection parfaitement carrée ou circulaire. Pour ce faire, appuyez sur la touche Maj pendant que vous faites glisser le pointeur. Une fois la sélection terminée, relâchez d'abord le bouton de la souris, puis la touche Maj. Autrement, dans les options d'outils, sélectionnez Prop. fixes dans le menu Aspect avec la valeur 1 pour Largeur et Hauteur.

Les sélections ovales sont souvent plus faciles à tracer à partir du centre. Pour ce faire, cliquez au centre de la zone à sélectionner, appuyez sur Alt (Option sous Mac), puis faites glisser le pointeur. Une fois la sélection terminée, relâchez d'abord le bouton de la souris, puis la touche Alt (Option sous Mac).

Pour tracer la sélection à partir du centre *et* obtenir un cercle ou un carré parfait, appuyez simultanément sur les touches Maj et Alt (Option sous Mac). Une fois la sélection terminée, relâchez d'abord le bouton de la souris, puis les touches Maj + Alt (Maj + Option sous Mac).

Définissez les paramètres de sélection

Les options du Rectangle et de l'Ellipse de sélection permettent de définir des dimensions précises et d'estomper le contour des sélections.

N'OUBLIEZ PAS

N'oubliez pas de définir les options de l'outil (voir Figure 7.3) avant d'effectuer la sélection à l'aide des outils de sélection. Il est impossible d'appliquer une option une fois la sélection terminée, à l'exception du contour progressif, qui peut se définir après coup par la commande Sélection/Contour progressif.

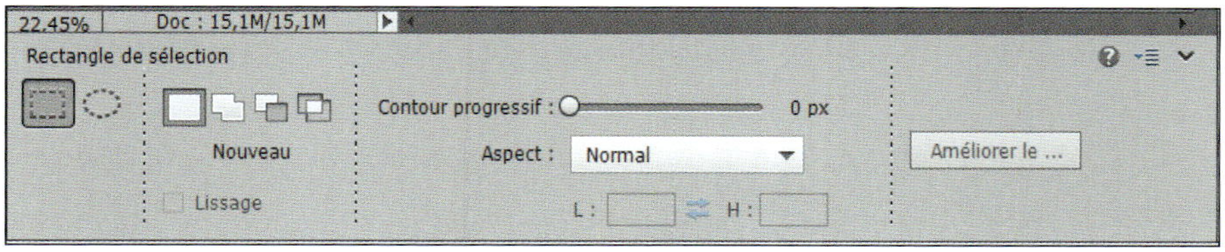

Figure 7.3 : Définissez les paramètres du Rectangle de sélection dans les options d'outil.

Voici les différentes options disponibles :

- **Contour progressif :** estompe le contour de la sélection. L'intensité de l'effet dépend de la valeur que vous tapez (0 à 250 pixels). Avec une valeur élevée, le contour s'estompe sur une plus grande distance autour de la sélection, comme le montre la Figure 7.4. Pour obtenir une transition subtile dans un collage, on définit un contour progressif avec une faible valeur. Vous estomperez davantage les contours quand vous combinerez plusieurs calques de manière à transformer progressivement une image en une autre. Pour adoucir le contour d'un élément et éliminer l'arrière-plan, choisissez Sélection/Intervertir et supprimez l'arrière-plan. Reportez-vous à cet effet à la section « Modifiez vos sélections », plus loin dans ce chapitre. Pour en savoir plus sur les calques, consultez le Chapitre 8.

Figure 7.4 : Le contour progressif crée des sélections au bord estompé.

L'effet de contour progressif est obtenu par une sélection partielle des pixels en bordure, qui deviennent de plus en plus transparents.

- **Lissage :** estompe légèrement le contour d'une sélection ovale ou de forme irrégulière de manière à réduire l'aspect dentelé du contour. Le lissage s'applique sur une largeur d'un pixel autour de la sélection. Il est généralement conseillé d'activer cette option, car le lissage produit des transitions plus naturelles entre les sélections combinées dans un collage.

- **Aspect :** la liste déroulante Aspect contient trois paramètres :

  - *Normal :* paramètre par défaut, qui permet de tracer la sélection sans aucune contrainte.

  - *Prop. fixes :* permet de spécifier un rapport fixe entre la largeur et la hauteur. Par exemple, si vous définissez la largeur à 3 et la hauteur à 1, vous créez une sélection qui est trois fois plus large que haute, quelle qu'en soit la taille.

  - *Taille fixe :* permet de déterminer les valeurs de largeur et de hauteur. Ce paramètre est très pratique lorsque vous devez créer plusieurs sélections de taille identique.

- **Largeur (L) et Hauteur (H) :** si vous sélectionnez Prop. fixes ou Taille fixe dans la liste Aspect, vous devez saisir des valeurs dans les champs L et H. Pour intervertir les deux valeurs, cliquez sur la double flèche entre les deux champs de texte.

- **Améliorer le contour :** vous en saurez plus à propos de cette option en lisant la section « Améliorez le contour d'une sélection » plus loin dans ce chapitre.

L'unité de mesure par défaut des champs Largeur et Hauteur est le *pixel*, mais il est possible d'en choisir une autre. Vous pouvez utiliser les unités : centimètres (cm), millimètres (mm), pouces (po), points (pt), picas (pica) et pourcentage (%). Tapez une valeur suivie de l'abréviation de l'unité de mesure.

Créez des sélections libres avec les outils Lasso

Il est naturellement impossible de tout sélectionner avec un rectangle ou une ellipse. En effet, la forme de la plupart des objets animés et inanimés n'est pas régulière. Heureusement, Elements répond à ce besoin et offre à cet effet les outils Lasso.

Les outils Lasso permettent de créer des sélections de forme libre. Ils se déclinent sous trois formes :

- Lasso.
- Lasso polygonal.
- Lasso magnétique.

Ces trois outils sont tous conçus pour créer des sélections libres, mais leur mode de fonctionnement diffère quelque peu, comme nous le verrons dans les sections qui suivent.

Pour obtenir un résultat satisfaisant, le contour doit être tracé d'une main ferme. Vous progresserez vite avec la pratique. Si votre première sélection au lasso n'est pas absolument parfaite, ne vous inquiétez pas. Il est toujours possible de la rectifier en ajoutant et en soustrayant des pixels. Consultez à cet effet la section « Modifiez vos sélections », plus loin dans ce chapitre.

TRUC

Si vous appréciez particulièrement les outils Lasso, pensez à vous procurer une tablette graphique avec stylet. Avec cet appareil, vous tracez et dessinez sur l'ordinateur de manière plus intuitive, car vous retrouvez les sensations du crayon et du papier. Essayez l'emploi d'une tablette graphique, et vous serez conquis.

Sélectionnez avec le Lasso

Avec l'outil Lasso, il suffit de suivre le contour d'un objet pour le sélectionner. Vous n'avez que trois options disponibles pour les outils Lasso : Contour progressif, Lissage et Améliorer le contour. Pour en savoir plus sur le contour progressif et le lissage, lisez la section « Définissez les paramètres de sélection », précédemment dans ce chapitre. La fonction Améliorer le contour est étudiée à la section « Améliorez le contour d'une sélection », plus loin dans ce chapitre.

Voici comment effectuer une sélection avec l'outil Lasso :

1. **Dans la palette d'outils, sélectionnez l'outil Lasso.**

   Son icône représente une corde nouée en lasso. Vous pouvez aussi appuyer sur la touche L. Si l'outil Lasso n'est pas visible, appuyez sur L pour défiler parmi ses variantes.

2. **Placez le pointeur sur un point du contour de l'objet à sélectionner.**

   Le point d'impact du Lasso se situe au bout de la corde, comme le montre la Figure 7.5. Pour mieux distinguer le contour de l'objet, n'hésitez pas à zoomer avec l'outil Zoom ou le raccourci Ctrl + + (⌘ + + sous Mac). Dans cet exemple, nous avons démarré la sélection au sommet de la tulipe.

3. **Maintenez enfoncé le bouton de la souris pendant que vous suivez le contour de l'objet.**

   Essayez de n'inclure que la partie à sélectionner. À mesure que vous faites glisser l'outil, une ligne de contour se forme sous le pointeur de la souris.

Figure 7.5 : L'outil Lasso trace des sélections de forme libre.

Essayez de ne pas relâcher le bouton de la souris avant d'avoir rejoint votre point de départ. Sinon, Elements suppose que vous avez terminé et ferme la sélection en joignant le point où vous avez relâché le bouton et le point de départ par une ligne droite.

4. **Continuez de tracer le contour de l'objet jusqu'à rejoindre votre point de départ, puis relâchez le bouton de la souris pour fermer la sélection.**

   Un contour de sélection en pointillé met en évidence la portion délimitée par le tracé du Lasso. Lorsque vous approchez du point de départ de la sélection, surveillez l'apparition d'un petit cercle près du pointeur du Lasso. Cette icône signale que vous êtes sur le point de fermer la sélection.

Utilisez le Lasso polygonal

L'objectif de l'outil Lasso polygonal est simple : sélectionner un élément dont les bords sont droits comme une pyramide, un escalier ou un immeuble. Il ne fonctionne pas tout à fait comme le Lasso, car vous n'allez pas suivre le contour de l'élément en faisant glisser le pointeur. Avec le Lasso polygonal, vous cliquez sur les angles de l'élément à sélectionner sans maintenir la pression pendant le déplacement de l'outil.

Voici comment créer une sélection avec le Lasso polygonal :

1. **Dans la palette d'outils, sélectionnez l'outil Lasso polygonal.**

   Vous pouvez aussi appuyer sur la touche L pour défiler entre les variantes de Lasso. Le Lasso polygonal est représenté par un nœud coulant en forme de M.

2. **Cliquez et relâchez le bouton de la souris là où vous voulez commencer la sélection.**

   Généralement, on démarre la sélection dans un angle.

3. **Déplacez le pointeur, sans pression sur le bouton de la souris, et cliquez sur l'angle suivant de l'objet. Continuez de cliquer sur les angles de l'élément.**

   Le contour grandit d'un segment à chaque point cliqué.

4. **Rejoignez votre point de départ et cliquez pour fermer la sélection.**

   Un petit cercle apparaît en regard du pointeur lorsque vous rejoignez le point de départ. Il indique que vous fermez la sélection au bon endroit.

   Vous pouvez également double-cliquer à n'importe quel endroit pour fermer la sélection entre ce point et le point de départ.

   Une fois que vous avez terminé le tracé, un contour de sélection apparaît, comme le montre la Figure 7.6.

Contour de sélection du Lasso polygonal

Figure 7.6 : Une fois que vous avez fermé la sélection avec le Lasso polygonal, un contour de sélection apparaît autour de l'objet.

Exploitez le Lasso magnétique

La troisième variante de lasso est l'outil Lasso magnétique. Il est parfois difficile à manier, mais vous devez en connaître le fonctionnement pour décider vous-même lequel des trois lassos choisir. L'outil Lasso magnétique définit des zones en fonction du contraste dans l'image et se colle au contour des zones à fort contraste, comme si le contour avait un pouvoir d'attraction.

TRUC

Pour obtenir un résultat optimal avec cet outil, votre image doit comporter un objet qui se détache nettement de l'arrière-plan, comme une montagne sombre sur un ciel clair.

L'outil Lasso magnétique possède ses propres paramètres, que l'on définit dans les options d'outil avant de commencer la sélection.

- **Largeur :** détermine à quelle distance du contour contrasté (entre 1 et 256 pixels) placer la souris pour que l'outil Lasso magnétique s'y colle. Choisissez une valeur faible si le contour de l'objet comporte de nombreux détails ou si le contraste de l'image est faible. Augmentez la valeur si le contraste est élevé ou si les bords sont lisses.

- **Contraste :** spécifie le pourcentage de contraste (de 1 à 100 %) requis pour que le Lasso magnétique détecte un contour. Augmentez le pourcentage si le contraste est fort entre l'élément et l'arrière-plan.
- **Fréquence :** spécifie la densité de points d'ancrage (de 1 à 100) à placer sur le contour de sélection. Plus la valeur est élevée, plus le nombre de points sera important. En règle générale, si l'élément à sélectionner possède un contour lisse, définissez une valeur faible. Si le contour est irrégulier avec de nombreux détails, augmentez la fréquence.
- **Pression du stylet (icône de stylet) :** si vous possédez une tablette graphique sensible à la pression, sélectionnez cette option pour qu'une pression plus forte du stylet commande de détecter le contour sur une plus faible largeur.

Voici comment employer le Lasso magnétique :

1. **Dans la palette d'outils, activez l'outil Lasso magnétique.**

   Vous pouvez aussi appuyer sur la touche L pour défiler entre les variantes de Lasso. L'icône du Lasso magnétique est un lasso orné d'un aimant.

2. **Cliquez sur le bord de l'objet à sélectionner pour poser le premier point d'ancrage.**

   Les points d'ancrage se collent sur un contour contrasté, comme le montre la Figure 7.7. Le point de départ n'a pas d'importance. Assurez-vous simplement de cliquer sur le contour qui délimite l'objet à sélectionner de l'arrière-plan à éliminer.

3. **Poursuivez votre progression autour de l'objet, sans cliquer.**

   Une fois qu'un point d'ancrage est créé, le tracé de la sélection est fixé ; seule la dernière portion reste active.

   Si le Lasso magnétique a tendance à dévier du contour de l'objet, revenez en arrière et cliquez pour poser un point d'ancrage manuel. À l'inverse, si le Lasso magnétique ajoute un point d'ancrage indésirable, appuyez sur la touche Suppr ou Retour arrière pour le supprimer. Pour retirer plusieurs points d'ancrage, appuyez plusieurs fois sur la touche Suppr/Retour arrière.

   TRUC

   Si le Lasso magnétique ne donne pas satisfaction, choisissez temporairement une autre variante. Pour activer le Lasso, maintenez enfoncée la touche Alt (Option sous Mac) pendant que vous faites glisser le pointeur. Pour activer le Lasso polygonal, maintenez enfoncée la touche Alt (Option sous Mac) et cliquez.

4. **Rejoignez le point de départ et cliquez pour fermer la sélection.**

   Un petit cercle apparaît en regard du pointeur pour signaler que vous êtes au bon endroit pour fermer la sélection. Vous pouvez aussi double-cliquer et fermer la sélection à cet endroit pour rejoindre le point de départ. Le contour de sélection apparaît lorsque la sélection est fermée.

Figure 7.7 : L'outil Lasso magnétique se colle au contour de l'élément et pose des points d'ancrage qui définissent la sélection.

Sélectionnez avec la Baguette magique

L'outil Baguette magique est l'un des plus anciens outils dans l'univers de l'imagerie numérique. Il est arrivé avec les premières versions de Photoshop. S'il est très simple d'utilisation, son résultat est parfois difficile à prévoir et par conséquent un peu hasardeux.

Voici comment il fonctionne : vous cliquez dans l'image et la Baguette magique définit une sélection en fonction de la couleur du pixel sur lequel vous avez cliqué. Elements inclut dans la sélection tous les pixels de la même couleur, ou presque, que celle du pixel de référence. Il est parfois difficile de savoir à quel point la couleur doit être identique pour que l'outil la sélectionne. Heureusement, il existe une option destinée à cet effet : Tolérance. Dans les sections qui suivent, nous allons étudier ce paramètre et expliquer comment manier la Baguette magique.

Tolérance

Le paramètre Tolérance détermine la plage de couleurs que la Baguette magique va sélectionner d'après leur différence de luminosité sur une échelle de 0 à 255 :

- Avec une tolérance définie à 0, la Baguette magique ne sélectionne qu'une seule couleur.
- Avec une tolérance de 255, on sélectionne toutes les couleurs, soit la totalité de l'image.

La Tolérance est définie par défaut à 32. Ainsi, chaque fois que vous cliquez sur un pixel, Elements analyse la couleur de référence et sélectionne tous les pixels dont la valeur de luminosité se situe entre 16 niveaux plus clairs et 16 niveaux plus foncés.

Et si l'image contient des dégradés de la même couleur ? Aucun problème. Cliquez à plusieurs reprises avec la Baguette magique pour prélever les autres pixels à inclure dans la sélection. Consultez à cet effet la section « Modifiez vos sélections », plus loin dans ce chapitre. Autrement, vous pouvez augmenter la valeur de Tolérance. À l'inverse, si la Baguette magique effectue une sélection trop large, diminuez le paramètre Tolérance.

TRUC

Vous pouvez en déduire que la Baguette magique fonctionne mieux lorsque le contraste de l'image est élevé ou que l'image compte un nombre limité de couleurs. Par exemple, l'image idéale pour cet outil comporterait un objet sombre sur un arrière-plan blanc. Oubliez la Baguette magique si l'image contient des dégradés et pas de réel contraste entre l'élément à sélectionner et l'arrière-plan.

Maniez la Baguette magique

Pour sélectionner avec la Baguette magique et régler sa tolérance, procédez comme suit :

1. **Dans la palette d'outils, activez l'outil Baguette magique.**

   Son icône est une baguette avec un éclair au bout. Vous pouvez également appuyer sur la touche A pour défiler entre la Baguette magique et les outils Sélection rapide, Forme de sélection et Améliorer la forme de sélection.

2. **Cliquez n'importe où dans l'élément à sélectionner en conservant le paramètre Tolérance à 32.**

N'OUBLIEZ PAS

Le pixel sur lequel vous cliquez détermine la couleur de référence.

Si vous avez de la chance et que vous avez sélectionné tout ce que vous vouliez, le tour est joué. Si vous avez besoin de modifier la sélection, comme dans le cas de la Figure 7.8, poursuivez avec l'Étape 3.

Tolérance à 32

Tolérance à 90

Figure 7.8 : La Baguette magique sélectionne les pixels en fonction du paramètre Tolérance.

3. **Changez la valeur du paramètre Tolérance dans les options d'outils.**

Si la Baguette magique sélectionne trop de pixels, diminuez la Tolérance. Si l'outil n'en a pas sélectionné suffisamment, augmentez la valeur. Voici les autres options de la Baguette magique qu'il vous faut connaître :

- *Échantillonner tous les calques :* si l'image comporte plusieurs calques et que vous cochez cette option, la Baguette magique sélectionne les pixels de tous les calques visibles. Sinon, l'outil sélectionne uniquement les pixels du calque actif. Pour en savoir plus sur les calques, consultez le Chapitre 8.

- *Pixels contigus :* commande à la Baguette magique de ne sélectionner que les pixels adjacents. Sans cette option, l'outil sélectionne tous les pixels compris dans la plage de tolérance, qu'il y ait ou non continuité des surfaces sélectionnées.

- *Lissage :* estompe le contour de la sélection sur une largeur d'un pixel. Reportez-vous à cet effet à la section « Définissez les paramètres de sélection », précédemment dans ce chapitre.

- *Améliorer le contour :* cliquez sur ce bouton pour accéder à des options complémentaires. Dans la boîte de dialogue Améliorer le contour, unifiez le contour de la sélection à l'aide du curseur

Lisser pour réduire l'effet dentelé. Le paramètre Contour progressif fonctionne comme celui étudié à la section « Définissez les paramètres de sélection », précédemment dans ce chapitre. Déplacez le curseur Décalage du contour vers la gauche ou vers la droite pour réduire ou augmenter la surface sélectionnée. Pour de plus amples informations, lisez la section « Améliorez le contour d'une sélection », plus loin dans ce chapitre. La section « Appliquez les commandes Étendre et Généraliser », également plus loin dans ce chapitre, présente une autre méthode pour modifier le contour de sélection.

4. **Cliquez à nouveau sur l'élément à sélectionner.**

   Refaites la sélection avec la nouvelle valeur de Tolérance. Par défaut, la première sélection disparaît quand l'outil en définit une nouvelle. Si le résultat n'est toujours pas satisfaisant, modifiez à nouveau la Tolérance. Persévérez jusqu'à trouver la bonne valeur.

Modifiez vos sélections

Passons maintenant à un autre aspect des outils de sélection. Dans cette section, vous allez découvrir comment améliorer les sélections réalisées à l'aide des outils Rectangle/Ellipse de sélection, Lasso ou Baguette magique.

TRUC

Vous n'êtes pas limité aux méthodes manuelles décrites ci-après avec les touches Alt et Maj. Vous disposez également des quatre boutons de modes dans la partie droite des options d'outils pour définir une nouvelle sélection (par défaut), ajouter à la sélection, soustraire de la sélection ou retenir l'intersection de deux sélections. Activez un outil de sélection, cliquez sur un bouton de mode et faites glisser l'outil (ou cliquez dans le cas de la Baguette magique ou du Lasso polygonal).

Ajoutez ou soustrayez à la sélection et retenez son intersection

Même si les outils de sélection permettent de définir des sélections satisfaisantes, si vous prenez le temps nécessaire pour ajouter ou soustraire des pixels au contour de sélection, vous pouvez obtenir un résultat très précis :

- **Ajouter :** si la sélection n'englobe pas entièrement tout ce que vous voulez isoler, vous pouvez ajouter les portions manquantes. Pour ce faire, appuyez sur la touche Maj et faites glisser le pointeur autour de la zone à inclure. Si vous employez le Lasso polygonal, cliquez autour de la zone. Avec la Baguette magique, vous devez appuyer sur la touche Maj et cliquer dans la zone à ajouter.

N'OUBLIEZ PAS

Il n'est pas nécessaire de continuer avec le même outil que celui qui a créé la sélection initiale. Sélectionnez l'outil qui vous semble le plus approprié. Il est courant de commencer avec la Baguette magique et de poursuivre avec le Lasso.

- **Soustraire :** la sélection a débordé ? Aucun problème. Si vous devez retirer des pixels d'une sélection, appuyez sur la touche Alt (Option sous Mac) et faites glisser le pointeur autour des pixels à soustraire. En maintenant enfoncée la touche Alt (Option sous Mac), procédez de la même manière que pour ajouter des pixels avec la Baguette magique et le Lasso polygonal.

- **Intersection :** pour sélectionner la partie commune entre deux sélections, appuyez sur Maj + Alt (Maj + Option sous Mac) et faites glisser le Lasso. Si vous utilisez la Baguette magique ou le Lasso polygonal, appuyez sur ces touches et cliquez sans faire glisser.

Ne vous emmêlez pas les crayons

Si vous avez lu le début de ce chapitre, vous avez appris qu'en appuyant sur la touche Maj vous tracez une sélection carrée ou circulaire. Dans la section précédente, vous avez vu comment agrandir la sélection en appuyant sur la touche Maj. Qu'en est-il, par conséquent, si vous voulez créer un carré parfait tout en ajoutant des pixels à la sélection ? De même, comment faire pour supprimer une partie de la sélection tout en faisant glisser le pointeur à partir du centre ? Les deux tâches nécessitent l'emploi de la touche Alt (Option sous Mac). Comment Elements peut-il savoir ce que vous voulez faire ? Voici quelques astuces qui permettent d'éviter les conflits avec les touches du clavier (sélectionnez préalablement l'outil Rectangle ou Ellipse de sélection) :

- **Pour ajouter à la sélection une portion carrée ou circulaire, appuyez sur Maj et faites glisser le pointeur.** Tout en faisant glisser le pointeur, maintenez enfoncé le bouton de la souris, relâchez la touche Maj pendant une seconde et appuyez à nouveau dessus. La nouvelle zone sélectionnée prend automatiquement une forme carrée ou ronde. Relâchez d'abord le bouton de la souris, puis la touche Maj.

- **Pour supprimer des pixels de la sélection tout en traçant depuis le centre, appuyez sur la touche Alt (Option sous Mac) et faites glisser le pointeur.** Tout en faisant glisser le pointeur, maintenez enfoncé le bouton de la souris, relâchez la touche Alt (Option sous Mac) pendant une seconde et appuyez à nouveau dessus. La sélection se forme maintenant du centre vers l'extérieur. À nouveau, relâchez d'abord le bouton de la souris, puis la touche Alt (Option sous Mac).

Les boutons de mode disponibles dans les options d'outil peuvent aussi vous servir à ajouter ou supprimer à la sélection.

Sélectionnez au pinceau avec l'outil Forme de sélection

Si vous aimez le côté intuitif du dessin au pinceau, vous allez apprécier l'outil Forme de sélection. Selon le mode que vous choisissez, vous allez peindre sur les zones à sélectionner ou sur celles à ne pas sélectionner. Cet outil permet également de créer une première sélection avec un autre outil, tel que le Lasso, et de l'affiner en ajoutant des pixels au pinceau dans la sélection ou dans la zone à exclure.

Voici comment effectuer une sélection à l'aide de l'outil Forme de sélection :

1. **Dans la palette d'outils, activez l'outil Forme de sélection.**

   Son icône est un pinceau orné d'un cercle pointillé. Vous pouvez aussi appuyer sur la touche A pour défiler entre les outils Forme de sélection, Sélection rapide, Baguette magique et Améliorer la forme de sélection.

   Cet outil est disponible en modes Expert et Rapide.

2. **Définissez les options de l'outil.**

   Voici un tour d'horizon des options disponibles :

   • *Mode :* choisissez Sélection pour délimiter au pinceau la portion à sélectionner et Masque pour définir la zone à ne pas sélectionner.

     En mode Masque, vous devez définir les options relatives à l'incrustation. L'*incrustation* est un voile de couleur qui n'apparaît qu'à l'écran et qui couvre l'image pour mettre en évidence les zones protégées (non sélectionnées). Vous définirez l'opacité du voile par une valeur comprise entre 1 et 100 % (voir l'astuce en fin de section). Vous pouvez aussi changer la couleur d'incrustation, rouge par défaut, ce qui est utile si votre image contient beaucoup de rouge.

   • *Formes prédéfinies :* choisissez une forme dans la palette déroulante de formes prédéfinies. Pour charger d'autres formes, cliquez sur l'intitulé Formes par défaut et choisissez la bibliothèque de votre choix. Pour accéder à d'autres formes, sélectionnez la commande Charger les formes à partir du menu d'options de la palette (depuis l'angle supérieur droit).

- *Taille :* spécifiez le diamètre de la forme (1 à 2 500 pixels). Tapez une valeur ou déplacez le curseur.
- *Dureté :* définissez la dureté de la forme en saisissant une valeur comprise entre 1 et 100 % pour un contour plus ou moins estompé.

3. Peignez, c'est-à-dire appliquez l'outil, sur la zone à sélectionner :

- *Si le mode est défini sur Sélection*, faites glisser l'outil sur les zones à sélectionner.

  Un contour de sélection apparaît. Chaque coup de pinceau ajoute des pixels à la sélection. Si vous ajoutez par inadvertance une zone superflue, appuyez sur la touche Alt (Option sous Mac) et passez le pinceau sur la zone indésirable. C'est tout simple. Vous disposez aussi du bouton Soustraire de la sélection, dans les options d'outil. Quand vous cessez d'utiliser l'outil, la sélection est prête à l'emploi.

- *Si le mode est positionné sur Masque*, faites glisser l'outil sur les zones à *ne pas* sélectionner.

  Une fois le masque défini, choisissez Sélection dans la liste Mode ou activez un autre outil dans la palette d'outils afin de transformer le masque en contour de sélection. Retenez que le masque délimite ce qui va se trouver en dehors de la sélection.

  La forme de sélection dessine un voile rouge sur l'image (on parle d'incrustation). Chaque coup de pinceau ajoute des pixels à la zone protégée, comme le montre la Figure 7.9. Dans cet exemple, le ciel est masqué (par le voile rouge) afin de le remplacer par un autre ciel. Lorsque vous travaillez en mode Masque, vous recouvrez, ou *masquez*, les zones à préserver de toute manipulation (les commandes agissent sur la zone non masquée). Pour supprimer des parties de la zone masquée, appuyez sur Alt (Option sous Mac) et faites glisser l'outil.

N'OUBLIEZ PAS

Si vous avez défini la sélection en mode Masque en couvrant de rouge la portion à sélectionner, il faut l'intervertir par la commande Sélection/Intervertir puisque le contour de sélection entoure *ce que vous ne voulez pas*.

TRUC

Quel mode utiliser ? À vous de voir. L'avantage de travailler en mode Masque est qu'il est possible de sélectionner partiellement des zones. En peignant avec des formes douces (faible pourcentage de Dureté), vous obtenez des sélections au contour estompé, les pixels en bordure étant partiellement sélectionnés, comme avec l'option Contour progressif des autres outils de sélection. La valeur d'opacité de l'incrustation agit uniquement sur la visibilité du masque à l'écran.

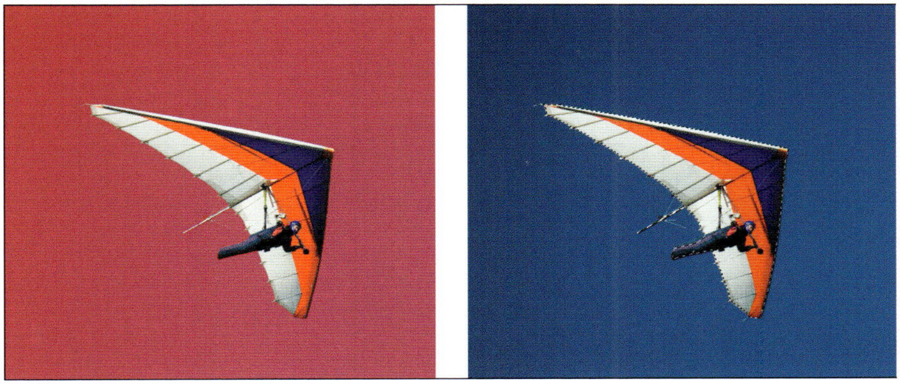

Figure 7.9 : L'outil Forme de sélection permet de définir une sélection (à droite) en créant un masque (à gauche).

Sélectionnez avec l'outil Sélection rapide

L'outil Sélection rapide est une sorte de combinaison des outils Forme de sélection, Baguette magique et Lasso. L'avantage de cet outil est qu'il est rapide, comme son nom l'indique. De plus, il est simple d'emploi et produit des résultats très satisfaisants.

Voici comment effectuer une sélection avec cet outil :

1. **Dans la palette d'outils, activez l'outil Sélection rapide.**

   Son icône ressemble à une baguette munie d'un cercle pointillé à son extrémité, et on le trouve regroupé avec les outils Forme de sélection, Baguette magique et Améliorer la forme de sélection. Vous pouvez aussi appuyer sur la touche A pour défiler entre les quatre outils du groupe.

   Cet outil est disponible en modes Expert et Rapide.

2. **Définissez les options.**

   En voici une description :

   - *Nouvelle sélection :* l'option par défaut permet de créer une nouvelle sélection. Avec les autres, vous ajoutez ou soustrayez des pixels de la sélection.
   - *Taille* : définissez le diamètre de l'outil entre 1 et 2 500 pixels.
   - *Paramètres de forme :* ces paramètres définissent la dureté, le pas, l'angle et l'arrondi de la forme d'outil. Reportez-vous au Chapitre 12 pour retrouver tous ces paramètres.

- *Échantillonner tous les calques :* si l'image contient plusieurs calques et que vous voulez sélectionner sur tous les calques, cochez cette option. Sinon, vous ne sélectionnez qu'à partir du calque actif.
- *Accentuation automatique :* avec cette option, Elements améliore automatiquement la sélection à l'aide d'un algorithme.

3. Faites glisser le pointeur sur les zones de l'image à sélectionner.

La sélection se crée à mesure que vous avancez l'outil, comme le montre la Figure 7.10. Si vous vous arrêtez et que vous cliquez sur une autre portion de l'image, la zone cliquée s'ajoute à la sélection.

4. Ajoutez des pixels à votre sélection ou retirez-en, à votre guise :

- *Pour étendre la sélection :* il est inutile d'appuyer sur la touche Maj, car l'outil se met automatiquement en mode Ajouter quand vous commencez à tracer une sélection.
- *Pour réduire la sélection :* appuyez sur la touche Alt (Option sous Mac) tout en faisant glisser le pointeur sur les zones à retirer de la sélection ou activez le mode Soustraire.

Vous pouvez également activer le mode Ajouter à la sélection ou Soustraire de la sélection dans les options de l'outil Sélection rapide.

Figure 7.10 : Tracez une sélection à l'aide de l'outil Sélection rapide.

5. **Si vous devez affiner le contour de sélection, cliquez sur l'option Améliorer le contour dans les options d'outil et modifiez les paramètres à votre convenance.**

   Les paramètres sont analysés en détail à la section « Améliorez le contour d'une sélection », plus loin dans ce chapitre.

   Si le contour de l'objet est plutôt complexe, vous pourriez avoir besoin de recourir au Lasso ou à un autre outil pour retoucher la sélection et parvenir au final à une sélection très précise.

Perfectionnez le contour avec l'outil Améliorer la forme de sélection

Comme nous l'indiquons au début de ce chapitre, la capacité à définir rapidement des sélections précises est une compétence précieuse. C'est dans cette optique qu'Elements s'est doté d'un outil très performant. L'outil Améliorer la forme de sélection vous aide à ajouter ou supprimer des portions de votre sélection par détection automatique des bords de l'objet sélectionné.

Voici comment préciser un contour de sélection avec cet outil :

1 **Définissez une sélection à l'aide de l'outil Sélection rapide, Forme de sélection ou tout autre outil de sélection.**

   Le choix de l'outil de sélection initial n'a aucune incidence sur la suite. Ne vous inquiétez pas si la première sélection est imprécise, puisque l'outil Améliorer la forme de sélection sert justement à la corriger.

2. **Activez l'outil Améliorer la forme de sélection.**

   Cet outil est groupé avec les outils Sélection rapide, Baguette magique et Forme de sélection.

   Son pointeur est représenté par deux cercles concentriques (voir Figure 7.11). Le cercle externe reflète la tolérance définie pour la détection du contour. Pour en savoir plus à propos de la tolérance, reportez-vous à la section « Tolérance » plus tôt dans ce chapitre.

3. **Spécifiez les paramètres dans les options d'outil.**

   Il s'agit des options suivantes :

   - *Taille* : déplacez le curseur pour régler le diamètre de l'outil entre 1 et 2500 pixels.

Figure 7.11 : Servez-vous de l'outil Améliorer la forme de sélection pour affiner la sélection.

- *Intensité du magnétisme* : déplacez le curseur pour régler la force d'attraction entre 0 et 100 %.
- *Contour de la sélection* : déplacez le curseur pour définir un contour plus ou moins estompé. Si l'objet à détourer est fin et clairsemé au pourtour, comme des cheveux, de la fourrure ou des plumes, il sera plus facile d'obtenir la sélection voulue en positionnant ce curseur vers Léger. Si vous activez le mode Addition et cliquez sur l'objet en maintenant la pression, la sélection croît dans la portion gris clair du pointeur. Vous devez donc positionner cette portion sur le bord à sélectionner. Vous pouvez laisser l'outil en statique sur un point ou le faire glisser le long du contour. Vous aurez sans doute besoin de faire des essais avec différents réglages pour obtenir une sélection précise sur un contour complexe. Ne vous découragez pas.
- *Addition/Soustraction* : choisissez le mode Addition ou Soustraction pour ajouter ou soustraire à la sélection.
- *Décaler* : placez l'outil à l'intérieur du contour de sélection pour augmenter la sélection dans la limite du cercle externe du pointeur. Le contour de sélection va alors se coller sur le bord de l'élément le plus proche du pointeur. Placez l'outil à l'extérieur du contour de sélection pour réduire la sélection dans la limite du cercle externe du pointeur.

- *Lisser* : si le contour de sélection semble trop dentelé, activez cette option pour le lisser.

- *Affichage* : choisissez la façon de représenter la sélection. Elle peut apparaître contre un fond blanc ou noir ou découpée dans un voile rouge dont l'opacité est réglable.

4. **Continuez d'utiliser l'outil Améliorer la forme de sélection pour préciser la sélection jusqu'à obtention du résultat souhaité.**

Exploitez l'outil Emporte-pièce

L'outil Emporte-pièce est très pratique. En apparence, il donne le même résultat que l'outil Forme personnalisée. En revanche, si ce dernier crée une forme qui recouvre partiellement la photo, l'outil Emporte-pièce découpe tout ce qui dépasse de la forme. Les bibliothèques prédéfinies offrent une grande variété de formes, comme des animaux ou des fruits.

Voici comment employer l'Emporte-pièce :

1. **Dans la palette d'outils, activez l'outil Emporte-pièce.**

   Vous ne pouvez pas le rater, il a la forme d'une fleur. Vous pouvez aussi appuyer sur la touche C autant de fois que nécessaire pour l'activer. Il se trouve groupé avec l'outil Recadrage et donc accessible depuis les options de l'outil Recadrage.

2. **Définissez ses options.**

   En voici la liste :

   - *Forme :* choisissez une forme prédéfinie dans la bibliothèque. Pour charger d'autres bibliothèques, cliquez sur le menu de la palette et sélectionnez une bibliothèque.

   - *Options de géométrie* : servez-vous des options de ce menu pour tracer la forme avec certains paramètres :

     Libre : permet de tracer la forme sans restriction.

     Proportions définies : conserve les proportions de la forme prédéfinie.

     Taille définie : cliquez pour poser la forme que vous pourrez transformer avant de valider.

     Taille fixe : permet de saisir une largeur et une hauteur.

- *À partir du centre* **: cochez cette case** pour tracer la forme par glissement à partir du centre.
- *Contour progressif :* adoucit le contour de la forme découpée dans l'image. Reportez-vous à la section « Définissez les paramètres de sélection », précédemment dans ce chapitre.
- *Recadrage :* cochez cette option pour recadrer l'image aux dimensions de la forme de sorte qu'elle remplisse la fenêtre d'image.

3. **Faites glisser le pointeur dans l'image pour tracer la forme, réglez sa taille à l'aide des poignées du cadre, puis repositionnez la forme en plaçant le pointeur dans la forme et en le faisant glisser.**

   D'autres types de transformation sont possibles, comme la rotation et l'inclinaison. Vous pouvez transformer la forme en agissant sur son cadre ou en réglant les options disponibles sous la fenêtre d'image. Pour en savoir plus, consultez le Chapitre 9.

4. **Cliquez sur la coche de validation sous le cadre ou appuyez sur Entrée pour appliquer la découpe.**

   Observez la Figure 7.12, où l'image est découpée en forme de feuille d'érable. Si vous préférez ne pas valider l'opération, cliquez sur le bouton d'annulation ou appuyez sur Échap.

Figure 7.12 : Découpez la photo selon une forme fantaisie à l'aide de l'Emporte-pièce.

Effacez avec les outils Gomme

Les outils Gomme permettent d'effacer des pixels dans une image. Il existe trois variantes : Gomme, Gomme d'arrière-plan et Gomme magique. Ils sont représentés dans la palette d'outils par une gomme rose d'écolier, facile à identifier. Vous pouvez activer chacune des variantes en appuyant sur E.

ATTENTION

Lorsque vous effacez des pixels, vous les supprimez, tout simplement. Par conséquent, avant d'utiliser une gomme, il peut être judicieux de sauvegarder une copie de l'image.

Outil Gomme

Les pixels effacés par l'outil Gomme prennent la couleur d'arrière-plan ou deviennent transparents si vous travaillez sur un calque, comme le montre la Figure 7.13. Pour en savoir plus sur les calques, consultez le Chapitre 8.

Figure 7.13 : La Gomme fait apparaître soit la couleur d'arrière-plan (à gauche), soit l'arrière-plan transparent (à droite).

Pour utiliser cet outil, commencez par l'activer, puis faites glisser le pointeur sur la zone à effacer dans l'image. Pour une retouche minutieuse, il est préférable de zoomer et de choisir une forme de petit diamètre.

Vous disposez des options suivantes pour l'emploi de la Gomme :

- **Formes prédéfinies :** cliquez sur la vignette de forme pour dérouler la palette de formes prédéfinies. Choisissez la forme qui convient. Vous disposez également d'autres bibliothèques de formes dans le menu de la palette de formes.
- **Taille : faites glisser** le curseur pour définir le diamètre de la forme entre 1 et 2 500 pixels.
- **Opacité :** spécifiez le pourcentage de transparence des zones effacées. Plus il est bas, moins l'outil efface. Ce paramètre n'est pas disponible avec le type Carré.

- **Type :** choisissez entre Forme, Crayon et Carré. Le mode Carré impose une taille fixe de16 × 16 pixels.

Outil Gomme d'arrière-plan

L'outil Gomme d'arrière-plan est plus perfectionné que l'outil Gomme, car il est capable d'effacer l'arrière-plan sans toucher aux pixels de premier plan. Il rend les pixels transparents lorsque vous l'utilisez sur un calque. Quand vous effacez sur le calque Arrière-plan, celui-ci est automatiquement converti en Calque 0.

TRUC

Pour bien utiliser la Gomme d'arrière-plan, il faut prendre garde de maintenir le centre du pointeur, marqué par une croix, sur les pixels d'arrière-plan, pendant le déplacement. La croix du pointeur prélève la couleur des pixels et supprime les pixels de couleur similaire qui se trouvent dans la circonférence du pointeur. Si vous touchez par inadvertance un pixel de l'objet de premier plan avec le centre du pointeur, vous l'effacez également, ce qui peut poser problème. Cet outil fonctionne particulièrement bien avec les images dont le contraste de couleurs entre les objets d'arrière-plan et de premier plan est net, comme dans la Figure 7.14. Pour réaliser des sélections minutieuses sur un contour clairsemé (cheveux ou fourrure), essayez les masques de fusion comme cela est expliqué au Chapitre 8.

Figure 7.14 : La Gomme d'arrière-plan efface les pixels de couleur similaire à ceux prélevés au centre du pointeur.

Voici les options disponibles avec la Gomme d'arrière-plan :

- **Paramètres de forme :** propose des paramètres qui personnalisent la taille, la dureté, le pas, l'arrondi et l'angle de la forme d'outil. Les paramètres Taille et Tolérance, au bas de la palette Paramètres de forme, concernent les tablettes graphiques sensibles à la pression.
- **Limites :** *Discontiguës* efface tous les pixels de couleur similaire compris dans l'image. *Contiguës* efface tous les pixels de couleur similaire situés à proximité de ceux qui se trouvent sous le pointeur.
- **Tolérance :** le pourcentage de tolérance détermine le degré de similarité nécessaire entre les couleurs et celle prélevée par le pointeur pour que l'outil les efface. Avec une valeur élevée, davantage de couleurs sont effacées et inversement. Reportez-vous à la section « Tolérance », précédemment dans ce chapitre.

Outil Gomme magique

La Gomme magique combine les fonctions de la Gomme et de la Baguette magique. Elle sélectionne et efface simultanément les pixels de couleur similaire. Les pixels effacés deviennent transparents, sauf si vous travaillez sur un calque dont la transparence est verrouillée (voir Chapitre 8). Si l'image contient seulement un calque d'arrière-plan, l'emploi de la Gomme magique le transforme en calque ordinaire, comme le fait la Gomme d'arrière-plan.

La Gomme magique partage les options des autres gommes, auxquelles s'ajoutent celles-ci :

- **Échantillonner tous les calques :** prélève les couleurs de tous les calques visibles, mais efface uniquement les pixels du calque actif.
- **Contigus : sélectionne et efface tous les pixels de couleur similaire qui sont adjacents à ceux situés sous le centre du pointeur**.
- **Lissage :** adoucit le contour des zones transparentes.

Utilisez le menu Sélection

Les sections suivantes présentent brièvement le menu Sélection. À l'instar des méthodes étudiées à la section « Modifiez vos sélections », précédemment dans ce chapitre, ce menu permet de modifier des sélections en proposant de nombreuses commandes. Si vous ne trouvez pas ici une réponse à vos besoins, vous ne la trouverez jamais.

Sélectionnez toute l'image sinon rien

Les commandes Tout sélectionner et Désélectionner sont évidentes. Pour sélectionner la totalité de l'image, choisissez Sélection/Tout sélectionner ou appuyez sur Ctrl + A (⌘ + A sous Mac). Pour tout désélectionner, choisissez Sélection/Désélectionner ou appuyez sur Ctrl + D (⌘ + D sous Mac) ou sur la touche Échap. La commande Tout sélectionner sert rarement, puisque s'il n'y a pas de contour de sélection, les commandes et outils agissent sur l'image entière.

Resélectionnez une zone

Si vous avez passé beaucoup de temps à définir une sélection parfaite, vous ne voudrez surtout pas la perdre avant de passer à l'étape suivante. Un simple clic en dehors de la sélection suffit pourtant à l'annuler. Heureusement, Elements vous offre une solution. En choisissant la commande Sélection/Resélectionner, vous rétablissez la dernière sélection.

N'OUBLIEZ PAS

La commande Resélectionner ne rétablit que la dernière sélection. Par conséquent, ne vous attendez pas à pouvoir resélectionner une sélection créée mardi dernier ou même cinq minutes auparavant, si entre-temps vous avez réalisé d'autres sélections. Pour conserver et réutiliser une sélection, il vous faut l'enregistrer, comme l'explique la section « Mémorisez et récupérez des sélections », plus loin dans ce chapitre.

Intervertissez la sélection

Il est parfois plus simple de sélectionner la zone superflue que celle qui vous intéresse. Par exemple, si vous essayez de sélectionner une personne sur une photo, il peut être plus facile de cliquer sur l'arrière-plan avec la Baguette magique et d'inverser la sélection en choisissant Sélection/Intervertir.

Définissez un contour progressif

La section « Définissez les paramètres de sélection », précédemment dans ce chapitre, explique comment adoucir le contour d'une sélection avec les outils Lasso et Rectangle de sélection (à l'aide de l'option Contour progressif). Avec cette méthode, vous devez définir la valeur du Contour progressif *avant* de créer la sélection. Sachez maintenant qu'il existe un moyen d'appliquer un contour progressif *après* avoir tracé la sélection.

Choisissez Sélection/Contour progressif et tapez la distance sur laquelle appliquer l'effet, entre 0,2 et 250 pixels. Le contour de votre sélection est alors estompé.

TRUC

Cette méthode est préférable, car plus flexible. Servez-vous des méthodes décrites précédemment pour créer et améliorer une sélection. Adoucissez ensuite le contour *via* le menu Sélection. Quand vous voulez modifier une sélection avec un contour adouci à l'origine, l'effet du contour progressif peut devenir gênant. En effet, si vous tracez une sélection avec un contour progressif, le contour s'élargit du nombre de pixels défini pour l'effet d'estompage. Il en résulte une sélection au contour moins précis, et il est plus difficile de la modifier.

Améliorez le contour d'une sélection

La commande Améliorer le contour permet de retoucher le contour d'une sélection après coup. Cette commande se trouve parmi les options des outils Baguette magique, Lasso, Lasso magnétique, Sélection rapide et Améliorer la forme de sélection. Vous la retrouvez également dans le menu Sélection. Voici un aperçu des différents paramètres à régler dans la boîte de dialogue illustrée par la Figure 7.15 :

- **Affichage :** sélectionnez une vignette dans le menu pour choisir la manière de représenter la sélection. Si besoin, survolez chacune des vignettes pour voir une description en infobulle. Le mode Sélection active affiche le contour de sélection. Incrustation ajoute un voile rouge sur la portion non sélectionnée. Sur noir, Sur blanc et Sur calques présentent la portion sélectionnée sur un fond noir, blanc ou transparent. Noir et blanc représente la sélection par une zone blanche sur fond noir. Le dernier mode, Afficher le calque, affiche l'image sans contour de sélection. L'option Afficher le rayon présente la zone d'amélioration définie par le rayon. L'option Afficher l'original présente le contenu de la sélection à l'intérieur de la zone du rayon.

- **Rayon dynamique :** cochez cette option pour laisser Elements régler la plage de pixels sur laquelle agir selon que les bords sont plus ou moins nets. Si les bords de la sélection sont uniformément nets ou flous, ne cochez pas cette option afin de conserver un plus grand contrôle sur l'application du paramètre Rayon.

- **Rayon :** définissez la plage de pixels en bordure sur laquelle agir pour améliorer le contour de la sélection. Choisissez une valeur élevée pour agir sur des zones avec des transitions subtiles ou contenant beaucoup de détails. Déplacez le curseur en observant votre image pour trouver le bon réglage

- **Lisser :** réduit l'effet dentelé sur le pourtour de la sélection.

- **Contour progressif :** déplacez le curseur vers la droite pour adoucir le contour, le rendre flou par effet de transparence.
- **Contraste :** supprime des défauts et renforce la netteté des contours flous en bordure si vous définissez une valeur élevée. Essayez d'abord l'option Rayon dynamique, plus efficace, avant d'augmenter le paramètre Contraste.

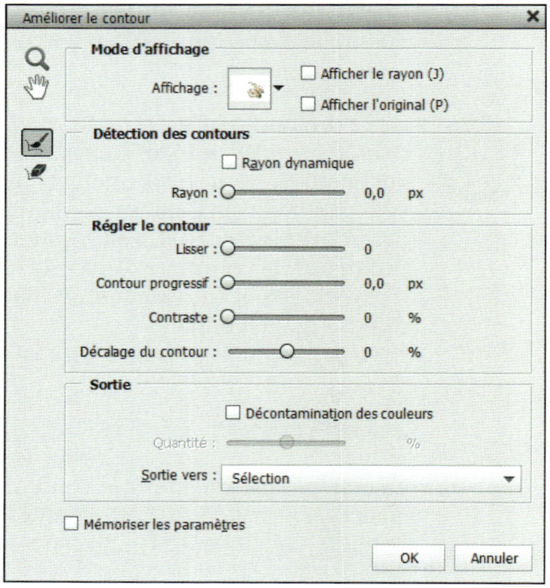

Figure 7.15 : Améliorez le contour pour une sélection plus précise.

- **Décalage du contour :** réduit ou augmente la surface sélectionnée. Une faible contraction du contour de sélection aide à éliminer la frange (pixels indésirables en bordure).
- **Décontamination des couleurs :** remplace la frange avec les couleurs de la sélection. Comme cette option agit sur les pixels du calque, vous devrez choisir un nouveau calque ou un nouveau document pour l'option Sortie vers. Pour voir l'effet de la décontamination, choisissez le mode d'affichage Sur calques. (Voir le Chapitre 8 à propos des calques)
- **Quantité :** définit l'étendue de la décontamination.
- **Sortie vers :** choisissez d'obtenir le résultat des réglages sur une sélection dans le calque actif, sur un masque de fusion, un calque, un calque avec masque de fusion, un nouveau document ou un nouveau document avec masque de fusion.
- **Outil Amélioration du rayon :** activez le pinceau à gauche et passez-le autour du contour pour préciser la zone à améliorer. Pour voir quelle zone est incluse ou exclue, choisissez le mode d'affichage Sélection active. Réglez le diamètre de l'outil à l'aide du curseur Taille dans la zone Options d'outil sous l'image.
- **Outil Effacement des améliorations :** utilisez cette gomme, également disponible à gauche, pour éliminer les améliorations apportées par le pinceau d'amélioration du rayon.

- **Outil Zoom :** permet de grossir l'affichage pour vérifier l'effet des paramètres.
- **Outil Main :** sert à déplacer l'image dans la fenêtre pour visualiser l'effet des paramètres.

Exploitez les commandes Modifier

Les commandes du sous-menu Modifier sont d'une utilité marginale mais non négligeable. En voici un tour d'horizon :

- **Cadre :** transforme le contour en une bande sélectionnée d'une largeur de 1 à 200 pixels. Vous pouvez ensuite choisir Édition/Remplir la sélection pour colorer cette bordure.
- **Lisser :** lisse les contours dentelés. Saisissez une valeur comprise entre 1 et 100 pixels. Elements inclut ou exclut les pixels du pourtour de la sélection en fonction de la valeur définie. Commencez avec une valeur faible comme 1, 2 ou 3 pixels. Autrement, vous risquez de dégrader la sélection, qui perd alors en précision.
- **Dilater :** augmente la taille de la sélection en ajoutant au pourtour le nombre de pixels spécifié, entre 1 et 100. Cette commande est très utile lorsque vous êtes très proche du bord d'une sélection et que vous voulez juste l'agrandir un peu.
- **Contracter :** réduit la sélection en retirant au pourtour le nombre de pixels spécifié, entre 1 et 100. Pour les collages, il est souvent judicieux de contracter légèrement la sélection avant de lui appliquer un contour progressif. De cette manière, vous évitez l'intrusion de pixels issus de l'arrière-plan en pourtour de la sélection.

Appliquez les commandes Étendre et Généraliser

Les commandes Étendre et Généraliser s'emploient souvent de concert avec l'outil Baguette magique. Si vous avez défini la sélection avec la Baguette magique, mais que vous n'êtes pas pleinement satisfait, essayez la commande Sélection/Étendre. Elle agrandit la sélection en y ajoutant les pixels adjacents compris dans la plage de tolérance. La commande Généraliser est identique, sauf qu'elle ajoute tous les pixels de couleur similaire, en respect du degré de tolérance, même s'ils ne sont pas adjacents à la sélection.

Ces commandes ne possèdent pas leur propre option de tolérance. Elles exploitent la valeur Tolérance actuellement définie dans les options d'outil de la Baguette magique. En réglant le paramètre Tolérance, vous inclurez plus ou moins de couleurs.

Mémorisez et récupérez des sélections

Si une sélection complexe a nécessité beaucoup d'efforts et de temps, il peut être judicieux de l'enregistrer pour une utilisation ultérieure. Cet enregistrement est non seulement possible, mais également fortement conseillé. C'est très simple. Voici comment procéder :

1. **Une fois la sélection terminée, choisissez Sélection/Mémoriser la sélection.**

2. **Dans la boîte de dialogue Mémoriser la sélection, illustrée par la Figure 7.16, laissez l'option Sélection définie à Nouvelle et tapez le nom de votre sélection.**

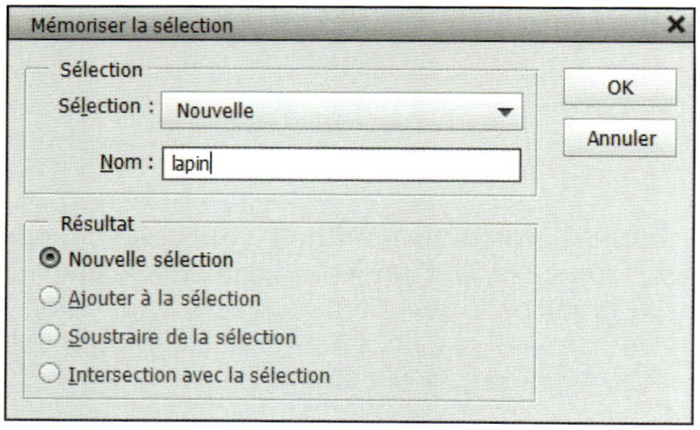

Figure 7.16 : Enregistrez votre sélection pour la récupérer rapidement en cas de besoin.

   L'option Nouvelle sélection est définie automatiquement.

3. **Cliquez sur OK.**

4. **Pour retrouver ultérieurement la sélection, choisissez Sélection/Récupérer la sélection, puis sélectionnez un nom dans la liste déroulante Sélection.**

8

Exploiter les calques

Dans ce chapitre :

- Découvrez les calques, le panneau Calques et le menu Calque.
- Utilisez le menu Sélection.
- Travaillez avec différents types de calques.
- Ajoutez des calques.
- Déplacez, fusionnez, transformez et aplatissez des calques.
- Créez des masques de fusion.

Il est possible de travailler avec Elements sans jamais toucher aux calques, mais cela n'a pas de sens, en particulier si vous devez apporter des modifications à votre projet, lesquelles deviendraient rapidement un casse-tête sans les calques. Ces derniers offrent en effet une souplesse de travail très appréciable. Vous modifiez un document à votre guise et autant de fois que nécessaire. L'emploi de calques accroît la productivité et facilite les expérimentations artistiques.

Ce chapitre passe en revue tous les éléments nécessaires pour apprendre à manier les calques. Une fois que vous les aurez adoptés, vous ne pourrez plus vous en passer.

Découvrez les calques

Représentez-vous les calques d'Elements comme des feuilles de papier-calque transparent. Chacune comporte un dessin ou une photo. Ce que vous placez ou faites sur une feuille n'a pas d'incidence sur les autres feuilles. Les zones sans contenu sont transparentes. Vous pouvez empiler ces feuilles les unes sur les autres pour créer une image combinée, ou *composite*. Il est possible de modifier l'ordre des feuilles, d'en ajouter de nouvelles et d'en supprimer.

Dans Elements, les *calques* représentent une version numérique de ces feuilles transparentes. Vous pouvez placer des éléments, comme des images, du texte ou des formes, sur des calques séparés et créer une image composite, comme celle de la Figure 8.1. De même, vous masquez, ajoutez, supprimez ou réorganisez les calques à votre guise. Comme il s'agit d'éléments numériques, ils sont dotés de fonctions supplémentaires qui vous permettent, entre autres, de régler l'opacité de l'élément placé sur chaque calque. Il est également possible d'ajouter des effets spéciaux et de définir comment les couleurs interagissent entre les différents calques.

Figure 8.1 : Avec les calques, il est facile de créer des images composites.

TRUC

Pour pouvoir exploiter les calques, vous devez travailler dans l'Éditeur en mode Expert.

Convertir un calque d'arrière-plan en calque standard

Lorsque vous créez un nouveau fichier dont l'arrière-plan est blanc ou coloré, que vous numérisez une image dans Elements ou que vous ouvrez un fichier à partir d'un CD ou de votre appareil photo, vous obtenez un fichier contenant uniquement un *arrière-plan*. Il n'est pas encore question de calque.

Une image se compose au minimum d'un calque d'arrière-plan, lequel offre peu de possibilités, à savoir quelques coups de pinceau et réglages de base.

Vous ne pouvez pas le déplacer ou modifier sa transparence ni son mode de fusion. Comment contourner toutes ces restrictions ? Il suffit de convertir l'arrière-plan en calque, en procédant comme suit :

1. **Choisissez Fenêtre/Calques pour afficher le panneau Calques.**

   Le panneau Calques est décrit en détail dans la section suivante.

2. **Dans le panneau Calques, double-cliquez sur Arrière-plan.**

   Vous pouvez aussi choisir Calque/Nouveau/Calque à partir de l'arrière-plan.

3. **Nommez le calque ou conservez le nom Calque 0 par défaut.**

   Vous pouvez déjà régler le mode de fusion et l'opacité du calque dans la boîte de dialogue Nouveau calque, mais ces réglages s'effectuent également *via* le panneau Calques.

4. **Cliquez sur OK.**

   Elements convertit l'arrière-plan en calque, que l'on appelle également *calque d'image* ou calque ordinaire.

TRUC

Lorsque vous créez un nouveau document avec l'arrière-plan transparent, il n'a pas de calque Arrière-plan, il est créé avec un calque, nommé Calque 1.

Analyse du panneau Calques

Tous les contrôles relatifs aux calques se regroupent sur un seul et même panneau, dont le nom est sans surprise : Calques. Pour afficher ce panneau, illustré par la Figure 8.2, cliquez sur le bouton Calques dans l'angle inférieur droit de l'interface ou choisissez Fenêtre/Calques en mode Expert de l'Éditeur.

L'ordre des calques dans le panneau correspond à leur ordre d'empilement dans l'image. Le calque supérieur dans le panneau est le calque de premier plan dans l'image. Selon l'opération en cours, vous pouvez travailler sur un seul calque ou sur plusieurs simultanément. Voici quelques instructions concernant l'emploi du panneau Calques :

- **Sélectionner un calque :** cliquez sur son nom ou sa vignette. Elements met en évidence le *calque actif* dans le panneau.
- **Sélectionner plusieurs calques contigus :** cliquez sur le premier calque, puis sur le dernier en appuyant sur Maj.

- **Sélectionner plusieurs calques non contigus :** appuyez sur Ctrl (⌘ sous Mac) en cliquant sur les calques souhaités.

- **Afficher et masquer les calques :** pour masquer un calque, cliquez sur l'icône d'œil à gauche de sa vignette. Pour l'afficher à nouveau, cliquez sur l'icône d'œil barrée. Pour n'afficher qu'un calque et masquer tous les autres, cliquez sur son icône d'œil en appuyant sur Alt (Option + clic sous Mac). Pour réafficher tous les calques, cliquez à nouveau sur l'icône d'œil en appuyant sur Alt ou Option. Cette opération peut être utile quand vous voulez vous concentrer sur un seul calque sans être gêné par le reste de l'image.

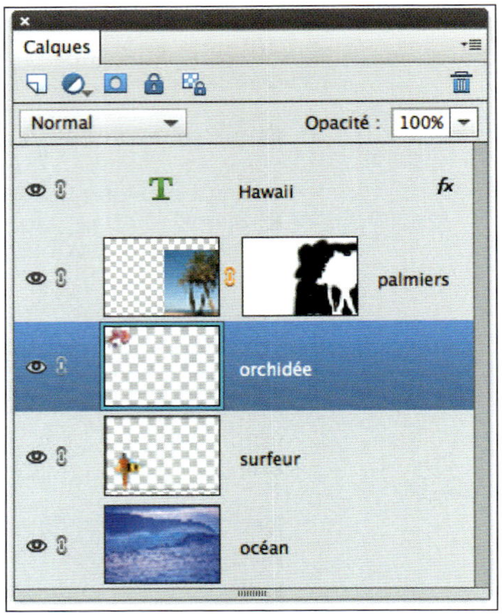

Figure 8.2 : Le panneau Calques sert à manipuler les calques de l'image.

N'OUBLIEZ PAS

Seuls les calques visibles s'impriment, ce qui peut être utile pour rassembler dans un seul fichier plusieurs versions d'une image, chacune sur un calque séparé.

- **Sélectionner le contenu (pixels non transparents) d'un calque :** appuyez sur Ctrl (⌘ sous Mac) et cliquez sur la vignette du calque (pas son nom) dans le panneau.

- **Créer un calque vide :** cliquez sur l'icône Créer un calque en haut du panneau.

- **Ajouter un masque de fusion :** cliquez sur l'icône Ajouter un masque de fusion en haut du panneau. Un masque sert à afficher ou masquer des éléments ou des réglages du calque actif, ainsi qu'à fusionner de façon artistique le contenu de plusieurs calques. Pour une information plus détaillée, reportez-vous à la section « Ajoutez des masques de fusion », plus loin dans ce chapitre.

- **Créer un calque de réglage :** cliquez sur l'icône Créer un calque de remplissage ou de réglage en haut du panneau. Les calques de réglage sont des calques spéciaux qui modifient le contraste et la couleur de l'image. Servez-vous également de cette commande pour ajouter des *calques de remplissage* – calques contenant des couleurs unies, des dégradés ou des motifs. Pour en savoir plus à ce sujet, reportez-vous à la section « Travaillez avec différents types de calques », plus loin dans ce chapitre.

- **Dupliquer un calque existant :** faites glisser la vignette du calque sur l'icône Créer un calque en haut du panneau.

- **Réorganiser les calques :** pour changer la position d'un calque dans la pile, faites-le glisser vers le haut ou vers le bas dans le panneau. Une icône de poing fermé apparaît pendant le déplacement. Relâchez le bouton de la souris lorsqu'une ligne plus épaisse apparaît là où vous voulez positionner le calque.

  N'OUBLIEZ PAS

  Le calque Arrière-plan reste toujours au plus bas dans la pile. Si vous devez le déplacer, convertissez-le en calque en double-cliquant sur son nom. Attribuez-lui un nom et cliquez sur OK.

- **Renommer un calque :** lorsque vous créez un nouveau calque, Elements lui attribue un nom par défaut (« Calque 1 », « Calque 2 », et ainsi de suite). Pour le renommer, double-cliquez sur son nom dans le panneau Calques et tapez directement un nouveau nom dans le panneau.

- **Définir l'interaction entre les couleurs des calques et ajuster leur transparence :** faites appel aux modes de fusion et au réglage d'opacité situés en haut du panneau pour mélanger les couleurs entre les calques et régler leur transparence, comme dans la Figure 8.3. Vous en saurez plus à propos des modes de fusion en lisant le Chapitre 11.

Figure 8.3 : Nous avons créé cet effet à l'aide de modes de fusion et des options d'opacité.

- **Lier les calques :** il est parfois utile de regrouper des calques pour faciliter les déplacements et autres manipulations. Dans ce cas, sélectionnez-les dans le panneau et cliquez sur l'icône de maillons devant la vignette de l'un des calques du groupe. L'icône grise se colore en jaune. Pour supprimer le lien, cliquez à nouveau sur cette icône.
- **Verrouiller les calques :** sélectionnez le calque à protéger et cliquez sur l'une des options de verrouillage en haut du panneau. L'*icône de cadenas avec un damier* sert à verrouiller les zones transparentes d'un calque. Après quoi, il devient impossible de peindre ou de retoucher ces zones. L'*icône de cadenas* verrouille la totalité du calque et empêche toute modification, y compris le déplacement ou la transformation de son contenu. Seules les sélections restent possibles. Pour déverrouiller un calque, cliquez à nouveau sur l'icône de verrouillage.

  Par défaut, l'arrière-plan est verrouillé. Pour le déverrouiller, vous devez le convertir en calque en choisissant Calque/Nouveau/Calque à partir de l'arrière-plan.
- **Supprimer un calque :** faites-le glisser sur l'icône de corbeille en haut du panneau Calques.

Faites appel aux menus Calque et Sélection

Comme c'est le cas avec beaucoup de fonctions d'Elements, il existe généralement plusieurs façons d'accomplir une tâche. Le travail avec les calques ne déroge pas à la règle. Outre les commandes du panneau Calques, vous disposez de deux menus – Calque et Sélection –, lesquels se trouvent dans la barre de menus en haut de la fenêtre du programme (en haut de l'écran sous Mac).

Menu Calque

La plupart des commandes accessibles par les icônes du panneau Calques sont également disponibles dans le menu Calque et dans le menu d'options qui s'affiche lorsque vous cliquez sur l'icône de menu dans l'angle supérieur droit du panneau Calques. Certaines commandes, dont Nouveau, Dupliquer, Supprimer et Renommer, sont présentes partout. En revanche, il existe des commandes propres au panneau Calques, au menu Calque et au menu d'options du panneau. En conséquence, si vous ne trouvez pas la commande dont vous avez besoin, recherchez-la dans un autre espace. Voici quelques commandes qui méritent une petite explication :

- **Supprimer les calques liés et Supprimer les calques masqués :** suppriment uniquement les calques qui sont liés ou masqués dans le panneau Calques.

- **Style de calque :** ces commandes agissent sur les styles, ou effets spéciaux, que vous appliquez aux calques.
- **Réorganiser :** propose des commandes permettant de modifier l'ordre d'empilement des calques, comme Premier plan ou Éloigner. Inverser intervertit l'ordre des calques quand vous avez au moins deux calques sélectionnés.
- **Créer un masque d'écrêtage :** cette commande crée un *groupe d'écrêtage*, dans lequel l'affichage du contenu du calque supérieur dépend des zones transparentes du calque inférieur. On l'utilise pour remplir une forme ou du texte avec une image.
- **Texte :** les commandes du sous-menu Texte agissent sur les calques de texte. Pour en savoir plus sur le texte, consultez le Chapitre 13.
- **Renommer le calque :** permet de changer le nom du calque. Vous pouvez également double-cliquer sur son nom dans le panneau Calques.
- **Simplifier le calque :** convertit un calque de texte, de forme ou de remplissage, en calque d'image ordinaire. Pour information, un *calque de forme* contient un objet vectoriel et un *calque de remplissage* une couleur unie, un dégradé ou un motif répété.
- **Fusionner et Aplatir :** les commandes Fusionner les calques et Aplatir l'image ont toutes les deux pour effet de combiner plusieurs calques en un seul, à la différence qu'aplatir regroupe le contenu de tous les calques en un calque Arrière-plan.
- **Options de panneau :** permet de choisir la taille des vignettes et d'appliquer un masque de fusion aux calques de réglage. Conservez cette case cochée.

Menu Sélection

Si le menu Sélection sert principalement à vous aider à créer et à améliorer des sélections, il offre également des commandes en rapport avec les calques. En voici une brève description :

- **Tous les calques : la co**mmande Sélection/Tous les calques sélectionne tous les calques.
- **Calques similaires :** cette commande est très pratique si vous avez plusieurs types de calques, comme des calques d'image, de texte, de forme et de réglage, et que vous souhaitez sélectionner tous les calques de même type. Sélectionnez l'un de vos calques, puis choisissez Sélection/Calques similaires. La section suivante détaille les différents types de calques.
- **Désélectionner les calques :** sert à désélectionner tous les calques.

Travaillez avec différents types de calques

L'emploi des calques ne se limite pas à la conversion d'un arrière-plan en calque, opération décrite à la section « Découvrez les calques », au début de ce chapitre. En fait, Elements propose cinq types de calques. Vous utiliserez le plus souvent des calques d'image, mais il est utile de connaître tous les autres types de calques.

Calques d'image

Le *calque d'image*, que l'on appelle plus simplement *calque*, est le type de calque que nous avons comparé aux feuilles de papier-calque à la section « Découvrez les calques », au début de ce chapitre. Vous avez la possibilité de créer des calques vides et d'y ajouter des images ou de créer des calques à partir des images. Vous pouvez créer autant de calques d'image que vous le permet la mémoire de votre ordinateur.

N'oubliez pas que plus il y a de calques, plus le fichier est volumineux et plus les traitements s'en trouvent ralentis.

Chaque calque d'image peut être modifié sans répercussion sur les autres. Par exemple, vous pouvez déplacer, dessiner, redimensionner ou appliquer un filtre sans affecter un seul pixel d'un autre calque ou de l'arrière-plan. Quand un objet est isolé sur un calque, il n'est plus nécessaire d'utiliser un outil de sélection pour le sélectionner, car il suffit de cliquer dessus avec l'outil Déplacement. Mais si vous voulez agir sur une portion du calque, il faut y définir une sélection (voir Chapitre 7 pour les sélections).

Calques de réglage

Un *calque de réglage* sert à modifier les couleurs et le contraste. La Figure 8.4 en présente un exemple. L'avantage d'un calque de réglage, par rapport à l'application directe sur le calque d'image, est que les modifications n'altèrent pas définitivement les pixels. On parle alors de *retouche non destructrice*. De plus, comme la correction se trouve sur un calque, il est possible de modifier, et même de supprimer, le réglage à tout moment. Les calques de réglage n'appliquent les corrections qu'aux calques situés en dessous dans la pile et n'affectent pas ceux qui se trouvent au-dessus.

Les calques de réglage possèdent une autre caractéristique particulière : lorsque vous créez un calque de réglage, vous créez également un *masque de fusion*. Les masques de fusion sont décrits plus loin dans ce chapitre à la section « Ajoutez des masques de fusion ». Le masque de fusion permet de cibler et de moduler l'application du réglage aux calques du dessous en définissant des niveaux de gris – du blanc au noir – sur le masque. Par exemple, le masque est par défaut complètement blanc (voir Figure 8.4), ce qui applique entièrement le réglage aux calques. Si vous peignez en noir sur le masque de fusion, les zones peintes vont masquer le réglage. Si vous peignez en gris, elles vont filtrer ou bloquer partiellement le réglage. Plus le gris est foncé, plus il bloque l'effet du réglage. S'il y a une sélection dans l'image au moment où vous ajoutez un calque de réglage, l'effet ne s'applique qu'à la zone sélectionnée.

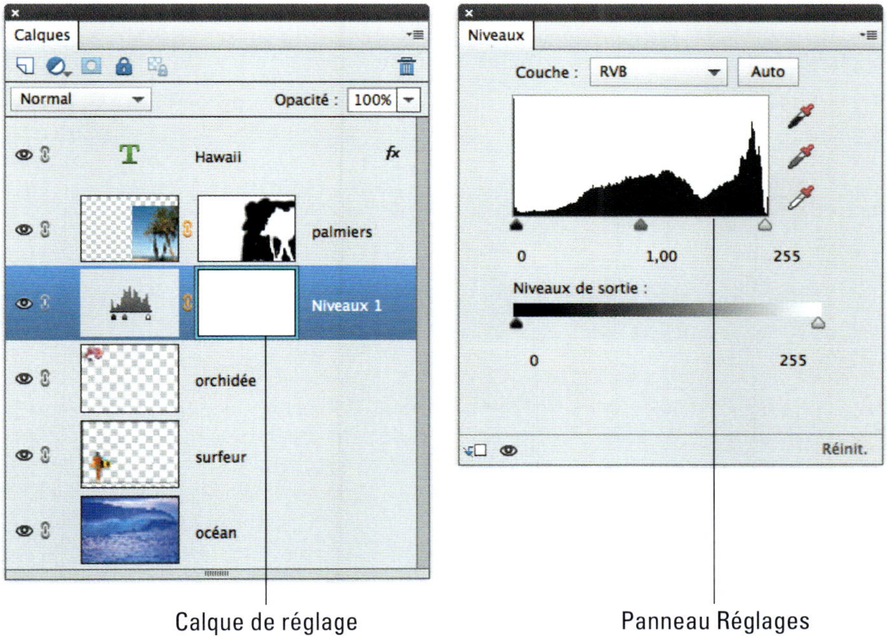

Figure 8.4 : Les calques de réglage corrigent les couleurs et le contraste de l'image.

Elements propose huit types de calques de réglage, que vous pouvez combiner à loisir. Ces réglages sont les mêmes que ceux qui se trouvent dans les sous-menus Réglages/Régler l'éclairage et Régler la couleur et Filtre/Réglages. Consultez les Chapitres 9 et 10 pour en savoir plus sur chaque réglage. Voici comment créer un calque de réglage :

1. **Ouvrez une image qui nécessite un réglage de contraste ou de couleur.**

   Il est inutile de convertir l'arrière-plan en calque pour appliquer un calque de réglage.

2. **Dans le panneau Calques, cliquez sur l'icône Créer un calque de remplissage ou de réglage, puis choisissez un type de réglage dans la liste déroulante.**

Le calque de réglage est représenté dans le panneau Calques par une icône de réglage associée à la vignette du masque de fusion. Les paramètres du réglage se définissent dans le panneau Réglages.

3. **Effectuez les réglages nécessaires dans le panneau Réglages.**

Vous pouvez dessiner sur le masque de fusion pour limiter le réglage à certaines portions de l'image. Pour ce faire, sélectionnez l'outil Pinceau ou Crayon. Sinon, vous pouvez créer une sélection et la remplir d'une nuance de gris. Enfin, vous pouvez utiliser l'outil Dégradé pour que l'effet du réglage s'applique de façon progressive, comme dans l'exemple de la Figure 8.5.

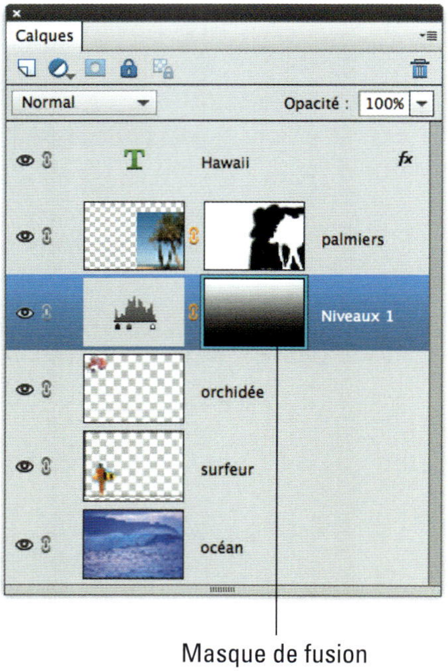

Figure 8.5 : Les masques de fusion servent à nuancer l'effet du réglage appliqué aux calques.

Comme pour les calques d'image, il est possible de régler l'opacité et les modes de fusion d'un calque de réglage. En diminuant l'opacité d'un calque de réglage, vous réduisez l'intensité de l'effet du réglage sur les calques inférieurs.

Voici quelques conseils pour l'emploi des calques de réglage :

- **Pour voir l'image sans le réglage :** cliquez sur l'icône d'œil devant la vignette du calque de réglage dans le panneau Calques pour masquer son effet.

- **Pour supprimer le calque de réglage :** faites-le glisser sur l'icône de corbeille du panneau Calques.
- **Pour modifier un calque de réglage :** double-cliquez sur la vignette du réglage dans le panneau Calques. Une autre technique consiste à sélectionner le calque de réglage, puis à choisir Calque/Options de contenu de calque. Changez les paramètres du réglage dans le panneau Réglages qui apparaît. Le seul calque de réglage qui ne se modifie pas est le calque Inverser ; vous pouvez simplement l'afficher ou le masquer.
- **Pour agir sur le réglage :** le panneau Réglages présente une série d'icônes (voir Figure 8.4), de gauche à droite, qui remplissent les fonctions suivantes :
  - Associe le calque de réglage au calque inférieur de sorte que le réglage s'applique uniquement au contenu de ce calque.
  - Active ou désactive l'effet du calque de réglage.
  - Rétablit les paramètres par défaut du réglage.

Calques de remplissage

Les *calques de remplissage* sont des calques contenant une couleur unie, un dégradé ou un motif. À l'instar des calques de réglage, ils vont de pair avec un masque de fusion. Vous les modifiez, réordonnez, supprimez et fusionnez de la même manière que les calques de réglage. Vous pouvez fusionner des calques de remplissage avec d'autres calques en variant l'opacité et les modes de fusion dans le panneau Calques. Enfin, il est possible de restreindre le remplissage du calque à une portion de l'image en définissant au préalable une sélection ou en dessinant ultérieurement sur le masque.

Voici comment créer un calque de remplissage :

1. **Ouvrez une image.**

   Choisissez une image qui rendra bien avec une bordure de couleur. Pour rappel, si vous ne sélectionnez rien, le calque de remplissage va couvrir la totalité de l'image.

2. **Dans le panneau Calques, cliquez sur l'icône Créer un calque de remplissage ou de réglage. Dans la liste déroulante, choisissez Couleur unie, Dégradé ou Motif.**

   La boîte de dialogue spécifique au type de remplissage s'affiche.

3. Définissez les options en fonction du type de remplissage choisi à l'Étape 2 :

- *Couleur unie :* sélectionnez une couleur dans le Sélecteur de couleurs. Le Chapitre 12 détaille le choix des couleurs, mais aussi des dégradés et des motifs.

- *Dégradé :* cliquez sur la flèche pour choisir un dégradé prédéfini dans la palette ou cliquez sur l'aperçu du dégradé pour afficher l'Éditeur de dégradé et définir votre propre dégradé.

- *Motif* : cliquez sur la vignette pour choisir un motif dans la palette. Saisissez si besoin une valeur pour modifier l'échelle du motif. Cliquez sur Magnétisme de l'origine pour que l'origine du motif soit la même que celle du document. Cochez l'option Lien avec le calque pour déplacer le motif avec le calque de remplissage si vous déplacez ce dernier.

4. Cliquez sur OK.

Le calque de remplissage apparaît dans le panneau Calques, comme le montre la Figure 8.6. Vous constatez qu'un masque de fusion a été créé avec le calque de remplissage. Nous avons rempli de noir le masque de fusion, à l'exception d'une bande en bordure pour obtenir un cadre autour de l'image.

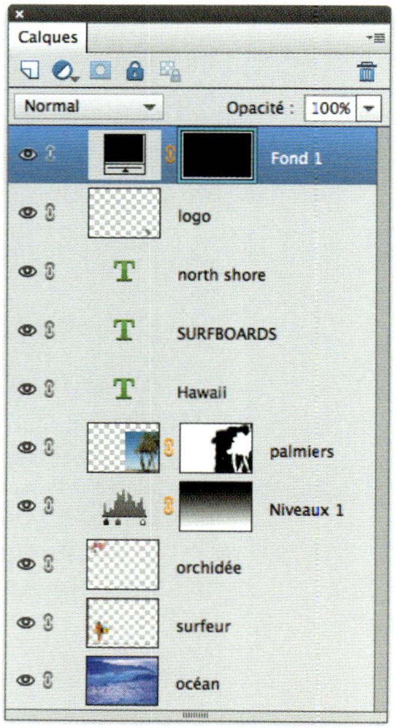

Figure 8.6 : Ajoutez un cadre ou une bordure à l'image à l'aide d'un calque de remplissage.

Calques de forme

Si vous n'avez pas encore consulté le Chapitre 12, vous ne savez peut-être pas encore qu'Elements permet de dessiner des formes à l'aide de sept outils de dessin différents. Ces formes présentent l'avantage d'être vectorielles, ce qui signifie qu'elles ne sont pas définies par des pixels, mais par des équations mathématiques qui décrivent des points et des tracés. La particularité des objets vectoriels est qu'ils peuvent être redimensionnés à volonté sans subir de dégradation. En outre, ils s'impriment toujours avec des contours lisses, sans l'aspect dentelé typique des courbes formées de pixels.

Pour créer un calque de forme, sélectionnez un outil de forme dans la palette d'outils et faites-le glisser dans l'image. Lorsque vous créez une forme, elle s'installe sur son propre calque, comme le logo yin yang dans l'angle inférieur droit de l'image de la Figure 8.6. À l'instar des autres types de calques, il est possible de régler le mode de fusion et l'opacité d'un calque de forme. Vous pouvez modifier, déplacer et transformer une forme vectorielle avec l'outil Déplacement. Mais, pour appliquer des filtres, vous devez préalablement pixelliser le calque en exécutant la commande Calque/Simplifier le calque, qui a donc pour effet de convertir les tracés vectoriels en pixels.

Calques de texte

Pour ajouter du texte à vos images, comme dans la Figure 8.6, sélectionnez l'outil Texte, cliquez dans l'image et tapez le texte. Vous pouvez définir des options, comme la police et la taille de caractères, dans la zone Options d'outil. Quand vous cliquez sur la coche de validation, vous obtenez un calque de texte, identifié dans le panneau Calques par l'icône T. Pour en savoir plus sur l'outil Texte, lisez le Chapitre 13.

Manipulez les calques

Les calques d'image sont au centre du travail avec les calques. Vous pouvez créer plusieurs calques d'image à l'intérieur d'une même image. Il est encore plus intéressant de créer une image composite à partir de plusieurs photos. Vous ajoutez par exemple les personnes que vous appréciez et retirez celles qui vous importunent. Détourez une personne d'une photo sans intérêt et placez-la dans un joli paysage. Les possibilités sont infinies. Dans les sections suivantes, vous allez découvrir toutes les manières de créer des calques d'image.

Créez un calque vide

Quand vous créez un nouveau fichier vide, l'option Transparent est disponible dans la liste Contenu de l'arrière-plan. Avec cette option, vous créez votre fichier avec un calque transparent, prêt à l'emploi. Si vous possédez un fichier existant et que vous voulez ajouter un calque vide, voici comment procéder :

- Cliquez sur l'icône Créer un calque en haut du panneau Calques.
- Dans le menu d'options du panneau Calques, choisissez Nouveau calque.
- Choisissez Calque/Nouveau/Calque.

Quand vous créez un calque à l'aide de l'une des commandes (menu d'options ou menu Calque), une boîte de dialogue s'affiche. Elle vous permet de nommer le calque, de définir le mode et l'opacité et de créer un masque d'écrêtage. Attribuez-lui un nom et cliquez sur OK. Vous pourrez régler les autres options directement dans le panneau Calques.

TRUC

Vous pouvez utiliser les commandes Copier et Coller sans avoir besoin de créer au préalable un calque vide. Quand vous copiez et collez le contenu d'une sélection, Elements crée automatiquement un nouveau calque pour la sélection copiée. Il existe une méthode plus efficace pour copier et coller des éléments entre plusieurs images ; c'est la méthode du glisser et déposer. Nous y reviendrons à la section « Glissez et déposez des calques », plus loin dans ce chapitre.

TRUC

La commande Copier avec fusion du menu Édition copie le contenu de tous les calques visibles dans les limites de la sélection.

Après avoir ajouté un calque vide, vous pouvez y mettre du contenu de la manière suivante :

- **Dessiner :** activez un outil de dessin, comme le Pinceau ou le Crayon, et dessinez sur le calque.
- **Copier une sélection :** effectuez une sélection sur un autre calque, sur l'arrière-plan du même document ou dans une autre image, puis choisissez Édition/Copier. Activez le nouveau calque vide dans le panneau Calques et choisissez Édition/Coller.
- **Couper une sélection :** effectuez une sélection sur un autre calque, sur l'arrière-plan du même document ou dans une autre image, puis choisissez Édition/Couper. Sélectionnez le nouveau calque vide et choisissez Édition/Coller. Cette action supprime la sélection de son emplacement d'origine et laisse un trou transparent, comme dans la Figure 8.7.

TRUC

Si vous coupez une sélection effectuée sur le calque Arrière-plan, l'espace vide est rempli par la couleur d'arrière-plan et non pas par des pixels transparents.

Figure 8.7 : Lorsque vous coupez une sélection d'un calque, vous créez un trou à l'emplacement des pixels coupés.

Utilisez Calque par Copier et Calque par Couper

Une autre manière de créer un calque fait appel aux commandes Calque par Copier et Calque par Couper, disponibles dans le sous-menu Calque/Nouveau. Effectuez une sélection sur un calque ou l'arrière-plan et choisissez Calque/Nouveau/Calque par Copier ou Calque par Couper. Elements ajoute automatiquement un nouveau calque et y place la sélection copiée ou coupée. Si vous exécutez la commande Calque par Couper, n'oubliez pas que la sélection est supprimée de son calque d'origine, ce qui découpe un espace transparent. Si vous coupez de l'arrière-plan, la couleur d'arrière-plan remplit l'espace vide. Ces deux commandes ne fonctionnent que dans la même image et non entre plusieurs images.

Dupliquez des calques

La duplication de calques permet de protéger l'image d'origine lorsque vous faites des expérimentations. Si le résultat ne vous convient pas, il vous suffit de supprimer le calque dupliqué, sans courir aucun risque.

Pour dupliquer un calque existant, sélectionnez-le dans le panneau Calques et effectuez l'une des opérations suivantes :

- Faites glisser le calque sur l'icône Créer un calque en haut du panneau. Elements duplique le calque et ajoute la mention « copie » au nom du nouveau calque.
- Dans le menu d'options du panneau Calques, choisissez Dupliquer le calque.
- Choisissez Calque/Dupliquer le calque.
- Choisissez Calque/Nouveau/Calque par copier (assurez-vous qu'il n'y a aucune sélection avant de lancer cette commande).

Avec la commande Dupliquer le calque, une boîte de dialogue vous invite à nommer le calque et à définir des options. Attribuez-lui un nom et cliquez sur OK. Vous pourrez revenir ultérieurement sur les autres options.

Glissez et déposez des calques

Pour optimiser les performances, il est recommandé de copier et coller des calques entre plusieurs images par la technique du glisser-déposer. Pourquoi ? Avec cette méthode, les données ne transitent pas par le Presse-papiers, zone où les données copiées sont provisoirement entreposées. Le stockage de données en mémoire, et en particulier des fichiers volumineux, peut ralentir votre système. En évitant d'encombrer le Presse-papiers, vous conservez de la mémoire pour d'autres opérations.

Si vous avez déjà copié des données dans le Presse-papiers, choisissez Édition/Effacer/Contenu du Presse-papiers pour libérer la mémoire.

Voici comment glisser et déposer des calques d'un fichier à un autre :

1. **Sélectionnez le calque à copier dans le panneau Calques.**
2. **Sélectionnez l'outil Déplacement (flèche quadridirectionnelle) dans la palette d'outils.**
3. **Faites glisser le calque vers la fenêtre d'image du fichier de destination.**

   Le calque déposé apparaît en tant que nouveau calque au-dessus du calque actif dans l'image. Cette technique copie le calque entier. Pour transférer une partie du calque, définissez une sélection, puis faites-la glisser avec l'outil Déplacement. Pour centrer le calque copié dans l'image de destination, appuyez sur la touche Maj pendant le déplacement.

TRUC

Voici un petit conseil. Si le calque contient plusieurs éléments (qui ne se touchent pas) et que vous voulez en déplacer un seul, faites appel à l'outil Lasso pour tracer une sélection sommaire dans la zone transparente autour de l'objet. Appuyez ensuite sur la touche Ctrl (⌘ sous Mac) puis sur une touche fléchée. L'élément est alors parfaitement sélectionné. Il ne vous reste qu'à le faire glisser avec l'outil Déplacement.

Exécutez la commande Coller dans la sélection

La commande Coller dans la sélection permet de placer une image sur un autre calque tout en l'insérant dans un contour de sélection. Par exemple, dans la Figure 8.8, cette commande nous a servi à donner l'impression que le surfeur a les pieds dans l'eau.

Voici comment procéder :

1. **Effectuez la sélection sur le calque de l'image de destination.**

   Dans notre exemple, nous avons sélectionné la zone où placer le surfeur dans l'eau.

Figure 8.8 : Exécutez la commande Coller dans la sélection pour donner l'impression qu'un élément est intégré dans un autre.

2. **Sélectionnez l'image à coller dans la sélection.**

   Elle peut provenir du même fichier ou d'un autre. Dans notre exemple, le surfeur se trouvait dans un autre fichier.

3. **Choisissez Édition/Copier.**

4. **Activez le calque de l'image de destination et choisissez Édition/ Coller dans la sélection.**

   Le contour de sélection agit comme un masque de fusion. La portion collée n'est visible qu'à l'intérieur du contour de sélection. Dans notre exemple, le surfeur n'apparaît qu'à l'intérieur de la zone sélectionnée. Comme ses chevilles et ses pieds sortent du contour, ils sont masqués.

Déplacez le contenu d'un calque

Pour déplacer le contenu d'un calque, il suffit d'activer l'outil Déplacement dans la palette d'outils, de sélectionner le calque dans le panneau Calques et de faire glisser l'élément à l'intérieur de l'image. Servez-vous des touches fléchées du clavier pour le décaler pixel par pixel. Appuyez sur Maj avec les flèches pour le décaler de 10 pixels. Retenez que si vous maintenez enfoncée la touche Alt (Option sous Mac) pendant le déplacement, vous dupliquez le contenu.

TRUC

L'option Sélect. auto. le calque dans les options de l'outil Déplacement permet d'activer un calque lorsque vous cliquez sur son contenu avec l'outil Déplacement. Restez néanmoins prudent si l'image contient de nombreux calques dont les contenus se chevauchent, car cette technique est parfois plus problématique que pratique.

Voici les autres options de l'outil Déplacement :

- **Aff. cadre de sélection :** entoure le contenu du calque d'un cadre en pointillé avec des poignées de redimensionnement, de manière à pouvoir le transformer aisément. Reportez-vous à la section suivante pour en savoir plus.
- **Aff. sélection au survol :** survolez l'image avec la souris pour voir apparaître un contour autour de chacun des éléments. Cliquez sur l'objet mis en évidence pour sélectionner son calque et le déplacer.
- **Réorganiser :** permet de changer la position du calque actif dans l'ordre d'empilement.
- **Lier les calques :** cette commande ne se trouve pas dans les options de l'outil Déplacement, mais dans le panneau Calques. Elle lie des calques

de manière à faciliter le déplacement, ou la transformation, simultané de plusieurs calques. Sélectionnez un calque, puis cliquez en appuyant sur Ctrl (⌘ sous Mac) pour sélectionner d'autres calques. Cliquez sur l'icône de maillons pour lier ensemble tous les calques sélectionnés.

- **Aligner :** alignez le contenu des calques sélectionnés en haut, au centre, en bas, à gauche, au milieu ou à droite. Sélectionnez un premier calque, puis cliquez en appuyant sur Maj pour en sélectionner d'autres. Cliquez en appuyant sur Ctrl/⌘ pour sélectionner des calques non consécutifs. Choisissez ensuite une option d'alignement.
- **Sous-menu Répartir :** espacez régulièrement le contenu des calques sélectionnés par rapport au centre ou à l'un des bords du document. Sélectionnez un premier calque, puis cliquez en appuyant sur Maj pour sélectionner d'autres calques. Cliquez en appuyant sur Ctrl/⌘ pour sélectionner des calques non consécutifs. Choisissez ensuite l'option de votre choix.

Transformez des calques

Lorsque vous manipulez des calques, il est parfois utile de redimensionner ou de faire pivoter leur contenu. Servez-vous pour ce faire des commandes Transformation et Transformation manuelle. Les méthodes permettant de transformer des calques et des sélections sont identiques.

Voici comment transformer le contenu d'un calque :

1. **Sélectionnez le calque à transformer.**

   Pour appliquer une transformation à plusieurs calques simultanément, liez préalablement les calques.

2. **Choisissez Image/Transformation/Transformation manuelle.**

   Un cadre apparaît autour du contenu du calque.

3. **Ajustez le cadre de transformation.**

   - *Redimensionner le contenu :* faites glisser un angle du cadre.
   - *Conserver les proportions :* redimensionnez en maintenant la touche Maj enfoncée.
   - *Faire pivoter le contenu :* placez le pointeur à proximité d'une poignée d'angle, hors du cadre, puis faites glisser le pointeur quand il se transforme en flèche incurvée. Autrement, choisissez Image/Rotation.

- *Incliner, tordre ou appliquer une perspective au contenu :* cliquez du bouton droit à l'intérieur du cadre de transformation, et choisissez la commande appropriée dans le menu contextuel. Vous pourriez aussi cliquer sur les icônes Rotation, Échelle et Inclinaison dans la zone Options d'outil et y saisir des valeurs pour définir la transformation.

Si vous voulez appliquer une seule commande de transformation, sélectionnez la commande de votre choix (Inclinaison, Torsion, Perspective) dans le sous-menu Image/Transformation.

4. **Une fois le calque transformé à votre convenance, double-cliquez à l'intérieur du cadre de transformation.**

Essayez d'accomplir toutes vos transformations d'un coup. En effet, chaque fois que vous transformez des pixels, vous leur faites subir un processus appelé *interpolation*. Répété à maintes reprises, il dégrade la qualité d'image. En conséquence, il est préférable d'opter pour la commande Transformation manuelle, plutôt que d'exécuter successivement plusieurs commandes, de manière à effectuer toutes les transformations en une seule opération.

Si l'outil Déplacement est actif, vous pouvez transformer un calque sans passer par une commande. Dans les options de l'outil, cochez la case Afficher le cadre de sélection. Le calque, ou la sélection, est ainsi entouré d'un cadre muni de poignées qu'il suffit de faire glisser pour transformer le calque ou la sélection.

Ajoutez des masques de fusion

Les masques de fusion constituent l'une des fonctions les plus créatives d'Elements. Ils servent surtout à définir des sélections. Au lieu d'une sélection délimitée par un contour de sélection (où une zone est soit sélectionnée soit en dehors du contour), un masque permet de définir une sélection graduelle au moyen de 256 niveaux de gris (du blanc au noir). On peut ainsi définir différents niveaux de sélection.

Un masque de fusion fonctionne comme une feuille de papier-calque plus ou moins opaque et superposée au calque d'image. Vous dessinez sur le masque en noir, blanc ou gris avec les outils de dessin (Pinceau, Dégradés, *etc.*). Les portions blanches du masque correspondent à une sélection et laissent voir le contenu du calque en dessous. Les portions noires masquent le calque et correspondent aux zones non sélectionnées. Dans les zones grises, la sélection est partielle et le contenu du calque est partiellement visible. Plus le gris est clair, plus l'image est visible. Par défaut, le masque est blanc au départ, de sorte que tout est sélectionné et visible.

Voici quelques suggestions d'emploi des masques de fusion :

- **Fusionnez artistiquement deux calques :** pour obtenir un fondu graduel entre deux images, le masque de fusion est la solution idéale. Servez-vous de l'outil Dégradé pour tracer un dégradé du noir au blanc sur le masque et obtenir un fondu progressif. Les masques de fusion permettent de fusionner deux images comme dans l'exemple de la Figure 8.9 où nous avons combiné un poisson rouge et une bouteille. Vous voyez que nous avons peint en noir tout autour du poisson pour masquer tout ce qui l'entoure dans la photo du poisson. Le poisson a été peint en gris sur le masque pour donner l'impression qu'il nage dans un liquide semi-opaque. Le résultat est qu'une partie du liquide vert contenu dans la bouteille apparaît à travers le poisson.

Figure 8.9 : Ajoutez un masque de fusion pour obtenir un fondu graduel entre deux calques.

- **Peignez sur le masque de fusion d'un calque de réglage pour masquer l'effet du réglage sur certaines portions.** Reportez-vous à la section « Calques de réglage », plus tôt dans ce chapitre.

TRUC

- **Appliquez un filtre à un masque de fusion pour créer des effets spéciaux.** L'avantage des masques de fusion, par rapport à une sélection avec contour progressif, est qu'on peut les modifier à volonté. Vous pouvez continuer de retoucher le masque pour choisir précisément ce qui reste visible à travers le masque et comment une image se fond dans une autre. Il suffit de changer les portions de blanc, noir et gris du masque en dessinant avec des outils de dessin. Assurez-vous de bien sélectionner le masque de fusion et non pas le calque d'image. Quand vous sélectionnez un masque de fusion dans le panneau Calques, un cadre de couleur apparaît autour de sa vignette.

N'OUBLIEZ PAS

Pour ajouter un masque de fusion à un calque d'arrière-plan, il faut d'abord le convertir en calque ordinaire.

Tenez compte des remarques suivantes lors de l'emploi de masques de fusion :

- **Pour transformer le masque en contour de sélection**, appuyez sur Ctrl (⌘ sous Mac) en cliquant sur la vignette du masque dans le panneau Calques.
- **Pour masquer provisoirement l'effet du masque**, appuyez sur Maj en cliquant sur la vignette du masque dans le panneau Calques. Répétez la manœuvre pour retrouver l'effet du masque.
- **Pour voir le masque sans l'image**, appuyez sur Alt (Option sous Mac) en cliquant sur la vignette du masque dans le panneau Calques. Cet affichage est parfois utile pour retoucher le masque.
- **Pour détacher un calque de son masque de fusion**, cliquez sur l'icône de maillons entre les deux vignettes dans le panneau Calques. Par défaut, le masque est lié au contenu du calque, de sorte qu'ils soient déplacés ensemble.
- **Pour supprimer un masque de fusion**, faites glisser sa vignette vers l'icône de corbeille du panneau Calques.
- **Pour appliquer définitivement l'effet du masque**, faites glisser sa vignette vers l'icône de corbeille du panneau Calques et cliquez sur le bouton Appliquer dans la boîte de dialogue. L'application fait disparaître la vignette du masque et intègre au calque l'effet du masquage, qui n'est dès lors plus modifiable.

Certaines des commandes décrites ici sont aussi disponibles dans le sous-menu Calque/Masque de fusion.

Aplatissez et fusionnez des calques

Si les calques sont incontestablement ludiques et très pratiques, ils peuvent également encombrer la mémoire vive de l'ordinateur et alourdir vos fichiers. La gestion des fichiers devient même parfois épineuse lorsqu'ils contiennent trop de calques, et ils finissent par réduire votre productivité. Par conséquent, dès que possible, fusionnez vos calques de manière à économiser la mémoire et l'espace disque. *Fusionner* consiste à combiner des calques visibles, liés ou adjacents en un seul calque (pas un arrière-plan). L'intersection de toutes les zones transparentes reste transparente.

Par ailleurs, si vous devez importer votre fichier dans un autre programme, sachez que certains logiciels d'édition graphique ne prennent pas en charge les fichiers contenant des calques. Par conséquent, il peut être nécessaire d'aplatir le fichier avant de l'exporter. Lorsque vous *aplatissez* une image, vous combinez en un arrière-plan tous les calques visibles, y compris les calques de texte, de remplissage et de réglage. Vous êtes averti que les calques masqués seront supprimés. Après aplatissement des calques, les zones transparentes se remplissent de blanc. Cependant, avant d'aplatir votre image, nous vous conseillons d'effectuer une copie du fichier avec tous ses calques et de l'enregistrer au format PSD. De cette manière, si vous avez besoin de retoucher l'image ultérieurement, vous retrouvez tous vos calques.

Sachez que les seuls formats de fichiers qui prennent en charge les calques sont Photoshop (`.psd`), TIFF (`.tif`) et PDF (`.pdf`). Si vous enregistrez votre fichier dans un autre format, Elements aplatit automatiquement les calques en un seul calque d'arrière-plan. Reportez-vous au Chapitre 2 pour vous informer sur ces formats de fichiers.

Aplatissez les calques

Voici comment aplatir une image :

1. **Assurez-vous que tous les calques à inclure sont visibles.**

   Si vous avez masqué des calques, leur contenu ne va pas apparaître dans l'image aplatie et Elements vous proposera de les supprimer.

   Il est toujours judicieux de conserver une copie de l'image avec ses calques avant de l'aplatir. Si besoin, vous pourriez revenir sur cette copie multicalque.

2. **À partir du menu d'options du panneau Calques ou du menu Calque, choisissez Aplatir l'image.**

   Tous vos calques se combinent en un seul arrière-plan, comme le montre la Figure 8.10.

   Si vous aplatissez une image par erreur, choisissez Édition/Annuler ou faites appel au panneau Historique (voir Chapitre 1).

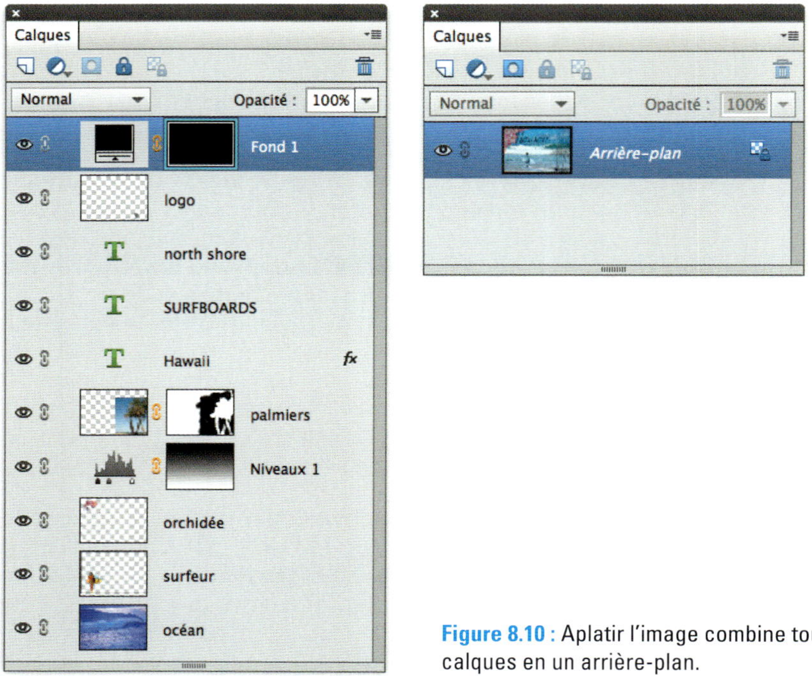

Figure 8.10 : Aplatir l'image combine tous ses calques en un arrière-plan.

Fusionnez des calques

Contrairement à la commande Aplatir l'image qui combine tous les calques en un arrière-plan, la commande de fusion permet de choisir les calques à fusionner. Et si vous fusionnez tous les calques de l'image, vous obtenez un calque au lieu d'un arrière-plan.

Plusieurs méthodes existent pour la fusion de calques :

- **Sélectionnez uniquement les calques à fusionner :** choisissez Fusionner les calques dans le menu Calque ou dans le menu d'options du panneau Calques.
- **Affichez uniquement les calques à fusionner :** dans le panneau Calques, masquez les calques à ne pas fusionner en cliquant sur l'icône d'œil devant leur vignette. À partir du menu d'options du panneau Calques ou du menu Calque, choisissez Fusionner les calques visibles.
- **Changez l'ordre des calques de sorte que les calques à fusionner se suivent dans la pile :** sélectionnez le calque supérieur de ce groupe et choisissez Fusionner avec le calque inférieur dans le menu Calque ou dans le menu d'options du panneau Calques. Cette commande fusionne le calque actif avec le calque situé juste en dessous dans la pile.

9

Retoucher vos images en toute simplicité

Dans ce chapitre :

- Recadrez, redressez et recomposez vos images.
- Effectuez des corrections automatiques.
- Retouchez des images en mode Rapide.
- Corrigez les petites imperfections.

La retouche rapide est l'une des fonctionnalités les plus appréciables et pratiques d'Elements. En effet, que vous soyez photographe professionnel ou amateur, vous avez souvent affaire à des images qu'il faut recadrer pour supprimer l'arrière-plan superflu, dont il faut améliorer la luminosité ou les couleurs, ou supprimer de petites imperfections. Grâce aux outils de correction d'Elements, un clic ou quelques coups de pinceau suffisent pour accomplir toutes ces tâches incontournables.

Recadrez et redressez des images

Le recadrage est l'une des tâches les plus simples que vous puissiez effectuer pour améliorer la composition d'une photo. En éliminant une partie superflue de l'arrière-plan autour du sujet, vous attirez davantage l'attention sur l'élément central. Un autre défaut courant dans les photos d'amateur est la ligne d'horizon inclinée. Aucun problème, Elements vous propose plusieurs manières de redresser vos images. Après votre prochaine séance photo, lancez l'Éditeur d'Elements pour recadrer et redresser vos images avant de les partager.

Recadrez avec l'outil Recadrage

La manière la plus courante de recadrer une photo consiste à employer l'outil Recadrage. Simple et rapide, il fait tout le travail. Voici comment l'utiliser :

1. **En mode Expert ou Rapide, activez l'outil Recadrage dans la palette d'outils.**

   Vous pouvez aussi appuyer sur la touche C. L'icône de l'outil Recadrage est formée de deux équerres en vis-à-vis. Les différents modes de retouche sont présentés au Chapitre 2. Pour une description détaillée du mode Rapide, reportez-vous à la section « Retouchez en mode Rapide », plus loin dans ce chapitre.

2. **Si vous le souhaitez, sélectionnez l'une des suggestions de recadrage fournies par Elements. Survolez avec la souris chacune des vignettes de suggestion pour voir leur effet sur l'image. Si aucune des suggestions ne vous convient, passez à l'Étape 3.**

3. **Définissez les options relatives aux proportions et à la résolution sous la fenêtre du document.**

   Voici les possibilités :

   - *Aucune restriction :* vous permet de recadrer manuellement l'image.
   - *Utiliser le rapport photo :* recadre avec les proportions d'origine de la photo.
   - *Tailles prédéfinies :* propose plusieurs tailles de photos courantes, exprimées en pouces. Après le recadrage, l'image adopte ces dimensions précises.

     ATTENTION

     Lorsque vous recadrez une image à une taille précise, Elements ne modifie pas la résolution du fichier (sauf indication contraire de votre part). Par conséquent, pour conserver les dimensions de l'image lorsque vous en supprimez des portions, Elements doit rééchantillonner le fichier, c'est-à-dire recréer des pixels. La résolution doit donc être suffisante pour que les effets du rééchantillonnage ne se remarquent pas. Faites particulièrement attention à ce phénomène si vous choisissez une taille prédéfinie plus grande que l'image d'origine. Si cette explication sur la résolution et le rééchantillonnage vous semble confuse, consultez le Chapitre 2.

   - *L. et H. :* spécifiez la largeur et la hauteur de l'image recadrée.
   - *Résolution* : indiquez la résolution de l'image après recadrage. Si possible, évitez de rééchantillonner vos photos.

- *Pixels/pouce ou Pixels/centimètre :* choisissez l'unité de mesure souhaitée.
- *Incrustation de grille* : cette fonction fournit une aide supplémentaire en affichant des repères sur l'image. Vous avez le choix parmi trois options Sans, Règle tiers et Grille.
- *Grille :* affiche un quadrillage composé de lignes horizontales et verticales.
- *Règle tiers :* la règle des tiers est un principe photographique qui suggère de placer les points d'intérêt de l'image sur l'un des quatre points d'intersection de la grille composée de deux lignes verticales et deux lignes horizontales, comme à la Figure 9.1. Pour plus d'informations sur cette règle, consultez le Chapitre 17.

Figure 9.1 : L'affichage du voile et des repères Règle tiers facilitent le recadrage.

4. **Faites glisser le pointeur à travers la partie de l'image à conserver et relâchez le bouton de la souris.**

   Un cadre de recadrage apparaît dans l'image. S'il n'est pas absolument parfait, ne vous inquiétez pas. Vous pourrez le modifier à l'Étape 5.

   La zone située en dehors du cadre de recadrage (appelée *voile de protection*) devient plus sombre que l'intérieur du cadre. Ainsi, vous visualisez mieux ce qui va rester après recadrage (voir Figure 9.1). Si vous voulez modifier la couleur et l'opacité du voile, ou simplement le masquer, changez les préférences de recadrage en choisissant Édition/Préférences/Affichage et pointeurs sous Windows ou Adobe Photoshop Elements Editor/Préférences/Affichage et pointeurs sous Mac.

5. **Ajustez le cadre de recadrage par glissement des poignées.**

   Pour déplacer le cadre, placez le pointeur à l'intérieur et faites-le glisser lorsqu'il se transforme en pointe de flèche noire.

   TRUC

   Quand vous placez la souris hors du cadre, le pointeur devient une flèche incurvée. Faites-le glisser pour faire pivoter le cadre. Cette manipulation permet de faire pivoter et de recadrer simultanément l'image, ce qui est parfait pour redresser une photo prise de travers. Sachez que la rotation a pour effet de rééchantillonner l'image, sauf s'il s'agit d'une rotation à 90° ou 180°.

6. **Double-cliquez à l'intérieur du cadre de recadrage.**

   Vous pouvez également appuyer sur Entrée ou cliquer sur la coche de validation sous le cadre. Elements supprime la portion hors du cadre. Pour annuler le recadrage, cliquez sur l'icône d'annulation ou appuyez sur Échap.

TRUC

Si vous travaillez dans l'Organiseur, cliquez sur le bouton Retoucher dans l'angle inférieur droit de la fenêtre. Parmi les outils de retouche rapide, vous trouverez l'icône Recadrer.

Recadrez une image avec un contour de sélection

En mode Expert ou Rapide, la commande Image/Recadrer permet également de recadrer une image mais à partir d'une sélection. Par conséquent, commencez par tracer une sélection à l'aide d'un outil de sélection, puis exécutez cette commande. Cette technique fonctionne avec n'importe quel contour de sélection. Cela signifie que votre sélection ne doit pas nécessairement être rectangulaire. Elle peut être ronde ou de forme libre.

L'image recadrée ne va pas prendre cette forme, mais Elements va la recadrer en se rapprochant au plus près du contour de sélection. Consultez le Chapitre 7 pour plus d'informations sur les sélections.

Redressez des photos

Il n'est pas rare de voir des photos de paysages où la ligne d'horizon semble de travers. Le cas se produit également lorsque vous numérisez une photo et que vous ne l'avez pas correctement alignée sur le plateau. Rien de grave. Avec Elements, il est facile de redresser une image.

Appliquez l'outil Redressement

L'outil Redressement permet de spécifier un nouveau bord à l'équerre en fonction d'une horizontale ou d'une verticale, puis il fait pivoter l'image selon cette ligne de référence. Voici comment procéder :

1. **En mode Expert, activez l'outil Redressement dans la palette d'outils ou appuyez sur la touche P.**

2. **Définissez les options de l'outil.**

   Voici les possibilités :

   - *Agrandissement ou réduction :* fait pivoter l'image et augmente ou réduit la taille du document pour l'adapter à la zone de l'image.
   - *Supprimer l'arrière-plan :* découpe ce qui dépasse de la zone de l'image. Cette option est utile pour supprimer la bande blanche autour d'une ancienne photo que vous avez numérisée.
   - *Taille originale :* produit une image pivotée ayant les mêmes dimensions que l'image originale.

   Si vous choisissez Agrandissement ou réduction ou Taille originale, vous pouvez cocher l'option Remplir automatiquement les contours. Ainsi, les espaces vides créés dans les angles par le redressement de l'image seront automatiquement comblés par l'algorithme du contenu pris en compte d'Adobe.

3. **(Facultatif) Cochez Rotation de tous les calques.**

   Si l'image comporte plusieurs calques et que vous voulez tous les faire pivoter, cochez cette option.

4. **Tracez un trait le long d'une ligne que vous voulez voir parfaitement horizontale ou verticale dans la photo.**

Elements redresse l'image et la recadre si vous avez choisi l'une des options de recadrage à l'Étape 2.

NOUVEAUTÉ 14

L'outil Redressement est désormais disponible en mode Rapide. Choisissez de conserver la taille de l'image ou la taille du document. Dans le second cas, les dimensions ne changeront pas. Si vous cochez l'option Remplir auto. les contours, au lieu de couper les angles vides, Elements les recompose par un algorithme. Une fois les options définies, tracez une droite dans la vue Après de façon à indiquer une horizontale ou une verticale de référence.

Utilisez les commandes Redresser

Outre l'outil Redressement, il existe deux commandes du menu Image qui permettent de redresser les images en mode Expert ou Rapide.

- **Pour redresser automatiquement une image sans la recadrer :** choisissez Image/Rotation/Redresser l'image. Par cette méthode, le redressement laisse des zones blanches dans les angles.
- **Pour redresser et recadrer automatiquement l'image :** choisissez Image/Rotation/Redresser et rogner l'image.

Recomposez des photos

L'outil Recomposition permet à la fois de changer les dimensions et la composition d'une photo en conservant les sujets principaux. Vous l'utiliserez, par exemple, quand vous voudrez rapprocher les sujets et obtenir une image plus carrée que rectangulaire. Voici le mode d'emploi de cet outil :

1. **En mode Expert, activez l'outil Recomposition dans la palette d'outils.**

   Vous pouvez aussi appuyer sur W. L'icône de l'outil est un carré orné d'une roue dentelée.

2. **Dans les options d'outil, activez l'outil Marquer pour protection (pinceau orné d'un signe plus) et passez le pointeur sur les zones à conserver.**

   Vous pouvez changer le diamètre de l'outil à l'aide du curseur Taille. Vous effacerez les éventuels débordements en activant l'outil Effacer les zones en surbrillance marquées pour protection (gomme ornée d'un signe plus).

3. **Avec l'outil Marquer pour suppression (pinceau orné d'un signe moins), passez le pointeur sur les zones à éliminer de la photo (voir Figure 9.2).**

Vous pouvez changer le diamètre de l'outil à l'aide du curseur Taille. Vous effacerez les éventuels débordements en activant l'outil Effacer les zones en surbrillance marquées pour suppression (gomme ornée d'un signe moins).

Figure 9.2 : Marquez les zones à conserver et à éliminer.

4. **Spécifiez les autres options.**

   Vous disposez des paramètres suivants :

   - *Seuil* : le curseur définit l'ampleur de la recomposition. 100 % recompose entièrement l'image. Faites des essais pour obtenir le résultat souhaité.
   - *Tailles prédéfinies* : conservez les proportions d'origine ou sélectionnez une taille prédéfinie pour l'image recomposée. Avec l'option Aucune restriction, vous avez le champ libre.
   - *Largeur et Hauteur* : spécifiez éventuellement des dimensions précises.
   - *Mise en surbrillance de la coloration de peau (icône d'un bonhomme vert)* : cliquez sur ce bouton pour éviter de dénaturer la carnation des sujets quand la photo est redimensionnée.

5. **Faites glisser l'une des poignées pour redimensionner l'image en la recomposant.**

   Dans l'exemple de la Figure 9.3, nous rapprochons les cyclistes.

6. **Cliquez sur la coche de validation si la recomposition vous convient.**

Figure 9.3 : Recomposez votre photo à la taille et aux proportions voulues sans perdre son contenu vital.

Appliquez des corrections automatiques

Elements possède une série de commandes de retouche automatique pour corriger la luminosité, le contraste et la couleur afin d'améliorer l'apparence de vos images d'un simple clic. Ces commandes sont disponibles en modes Expert et Rapide et se trouvent toutes dans le menu Réglages. Pour en savoir plus sur la retouche rapide, reportez-vous à la section « Retouchez en mode Rapide », plus loin dans ce chapitre.

L'avantage des corrections automatiques est leur simplicité d'emploi. Vous n'avez pas besoin de savoir quoi que ce soit sur la couleur ou le contraste pour retoucher vos photos. En contrepartie, le résultat obtenu n'est pas toujours aussi bon que celui d'une correction manuelle. Il arrive même que l'effet de ces commandes soit négatif en produisant des couleurs bizarres. Mais comme elles s'emploient facilement et rapidement, n'hésitez pas à les tester sur vos images. Il n'est généralement pas nécessaire d'appliquer plusieurs corrections automatiques. Si l'une d'elles n'a pas l'effet escompté, annulez la modification et essayez-en une autre. Si le résultat ne vous convient toujours pas, optez pour l'une des méthodes manuelles décrites au Chapitre 10.

Réglage optimisé et automatique des tons

Cette fonction sert à régler les valeurs tonales de votre image.

Voici comment l'appliquer :

1. **Ouvrez une photo en mode Expert ou Rapide, puis choisissez Réglages/Réglage optimisé et automatique des tons.**

   Elements applique une correction par défaut.

2. **Affinez cette retouche automatique à l'aide du pointeur de la souris.**

   Les aperçus illustrés à la Figure 9.4 montrent l'apparence que va prendre la photo si vous déplacez le pointeur dans l'une des quatre directions.

   Placez le bouton en position Avant et Après afin d'apprécier l'impact du réglage sur la photo.

Figure 9.4 : Corriger rapidement les valeurs tonales.

3. **Dans le menu d'options situé dans l'angle inférieur gauche de la fenêtre de correction, choisissez Garder cette correction en mémoire.**

   Cette option permet à Photoshop Elements de mémoriser la correction et de proposer le même réglage pour la prochaine photo que vous voudrez corriger avec cette fonction. Plus vous corrigerez de photos avec cette fonction et plus elle deviendra précise. En effet, ses algorithmes sont capables d'analyser la tonalité des images et de proposer la correction correspondant à votre sens esthétique.

Si les corrections proposées deviennent incohérentes, cliquez sur Édition/Préférences/Général (Adobe Photoshop Elements Editor/ Préférences), et cliquez sur le bouton Réinitialiser le réglage optimisé et automatique des tons en mémoire.

4. **Dès que vous êtes satisfait des réglages, cliquez sur le bouton OK.**

   Pour revenir à l'image d'origine, cliquez sur le bouton Réinitialiser.

Retouche optimisée automatique

Cette commande tout-en-un est censée tout régler. Elle améliore la luminosité, les détails des tons clairs et foncés et corrige la balance des couleurs, comme le montre la Figure 9.5. L'image surexposée de gauche a été améliorée *via* la commande Retouche optimisée automatique.

Figure 9.5 : Si vous êtes pressé, appliquez la commande Retouche optimisée automatique pour améliorer l'image d'un seul clic.

Les commandes Retouche optimisée automatique, Couleur automatique, Niveaux automatiques, Contraste automatique, Netteté automatique et Correction automatique des yeux rouges sont aussi disponibles dans l'Organiseur (dans le panneau Options de retouche des photos), où vous pouvez les appliquer simultanément à toutes les images sélectionnées.

Si vous trouvez la commande Retouche optimisée automatique un peu trop « automatique », libre à vous d'adapter son effet en essayant la commande Régler la retouche optimisée du menu Réglages. Il s'agit de la même commande, à la différence qu'elle propose un curseur qui vous permet de définir l'intensité de la correction à appliquer à l'image.

Niveaux automatiques

La commande Niveaux automatiques améliore le contraste global de l'image. Le résultat obtenu est meilleur avec les images dont le contraste est suffisamment marqué au départ (gamme régulière de tons et de détails dans les zones foncées, claires et moyennes) et nécessite juste un petit réglage. Niveaux automatiques augmente les contrastes en convertissant les pixels les plus clairs et les plus foncés de l'image en blanc et en noir, ce qui a pour effet d'éclaircir les tons clairs et d'assombrir les tons foncés, comme le montre la Figure 9.6.

Figure 9.6 : Niveaux automatiques règle le contraste global de l'image.

La commande Niveaux automatiques améliore le contraste, mais il arrive qu'elle produise une dominante couleur indésirable (voile de couleur). Dans ce cas, annulez la commande et essayez Contraste automatique. Si cette dernière n'améliore pas le contraste, vous ferez le réglage vous-même dans la boîte de dialogue Niveaux, décrite au Chapitre 10.

Contraste automatique

La commande Contraste automatique est conçue pour régler le contraste global d'une image sans toucher à la couleur. Elle n'améliore peut-être pas aussi bien le contraste que la commande Niveaux automatiques, mais elle est plus efficace pour préserver la balance des couleurs de l'image. De plus, elle ne produit pas de dominante couleur. Elle fonctionne parfaitement sur les images brumeuses, comme celle de la Figure 9.7.

Figure 9.7 : La commande Contraste automatique apporte de la netteté sans dénaturer les couleurs.

Suppression automatique de la brume

La commande Contraste automatique est elle-même efficace pour éliminer un léger flou dans les photos, mais la nouvelle fonction Suppression automatique de la brume est encore plus performante, comme le prouve la Figure 9.8. On trouve également dans le menu Réglages en modes Rapide et Expert la commande Suppression de la brume, qui est dotée de deux options à régler, comme nous le verrons au Chapitre 10.

Figure 9.8 : La commande Suppression automatique de la brume fait des miracles.

Correction colorimétrique automatique

La commande Correction colorimétrique automatique règle la couleur et le contraste d'une image en fonction des tons clairs, moyens et foncés détectés dans l'image et d'un jeu de valeurs par défaut. Ces valeurs déterminent la quantité de pixels noirs et blancs qui sont supprimés des zones les plus foncées et les plus claires de l'image. Cette commande sert généralement à supprimer une dominante couleur ou à régler la balance des couleurs d'une image, comme le montre la Figure 9.9. Elle peut également corriger des couleurs trop ou pas assez saturées.

Figure 9.9 : Appliquez Correction colorimétrique automatique pour supprimer une dominante couleur.

Réduction automatique du tremblement

NOUVEAUTÉ 14

Elements a enrichi son arsenal de retouches automatiques avec la commande Réduction automatique du tremblement. Conçue pour atténuer le flou de bougé, cette fonction est très efficace (voir Figure 9.10). Vous disposez aussi de la commande Réglages/Réduire le tremblement pour un réglage manuel plus précis comme vous le verrez au Chapitre 10.

Figure 9.10 : La nouvelle commande Réduction automatique du tremblement atténue le flou de bougé de l'appareil.

Netteté automatique

La mise au point des photos prises avec un appareil photo numérique ou numérisées par un scanner n'est pas toujours parfaite. En renforçant la netteté, vous créez l'illusion d'avoir amélioré la mise au point en accentuant le contraste entre les pixels. Netteté automatique sert à améliorer la mise au point, comme le montre la Figure 9.11, sans l'exagérer. En cas de correction excessive de la netteté, du grain et du bruit apparaissent dans la photo. Pour en savoir plus sur l'accentuation des contrastes, consultez les sections du Chapitre 10 consacrées aux fonctionnalités Régler la netteté et Accentuation.

N'OUBLIEZ PAS

Le renforcement de la netteté est toujours la dernière étape en retouche, après toutes les autres corrections.

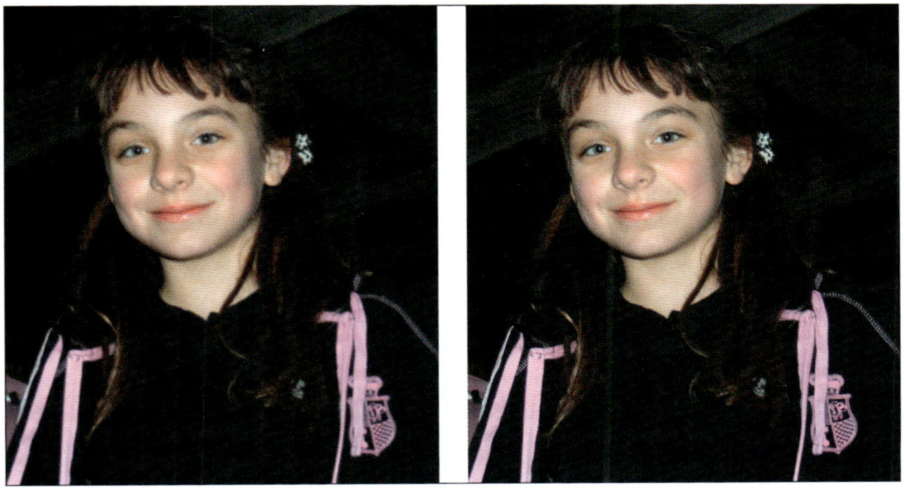

Figure 9.11 : Faites appel à Netteté automatique pour améliorer la mise au point.

Correction automatique des yeux rouges

Comme son nom l'indique, la commande Correction automatique des yeux rouges détecte et supprime automatiquement les yeux rouges dans les photos. Ce phénomène apparaît lorsque le sujet, humain ou animal, regarde directement le flash.

Si, pour une raison quelconque, la commande Correction automatique des yeux rouges ne fonctionnait pas, faites appel à l'outil Retouche des yeux rouges de la palette d'outils. Voici comment supprimer manuellement l'effet yeux rouges :

1. **Dans la palette d'outils, sélectionnez l'outil Retouche des yeux rouges.**

   Vous pouvez également appuyer sur la touche Y.

2. **En conservant les paramètres par défaut, cliquez sur la pupille rouge.**

   L'outil assombrit la pupille, tout en conservant la gamme de couleurs et la texture du reste de l'œil, comme le montre la Figure 9.12.

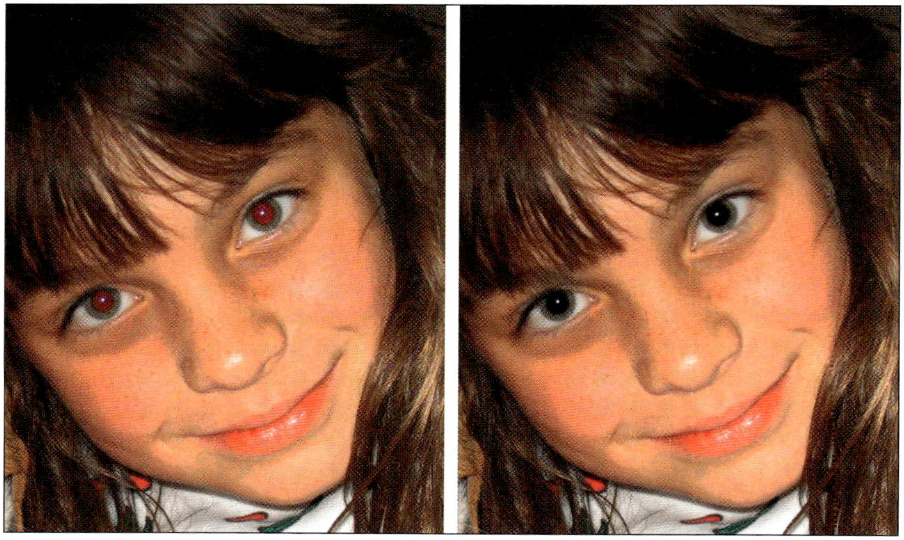

Figure 9.12 : La commande Correction automatique des yeux rouges et l'outil Retouche des yeux rouges détectent et suppriment les pupilles flamboyantes.

3. **Si la retouche ne vous convient pas, définissez les options appropriées :**

   - *Rayon de la pupille :* changez la valeur pour adapter le diamètre de l'outil à celui de la pupille.

   - *Obscurcir* : changez la valeur pour assombrir ou éclaircir la couleur de la pupille.

Les yeux des animaux peuvent devenir jaunes, verts ou bleus en réaction au flash. Elements fournit une option spéciale, nommée Yeux d'animaux, dans les options de l'outil Retouche des yeux rouges. Si cette option ne donne pas satisfaction, il ne vous reste plus qu'à essayer l'outil Remplacement de couleur selon les instructions de la section « Remplacez une couleur » à la fin de ce chapitre.

Retouchez en mode Rapide

Le mode Rapide est une version allégée du mode Expert, qui fournit les outils de retouche de base avec en plus l'aperçu Avant et Après de votre image.

Voici comment se déroulent les corrections en mode Rapide :

1. **Sélectionnez une ou plusieurs photos dans l'Organiseur, cliquez sur Éditeur au bas de la fenêtre, puis cliquez sur le bouton Rapide en haut de la fenêtre.**

Sinon, si vous êtes déjà dans l'Éditeur en mode Expert, activez l'image dans la corbeille des photos et cliquez sur le bouton Rapide.

Si nécessaire, ouvrez des images en cliquant directement sur le bouton Ouvrir et en sélectionnant les fichiers dans vos dossiers.

2. **Choisissez le mode d'affichage dans le menu Affichage au-dessus de la fenêtre d'image.**

   Choisissez d'afficher uniquement l'image d'origine (Avant seulement), l'image retouchée (Après seulement) ou les deux côte à côte en portrait ou en paysage (Avant et après – Vertical/Horizontal), comme le montre la Figure 9.13.

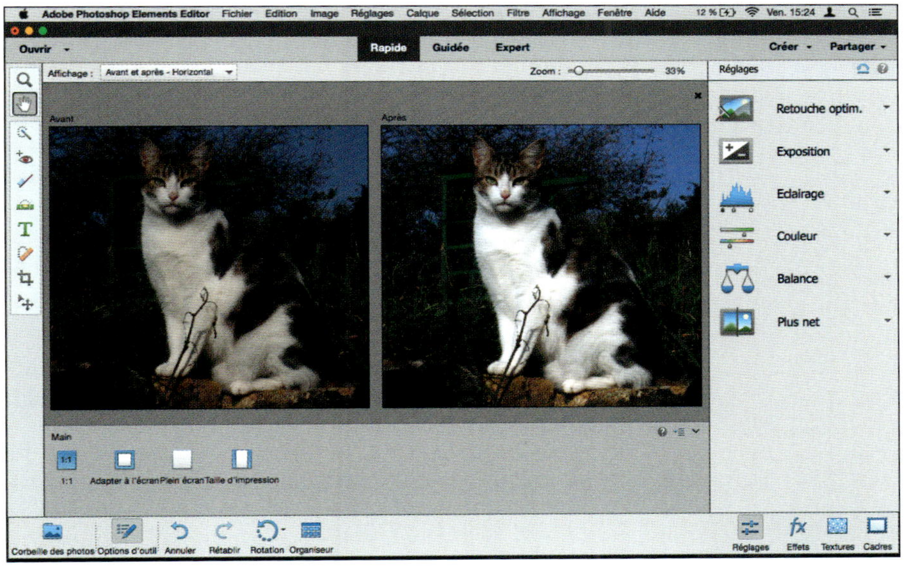

Figure 9.13 : Le mode Rapide offre des aperçus Avant et Après de votre image.

3. **Servez-vous des outils Zoom et Main pour agrandir et parcourir l'image (voir Chapitre 2).**

   Pour spécifier le pourcentage de zoom, utilisez le curseur Zoom en haut à droite du menu Affichage.

4. **Choisissez la taille d'affichage dans les options de l'outil Main : 1:1 (Taille réelle des pixels), Adapter à l'écran (qui remplit tout l'espace vertical), Plein écran (qui remplit tout l'espace horizontal) ou Taille d'impression.**

   L'outil Zoom propose aussi un curseur Zoom dans ses options.

5. **Recadrez l'image à l'aide de l'outil Recadrage de la palette d'outils.**

   Vous pouvez aussi faire appel à l'une des méthodes étudiées à la section « Recadrez et redressez des images », précédemment dans ce chapitre.

6. **Pour faire pivoter l'image de 90°, cliquez sur le bouton Rotation vers la gauche au bas de la fenêtre. Pour faire pivoter dans l'autre sens, cliquez sur la flèche du bouton Rotation et cliquez sur le deuxième bouton de rotation qui apparaît.**

7. **Appliquez les corrections automatiques nécessaires (Retouche optimisée, Niveaux, Contraste ou Couleur).**

   Toutes ces commandes sont accessibles dans le menu Réglages et par un bouton Auto dans les sections Retouche optimisée, Éclairage et Couleur du volet Réglages. Si vous ne voyez pas ces intitulés dans le volet droit, cliquez sur Réglages dans l'angle inférieur droit de la fenêtre.

   L'effet de ces commandes est décrit en détail à la section « Appliquez des corrections automatiques », précédemment dans ce chapitre. N'oubliez pas que, généralement, une seule correction suffit. Ne les additionnez pas. Si la correction n'a pas l'effet escompté, cliquez sur le bouton Rétablir dans l'angle supérieur droit du volet Réglages et essayez un autre réglage. Si vous n'êtes pas satisfait, rendez-vous à l'Étape 8. Sinon, passez directement à l'Étape 9.

8. **Si les corrections automatiques ne sont pas satisfaisantes, apportez-leur des modifications en agissant sur les curseurs disponibles dans les sections Retouche optimisée, Exposition, Niveaux, Couleur et Balance du volet droit.**

   En plaçant le pointeur de la souris sur une vignette illustrant un réglage, vous bénéficiez d'un aperçu de son impact dans la version Après de la retouche Rapide. Le curseur se déplace automatiquement pour chaque réglage prédéfini.

   Voici une brève description des retouches disponibles :

   - *Exposition :* règle la luminosité globale de l'image. Déplacez le curseur vers la gauche pour assombrir et vers la droite pour éclaircir. Les valeurs proposées sont étalonnées en valeurs d'ouverture de diaphragme, de –4 à 4.

   - *Tons foncés :* sous Éclairage, déplacez le curseur vers la droite pour éclaircir les tons foncés de l'image sans toucher aux tons clairs.

   - *Tons moyens :* règle la luminosité des valeurs moyennes sans affecter les tons clairs et foncés.

- *Tons clairs :* déplacez le curseur vers la droite pour assombrir les tons clairs de l'image sans toucher aux tons foncés.
- *Saturation :* sous Couleur, règle l'intensité des couleurs.
- *Teinte : m*odifie toutes les couleurs de l'image. Définissez une sélection pour limiter la retouche à certaines portions. Sinon, utilisez ce réglage avec modération.
- *Vibrance* : règle sélectivement les couleurs de l'image en augmentant la saturation des couleurs fades plus que celles des zones déjà saturées. Cette commande évite la saturation excessive et préserve les teintes naturelles de la peau. Déplacez le curseur vers la droite pour augmenter la saturation. Les valeurs se définissent entre –100 et +100.
- *Température :* sous Balance, rend les couleurs plus chaudes (rouges) ou plus froides (bleues.) Ce réglage permet de corriger les couleurs de peau ou les images trop froides, comme un paysage enneigé, ou trop chaudes, comme un coucher de soleil.
- *Teinte :* s'utilise après le réglage de la température pour ajouter du vert ou du magenta aux couleurs de la photo.

Si le résultat ne vous convient toujours pas, optez pour l'une des corrections manuelles décrites au Chapitre 10.

TRUC

Vous pouvez également appliquer des corrections à des portions sélectionnées dans l'image. Pour ce faire, le mode Rapide donne accès à l'outil Sélection rapide, étudié au Chapitre 7.

9. **Terminez vos corrections à l'aide des outils de la palette d'outils.**

   Voici les outils du mode Rapide :

   - *Retouche des yeux rouges :* cliquez sur *le bouton Correc. auto. dans les options d'outil pour essayer la* correction automatique des yeux rouges. En cas d'échec, utilisez l'outil selon les instructions fournies à la section « Correction automatique des yeux rouges », précédemment dans ce chapitre.
   - *Blanchir les dents* : cet outil magique sert à blanchir les dents. Choisissez au préalable le diamètre de l'outil avec le curseur Taille dans les options d'outil. Cliquez sur le bouton Paramètres de forme pour choisir la dureté, le pas, l'arrondi et l'angle de la forme d'outil (pour en savoir plus sur les formes, reportez-vous au Chapitre 12). Avec un diamètre de forme supérieur aux dents du sujet, vous éclaircissez tout ce que vous touchez – lèvres, menton, *etc.* Cliquez sur les dents. Cet outil crée une sélection et la blanchit simultanément. Après votre premier clic, l'option Nouvelle sélection

devient Ajouter à la sélection. Si vous débordez de la surface des dents, cliquez sur le bouton Soustraire de la sélection et cliquez sur la zone à retirer. Lorsque vous avez terminé, choisissez Sélection/ Désélectionner ou appuyez sur Ctrl + D (⌘ + D sous Mac).

- *Correcteur localisé/Correcteur* : ces deux outils sont parfaits pour corriger de petits défauts (Correcteur localisé) ou de gros défauts (Correcteur). L'emploi de ces outils est expliqué plus loin dans les sections « Retouchez l'image à l'aide du Correcteur » et « Éliminez un petit défaut avec le Correcteur localisé ».

10. **(Facultatif) Ajoutez du texte en cliquant dans l'image avec l'outil Texte.**

    L'emploi de l'outil Texte est décrit au Chapitre 13.

    Utilisez l'outil Déplacement du mode Rapide pour positionner facilement votre texte sur l'image.

11. **Enfin, réglez la netteté de l'image de manière automatique, en cliquant sur le bouton Auto de la section Plus net du volet Réglages.**

    Vous pouvez également accentuer la netteté de l'image *via* Réglages/ Netteté automatique. Pour un réglage manuel, déplacez le curseur Plus net.

    Cette correction doit toujours être la dernière que vous apportez à votre image.

Le mode Rapide contient des panneaux supplémentaires. Cliquez sur l'icône Effets dans l'angle inférieur droit de l'interface pour accéder à une série de vignettes illustrant différents traitements de l'image, tels que Effets ludiques et Fuite de lumière. Dans le même ordre d'idées, cliquez sur l'icône Cadres pour appliquer à vos photos des bordures comme Scrapbook ou Bande dessinée. Si vous cliquez sur Textures, vous donnez l'illusion d'un effet de relief comme Peinture craquelée ou Toile. Après quoi, cliquez sur l'icône Réglages pour retrouver les options habituelles du volet droit. Pour appliquer un effet, une texture ou un cadre, il suffit de cliquer sur la vignette correspondante dans le panneau.

Retouchez de petites imperfections avec les outils

Photoshop Elements fournit une série d'outils utiles pour corriger localement de petites imperfections dans les photos. Le Tampon de duplication recopie de petites portions de l'image. Les outils Correcteur et Correcteur localisé effacent un défaut ; Densité + et Densité – servent à assombrir ou à éclaircir des zones de l'image ; Goutte d'eau et Netteté accentuent localement le flou ou la netteté ; l'Éponge et l'outil Remplacement de couleur agissent sur les couleurs.

Dupliquez à l'aide du Tampon de duplication

Vous avez la possibilité de dupliquer des portions d'une photo dans Elements. L'outil Tampon de duplication prélève des pixels d'une zone et les copie, ou les *duplique*, ailleurs. Par rapport à une sélection copiée et collée, la duplication conserve mieux les contours estompés des éléments, tels que les ombres, comme le montre la Figure 9.14.

Figure 9.14 : L'outil Tampon de duplication permet de dupliquer de manière réaliste les éléments dont le contour est estompé, comme les ombres.

Le potentiel de cet outil ne s'arrête pas là. Il sert également à masquer des défauts comme des rayures, l'horodatage ajouté par l'appareil photo et tout autre élément indésirable. Les outils Correcteur (étudiés à la section suivante) ont quelque peu détrôné le Tampon de duplication pour les retouches locales, mais le Tampon reste utile en certaines circonstances.

Voici comment utiliser l'outil Tampon de duplication :

1. **Dans la palette d'outils du mode Expert, activez l'outil Tampon de duplication.**

   Son icône représente un tampon encreur.

2. **Dans les options d'outil, choisissez une forme dans la palette de formes prédéfinies. Si besoin, définissez son diamètre à l'aide du curseur Taille.**

Choisissez le diamètre de la forme en fonction de ce que vous allez dupliquer ou retoucher. Si vous dupliquez un objet de grande taille, définissez une grande taille. Pour réparer de petits défauts, choisissez une forme de taille réduite. Les retouches sont plus naturelles avec une forme douce, au contour estompé. Pour en savoir plus sur les formes, reportez-vous au Chapitre 12.

3. **Définissez les options Mode et Opacité.**

   Les modes sont étudiés au Chapitre 11. Pour une retouche plus subtile ou une duplication semi-opaque, tapez un pourcentage d'opacité inférieur à 100 %.

4. **Cochez ou désactivez l'option Aligné.**

   Si Aligné est activé, la zone de prélèvement se déplace avec le pointeur. Si vous voulez recopier partout les pixels du point de prélèvement initial, ne cochez pas l'option Aligné.

5. **Cochez ou désactivez l'option Éch. tous calques.**

   Avec cette option, vous pouvez prélever les pixels de tous les calques visibles. Si elle n'est pas cochée, l'outil ne duplique qu'à partir du calque actif. Consultez le Chapitre 8 pour apprendre à exploiter les calques.

6. **Cliquez sur le bouton Incrustation de clone si vous voulez afficher l'incrustation.**

   Avec l'incrustation, l'outil affiche en transparence un aperçu de ce qui va être dupliqué. Cet aperçu vous aide à aligner la portion recopiée. Dans la boîte de dialogue Incrustation de clone, cochez l'option Afficher l'incrustation et réglez l'opacité de l'aperçu. Si vous cochez Masquage automatique, l'incrustation n'apparaît pas pendant que vous faites glisser l'outil, mais seulement quand vous relâchez la souris Avec l'option Écrêtage, l'aperçu est visible seulement dans le diamètre de la forme d'outil. Cette solution est pratique pour contrôler précisément l'action de l'outil. L'option Inverser l'incrustation inverse les couleurs et la tonalité de l'incrustation.

7. **En appuyant sur Alt (Option sous Mac), cliquez dans l'image sur la portion à dupliquer pour définir la source de prélèvement.**

8. **Cliquez ou faites glisser le pointeur sur la zone où faire apparaître la portion dupliquée.**

   Pendant que vous déplacez le pointeur de l'outil, une icône de croix suit votre mouvement. La croix survole la portion que vous êtes en train de dupliquer ; le pointeur de l'outil, quant à lui, se trouve à l'endroit où les pixels sont recopiés. La croix suit le déplacement de la souris et vous indique sur quelle zone de l'image se fait le prélèvement. Surveillez sa position pour éviter de dupliquer des portions indésirables.

9. **Répétez les Étapes 7 et 8 jusqu'au clonage complet de l'élément.**

N'OUBLIEZ PAS

Pour dupliquer un élément lorsque l'option Aligné est active, évitez de soulever la souris pour repositionner le pointeur. Par ailleurs, tâchez d'avoir la main légère pour masquer un petit défaut. Un ou deux clics devraient suffire. Les retouches excessives avec le Tampon de duplication sont faciles à déceler, parce qu'elles génèrent des taches et traînées dans l'image.

Retouchez l'image à l'aide du Correcteur

L'outil Correcteur ressemble au Tampon de duplication dans la mesure où il duplique des pixels d'une zone vers une autre. En revanche, le Correcteur est plus perfectionné, car il prend en compte la tonalité (tons clairs, foncés et moyens) de la zone à retoucher. Il récupère la *texture* de la zone prélevée (*source*), puis reprend les *couleurs* autour du pointeur pendant que vous le déplacez sur la zone à corriger (*destination*). Les tons clairs, moyens et foncés sont préservés, ce qui donne une retouche plus naturelle qu'avec le Tampon de duplication.

Voici comment corriger une photo :

1. **Ouvrez une image nécessitant une retouche et activez l'outil Correcteur dans la palette d'outils du mode Expert.**

   Son icône représente un pansement. Vous pouvez aussi l'activer en appuyant sur la touche J de votre clavier. Chaque pression sur cette touche permet de basculer entre l'outil Correcteur et l'outil Correcteur localisé. Autrement, sélectionnez l'un des outils Correcteur et activez sa variante dans les options d'outils.

   Il est possible d'effectuer la correction entre deux images, mais il faut que leur mode de couleur soit identique, par exemple RVB dans les deux cas. La Figure 9.15 présente la photo d'un couple rajeuni grâce à l'outil Correcteur.

Figure 9.15 : Rajeunissez vos portraits de dix ans en deux minutes à l'aide de l'outil Correcteur.

2. Définissez le diamètre de la forme dans les options d'outil.

Si besoin, définissez également la dureté, le pas, l'angle et l'arrondi dans les Paramètres de forme. Toutes ces options sont détaillées au Chapitre 12. Ajustez la taille de la forme en fonction du défaut à corriger. Le choix du diamètre de la forme est capital pour obtenir une retouche invisible.

3. Choisissez un mode de fusion.

Dans la plupart des cas, il est préférable de conserver le mode Normal. Le mode Remplacer conserve les textures, comme le bruit ou le grain, autour de la zone corrigée.

4. Choisissez l'une des options Source :

- *Échantillon :* prélève des pixels dans l'image. La plupart des corrections se font avec cette option.
- *Motif* : utilise les pixels du motif choisi dans la palette de motifs.

5. Cochez ou désactivez l'option Aligné.

Dans la majorité des cas, il est conseillé d'activer l'alignement. Voici comment il agit :

- *Aligné est activé* : lorsque vous cliquez ou déplacez le pointeur de l'outil, une croix apparaît pour signaler le point de prélèvement, ou *source*. Quand vous interrompez le tracé et reprenez plus loin, l'écart entre le pointeur est la croix reste inchangé.
- *Aligné est désactivé* : l'outil reprend toujours comme source le point de prélèvement initial chaque fois que vous interrompez et reprenez l'opération.

6. Cochez l'option Éch. tous calques pour prélever sur tous les calques visibles de l'image.

Si cette option est désactivée, le prélèvement se fait sur le calque actif uniquement.

TRUC

Pour avoir la possibilité d'affiner la retouche, cochez Éch. tous calques et ajoutez un calque vide sur l'image à retoucher. La correction se fait sur le nouveau calque et non pas sur celui de la photo, ce qui vous permet ensuite de régler l'opacité et le mode de fusion du calque contenant les corrections.

7. (Facultatif) Cliquez sur le bouton Incrustation.

Voir la section précédente consacrée au Tampon de duplication.

8. **Définissez le point source en cliquant tout en appuyant sur Alt (Option sous Mac).**

   Cliquez sur la zone de l'image à définir comme source de prélèvement. Dans notre exemple, nous avons cliqué sur une zone lisse du front.

9. **Relâchez la touche Alt/Option et cliquez ou faites glisser le pointeur sur la zone à retoucher.**

   Gardez toujours un œil sur la croix, car elle indique la zone source. Nous avons appliqué l'outil sur les rides autour des yeux et de la bouche et sur le front pour les atténuer (voir Figure 9.15). Nos sujets paraissent immédiatement plus jeunes.

Éliminez un petit défaut avec le Correcteur localisé

Alors que le Correcteur permet de retoucher une grande surface, le Correcteur localisé est idéal pour masquer de petites imperfections, sauf avec l'option Contenu pris en compte décrite à l'Étape 3 des instructions suivantes. Cet outil ne requiert pas de définir la source d'échantillonnage. Il prélève automatiquement un échantillon autour de la zone à retoucher. Vous avez là un outil rapide, simple et souvent efficace. En revanche, vous ne contrôlez pas la zone source, donc surveillez toujours l'opération pour éviter une correction désastreuse.

Voici comment corriger rapidement des petits défauts avec l'outil Correcteur localisé :

1. **Ouvrez une image en mode Expert et activez l'outil Correcteur localisé dans la palette d'outils.**

   Son icône représente un pansement orné d'un demi-cercle en pointillé. Vous pouvez également appuyer sur la touche J de votre clavier pour basculer entre le Correcteur et le Correcteur localisé ou activer la variante dans les options de l'outil Correcteur.

2. **Dans les options d'outil, déroulez la palette de formes prédéfinies et sélectionnez une forme d'outil. Si nécessaire, changez son diamètre à l'aide du curseur Taille.**

   Sélectionnez une forme un peu plus grande que la zone à corriger.

3. **Choisissez le type de correction :**

   - *Similarité des couleurs* : prélève des pixels autour du pointeur pour corriger la zone.

- *Nouvelle texture* : combine tous les pixels survolés par le pointeur pour créer la texture qui va servir à corriger le défaut.

- *Contenu pris en compte* : si vous cherchez à éliminer un objet plus imposant qu'un grain de beauté ou une griffure, cette option vous servira à cacher le gros défaut derrière une portion recomposée de l'image. Il est ainsi possible d'éliminer des objets ou des personnes d'une photo, comme le prouve la Figure 9.16 où l'option Contenu pris en compte a permis de faire disparaître le plongeur. Vous pourriez avoir besoin de passer l'outil plusieurs fois sur le défaut pour obtenir l'effet escompté ou de compléter la retouche par l'emploi du Tampon de duplication ou d'autres outils de retouche locale.

Figure 9.16 : Servez-vous de l'option Contenu pris en compte pour éliminer les objets ou personnes indésirables dans la photo, comme le plongeur dans cet exemple.

TRUC

Commencez par essayer Similarité des couleurs et, si le résultat ne vous convient pas, annulez et essayez Nouvelle texture ou Contenu pris en compte.

4. **Cochez Éch. tous calques pour prélever sur tous les calques visibles de l'image.**

   Si l'option est désactivée, les couleurs sont uniquement prélevées sur le calque actif.

5. **Cliquez ou faites glisser le pointeur sur la zone à retoucher.**

   Dans l'exemple de la Figure 9.16, nous avons passé l'outil sur le plongeur et obtenu une retouche invisible.

Repositionnez un élément avec l'outil Déplacement basé sur le contenu

L'outil Déplacement basé sur le contenu permet de sélectionner et de déplacer (couper) une partie de l'image en remplissant cette section avec le contenu environnant. Elements analyse la zone entourant la portion sélectionnée que vous déplacez et remplit l'espace libéré par du contenu approprié.

Voici comment profiter de cet extraordinaire outil :

1. **En mode Expert, ouvrez une image et activez l'outil Déplacement basé sur le contenu.**

   Son icône représente deux flèches en biais. Vous pouvez aussi l'activer en appuyant sur la touche Q.

2. **Choisissez le mode Déplacer ou Étendre.**

   - *Déplacer :* déplace votre sélection à un nouvel emplacement, puis remplit l'espace vide en appliquant les algorithmes de la fonction Contenu pris en compte. Ce mode est idéal lorsque vous déplacez des objets. Il donne de meilleurs résultats lorsque l'arrière-plan du nouvel emplacement de l'objet est similaire à celui où il se situait à l'origine.

   - *Étendre :* Elements étend la zone sélectionnée tout en préservant les lignes et les structures et en fusionnant les éléments dans un objet existant. Cette option est idéale pour augmenter ou réduire le volume de certains éléments comme des cheveux, de la fourrure, des arbres, des bâtiments, *etc.*

   Dans l'exemple de la Figure 9.17, nous avons appliqué le mode Déplacer pour décaler la fillette vers la droite afin d'avoir la place d'ajouter du texte.

3. **Réglez le paramètre Correcteur.**

   Ce paramètre détermine la marge de manœuvre que vous donnez à Elements pour couvrir l'espace laissé vide par l'objet déplacé en restant plus ou moins fidèle au contenu original. Dans le réglage par défaut, le curseur se trouve pile au milieu, et c'est le réglage que nous avons adopté dans notre exemple.

   Vous pouvez également cocher la case Échantillonner tous les calques pour que le contenu de tous les calques soit pris en compte lors du remplissage de l'espace vide.

4. **Tracez une sélection autour de la partie de l'image à déplacer ou à étendre.**

   Si vous avez besoin d'affiner la sélection, activez le mode Addition, Soustraction ou Intersection, à gauche dans les options de l'outil. Autrement, appuyez sur Maj pour ajouter à la sélection ou sur Alt (Option sous Mac) pour en retirer une portion.

5. **Faites glisser la sélection pour la déplacer ailleurs dans l'image.**

6. **Retouchez les portions de l'image qui en ont besoin.**

   Utilisez les outils Correcteur et Tampon de duplication pour éliminer les éventuelles discordances autour de l'objet déplacé. Nous avons corrigé quelques endroits autour de la fillette dans l'exemple de la Figure 9.17. Nous avons aussi éliminé avec l'outil Correcteur localisé le spot qui dépassait en haut de la photo.

Une autre solution consiste à remplir une zone sélectionnée avec l'option Contenu pris en compte. Tracez une sélection et choisissez Édition/Remplir. Sous Remplir, choisissez Contenu pris en compte dans la liste Avec.

Figure 9.17 : Recomposez une photo avec l'outil Déplacement basé sur le contenu.

Éclaircissez et foncez avec Densité + et Densité –

Les outils Densité + et Densité – reproduisent les techniques de correction utilisées dans les chambres noires. Au moment du tirage, on peut corriger les négatifs comportant des zones trop claires ou trop sombres par réduction ou augmentation ciblée de l'exposition. Les outils de correction numérique sont encore plus efficaces, car ils sont plus flexibles et plus précis. En effet, le choix d'une forme d'outil permet de spécifier la taille et la dureté de l'outil Densité. Vous pouvez également cibler la correction sur certaines plages de tonalité : tons foncés, moyens ou clairs. Enfin, vous réglez l'intensité de la correction en spécifiant un pourcentage d'exposition.

N'OUBLIEZ PAS

N'utilisez ces outils que sur des zones restreintes, comme le visage de la fillette de la Figure 9.18, et avec modération. Si nécessaire, tracez une sélection au préalable pour limiter l'application de l'outil Densité. En outre, n'oubliez pas qu'il est impossible d'ajouter des détails inexistants. Si vous essayez d'éclaircir des ombres contenant peu de détails, vous obtenez juste du gris. De même, si vous foncez des zones trop claires, vous allez obtenir des taches blanchâtres.

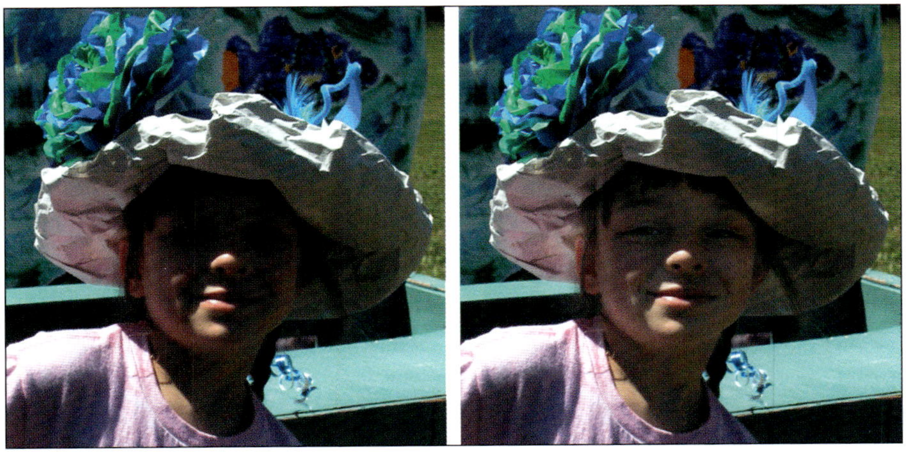

Figure 9.18 : Servez-vous des outils Densité + et Densité – pour éclaircir et foncer de petites zones.

Voici comment procéder :

1. **Choisissez l'outil Densité + (pour foncer) ou Densité – (pour éclaircir) dans la palette d'outils du mode Expert.**

   Leurs icônes représentent une spatule ronde et une main formant un O. Appuyez sur la touche O du clavier pour activer successivement les outils Densité –, Densité + et Éponge. Vous pourriez aussi activer l'un de ces trois outils et choisir une variante dans les options d'outil.

2. **Dans la palette de formes prédéfinies, sélectionnez une forme et réglez sa taille si nécessaire.**

   Les formes douces de grande taille répartissent l'effet sur une plus grande surface, ce qui produit une retouche plus naturelle.

3. **Dans le menu Gamme, sélectionnez Tons foncés, Tons moyens ou Tons clairs.**

   Choisissez Tons foncés pour foncer ou éclaircir les zones les plus sombres de l'image. Sélectionnez Tons moyens pour régler les zones de tonalité intermédiaire. Choisissez Tons clairs pour agir sur les zones claires.

   Dans l'exemple de la Figure 9.18, nous avons éclairci les ombres.

4. **Déplacez le curseur Exposition pour déterminer le degré de correction à appliquer à chaque passage de l'outil.**

   Commencez avec un faible pourcentage pour contrôler l'intensité de la correction. Ce paramètre correspond à l'opacité que vous définissez pour l'outil Pinceau. Nous l'avons défini à 10 % dans notre exemple.

5. **Passez l'outil sur les zones à éclaircir ou à foncer.**

   Si les résultats ne vous conviennent pas, appuyez sur Ctrl + Z (⌘ + Z sous Mac) pour annuler.

Étalez la couleur au doigt

L'outil Doigt étale la couleur des pixels situés sous le pointeur quand vous commencez à le faire glisser. Le résultat est le même qu'en passant le doigt sur de la peinture fraîche. Cet outil sert à créer différents effets. Utilisé avec abus, il déforme l'image. Avec une application plus subtile, il adoucit les contours des objets de manière plus naturelle que l'outil Goutte d'eau. Vous pouvez également appliquer un effet de peinture à des photos, comme dans la Figure 9.19. Appliquez toutefois cet outil avec modération, car il peut supprimer des détails et causer des ravages.

Voici comment se servir de l'outil Doigt :

1. **Dans la palette d'outils du mode Expert, activez l'outil Doigt.**

   Son icône représente une main avec l'index pointé. Appuyez sur la touche R de votre clavier pour activer successivement les outils Doigt,

Goutte d'eau et Netteté. Vous pourriez aussi activer l'un de ces trois outils et choisir une variante dans les options d'outil.

2. **Choisissez une forme dans la palette de formes prédéfinies et réglez son diamètre à l'aide du curseur Taille.**

   Sélectionnez une petite forme pour agir sur des zones précises, comme des contours. Les formes plus grandes produisent un effet plus marqué.

3. **Sélectionnez un mode de fusion dans la liste Mode.**

4. **Servez-vous du curseur Intensité ou du champ de texte pour définir l'intensité de l'effet.**

   Plus la valeur est faible, plus l'effet est subtil.

Figure 9.19 : Les déformations générées par l'outil Doigt donnent l'impression que l'image a été peinte.

5. **Si l'image comporte plusieurs calques, cochez l'option Échantillonner tous les calques pour utiliser les pixels de tous les calques visibles.**

L'effet d'étalement n'apparaît que sur le calque actif, mais le résultat diffère selon les couleurs des calques inférieurs.

6. **Cochez l'option Peinture au doigt pour débuter le trait avec la couleur de premier plan.**

   Au lieu d'utiliser la couleur située sous le pointeur, cette option étale la couleur de premier plan au début de chaque trait, puis les couleurs se mélangent. Il est possible d'activer le mode Peinture au doigt en appuyant sur la touche Alt/Option avant de commencer un trait. Relâchez la touche pour revenir au mode Normal.

7. **Faites glisser l'outil sur les zones à étaler.**

   Surveillez le résultat, car cet outil est capable de transformer complètement l'image. Si l'effet ne vous convient pas, appuyez sur Ctrl + Z (⌘ + Z sous Mac) pour annuler, puis diminuez le pourcentage Intensité (voir Étape 4) avant de recommencer.

Ajoutez du flou avec l'outil Goutte d'eau

L'outil Goutte d'eau peut remplir deux objectifs : réparer et créer des effets artistiques. Il peut adoucir un petit défaut ou une partie d'un contour trop net. Ajoutez un peu de flou pour donner une impression de mouvement ou pour concentrer l'attention sur le sujet principal, comme dans la Figure 9.20, où nous avons tout atténué sauf le visage de la jeune fille. L'outil Goutte d'eau diminue le contraste des pixels adjacents dans la zone retouchée.

Figure 9.20 : L'outil Goutte d'eau ajoute du flou pour attirer l'attention sur le sujet principal.

Son emploi et ses options sont les mêmes que ceux de l'outil Doigt, présenté à la section précédente. Assurez-vous de choisir une petite forme pour appliquer le flou sur une petite surface.

Accentuez les détails avec l'outil Netteté

L'outil Netteté produit l'effet opposé de l'outil Goutte d'eau. Il renforce le contraste des pixels adjacents pour donner l'illusion que les détails sont plus nets. Employez-le toutefois avec modération, car vous risquez de créer du grain et du bruit dans vos photos.

Gardez la main légère et concentrez-vous sur des zones restreintes. L'outil Netteté peut servir à retoucher les yeux dans un portrait un peu flou, comme dans la Figure 9.21. Vous pouvez aussi accentuer la netteté d'une zone pour la mettre en évidence par rapport à son arrière-plan plus flou.

Figure 9.21 : Réservez l'outil Netteté à de petites zones, comme les yeux.

Pour appliquer l'outil Netteté, activez-le dans la palette d'outils et suivez les étapes de la section « Ajoutez du flou avec l'outil Goutte d'eau ». Voici en outre quelques conseils relatifs à l'outil Netteté :

- Choisissez une faible intensité, de l'ordre de 25 % ou moins.
- Appliquez l'outil plusieurs fois pour accentuer progressivement et éviter l'apparition de grain et de bruit.
- Puisque l'accentuation avec l'outil Netteté augmente le contraste, si vous appliquez d'autres réglages de contraste, comme Niveaux, vous allez renforcer davantage le contraste de la zone retouchée.
- Cochez l'option Protéger les détails pour accentuer les détails en limitant l'apparition de défauts. La correction est plus prononcée lorsque cette option est désactivée.

Pour renforcer la netteté dans toute l'image, choisissez plutôt la commande Réglages/Accentuation ou Réglages/Régler la netteté. Elles offrent davantage d'options et un contrôle plus précis.

Modifiez la saturation avec l'outil Éponge

L'outil Éponge sert à saturer ou désaturer les couleurs. Saturer signifie augmenter l'intensité, ou *saturation*, d'une couleur pour la rendre plus vive. Inversement, la désaturation rend les couleurs plus ternes. Dans le cas d'images en niveaux de gris, l'Éponge agit sur la luminosité des pixels.

À l'instar des outils Goutte d'eau et Netteté, l'Éponge peut servir à diminuer ou augmenter l'impact de certaines zones pour les mettre en retrait ou en évidence.

Voici comment appliquer l'outil Éponge sur une image :

1. **Dans la palette d'outils du mode Expert, activez l'outil Éponge.**

   Son icône représente une éponge. Appuyez sur la touche O pour basculer entre les outils Éponge, Densité + et Densité –. Vous pourriez aussi activer l'un de ces trois outils et choisir une variante dans les options d'outil.

2. **Choisissez une forme dans la palette de formes prédéfinies et réglez sa taille si nécessaire.**

   Choisissez une forme douce de grande taille pour modifier la saturation sur une grande surface.

3. **Dans la liste Mode, choisissez Désaturer ou Saturer pour diminuer ou augmenter respectivement l'intensité des couleurs.**

4. **Spécifiez le pourcentage de Flux à l'aide du curseur ou du champ de texte.**

   Le *flux* représente la rapidité à laquelle l'outil agit pendant que vous le faites glisser.

5. **Passez l'outil sur les zones dont vous voulez modifier la saturation des couleurs.**

   Dans l'exemple de la Figure 9.22, nous avons utilisé l'Éponge pour attirer l'attention sur l'un des étudiants en désaturant les autres.

Figure 9.22 : L'outil Éponge augmente ou diminue l'intensité des couleurs dans la photo.

Remplacez une couleur

L'outil Remplacement de couleur remplace la couleur d'origine d'une image par celle de premier plan. Cet outil remplit plusieurs objectifs :

- Coloriser une image en niveaux de gris pour donner l'aspect d'une photo peinte à la main.
- Changer complètement la couleur d'un ou de plusieurs éléments de l'image, comme dans la Figure 9.23 où nous avons utilisé l'outil Remplacement de couleur avec la couleur noire sur les citrouilles en arrière-plan.
- Éliminer l'effet yeux rouges (ou jaunes chez les animaux) si les autres méthodes ne conviennent pas.

Figure 9.23 : L'outil Remplacement de couleur remplace la couleur de l'image par celle de premier plan.

N'OUBLIEZ PAS

Cet outil est très performant, car il préserve toutes les tonalités dans l'image. La couleur qui s'applique n'est pas opaque comme celle que vous peignez avec l'outil Pinceau. Lorsque vous remplacez une couleur, les tons moyens, foncés et clairs sont conservés. L'outil Remplacement de couleur prélève d'abord les couleurs d'origine de l'image, puis les remplace par la couleur de premier plan. En spécifiant le mode, les limites et la tolérance, vous contrôlez la plage des couleurs qui seront remplacées.

Pour remplacer une couleur par la couleur de premier plan, procédez comme suit :

1. **Dans la palette d'outils du mode Expert, activez l'outil Remplacement de couleur.**

   Son icône représente un pinceau orné d'un petit carré bleu. Appuyez sur la touche B de votre clavier pour activer successivement les outils Pinceau, Forme impressionniste et Remplacement de couleur. Vous pourriez aussi activer l'un de ces trois outils et choisir une variante dans les options d'outil.

2. **Choisissez une forme d'outil dans la palette de formes prédéfinies et réglez sa taille. Définissez la dureté, le pas, l'arrondi et l'angle de la forme dans les Paramètres de forme.**

3. **Choisissez l'un des modes :**

   - *Couleur* : ce mode par défaut convient dans quasiment tous les cas. Il fonctionne particulièrement bien pour supprimer l'effet yeux rouges.
   - *Teinte* : semblable à Couleur, il est moins intense et produit un effet plus subtil.
   - *Saturation* : ce mode agit sur la saturation des couleurs ; il convertit la couleur de l'image en niveaux de gris. Choisissez le noir comme couleur de premier plan dans la palette d'outils.
   - *Luminosité* : ce mode agit sur la luminosité. Il a essentiellement pour effet d'éclaircir ou d'assombrir.

4. **Sélectionnez une des options du paramètre Limites.**

   Vous avez deux possibilités :

   - *Contiguës* : remplace les pixels adjacents dont la couleur est proche de celle échantillonnée au centre du pointeur.
   - *Discontiguës :* remplace la couleur échantillonnée partout où elle apparaît sous le pointeur.

5. **Définissez le pourcentage de Tolérance.**

   La *tolérance* définit la plage de couleurs à remplacer. Plus la tolérance est élevée, plus la plage de couleurs est large et *vice versa*.

6. **Choisissez la méthode d'échantillonnage.**

   Trois méthodes sont proposées :

   - *Continu* : échantillonne en permanence la couleur à remplacer sous le passage de l'outil.
   - *Une fois :* remplace uniquement la couleur échantillonnée au départ du trait.
   - *Nuance de fond :* recolore uniquement les pixels ayant la même couleur que la couleur d'arrière-plan actuelle.

7. **Cochez l'option Lissage.**

   Le *lissage* estompe légèrement les bords des zones recolorées.

8. **Cliquez dans l'image ou faites glisser le pointeur.**

   La couleur de premier plan remplace les couleurs d'origine sous le passage de l'outil. Dans l'exemple de la Figure 9.23, nous avons défini le noir comme couleur de premier plan.

TRUC

Pour une retouche très précise, effectuez une sélection avant de remplacer les couleurs. Une sélection nous a permis de ne pas « déborder » sur la fillette dans notre exemple et de nous en tenir à la zone avoisinante.

10

Corriger le contraste, la couleur et la netteté

Dans ce chapitre :

- Corrigez vos photos avec méthode.
- Corrigez la luminosité, la couleur et la netteté.
- Utilisez les outils de Forme dynamique.

Si la correction automatique de vos images ne vous a pas convaincu, vous trouverez dans ce chapitre toutes les solutions à vos besoins. En effet, Elements offre plusieurs manières de réparer et d'améliorer les images. Si une correction automatique ne convient pas, opérez manuellement.

NOTE TECHNIQUE

Si vous n'êtes toujours pas satisfait, prenez directement vos photos au format Camera Raw, si votre appareil le permet. Elements gère en effet très bien ce format et vous permet de faire des réglages très précis (l'emploi du module Camera Raw sort du cadre de ce livre). Enfin, si aucun des outils d'Elements ne convient pour réparer l'une de vos photos, c'est qu'elle est bonne à jeter.

Ce chapitre présente les corrections manuelles que vous pouvez apporter à vos photos pour améliorer la luminosité, le contraste et la netteté, mais aussi pour éliminer une couleur dominante, des rayures et du flou. Nous verrons également l'emploi des outils Forme dynamique pour appliquer des réglages localement.

Enchaînez les retouches dans un ordre logique

N'OUBLIEZ PAS

En combinant les techniques de correction automatique présentées au Chapitre 9, et celles que vous allez découvrir ici, tâchez de mettre au point une méthode rationnelle et ordonnée pour la correction de vos photos. En suivant un ordre logique, vous diminuez le risque d'aggraver les défauts de l'image. Vous pourriez procéder ainsi :

1. Recadrez, redressez et redimensionnez vos images, si nécessaire.

2. Après avoir défini les nouvelles dimensions de l'image, corrigez l'exposition et réglez la gamme tonale des tons foncés, clairs et moyens pour faire ressortir les détails.

   Il suffit souvent de corriger la luminosité pour résoudre les petits problèmes de couleur. Dans le cas contraire, réglez la balance des couleurs.

3. Supprimez une éventuelle couleur dominante et réglez si nécessaire la saturation.

4. Essayez de masquer les défauts à l'aide des outils Correcteur ou de filtres.

5. (Facultatif) Appliquez des effets spéciaux.

6. Renforcez la netteté si vous le jugez nécessaire.

Cette série d'étapes devrait suffire pour améliorer vos photos avant de les imprimer, de les envoyer et de les partager avec vos proches.

Réglez la luminosité

Elements possède plusieurs commandes manuelles qui vous serviront à régler l'exposition si les corrections automatiques décrites au Chapitre 9 ne vous plaisent pas. Les commandes manuelles procurent en effet un contrôle plus précis sur le réglage du contraste global et permettent de faire ressortir les détails des zones foncées, claires et moyennes. Tous les réglages d'exposition sont disponibles en modes Expert et Rapide.

Utiliser un écran tactile

Elements prend en charge les écrans tactiles utilisés sur les ordinateurs fonctionnant aussi bien sous Windows que Mac OS. Ainsi, vous pouvez parcourir et retoucher vos images du bout des doigts dans l'Organiseur et dans l'Éditeur.

Corrigez l'exposition avec Tons foncés/ Tons clairs

La commande Tons foncés/Tons clairs offre une solution facile et rapide pour corriger les zones surexposées ou sous-exposées, comme le montre la Figure 10.1. Cette fonctionnalité corrige particulièrement bien les photos prises avec un éclairage trop puissant ou à contre-jour. Le problème du contre-jour est que le sujet est noyé dans l'ombre.

Figure 10.1 : Corrigez l'exposition de vos images avec le réglage Tons foncés/Tons clairs.

Voici comment appliquer le réglage Tons foncés/Tons clairs :

1. **En mode Expert ou Rapide, choisissez Réglages/Régler l'éclairage/ Tons foncés/Tons clairs et vérifiez que la case Aperçu est cochée.**

   La correction s'applique automatiquement avec les paramètres par défaut dès l'ouverture de la boîte de dialogue.

2. **Si le réglage par défaut ne convient pas, déplacez les curseurs (ou tapez des valeurs) pour régler le degré de correction des tons foncés, tons clairs et tons moyens.**

   L'objectif est de révéler davantage de détails dans les zones claires et foncées de l'image. Si, après ces réglages, l'image nécessite encore une correction, augmentez ou réduisez le contraste des tons moyens.

   TRUC

   Lorsque la correction est seulement nécessaire sur une portion de la photo, commencez par définir une sélection à l'aide des techniques étudiées au Chapitre 7.

3. **Cliquez sur OK pour appliquer le réglage et fermer la boîte de dialogue.**

   Pour recommencer l'opération, appuyez sur Alt (Option sous Mac) et cliquez sur le bouton Réinitialiser (à la place du bouton Annuler).

Appliquez le réglage Luminosité/Contraste

N'OUBLIEZ PAS

Malgré son appellation, la commande Luminosité/Contraste ne produit pas de miracle en matière d'exposition (foncer ou éclaircir une image) ou de contraste. Les utilisateurs se ruent généralement sur cette commande, attirés par son nom évocateur et sa simplicité d'emploi, mais après en avoir réalisé ses limites, ils optent généralement pour des outils plus efficaces et plus précis comme Tons foncés/Tons clairs et Niveaux.

Le problème de la commande Luminosité/Contraste provient du fait qu'elle applique le même réglage à l'image entière. Par exemple, vous pouvez avoir une photo dont certaines zones claires nécessitent d'être assombries et dont les tons moyens et foncés sont parfaits. La fonction Luminosité n'est pas assez élaborée pour faire cette distinction. Par conséquent, lorsque vous foncez les tons clairs de l'image, vous foncez autant les tons moyens et foncés. Pour compenser ce surplus d'assombrissement, vous allez essayer de régler le paramètre Contraste, lequel ne résout en rien le problème.

Moralité, si vous voulez exploiter la commande Luminosité/Contraste, sélectionnez uniquement les zones nécessitant une correction, comme l'île d'Alcatraz dans la Figure 10.2. (Les sélections sont détaillées au Chapitre 7.)

Une fois la sélection effectuée, choisissez Réglages/Régler l'éclairage/Luminosité/Contraste.

Figure 10.2 : Réservez le réglage Luminosité/Contraste à la correction des zones sélectionnées (à gauche) plutôt qu'à la totalité de l'image (à droite).

Réglez les Niveaux pour un meilleur contraste

Pour corriger la luminosité et le contraste (voire la couleur), la meilleure solution est sans conteste le recours à la commande Niveaux. Certes, sa boîte de dialogue est un peu plus complexe que celle des autres commandes de réglage d'éclairage et de couleurs, mais dès que vous aurez assimilé son fonctionnement, vous ne pourrez plus vous en passer.

Pour vous faire une idée générale de son effet, essayez la commande Niveaux automatiques, présentée au Chapitre 9. La commande Niveaux offre davantage de contrôle sur la correction puisque vous procédez manuellement à ses réglages. Contrairement à la commande Luminosité/Contraste, Niveaux permet d'assombrir et d'éclaircir 256 tons différents. N'oubliez pas que Niveaux s'applique à la totalité de l'image, à un seul calque ou à la portion sélectionnée. Vous pouvez également l'appliquer au moyen d'un calque de réglage, comme l'explique le Chapitre 8.

Si la retouche d'image vous intéresse vraiment, il vous faut absolument savoir maîtriser la commande Niveaux. Voici comment l'exploiter :

1. **En mode Expert ou Rapide, choisissez Réglages/Régler l'éclairage/Niveaux.**

   Nous vous conseillons de travailler en mode Expert, car il donne accès au panneau Informations que nous utilisons à l'Étape 2. Si vous êtes en mode Rapide, passez directement à l'Étape 3.

La boîte de dialogue Niveaux s'affiche, présentant un *histogramme*. Ce graphique illustre la répartition des pixels de l'image à chacun des 256 niveaux de luminosité possibles, comme le montre la Figure 10.3. Les tons foncés apparaissent à gauche de l'histogramme, les tons moyens au milieu et les tons clairs à droite.

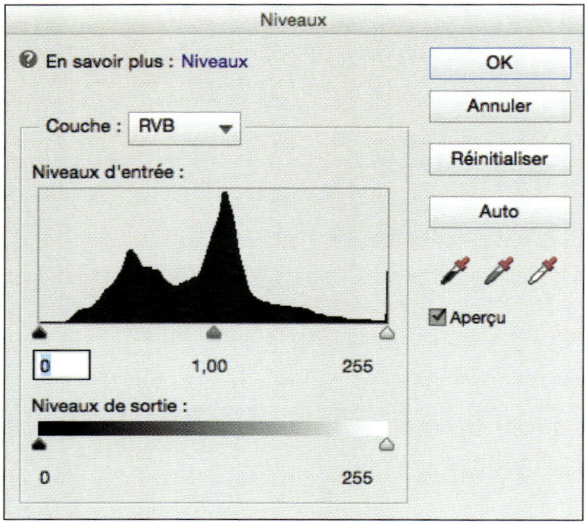

Figure 10.3 : La boîte de dialogue Niveaux représente graphiquement la répartition des niveaux de luminosité.

Outre l'histogramme de la couche composite RVB (la totalité de l'image), vous pouvez visualiser l'histogramme de chacune des couches Rouge, Vert et Bleu en la sélectionnant dans la liste déroulante Couche.

En général, on règle les contrastes du document entier en agissant sur la couche RVB, mais il est possible de modifier une seule couche de couleur en la sélectionnant dans le menu Couche. On peut aussi limiter le réglage à la portion sélectionnée, ce qui est très pratique lorsque seule une zone de l'image a besoin de correction.

2. **En mode Expert, choisissez Fenêtre/Informations pour ouvrir le panneau Informations.**

3. **Définissez manuellement le point blanc à l'aide des pipettes de la boîte de dialogue Niveaux.**

   a. Activez la pipette Définir le point blanc, puis placez le pointeur sur l'image.

   b. Observez le panneau Informations, essayez de trouver le blanc le plus clair de l'image, puis cliquez dessus pour définir le point blanc de la correction.

Le blanc le plus clair possède les valeurs RVB les plus élevées.

4. **Répétez l'étape avec l'outil Point noir en recherchant le point le plus foncé de l'image.**

   Le noir le plus foncé possède les valeurs RVB les plus basses.

   Vous venez de repérer les luminosités extrêmes de la photo. Elles sont maintenant converties en noir et blanc purs, et les pixels restants se redistribuent entre ces deux points.

   Vous pouvez aussi définir les points noir et blanc en déplaçant les triangles noir et blanc de la section Niveaux d'entrée, sous l'histogramme. Il est également possible de taper des valeurs dans les champs Niveaux d'entrée. Les trois cases représentent respectivement les triangles noir, gris et blanc. Choisissez des valeurs entre 0 et 255 dans les cases du noir et du blanc.

5. **Servez-vous de l'outil Point gris pour supprimer une éventuelle couleur dominante. Sélectionnez un point gris neutre dans l'image, c'est-à-dire une zone où les valeurs de rouge, vert et bleu sont identiques dans le panneau Informations.**

   Si votre image est en niveaux de gris, vous ne pouvez pas utiliser l'outil Point gris.

   Si vous n'êtes pas sûr de votre gris neutre, vous pouvez également supprimer une couleur dominante en choisissant une couche de couleur dans la liste déroulante Couche et en effectuant l'une des opérations suivantes :

   - Choisissez la couche Rouge et faites glisser le curseur des tons moyens vers la droite pour ajouter du cyan ou vers la gauche pour ajouter du rouge.
   - Choisissez la couche Vert et faites glisser le curseur des tons moyens vers la droite pour ajouter du magenta ou vers la gauche pour ajouter du vert.
   - Choisissez la couche Bleu et faites glisser le curseur des tons moyens vers la droite pour ajouter du jaune ou vers la gauche pour ajouter du bleu.

6. **Si le contraste vous semble un peu trop prononcé, réglez les curseurs Niveaux de sortie au bas de la boîte de dialogue Niveaux.**

   Déplacer le triangle noir vers la droite réduit le contraste des tons foncés et éclaircit l'image. Déplacer le triangle blanc vers la gauche réduit le contraste des tons clairs et assombrit l'image.

7. **Réglez les tons moyens (ou *valeurs gamma*) à l'aide du triangle gris de la section Niveaux d'entrée.**

   La valeur par défaut est définie à 1,0. Faites glisser le triangle vers la gauche pour éclaircir les tons moyens et vers la droite pour les assombrir. Vous pouvez également taper une valeur.

8. **Cliquez sur OK pour appliquer vos paramètres et fermer la boîte de dialogue.**

   L'image doit être nettement améliorée, comme dans l'exemple de la Figure 10.4.

Figure 10.4 : Améliorez le contraste d'une image **via** la commande Niveaux.

TRUC

Si vous cliquez sur le bouton Auto, Elements applique les mêmes réglages que la commande Niveaux automatiques décrite au Chapitre 9. Observez les changements et la redistribution des pixels dans l'histogramme.

Corrigez la couleur

Il semble parfois impossible d'obtenir la couleur parfaite. On peut éviter une *couleur dominante* au moment de la prise de vue, en utilisant ou non le flash, un filtre sur l'objectif ou le bon réglage de balance des blancs de l'appareil photo. Après coup, il est généralement possible de corriger la couleur avec l'une des nombreuses commandes de l'Éditeur. On peut en outre modifier la couleur d'une image de manière à créer un effet particulier ou bien la supprimer pour obtenir une photo en noir et blanc. N'oubliez pas que tous ces réglages de couleur s'appliquent à la totalité de l'image, à un seul calque ou uniquement à la sélection.

Tous les réglages de couleur sont disponibles en mode Expert et Rapide, excepté Suppression de la frange du calque, réservé au mode Expert.

NOTE TECHNIQUE

Si vous prenez vos photos au format Camera Raw, vous avez intérêt à ouvrir et corriger vos fichiers dans la boîte de dialogue Camera Raw. Souvenez-vous que les fichiers Camera Raw n'ont pas été traités par l'appareil. Vous avez tout pouvoir sur la couleur et l'exposition.

Supprimez automatiquement la couleur dominante

Si vous avez déjà pris une photo dans un bureau ou une salle de classe, vous avez peut-être constaté la présence d'une vilaine teinte verte sur l'image, résultat de l'éclairage au néon. Pour supprimer ce voile vert, appliquez la commande Correction de la dominante couleur. Cette fonction règle la couleur globale de l'image et supprime la couleur dominante.

Pour corriger la couleur d'une photo, procédez comme suit :

1. **En mode Expert ou Rapide, choisissez Réglages/Régler la couleur/ Correction de la dominante couleur.**

   La boîte de dialogue Corriger la dominante couleur s'affiche. Déplacez-la pour mieux voir l'image.

2. **Cliquez dans une zone de la photo qui devrait apparaître en blanc, noir ou gris neutre, comme dans l'exemple de la Figure 10.5.**

   Dans notre exemple, nous avons cliqué dans le ciel à gauche.

   Les couleurs de l'image changent de teinte en fonction du point sur lequel vous avez cliqué. Comment choisir ? Tout dépend du contenu de la photo. Faites des essais. Vous ne risquez pas grand-chose, puisque vous agissez sur l'aperçu ; le réglage ne s'applique que lorsque vous cliquez sur OK. Si vous estimez avoir tout gâché, cliquez sur le bouton Réinitialiser pour rétablir l'état antérieur de l'image.

3. **Quand le réglage vous convient, cliquez sur OK pour l'accepter et fermer la boîte de dialogue.**

TRUC

Si la commande Corriger la dominante couleur n'est pas satisfaisante, appliquez un filtre photo comme cela est expliqué à la section « Corrigez la température des couleurs à l'aide de filtres photo », plus loin dans ce chapitre. Par exemple, si la photo contient trop de vert, essayez d'appliquer un filtre magenta.

Figure 10.5 : Débarrassez-vous d'une couleur dominante avec la fonction Corriger la dominante couleur.

Appliquez la commande Teinte/Saturation

La commande Teinte/Saturation permet de régler les couleurs de l'image en variant la teinte, la saturation et la luminosité. La *teinte* correspond à la couleur de l'image, la *saturation* à l'intensité des couleurs et le paramètre *luminosité* rend la photo plus ou moins sombre.

Voici comment régler la couleur à l'aide de la commande Teinte/Saturation :

1. **En mode Expert ou Rapide, choisissez Réglages/Régler la couleur/ Teinte/Saturation.**

   La boîte de dialogue Teinte/Saturation s'ouvre. Cochez la case Aperçu pour pouvoir visualiser vos réglages. Une version simplifiée de cette commande est disponible en mode Guidée sous l'intitulé Améliorer les couleurs.

2. **Choisissez Global dans le menu déroulant pour agir sur toutes les couleurs ou sélectionnez la couleur à modifier.**

3. **Faites glisser le curseur d'au moins un des paramètres suivants pour régler les couleurs :**

   - *Teinte :* décale dans la roue chromatique toutes les couleurs dans le sens des aiguilles d'une montre (vers la droite) ou dans le sens inverse (vers la gauche).

   - *Saturation :* augmente (vers la droite) ou diminue (vers la gauche) l'intensité des couleurs. Si vous déplacez le curseur complètement à gauche, l'image perd toutes ses couleurs et prend l'apparence d'une photo noir et blanc.

   - *Luminosité :* augmente les valeurs de luminosité en ajoutant du blanc (vers la droite) ou les diminue en ajoutant du noir (vers la gauche).

La barre de couleurs supérieure au bas de la boîte de dialogue représente les couleurs dans l'ordre où elles apparaissent dans la roue chromatique avant d'appliquer les modifications. La barre inférieure présente les couleurs une fois les modifications appliquées.

Si vous choisissez de régler une seule couleur, un curseur apparaît entre les deux barres chromatiques pour vous permettre de définir la plage de couleurs concernée par les réglages. Pour désigner des couleurs de la photo à inclure ou exclure de la plage de couleurs, activez l'un des outils Pipette et cliquez dans l'image.

La boîte de dialogue Teinte/Saturation permet également de colorer des images, notamment pour créer des photos sépia.

4. **(Facultatif) Cochez l'option Redéfinir pour obtenir une photo presque noir et blanc légèrement teintée. Faites glisser le curseur Teinte pour choisir l'unique couleur.**

   Les pixels noirs et blancs purs restent inchangés et les pixels de tons intermédiaires changent de couleur.

5. **Cliquez sur OK pour appliquer le réglage et fermer la boîte de dialogue.**

Servez-vous de la commande Teinte/Saturation pour obtenir l'effet sépia de la Figure 10.6. Vous pouvez également effectuer des sélections dans une image en niveaux de gris et appliquer une teinte différente à chaque sélection pour créer par exemple des effets amusants sur des portraits. L'option Redéfinir recrée l'aspect rétro des photos de nos grands-mères, ce qui peut donner du cachet à un cliché médiocre.

Figure 10.6 : Réglez la couleur, l'intensité ou la luminosité de l'image à l'aide de la commande Teinte/Saturation.

Éliminez les couleurs

Les commandes d'Elements servent à embellir les couleurs, mais aussi à les éliminer. Grâce à la commande Suppression de la couleur, vous supprimez en toute simplicité toutes les couleurs d'une image, d'un calque ou d'une sélection. Pour ce faire, choisissez Réglages/Régler la couleur/Suppression de la couleur.

La commande Suppression de la couleur a tendance à produire des images sans relief. Dans ce cas, renforcez le contraste à l'aide de l'une des commandes d'exposition, comme Niveaux automatiques, Contraste automatique ou Niveaux.

Pour convertir en niveaux de gris une sélection, un calque ou l'image entière, vous disposez aussi de la boîte de dialogue Convertir en noir et blanc (voir Figure 10.7) qui s'ouvre par la commande Réglages/Convertir en noir et blanc. Au lieu de simplement éliminer les couleurs comme le fait la commande Suppression de la couleur, la boîte de dialogue Convertir en noir et blanc permet de sélectionner d'abord une méthode de conversion. Et pour régler plus précisément le résultat, vous pouvez ajouter ou retirer des couleurs (rouge, vert et bleu) ou du contraste en déplaçant les curseurs d'intensité. Ce réglage n'ajoute pas de couleurs à la photo noir et blanc, mais modifie la quantité de données dans chacune des couches de couleurs. Pour en savoir plus au sujet des couches, reportez-vous au Chapitre 3.

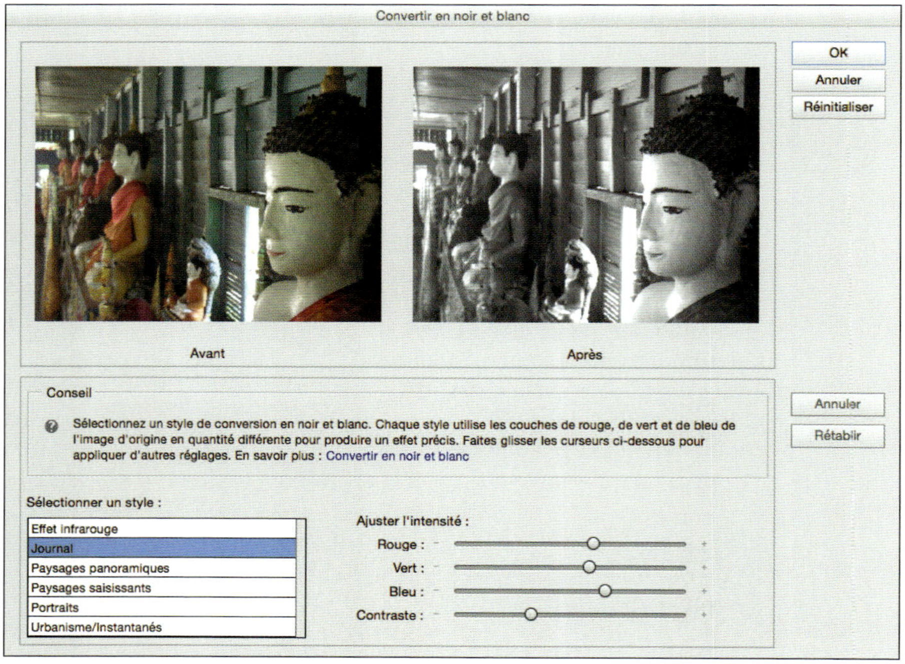

Figure 10.7 : Éliminez les couleurs avec nuance à l'aide de la commande Convertir en noir et blanc.

Échangez les couleurs via Remplacement de couleur

La commande Remplacement de couleur permet de substituer les couleurs spécifiées par d'autres couleurs. Commencez par sélectionner les couleurs à remplacer en créant un *masque* dont les niveaux de gris désignent les portions plus ou moins sélectionnées. Reportez-vous au Chapitre 8 pour en savoir plus sur les masques. Réglez ensuite la teinte et/ou la saturation des pixels sélectionnés.

Voici comment remplacer des couleurs :

1. **En mode Expert ou Rapide, choisissez Réglages/Régler la couleur/ Remplacement de couleur.**

   La boîte de dialogue Remplacement de couleur apparaît.

2. **Cochez la case Aperçu et choisissez Sélection ou Image :**

   - *Sélection* : affiche le masque dans la zone d'aperçu. Les zones noires ne sont pas sélectionnées, les grises le sont partiellement et les blanches complètement.

   - *Image* : affiche l'image dans la zone d'aperçu.

3. **Cliquez sur les couleurs à sélectionner dans la fenêtre d'image ou dans l'aperçu.**

4. **Cliquez en appuyant sur Maj ou activez l'outil Pipette avec le signe plus (+) pour ajouter des couleurs à la sélection.**

5. **Appuyez sur la touche Alt (Option sous Mac) ou activez l'outil Pipette avec le signe moins (–) pour retirer des couleurs de la sélection.**

6. **Pour modifier la sélection en y ajoutant ou soustrayant des couleurs similaires, faites glisser le curseur Tolérance.**

   Si vous ne parvenez pas à réaliser une sélection précise à l'aide du curseur Tolérance, activez l'option Groupes isolés de couleurs. Elle a pour effet de sélectionner des groupes de couleurs, ce qui vous aide à obtenir une sélection plus nette et précise, surtout si vous ciblez plusieurs couleurs.

7. **Déplacez les curseurs Teinte et/ou Saturation pour changer respectivement la couleur et son intensité. Faites glisser le curseur Luminosité pour éclaircir ou assombrir la nouvelle couleur.**

   Réglez la Luminosité avec précaution, car vous risquez de perdre des détails dans les zones recolorées.

8. **Vérifiez le résultat dans la fenêtre d'image.**

9. **Si vous êtes satisfait, cliquez sur OK pour appliquer les paramètres et fermer la boîte de dialogue.**

   Dans la Figure 10.8, nous avons remplacé le rouge des tulipes par du bleu.

Figure 10.8 : Servez-vous de la commande Remplacement de couleur pour substituer une couleur à une autre.

Corrigez une image via Réglage des courbes de couleur

Elements a emprunté à Photoshop l'une de ses fonctionnalités les plus utilisées : Courbes. Elle n'a pas exactement le même nom et se révèle un peu moins sophistiquée, mais cela ne signifie pas qu'elle est moins efficace pour améliorer la plage de tonalités des photos couleur. Elle ajuste les tons clairs, foncés et moyens sur chacune des couches de couleur (voir Chapitre 3). Cette commande peut servir à éclaircir un sujet sorti trop sombre à cause d'un contre-jour ou à redonner du relief à une photo surexposée.

Voici comment appliquer cette fonction de réglage à une sélection, un calque ou une image entière :

1. **En mode Expert ou Rapide, choisissez Réglages/Régler la couleur/Réglage des courbes de couleur.**

   La boîte de dialogue Régler les courbes de couleur apparaît.

2. **Choisissez un style de réglage dans la liste à gauche et observez son effet dans l'aperçu Après.**

3. **Si besoin, affinez le réglage en déplaçant les curseurs ; ils agissent sur les tons clairs, la luminosité, le contraste et les tons foncés, comme le montre la Figure 10.9.**

   La courbe à droite représente la plage de tonalités de l'image. À l'ouverture de la boîte de dialogue Régler les courbes de couleur, la courbe est une droite. Lorsque vous déplacez les curseurs, la ligne se déforme et la répartition des tons varie en fonction de vos réglages.

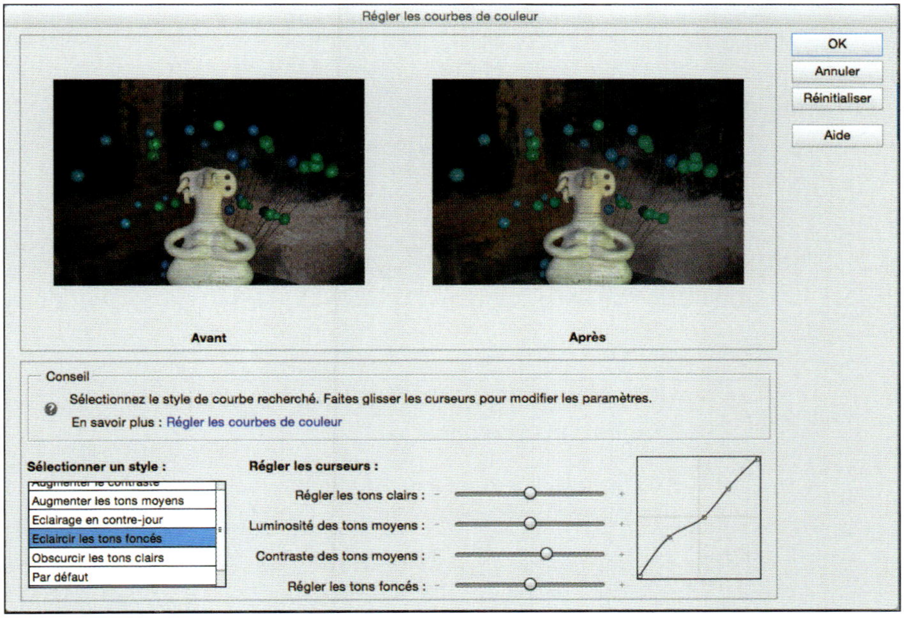

Figure 10.9 : Le réglage des courbes de couleur fournit des commandes de base et des réglages très précis.

4. **Quand les réglages vous conviennent, cliquez sur OK.**

   Observez la Figure 10.10 pour constater la différence avant et après correction.

Original | Après modification des courbes de couleur

Figure 10.10 : La commande Régler les courbes de couleur améliore la plage de tonalités et le contraste des images en couleurs.

Corrigez la carnation

Il arrive que les visages apparaissent sur les photos un peu verdâtres, rougeâtres ou d'une autre teinte peu flatteuse. Pour rectifier ce problème, Elements offre une commande spécialement conçue pour régler la couleur globale de l'image et redonner un aspect naturel à la couleur de peau.

Voici comment l'utiliser :

1. **Ouvrez l'image en mode Expert ou Rapide et effectuez l'une des manipulations suivantes :**

    - *Sélectionnez le calque à modifier* : si l'image ne contient que le calque Arrière-plan, elle sera modifiée dans sa totalité.
    - *Sélectionnez les portions à corriger* : seules les zones sélectionnées seront modifiées. Il est judicieux d'effectuer une sélection si la couleur des autres éléments vous convient et que vous voulez uniquement retoucher la couleur de peau. Pour en savoir plus sur les sélections, consultez le Chapitre 7.

2. **Choisissez Réglages/Régler la couleur/Coloration de la peau.**

    La boîte de dialogue Coloration de la peau s'affiche. Cette commande est également disponible en mode Guidée.

3. **Dans la fenêtre d'image, cliquez sur la portion de peau à corriger.**

   La commande règle la couleur de la peau, ainsi que celle de l'image entière, du calque ou de la sélection, selon ce que vous avez sélectionné à l'Étape 1.

4. **Si le résultat ne vous convient pas, cliquez ailleurs dans le visage ou déplacez les curseurs des sections Peau et Lumière ambiante :**

   - *Hâle* : rend la peau plus mate ou plus claire.
   - *Rougeur* : ajoute ou supprime du rouge à la coloration de la peau.
   - *Température* : règle la teinte globale de la peau, la rendant plus chaude (vers le rouge à droite) ou plus froide (vers le bleu à gauche).

   Pour recommencer, cliquez sur le bouton Réinitialiser. Pour tout annuler et fermer la boîte de dialogue, cliquez sur Annuler.

5. **Quand vous êtes satisfait, cliquez sur OK pour appliquer le réglage et fermer la boîte de dialogue.**

   La coloration de la peau est modifiée, comme le montre la Figure 10.11.

Figure 10.11 : Modifiez le teint de vos amis à l'aide de la commande Coloration de la peau.

Supprimez la frange des calques

La qualité d'un collage se reconnaît à la précision des sélections. Si elles sont bâclées, une frange colorée apparaît en périphérie des objets collés. Il s'agit de pixels issus de l'arrière-plan de l'image d'origine, visibles tout autour de l'objet, comme dans la Figure 10.12.

Inévitablement, lorsque vous déplacez ou collez une sélection, quelques pixels d'arrière-plan suivent le mouvement. Ils forment ce que l'on appelle une *frange* ou un *halo*. Heureusement, la commande Suppression de la frange du calque remplace la couleur des pixels de la frange par celle des pixels adjacents, lesquels ne contiennent pas la couleur issue de l'arrière-plan. Dans notre exemple, nous avons retiré une fleur rouge d'un fond bleu pour la disposer sur un fond blanc. Certains des pixels d'arrière-plan se sont invités dans notre sélection et forment une frange bleue. La commande Suppression de la frange du calque remplace les pixels bleus du pourtour par des pixels blancs ou rouges dans la Figure 10.12.

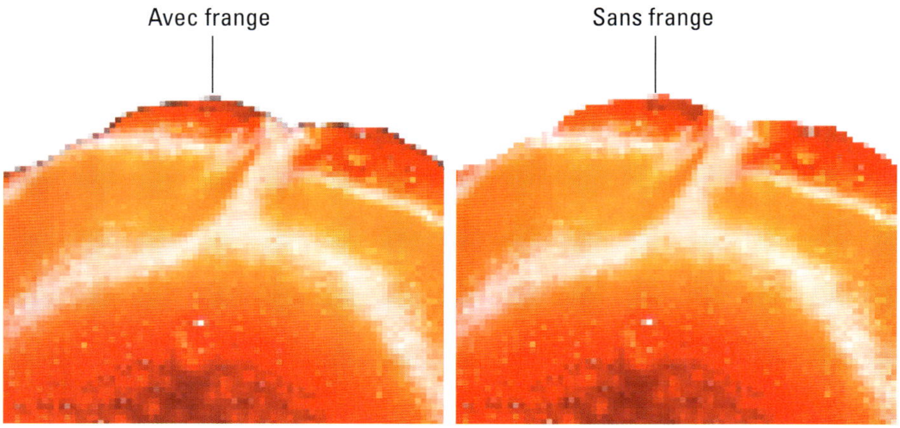

Figure 10.12 : Supprimez la frange colorée autour de vos sélections à l'aide de la commande Suppression de la frange du calque.

Voici comment supprimer la frange autour d'un objet collé :

1. **En mode Expert, copiez et collez une sélection sur un calque ou glissez et déposez une sélection sur un nouveau document.**

   Pour en savoir plus sur les sélections, consultez le Chapitre 7.

2. **Choisissez Réglages/Régler la couleur/Suppression de la frange du calque.**

   La boîte de dialogue Supprimer la frange s'affiche.

3. **Indiquez le nombre de pixels à convertir autour de l'objet.**

   Commencez avec 1 ou 2 pour voir si l'effet est suffisant. Sinon, tapez une valeur supérieure.

4. **Cliquez sur OK pour appliquer la valeur et fermer la boîte de dialogue.**

Éliminez la brume

NOUVEAUTÉ 14

Elements 14 s'est enrichi d'une fonction pratique et simple d'emploi pour éliminer rapidement l'impression de brume dans les photos. La brume, formée par le reflet de la lumière sur des poussières en suspension dans l'air, se trouve parfois accentuée à certaines heures et sous certaines conditions climatiques. Il est possible de réduire la brume dans les photos en augmentant le contraste et la netteté. Mais avec cette nouvelle fonction, il n'a jamais été aussi facile de clarifier la vue.

Voici comment procéder pour faire disparaître l'effet de brume indésirable :

1. **Ouvrez une photo en mode Expert ou Rapide.**

2. **Choisissez Réglages/Suppression de la brume.**

   La boîte de dialogue Suppression de la brume apparaît.

3. **Réglez le paramètre Réduction de la brume au moyen du curseur.**

   En décalant le curseur vers la droite, vous retirez davantage de brume.

4. **Réglez le paramètre Sensibilité au moyen du curseur.**

   Une sensibilité plus élevée va détecter plus de brume.

5. **Changez la position du bouton Avant/Après pour comparer la photo avant et après correction.**

   Le résultat de l'élimination de la brume est visible à la Figure 10.13.

Figure 10.13 : Éliminez le flou de la brume avec la commande Suppression de la brume.

Corrigez la température des couleurs à l'aide de filtres photo

La lumière possède sa propre température. Une photo prise avec une température de lumière élevée crée une dominante jaune sur l'image. À l'inverse, si la température de couleur est faible, la photo ressort teintée de bleu. Auparavant, les photographes disposaient des filtres en verre coloré devant l'objectif de leur appareil pour régler la température de la lumière. De cette manière, ils réchauffaient ou refroidissaient artificiellement leurs photos ou ajoutaient des teintes de couleur pour créer volontairement des effets spéciaux subtils. Avec la commande Filtre photo, Elements vous propose la version numérique de ces filtres.

Voici comment appliquer ce réglage :

1. **En mode Expert ou Rapide, choisissez Filtre/Réglages/Filtre photo.**

   La boîte de dialogue Filtre photo s'affiche.

   L'effet du filtre photo peut aussi se définir au moyen d'un calque de réglage Filtre photo. Reportez-vous à ce sujet au Chapitre 8.

2. **Dans la boîte de dialogue, activez l'option Filtre pour choisir un filtre prédéfini dans la liste. Si vous activez l'option Couleur, vous définirez votre propre filtre à l'aide du Sélecteur de couleurs.**

   Voici une brève description des filtres prédéfinis :

   - *Filtres réchauffants (85), (81) et (LBA)* : ajustent la balance des blancs d'une image pour réchauffer les couleurs, les rendre plus jaunes. Le filtre (81) est identique au (85) et au (LBA), mais son effet est plus subtil.
   - *Filtres refroidissants (80), (82) et (LBB)* : ajustent également la balance des blancs, mais en refroidissant les couleurs en les rendant plus bleues. Le filtre (82) est identique au (80) et au (LBB), mais son effet est plus subtil.
   - *Rouge, Orange, Jaune, etc.* : ces différents filtres de couleurs modifient la teinte, ou couleur, de la photo. Choisissez une couleur pour supprimer une couleur dominante ou pour créer un effet spécial.

3. **Réglez le curseur Densité pour spécifier l'intensité de l'effet.**
4. **Cochez la case Conserver la luminosité pour empêcher le filtre photo d'assombrir l'image.**
5. **Cliquez sur OK pour appliquer le filtre et fermer la boîte de dialogue.**

TRUC

Pour éviter d'avoir à appliquer ce genre de correction, pensez, avant les prises de vue, à régler la balance des blancs de votre appareil photo en fonction des conditions d'éclairage.

Redistribuez les couleurs

Elements offre plusieurs commandes qui ont pour effet de modifier les couleurs de l'image en changeant leurs valeurs. Elles sont accessibles à partir du sous-menu Filtre/Réglages. La Figure 10.14 présente un aperçu de chacune des commandes, décrites ci-après.

Figure 10.14 : Changez les couleurs de votre image en les redistribuant avec d'autres valeurs.

- **Égaliser :** ce filtre recherche les valeurs les plus claires et les plus sombres de l'image, et leur attribue les valeurs du blanc et du noir. Il répartit ensuite régulièrement tous les autres pixels sur l'échelle des niveaux de gris. L'effet qui en résulte dépend de l'image d'origine.
- **Courbe de transfert de dégradé :** cette commande met en correspondance la gamme des niveaux de gris d'une image avec les couleurs d'un dégradé que vous aurez choisi. Par exemple, les couleurs orange, vert et violet viennent remplacer les tons foncés, clairs et moyens.
- **Inverser :** ce filtre inverse toutes les couleurs de l'image, ce qui crée une sorte de négatif. Le noir devient blanc et les couleurs récupèrent leur teinte complémentaire. Les couleurs complémentaires sont opposées sur la roue chromatique et produisent du gris quand elles sont mélangées à quantité égale. Avec le filtre Inverser, le bleu devient jaune, le rouge cyan, et ainsi de suite.
- **Isohélie :** cette commande réduit le nombre de valeurs de luminosité dans l'image. Choisissez une valeur comprise entre 2 et 255 niveaux. Une valeur faible donne à une photo l'aspect d'un dessin, tandis qu'une valeur élevée produit une image plus réaliste.
- **Seuil :** le filtre Seuil convertit l'image en noir et blanc. Tous les pixels plus clairs que la valeur spécifiée deviennent blancs et tous les pixels plus foncés que cette valeur deviennent noirs. Modifiez la valeur de seuil pour obtenir des résultats très différents.

Réglez la netteté

Une fois que le contraste et la couleur de votre image sont corrects et que vous avez éliminé tous ses petits défauts (voir Chapitre 9), vous pouvez vous attaquer au réglage de la netteté. Les petites imperfections se corrigent localement à l'aide des outils de correction, mais les défauts généralisés, comme la présence de poussières, de rayures ou d'*artefacts* (halos ou blocs de pixels) nécessitent l'application d'un filtre de flou. Après avoir nettoyé l'image, la dernière étape sera d'en accentuer la netteté. Pourquoi attendre si longtemps ? En améliorant le contraste et la couleur et en supprimant certains défauts, vous risquez de réduire la netteté de l'image. Il est donc préférable de laisser le flou s'accumuler avant de s'en occuper en dernier, une fois toutes les corrections terminées.

L'accentuation de la netteté augmente le contraste. Par conséquent, selon le niveau de renforcement appliqué, vous pourriez avoir besoin de revenir en arrière pour corriger le contraste *via* les réglages de luminosité décrits à la section « Réglez la luminosité », précédemment dans ce chapitre.

Pour finir, sachez qu'il est parfois utile d'atténuer la netteté d'une image, même si cela vous semble incongru. L'atténuation sert à éliminer des motifs indésirables générés par la numérisation, à atténuer un arrière-plan trop voyant ou à créer une illusion de mouvement.

Supprimez le bruit, les artefacts, la poussière et les rayures

Les outils qui permettent de supprimer les défauts de surface se trouvent dans le sous-menu Filtre/Bruit, en mode Expert ou Rapide. À l'exception du filtre Ajout de bruit, les autres filtres du groupe sont destinés à éliminer le bruit, la poussière, les rayures et les artefacts. Voici la liste de ces filtres de nettoyage :

- **Flou intérieur :** diminue le contraste, sans affecter les contours, pour atténuer la présence de poussières dans l'image. Vous noterez un léger flou dans l'image, lequel sert justement à masquer les détails indésirables, mais les contours restent toujours aussi nets.

- **Antipoussière :** masque les poussières et les rayures de l'image en atténuant les zones concernées par le problème. Le filtre recherche les transitions brutales de tonalités. Spécifiez la valeur du paramètre Rayon, lequel correspond à la taille de la zone à atténuer. Indiquez également une valeur dans le champ Seuil pour déterminer l'intensité du contraste à détecter entre les pixels à atténuer.

  Appliquez ce filtre avec précaution, car il peut supprimer des détails et, au final, dégrader la photo au lieu de l'améliorer.

- **Médiane :** réduit le contraste autour des points de poussière. Le fonctionnement de ce filtre est un peu complexe. En conséquence, retenez simplement qu'il assombrit les points clairs, éclaircit les points sombres et n'affecte pas le reste de l'image. Spécifiez la valeur du paramètre Rayon, lequel correspond à la taille des zones à corriger.

- **Réduction de bruit :** conçu pour supprimer le bruit de lumière et les artefacts des images. Le *bruit de lumière* est un phénomène qui donne un aspect granuleux aux photos. Définissez les paramètres suivants pour réduire le bruit dans une photo :
  - *Intensité* : spécifie le degré de réduction du bruit.
  - *Conserver les détails* : un pourcentage élevé préserve les contours et les détails, mais diminue l'effet du filtre.
  - *Réduire le bruit de la couleur* : supprime les pixels isolés de couleur incongrue.
  - *Supprimer l'artefact JPEG* : supprime les blocs et les halos générés par une compression JPEG excessive.

Ajoutez du flou

Cela peut sembler étrange de vouloir introduire du flou dans une image, mais si votre photo possède trop de grain ou qu'elle est dégradée par un motif moiré, il peut être nécessaire de l'atténuer pour corriger le problème. Il est même parfois utile d'atténuer l'arrière-plan d'une image pour détourner l'attention de détails sans importance ou pour faire ressortir les éléments du premier plan.

Tous les outils d'atténuation se trouvent dans le sous-menu Filtre/Flou en mode Expert ou Rapide, à l'exception de l'outil Goutte d'eau, décrit au Chapitre 9 :

- **Moyenne :** calcule la valeur moyenne de l'image ou de la sélection, puis recourt à cette valeur pour remplir la zone. Il permet d'adoucir des zones contenant trop de bruit.
- **Flou :** applique une quantité fixe de flou à la totalité de l'image.
- **Plus flou :** produit le même effet que Flou, mais de manière plus intense.
- **Flou gaussien :** le filtre Flou gaussien est sans doute celui que vous utiliserez le plus souvent. Il n'offre qu'un paramètre, Rayon, qui détermine la quantité de flou souhaitée.

  TRUC

  Choisissez le filtre Flou gaussien pour camoufler les motifs moirés des images numérisées. Un *motif moiré* apparaît lorsque vous numérisez les images d'un livre ou magazine. Ce défaut provient de la trame d'impression, dite trame de demi-teintes. Une *trame de demi-teintes* apparaît lorsqu'une image de tons continus, comme une photo, est numérisée et convertie en motif constitué de lignes répétées (généralement, entre 85 et 150 lignes par pouce), puis imprimée. Si, par la suite, vous numérisez cette trame, un second motif se crée et se superpose sur le motif d'origine. Ces deux motifs différents génèrent un moirage dérangeant. Le filtre Flou gaussien n'élimine pas l'effet moiré, il fusionne simplement les points de manière à rendre le motif moins visible. Déplacez le curseur Rayon jusqu'à trouver un compromis acceptable entre la diminution de l'effet moiré et celle de la netteté. Si le logiciel de votre scanner propose une option antimoirage, activez-la pour numériser les images d'un livre.

- **Flou directionnel :** imite le flou produit par les objets en mouvement. Spécifiez l'angle du mouvement et la distance du flou. Cochez la case Aperçu de manière à visualiser dynamiquement l'effet de vos réglages.
- **Flou radial :** vous avez besoin de reproduire le mouvement rotatif d'un objet rond ? Ce filtre a pour effet de créer un effet de flou circulaire. Déterminez la quantité de flou souhaitée. Choisissez la méthode Rotation pour appliquer le flou en lignes circulaires concentriques, comme le montre la vignette, ou Zoom pour créer un flou en étoile, ou *radial*, qui imite l'effet d'un zoom rapide dans l'image. Indiquez le niveau de Qualité souhaité. Le traitement du filtre Flou radial étant très lent, Elements propose les options Brouillon (effet rapide, mais granuleux), Normale et Supérieure (effet lent, mais lisse). La différence entre Normale et Supérieure n'est visible que sur de grandes images haute définition. Enfin, précisez où placer le centre du flou en décalant la vignette.
- **Flou optimisé :** fournit plusieurs options relatives à l'application de l'effet. Indiquez la valeur du rayon et du seuil. Commencez par une valeur faible, puis ajustez-la. Choisissez un paramètre de qualité dans le menu correspondant. Sélectionnez un mode.
  - *Normal* atténue la totalité de l'image ou de la sélection.
  - *Contour seul* n'atténue que les bords des éléments, en utilisant du noir et du blanc.
  - *Masquage du contour* atténue également les contours, mais il n'applique que du blanc aux pixels atténués.
- **Flou de surface :** ce filtre introduit du flou sans nuire à la netteté des contours. Il est parfait pour rendre floue la surface des objets tout en conservant les détails des contours.

Si vous connaissez les appareils haut de gamme, vous savez qu'il est possible de varier l'ouverture du diaphragme pour moduler la profondeur de champ. Celle-ci détermine la distance de netteté devant et derrière l'objet sur lequel se fait la mise au point. Le filtre Flou de l'objectif, illustré à la Figure 10.15, permet de simuler l'effet d'une faible profondeur de champ après la prise de vue en ajoutant du flou à certains endroits dans une photo parfaitement nette au départ.

Figure 10.15 : Utilisez le filtre Flou de l'objectif pour créer l'effet d'une faible profondeur de champ.

Ce filtre s'emploie de la manière suivante :

1. **Choisissez Filtre/Flou/Flou de l'objectif.**

   La boîte de dialogue Flou de l'objectif apparaît.

2. **Sélectionnez le mode d'aperçu.**

   Plus rapide fournit un aperçu immédiat des réglages, tandis que Plus précis présente plus fidèlement le résultat final.

3. **Choisissez une Source dans le menu pour la carte de profondeur.**

   Vous avez le choix entre Transparence et Masque de fusion. Le filtre exploite une carte de profondeur pour déterminer l'application du flou.

   La solution la plus simple pour obtenir l'effet d'une faible profondeur de champ est de créer un masque de fusion sur l'image et d'y tracer un dégradé du blanc au noir, avec le noir sur la zone qui va ressortir nette et le blanc sur celle qui sera la plus floue. Autrement, choisissez Transparence pour rendre l'image plus floue et plus transparente.

4. **Déplacez le curseur Flou de la distance focale pour définir l'intensité du flou. Autrement, cliquez dans l'image sur la zone à garder nette.**

   Le curseur vous permet de moduler le flou. L'option Inverser sert à inverser le dégradé de la carte de profondeur.

5. **Choisissez une forme de diaphragme, telle que triangle ou octogone, dans le menu Forme.**

   Les paramètres de la section Diaphragme servent à simuler les caractéristiques d'un objectif. Vous y définissez la forme de l'ouverture, le rayon (taille d'ouverture), la courbure des lames (arêtes du diaphragme) et la rotation de cette forme.

6. **Définissez les valeurs de Luminosité et de Seuil dans la section Tons clairs spéculaires.**

   Le filtre calcule et applique la moyenne des tons clairs de l'image, ce qui risque de réduire la luminosité des zones les plus claires. Les paramètres de la section Tons clairs spéculaires servent à corriger ce phénomène de manière à préserver les zones qui doivent rester blanches. Le paramètre Seuil définit les niveaux de luminosité qui doivent rester blancs. Le paramètre Luminosité définit le degré d'éclaircissement des zones rendues floues.

7. **Déplacez le curseur Quantité pour rétablir du bruit dans l'image. Cochez l'option Monochromatique pour ajouter du bruit sans nuire aux couleurs.**

   Le flou efface le grain (ou bruit) présent dans certaines photos. Comme l'absence de bruit sur une portion de l'image serait incohérente, l'effet de flou manquerait de naturel.

8. **Cliquez sur OK pour appliquer le filtre Flou de l'objectif et fermer la boîte de dialogue.**

Renforcez la netteté

Il va de soi que si votre image n'a besoin d'aucune correction de contraste ou de couleur, vous pouvez passer directement à l'étape de l'accentuation. Il arrive que les appareils photo numériques ou les scanners « lissent » un peu trop les images, le manque de netteté n'est alors pas dû aux réglages de tonalité. Il est même envisageable d'accentuer une zone sélectionnée d'une image de manière à la faire ressortir davantage

N'OUBLIEZ PAS

Sachez qu'il est impossible d'améliorer réellement la mise au point d'une photo après coup. En revanche, il est possible de donner l'illusion d'une plus grande netteté.

Tous les outils d'accentuation agissent en augmentant le contraste entre pixels adjacents. Les contours deviennent plus distincts, ce qui donne l'impression que la mise au point est meilleure, comme dans la Figure 10.16. N'oubliez pas que vous pouvez faire appel à l'outil Netteté pour renforcer la netteté localement, comme l'explique le Chapitre 9. Voici la description des deux commandes d'accentuation :

Figure 10.16 : L'accentuation renforce la netteté en augmentant le contraste entre les pixels adjacents.

- **Accentuation :** cette commande du menu Réglages en modes Expert et Rapide est la plus efficace. Ses options permettent de contrôler l'intensité de l'accentuation et l'étendue des zones de contraste à accentuer. Définissez-les pour préciser l'effet de la correction :

  - *Gain* : spécifiez l'intensité de l'accentuation des contours (de 1 à 500 %). Plus la valeur est élevée, plus les pixels des contours sont contrastés. Avec 100 % (ou moins), vous obtenez généralement un bon contraste sans apparition de grain.

  - *Rayon* : spécifiez la largeur (entre 0,1 et 250 pixels) des contours à accentuer. Plus la valeur est élevée, plus le contour contrasté sera large. La valeur que vous définissez dépend principalement de la résolution de l'image. Les images de faible résolution demandent une valeur de rayon plus faible. Au contraire, les images dont la résolution est élevée requièrent un rayon plus large.

    Un rayon très élevé va trop accentuer les contours dans l'image et créer des contrastes exagérés.

TRUC

Habituellement, on divise la résolution de l'image par 150 pour déterminer une première valeur de rayon. Par exemple, si la résolution de l'image est de 300 ppp, définissez le rayon à 2, puis ajustez-le à votre convenance.

- *Seuil* : spécifiez la différence de luminosité (entre 0 et 255) à détecter entre pixels adjacents pour accentuer les contours. Si la valeur est faible, les contours sont accentués partout, à partir d'un faible contraste. Les valeurs élevées n'accentuent les contours que lorsque des pixels adjacents ont des valeurs de luminosité très différentes. Nous vous conseillons de laisser cette valeur à 0, sauf si votre image est très granuleuse. Si vous l'augmentez trop, les transitions entre les zones accentuées et les autres risquent de manquer de naturel.

Les valeurs que vous définissez pour les paramètres Gain et Rayon accentuent parfois correctement l'image, mais créent en revanche du grain, ou bruit, indésirable. Ce bruit se corrige parfois en augmentant la valeur du Seuil.

- **Régler la netteté :** vous pouvez améliorer la netteté avec précision à l'aide de la commande Accentuation ou de la boîte de dialogue Régler la netteté, illustrée par la Figure 10.17, et accessible depuis le menu Réglages. Elle vous permet de contrôler l'intensité d'accentuation appliquée aux zones foncées et claires. En outre, vous pouvez choisir un algorithme d'accentuation.

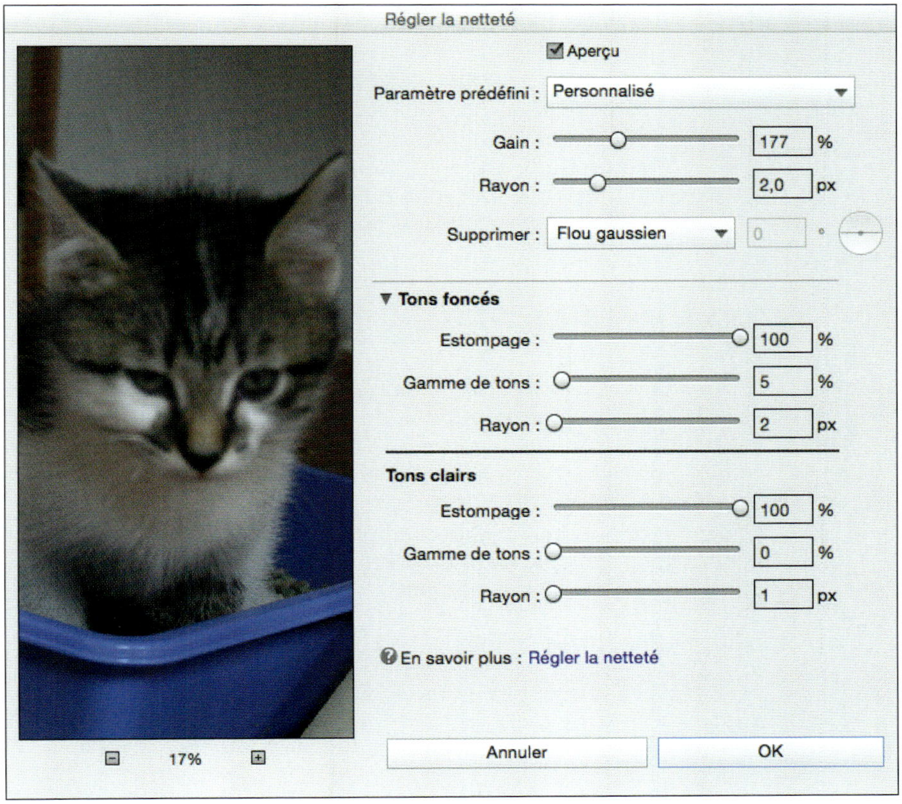

Figure 10.17 : Boîte de dialogue Régler la netteté.

Voici les différentes options à définir :

- *Gain et Rayon* : reportez-vous aux descriptions fournies précédemment pour la commande Accentuation.
- *Paramètre prédéfini* : vous pouvez mémoriser vos paramètres de réglages afin de les réutiliser dans d'autres photos.
- *Supprimer* : choisissez un algorithme d'accentuation. Flou gaussien est l'algorithme employé par la commande Accentuation. Flou de l'objectif détecte les détails de l'image et essaie de les respecter tout en réduisant les halos indésirables créés avec l'accentuation des contrastes. Flou directionnel tente de réduire le flou de bougé du photographe ou de son sujet.
- *Angle* : indiquez la direction du mouvement pour l'algorithme Flou directionnel, décrit précédemment.
- *Tons foncés/tons clairs* : cette nouvelle fonction vous permet de définir l'intensité du réglage dans les zones sombres et claires de l'image. Indiquez le gain de netteté avec l'option Estompage. Pour l'option Gamme de ton, spécifiez la plage de tons dans laquelle accentuer la netteté. Déplacez le curseur vers la droite pour agir seulement sur les tonalités extrêmes, c'est-à-dire les zones plus foncées et les plus claires. Enfin, pour l'option *Rayon*, indiquez la surface à prendre en compte autour d'un pixel pour déterminer s'il appartient à une zone foncée ou claire. Décalez le curseur vers la droite pour définir une surface de détection plus large.

Réduisez le flou de bougé

Si nous devions voter pour la meilleure fonction de Photoshop Elements 14, sans hésiter ce serait Réduction du tremblement. Grâce aux téléphones portables, il est devenu nettement plus facile de prendre des photos en toutes circonstances, mais ces clichés pèchent souvent par un mauvais éclairage ou du flou de bougé. Si le photographe manque de stabilité et fait bouger le téléphone ou l'appareil photo au moment de la prise de vue, ses clichés sortent flous. La nouvelle fonction Réduction du tremblement est très efficace pour corriger ce défaut.

Son emploi est très simple :

1. **Ouvrez une photo en mode Expert ou Rapide.**
2. **Choisissez Réglages/Réduire le tremblement.**

   La boîte de dialogue Réduction du tremblement apparaît.

Le cadre pointillé visible dans la boîte de dialogue sert à désigner une zone où détecter du flou. Nous appellerons cette zone, zone de flou.

3. **Faites glisser une poignée pour redimensionner le cadre selon les besoins.**

4. **Définissez la sensibilité de détection en positionnant le curseur.**

   Si la photo est très floue, décalez le curseur vers la droite pour augmenter l'étendue de flou à corriger.

5. **Pour détecter du flou ailleurs dans l'image, cliquez sur l'icône carrée à gauche de l'icône de loupe (outil Zoom), puis faites glisser le cadre vers une autre position.**

   Servez-vous de l'outil Zoom pour changer le grossissement de l'image. Pour supprimer une zone de flou, cliquez sur le rond noir et blanc qui la représente, puis cliquez sur l'icône de suppression dans l'angle supérieur droit du cadre de détection.

6. **Changez la position du bouton Avant/Après pour comparer la photo avant et après correction. Cliquez sur OK.**

   La Figure 10.18 montre la photo un peu floue d'une vitrine de restaurant japonais avant et après correction.

Figure 10.18 : Corrigez le flou de bougé avec la commande Réduction du tremblement.

Optimisez votre travail avec les outils Forme dynamique

Avec les outils Forme dynamique et Détail de forme dynamique, vous pouvez choisir les zones de l'image où appliquer un réglage ou des effets spéciaux. L'atout de ces outils est que les réglages et effets se font sur un calque de réglage, de sorte qu'ils restent indépendants de la photo et n'agissent pas directement sur les pixels. Par conséquent, il est facile de modifier ou de supprimer ces réglages.

Voici comment employer l'outil Forme dynamique :

1. **Dans la palette d'outils du mode Expert, activez l'outil Forme dynamique.**

   Son icône représente un pinceau brosse. Autrement, appuyez sur la touche F pour activer successivement la Forme dynamique et l'outil Détail de forme dynamique.

2. **Cliquez sur la vignette dans les options d'outil pour ouvrir la palette d'effets. Sélectionnez une catégorie de réglages puis choisissez l'un des réglages prédéfinis.**

   Cette palette présente une liste de réglages tels que Photo jaunie dans la catégorie Photographique ou Coucher de soleil (qui réchauffe la scène) dans la catégorie Nature.

   La catégorie Textures met à votre disposition 13 effets, tels que Verre brisé et Papier peint. Appliquez l'une de ces textures pour habiller un arrière-plan ou des éléments dans la photo. Vous pourriez ainsi transformer un mur blanc uni en un mur de brique. Et si le fond uni à l'arrière d'un portrait paraît trop terne, donnez-lui l'aspect d'un voilage satiné.

3. **Définissez la taille de la forme, comme dans la Figure 10.19. Pour définir les autres attributs, tels que la dureté, le pas, l'arrondi et l'angle, déroulez la palette Paramètres de forme.**

   Pour en savoir plus sur les formes, consultez le Chapitre 12.

Figure 10.19 : L'outil Forme dynamique vous permet d'appliquer des effets au pinceau.

4. **Faites glisser l'outil sur l'image pour appliquer le réglage choisi sur le calque actif.**

   À mesure que vous peignez, l'outil recherche des contours dans l'image et va y coller les contours de la sélection qu'il définit automatiquement.

   Un nouveau calque de réglage se crée automatiquement avec un masque après votre premier coup de pinceau. Pour en savoir plus sur les calques de réglage, consultez le Chapitre 8.

5. **Appliquez les modes Ajouter à la sélection et Soustraire de la sélection pour remodeler le contour de sélection.**

   Lorsque vous augmentez ou diminuez la zone sélectionnée, vous modifiez le masque du calque de réglage. En ajoutant des pixels à la sélection, vous ajoutez du blanc au masque. En soustrayant des pixels, vous ajoutez du noir au masque. Les masques de fusion sont étudiés au Chapitre 8.

6. **Modifiez les réglages dans les options d'outil.**

   - *Améliorez le contour :* cliquez sur le bouton Améliorer pour accéder à la boîte de dialogue des paramètres qui permettent d'ajuster le contour de la sélection afin de rendre la retouche la moins visible possible. Cette fonction est étudiée au Chapitre 7.

- *Appliquez vos modifications aux zones non sélectionnées :* cochez l'option Intervertir dans les options d'outil.
- *Modifiez vos réglages :* double-cliquez sur l'identificateur du calque de réglage de votre effet incrusté sur l'image, représenté par une icône rouge et noire. Ce double-clic ouvre la boîte de dialogue du réglage. Changez les paramètres à votre convenance. Par exemple, avec le réglage Photo ancienne de la catégorie Photographique, vous obtenez l'affichage de la boîte de dialogue Teinte/Saturation.

Vous pouvez aussi cliquer du bouton droit sur cet identificateur et, dans le menu contextuel qui apparaît, choisir Modifier les paramètres de réglage. Ce menu contextuel propose également les commandes Supprimer le réglage et Masquer la sélection.

7. **Cliquez sur OK.**
8. **Lorsque vous avez terminé, il suffit de désélectionner la portion modifiée en choisissant Sélection/Désélectionner.**

Il est possible de combiner plusieurs réglages de Forme dynamique. Une fois le premier effet appliqué, redéfinissez l'outil et appliquez un autre réglage.

Voici comment exploiter l'outil Détails de forme dynamique :

1. **Dans la palette d'outils du mode Expert, activez l'outil Détails de forme dynamique.**

   Il est regroupé avec l'outil Forme Dynamique et son icône représente un pinceau de calligraphie. Pour activer rapidement cet outil, appuyez sur la touche F.

2. **Dans les options d'outils, cliquez sur une vignette d'effet pour choisir une catégorie de réglages puis l'un des réglages prédéfinis.**
3. **Sélectionnez une forme dans la palette de formes prédéfinies et définissez sa taille.**

   N'hésitez pas à changer de forme et de taille en cas de besoin. Vous pouvez choisir une autre bibliothèque de formes dans le menu Forme de la palette de formes. Reportez-vous au Chapitre 12 pour un complément d'information à propos des formes.

   La Figure 10.20 présente quelques exemples de la catégorie Effets spéciaux.

4. **Passez l'outil pour appliquer le réglage sur le calque de votre choix.**

   Un nouveau calque de réglage se crée automatiquement après votre premier coup de pinceau, ainsi qu'un masque qui l'accompagne. Pour en savoir plus sur les calques de réglage et les masques de fusion, consultez le Chapitre 8.

5. **Reprenez les Étapes 5 à 8 des instructions précédentes pour terminer l'opération.**

Figure 10.20 : L'outil Détail de forme dynamique vous permet d'appliquer des effets spéciaux au pinceau.

Quatrième partie

Exprimer votre créativité

Dans cette partie...

- Utilisez les outils pour dessiner sur des photos ou sur un document vide pour créer vos propres illustrations.
- Appliquez des effets artistiques avec des outils et personnalisez-les pour qu'ils répondent à vos besoins créatifs.
- Découvrez des astuces pour appliquer des filtres et des styles afin de produire des images époustouflantes.
- Insérez du texte et appliquez-lui des effets typographiques.

11

Jouer avec les filtres, les effets et les styles

Dans ce chapitre :

- Jouez avec les filtres et découvrez la Galerie de filtres.
- Corrigez les déformations de l'appareil photo.
- Découvrez l'action des filtres.
- Améliorez vos images avec des effets.
- Exploitez les styles de calque.
- Modifiez les couleurs à l'aide des modes de fusion.
- Composez des images avec Photomerge.

Maintenant que vous avez retouché vos images – recadré, corrigé les couleurs, supprimé les défauts, accentué la netteté –, amusez-vous à les métamorphoser. Pour ce faire, appliquez-leur des filtres, effets, styles de calque et modes de fusion. Ces fonctions permettent d'ajouter une touche d'accentuation, de fantaisie ou de pur délire à vos images. Les formes d'art les plus simples, y compris en photographie, sont souvent les meilleures. Par exemple, il n'est pas question de retoucher un paysage magnifique ou le portrait capturant parfaitement l'expression d'un enfant souriant. Mais lorsqu'une image se prête volontiers à un peu d'expérimentation artistique, il n'y a pas de raison de s'en priver et ce chapitre saura vous inspirer.

Amusez-vous avec les filtres

Les filtres existent depuis les balbutiements de l'imagerie numérique, à l'époque où Photoshop n'était qu'un tout petit programme. Les *filtres*, appelés également *modules externes*, car on peut les installer ou les supprimer indépendamment, transforment l'apparence d'une image de différentes manières, comme le montre la Figure 11.1. Certains corrigent les images en augmentant leur netteté ou en masquant des défauts, comme l'explique le Chapitre 10. De plus, ils peuvent transformer les photos en donnant l'impression qu'elles ont été peintes, réalisées en mosaïque, photocopiées ou éclairées par des spots. Découvrez dans les sections suivantes les bases de l'application d'un filtre et quelques conseils relatifs à ces outils.

Figure 11.1 : Appliquez des filtres pour corriger les imperfections de l'image ou la transformer complètement.

Vous ne pouvez pas appliquer de filtre aux images en mode Bitmap ou Couleurs indexées. Certains filtres ne fonctionnent pas sur des photos en mode Niveaux de gris. Si vous ne savez plus comment déterminer le mode de couleur de vos images, reportez-vous au Chapitre 2.

Appliquez des filtres

Les filtres s'appliquent de trois manières différentes :

- **Menu Filtre :** en mode Expert ou Rapide, choisissez dans le menu Filtre une catégorie de filtres, puis sélectionnez un filtre particulier.
- **Panneau Effets :** en mode Expert, **ouvrez le panneau Effets en** choisissant Fenêtre/Effets ou en cliquant sur l'icône Effets dans l'angle inférieur droit de l'espace de travail. En haut du panneau Effets, cliquez

sur l'onglet Filtres. Choisissez une catégorie de filtres dans la liste déroulante sous l'onglet Filtres. Double-cliquez sur la vignette du filtre de votre choix ou faites-la glisser sur la fenêtre d'image.

- **Galerie de filtres :** en mode Expert ou Rapide, choisissez Filtre/ Galerie de filtres pour appliquer un ou plusieurs filtres avec une grande flexibilité. Pour en savoir plus sur la Galerie de filtres, lisez la section « Travaillez dans la Galerie de filtres », plus loin dans ce chapitre.

ATTENTION

Quand vous passez par la Galerie de filtres, pensez à faire une copie de l'image originale, ou au moins à dupliquer le calque, avant d'appliquer des filtres. Les filtres agissent directement sur les pixels de la photo et leur effet n'est plus modulable après fermeture de la Galerie, à moins d'utiliser la commande Annuler ou la palette Historique.

Filtres correcteurs ou destructeurs

On a tendance à répartir les filtres en deux catégories de base : les *correcteurs* et les *destructeurs*.

- **Les filtres correcteurs** servent à corriger un problème de l'image. Ils règlent la couleur, améliorent la mise au point, suppriment les poussières et rayures, *etc*. Attention, cela ne signifie pas que les pixels ne sont pas modifiés ! L'image conserve la même apparence globale, en subissant quelques améliorations. Deux des filtres correcteurs les plus courants, Accentuation et Flou, sont abordés au Chapitre 10.

- **Les filtres destructeurs** servent à créer des effets spéciaux. Ils modifient les pixels, et l'image est réellement transformée. Ils permettent de créer des effets comme des textures, des coups de pinceau, des mosaïques, des reflets ou des nuages, et déforment les images en introduisant des effets de vagues, de sphères ou d'ondulations.

Filtres avec ou sans options

Tous les filtres, correcteurs ou destructeurs, s'appliquent soit directement, soit après définition de quelques options :

- **Les filtres sans options** ne proposent, par définition, ni option ni boîte de dialogue. Il suffit de les sélectionner et d'apprécier le résultat.

- **Les filtres avec options** fonctionnent comme des mini applications. Ils ouvrent une boîte de dialogue contenant des réglages. Ils varient en fonction du filtre, mais il y a toujours un curseur pour en régler l'intensité. Dans le menu Filtre, le nom des filtres avec options est suivi de points de suspension, ce qui signifie que la commande ouvre une boîte de dialogue.

Atténuez un filtre

Parfois, vous préférerez ne pas appliquer l'effet complet d'un filtre à votre image, il vous suffit alors de l'atténuer légèrement pour en diminuer l'effet et gagner en réalisme. Voici comment procéder :

1. **Choisissez Calque/Dupliquer le calque.**

   La boîte de dialogue Dupliquer le calque apparaît.

2. **Cliquez sur OK.**

3. **Appliquez un filtre au calque dupliqué.**

   Appliquer un filtre au calque dupliqué permet ensuite d'effectuer un mélange subtil de ses pixels traités avec ceux du calque d'origine pour nuancer le résultat (voir Étape 4). Pour les instructions, reportez-vous à la section « Appliquez un filtre » plus tôt dans ce chapitre.

4. **Servez-vous des modes de fusion et du curseur d'opacité du panneau Calques pour fusionner le calque filtré avec l'image d'origine.**

5. **(Facultatif) À l'aide de l'outil Gomme, effacez certaines portions de l'image filtrée pour laisser voir l'image non filtrée par endroits.**

   Par exemple, si vous avez appliqué un filtre Flou gaussien pour adoucir un portrait pris sous un éclairage trop vif, essayez d'effacer le flou au niveau des yeux de manière à les faire apparaître bien nets à travers le calque. La mise au point se fait toujours sur les yeux, car les portraits rendent mieux avec le regard net.

TRUC

Au lieu d'effacer sur le calque, vous pourriez ajouter un masque de fusion pour choisir précisément les portions de l'image filtrée à montrer ou masquer. Les masques de fusion sont étudiés au Chapitre 8.

Appliquez le filtre de manière sélective

Jusqu'à présent, nous avons toujours parlé de l'application des filtres à des *images*, sans jamais apporter davantage de précisions. Sachez qu'il n'est pas obligatoire d'appliquer un filtre à la totalité de l'image. Vous pouvez vous concentrer sur des calques individuels ou des sélections. Les effets sont même généralement meilleurs lorsque le filtre ne concerne qu'une partie de l'image ou d'un calque. Par exemple, il est possible d'atténuer un arrière-plan trop voyant de manière à rediriger le regard sur le sujet de l'image. Ainsi, comme dans l'exemple de la Figure 11.2, vous pouvez appliquer un filtre Onde ou Océan à l'arrière-plan et laisser le surfeur intact pour éviter un effet « retouché » trop évident.

TRUC

En gardant la main légère avec les filtres, vous obtenez généralement un effet plus naturel.

Figure 11.2 : L'application sélective d'un filtre permet parfois de conserver le naturel et le réalisme d'une image.

Travaillez dans la Galerie de filtres

Si, au moment d'appliquer un filtre, une immense boîte de dialogue apparaît, ne vous effrayez pas. Il s'agit de la Galerie de filtres. Vous pouvez y accéder directement en cliquant sur Filtre/Galerie de filtres. Elle donne accès à de nombreux filtres que vous pouvez combiner et moduler à loisir.

Pour exploiter la Galerie de filtres, procédez comme suit :

1. **Choisissez Filtre/Galerie de filtres en mode Expert ou Rapide.**

   La fenêtre de la Galerie de filtres s'affiche, comme le montre la Figure 11.3.

2. **Au centre de la fenêtre, choisissez une catégorie de filtres.**

   La liste des filtres disponibles dans cette catégorie apparaît avec une vignette illustrant l'effet de chaque filtre.

3. **Sélectionnez le filtre de votre choix.**

   Un aperçu dynamique de l'effet du filtre sur l'image s'affiche dans la partie gauche de la boîte de dialogue. Pour visualiser un autre filtre, sélectionnez-le. Servez-vous des commandes de zoom pour agrandir ou réduire l'affichage dans l'aperçu. Pour masquer le menu Filtre et agrandir la zone d'aperçu, cliquez sur la flèche à gauche du bouton OK.

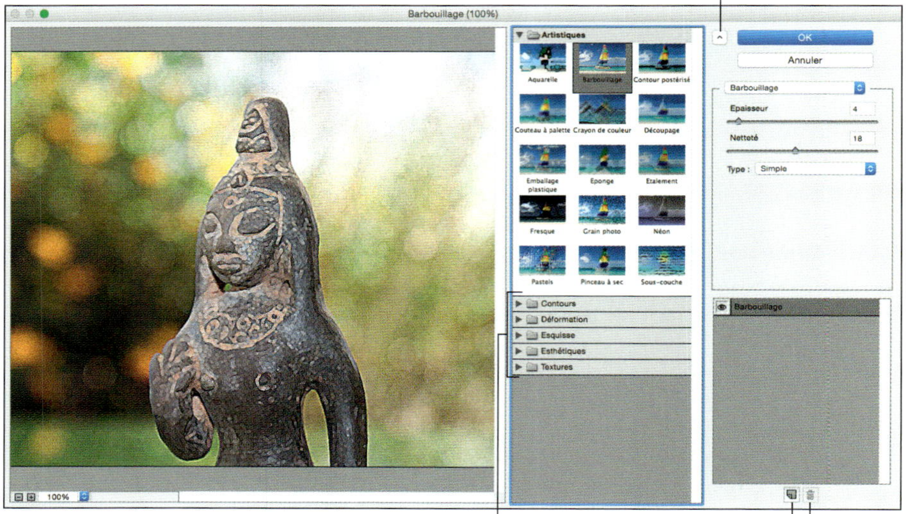

Figure 11.3 : Appliquez et modifiez plusieurs filtres dans la Galerie de filtres.

4. **Définissez les paramètres associés au filtre pour moduler son effet.**

   L'aperçu reflète vos réglages.

5. **Si vous êtes satisfait, cliquez sur OK pour appliquer le filtre et fermer la boîte de dialogue.**

6. **(Facultatif) Pour ajouter un autre filtre, cliquez sur le bouton Nouveau calque d'effet au bas de la boîte de dialogue.**

   Cette étape duplique le filtre existant.

7. **Choisissez un autre filtre, lequel va remplacer le filtre dupliqué dans la liste des filtres appliqués.**

   Le nom de chacun des filtres appliqués s'affiche dans la zone inférieure droite de la boîte de dialogue.

   Les interventions possibles sur les filtres sont les suivantes :

   - *Supprimer un filtre :* sélectionnez-le et cliquez sur le bouton Supprimer un calque d'effet.

- *Modifier les paramètres d'un filtre :* sélectionnez-le dans la liste et apportez vos modifications. N'oubliez pas que, lorsque vous modifiez les réglages d'un filtre, vous changez le résultat de tous ceux que vous avez appliqués par la suite.
- *Réorganiser les filtres :* faites glisser les filtres verticalement pour changer leur ordre d'empilement. Sachez que l'effet final varie en fonction de l'ordre des filtres.

8. **Lorsque vous avez terminé, cliquez sur OK pour appliquer les filtres et fermer la boîte de dialogue.**

Déformez des images avec le filtre Fluidité

Le filtre Fluidité n'est pas seulement un filtre, il provoque des déformations modulables à l'infini. Vous pouvez ainsi tordre, tirer, enrouler, pincer et étaler des parties de l'image. Amusez-vous même à amincir une personne, comme dans la Figure 11.4. Sachez que toutes les beautés fatales sur papier glacé sont passées par le filtre Fluidité pour une petite retouche esthétique. Ce filtre de déformation s'applique à la totalité de l'image, à un calque ou à la sélection. Il s'accompagne d'une boîte de dialogue et de son propre panel d'outils et d'options, comme le montre la Figure 11.4.

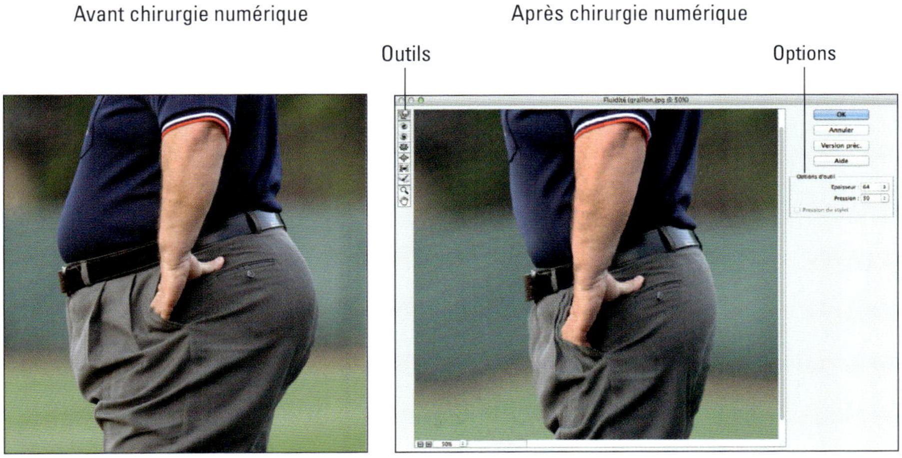

Figure 11.4 : Le filtre Fluidité permet de déformer avec une grande flexibilité.

Voici comment déformer une photo avec réalisme ou extravagance :

1. **En mode Expert ou Rapide, choisissez Filtre/Déformation/Fluidité.**

   Votre image s'affiche dans la zone d'aperçu.

2. Choisissez un outil de déformation.

Vous disposez aussi d'outils pour grossir l'image et la déplacer dans la fenêtre.

Voici la description de chacun des outils disponibles (avec leur raccourci entre parenthèses) :

- *Déformation (W) :* pousse les pixels vers l'avant, ce qui crée un effet d'étirement. Appliquez-le par petites touches ou sur de longues distances.
- *Tourbillon horaire (C) et Tourbillon antihoraire (L) :* font pivoter les pixels dans le sens des aiguilles d'une montre ou dans le sens inverse. Placez le pointeur sur un point, maintenez enfoncé le bouton de la souris et observez la rotation des pixels sous le pointeur ou faites glisser ce dernier pour créer un effet de tourbillon en mouvement.
- *Contraction (P) :* cliquez et maintenez enfoncé le bouton de la souris ou faites glisser le pointeur pour attirer les pixels vers le centre de la zone recouverte par le pointeur. Pour inverser l'effet de l'outil (*dilater*), appuyez sur la touche Alt (Option sous Mac) pendant l'application.
- *Dilatation (B) :* cliquez et maintenez enfoncé le bouton de la souris ou faites glisser le pointeur pour attirer les pixels vers le bord de la zone recouverte par le pointeur afin de la faire gonfler. Pour inverser l'effet de l'outil (*contracter*), appuyez sur la touche Alt (Option sous Mac) pendant l'application.
- *Glissement des pixels (S) :* déplace les pixels vers la gauche lorsque vous faites glisser le pointeur vers le haut. Allez vers le bas pour les déplacer vers la droite. Faites glisser le pointeur dans le sens des aiguilles d'une montre pour agrandir l'objet déformé. Changez de sens pour créer l'effet contraire. Pour inverser chaque direction, appuyez sur Alt (Option sous Mac) pendant la manipulation.
- *Reconstruction (E)* : reportez-vous à l'Étape 4 pour découvrir la fonction de cet outil.
- *Zoom (Z) :* à l'instar de l'outil Zoom de l'Éditeur, cet outil grossit ou réduit l'image dans l'aperçu.

  Pour zoomer en arrière, maintenez enfoncée la touche Alt (Option sous Mac) lorsque vous cliquez dans l'image. Vous pouvez également sélectionner un pourcentage de grossissement dans la liste déroulante située dans l'angle inférieur gauche de la boîte de dialogue.
- *Main (H) :* fonctionne comme l'outil Main de l'Éditeur. Il vous suffit de faire glisser l'outil pour déplacer l'image dans l'aperçu.

3. **Définissez les options de la zone Options d'outils :**

   • *Épaisseur :* faites glisser le curseur ou tapez une valeur comprise entre 1 et 15 000 pixels pour définir le diamètre de l'outil.

   • *Pression :* faites glisser le curseur ou tapez une valeur comprise entre 1 et 100 pour modifier la pression. Plus la pression est élevée, plus l'effet de déformation s'applique rapidement.

   • *Pression du stylet :* si vous possédez une tablette graphique, cliquez sur cette option pour activer la variation d'effet en fonction de la pression du stylet.

4. **(Facultatif) Si vous pensez être allé un peu trop loin, sélectionnez l'outil Reconstruction (E) et maintenez enfoncé le bouton de la souris ou faites glisser le pointeur sur les portions déformées de l'image à reconstruire.**

   La reconstruction est plus rapide au centre du pointeur. Pour reconstruire partiellement votre image, définissez une faible pression et observez attentivement l'image lorsque vous appliquez l'outil sur les zones déformées.

5. **Cliquez sur OK pour appliquer les déformations et fermer la boîte de dialogue.**

   Si vous ne voulez pas valider vos déformations et préférez recommencer, cliquez sur le bouton Rétablir pour récupérer votre image intacte. Ce bouton a aussi pour effet d'annuler vos réglages des outils en rétablissant leurs valeurs précédentes.

Corrigez les distorsions de l'objectif

Si vous avez déjà essayé de photographier un gratte-ciel ou une cathédrale, vus d'en bas, vous avez été obligé d'incliner l'appareil et de placer votre nuque dans une position inconfortable. Tout cela pour obtenir une vue déformée d'un bâtiment bien plus impressionnant en réalité, comme le montre la Figure 11.5, avec un aperçu de l'image avant correction. Cela ne pose aucun problème grâce à Elements. Le filtre Correction de la distorsion de l'objectif rectifie la perspective déformée par l'inclinaison verticale ou horizontale de l'appareil photo. Il s'occupe en outre de tous les autres types de distorsions générés par l'objectif.

Voici comment rectifier les distorsions :

1. **En mode Expert ou Rapide, choisissez Filtre/Corriger la distorsion de l'objectif.**

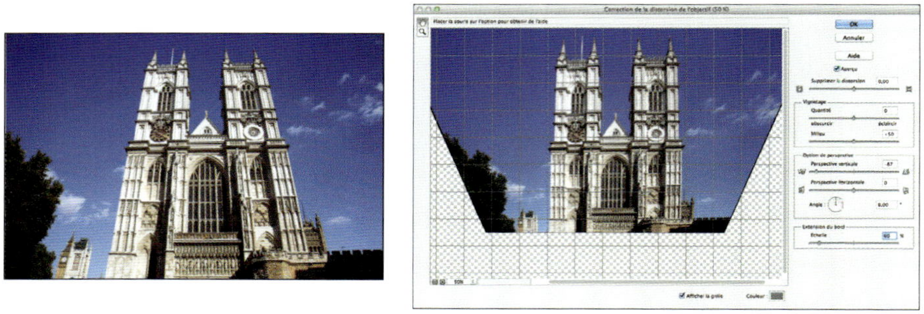

Figure 11.5 : Le filtre Correction de la distorsion de l'objectif corrige les déformations dues à l'inclinaison de l'appareil et aux phénomènes d'optique.

2. **Dans la boîte de dialogue Correction de la distorsion de l'objectif, commencez par cocher l'option Aperçu.**

3. **Définissez les options de correction :**

   - *Supprimer la distorsion :* corrige la *distorsion en barillet* des objectifs, qui crée un effet d'étalement ou de sphérisation sur l'image. Cette distorsion est caractéristique des objectifs grands-angles. Cette option corrige également la distorsion en coussinet, laquelle se traduit par des bords incurvés vers l'intérieur. Ce défaut se produit lorsque l'on emploie un téléobjectif. Déplacez le curseur sans quitter l'aperçu des yeux. Servez-vous de la grille comme guide pour aligner correctement les bords de l'objet.

   - *Quantité :* règle la luminosité dans les angles de la photo pour corriger l'effet de vignettage généré par certains objectifs. Définissez une valeur de Milieu pour changer l'amplitude du réglage. Une valeur faible modifie la photo sur une plus grande surface. Déplacez ensuite le curseur Quantité en observant l'aperçu.

   - *Perspective verticale :* corrige l'effet de perspective déformée dû à l'inclinaison vers le haut ou vers le bas de l'appareil photo. Servez-vous de la grille pour vous aider à trouver le bon réglage. Nous avons réglé ce paramètre pour corriger la façade de l'abbaye de Westminster dans l'exemple de la Figure 11.5. La vue en contre-plongée produit une bonne photo, mais une légère correction n'est pas superflue.

   - *Perspective horizontale :* corrige aussi l'effet de perspective. Servez-vous de la grille pour rendre parallèles les lignes horizontales, réelles ou virtuelles de la photo. Améliorez le résultat en définissant l'angle du mouvement *via* l'option Angle.

- *Angle :* fait pivoter l'image pour compenser l'inclinaison de l'appareil photo. Il peut être également nécessaire de modifier légèrement l'angle après avoir corrigé la perspective verticale ou horizontale.
- *Échelle :* lorsque vous corrigez la perspective d'une image, des zones blanches sont susceptibles d'apparaître dans les angles. Vous avez la possibilité de modifier l'échelle de l'image vers le haut ou vers le bas pour la rogner et éliminer ces blancs. Quand vous augmentez le pourcentage d'échelle, il y a interpolation de façon à grossir l'image dans les limites des dimensions d'origine. Par conséquent, assurez-vous de commencer avec une image dont les dimensions en pixels, ou la résolution, sont suffisantes pour éviter une sévère dégradation. Pour en savoir plus sur la résolution, reportez-vous au Chapitre 2.
- *Afficher la grille :* affiche et masque le quadrillage. Choisissez en outre la couleur de la grille.
- *Zoom :* modifiez le niveau de zoom à votre convenance. Vous disposez aussi des icônes plus et moins dans l'angle inférieur gauche de la boîte de dialogue.
- *Outil Main* : vous permet de décaler la photo dans l'aperçu quand son affichage est grossi.

4. **Cliquez sur OK pour appliquer la correction et fermer la boîte de dialogue.**

Explorez les filtres propriétaires

Elements possède ses propres filtres. Antérieurement à la version 11, tous les filtres d'Elements provenaient de Photoshop. Vous trouverez trois filtres uniques dans le sous-menu Filtre/Esquisse. Pour comprendre leurs effets, nous vous invitons à les essayer sur vos photos préférées avec différents réglages.

L'application de ces filtres se déroule ainsi :

1. **En mode Expert ou Rapide, choisissez Filtre/Esquisse/*<nom du filtre>*.**

   Pour utiliser le filtre Bande dessinée, par exemple, vous lancerez la commande Filtre/Esquisse/Bande dessinée.

2. **Dans la boîte de dialogue du filtre, choisissez l'un des quatre jeux de paramètres prédéfinis.**

3. **Ajustez la valeur des différents paramètres.**

   Les paramètres de chacun de ces filtres sont expliqués dans les prochaines sections.

TRUC

Si vous voulez rétablir les paramètres par défaut du filtre, maintenez enfoncée la touche Alt (Option sous Mac), et le bouton Annuler de la boîte de dialogue se transforme en bouton Réinitialiser.

4. **Adaptez la vue au moyen des outils suivants :**

   - *Zoom :* cliquez avec l'outil Zoom avant ou Zoom arrière pour changer le grossissement de l'aperçu. Vous disposez également des boutons 1:1 pour définir le facteur 100 % et Pleine vue pour faire tenir l'image entière dans l'aperçu.
   - *Outil Main :* sert à décaler la vue dans l'aperçu après grossissement.

5. **Cliquez sur OK pour appliquer le filtre et fermer la boîte de dialogue.**

Réalisez un effet de bande dessinée

Le filtre Bande dessinée transforme l'image en lui donnant l'aspect d'une illustration sortie d'une bande dessinée. La boîte de dialogue Bande dessinée vous permet de choisir parmi quatre jeux de paramètres prédéfinis, comme le montre la Figure 11.6 :

- **Bande dessinée :** le réglage par défaut définit l'aspect typique du dessin d'illustration.
- **Niveaux de gris :** pour obtenir un dessin en noir et blanc.
- **Jour ensoleillé :** pour un dessin fortement contrasté aux couleurs vives.
- **Photographie ancienne :** pour un dessin aux couleurs estompées comme dans un vieux journal.

Déplacez les curseurs pour changer les réglages par défaut des paramètres Couleur et Contour pour l'image filtrée :

- **Adoucir :** forme des aplats de couleur plus ou moins larges.
- **Ombres :** détermine le nombre de nuances utilisées.
- **Pente :** définit des aplats plus ou moins contrastés.
- **Vibrance :** agit sur la saturation et la luminosité des couleurs.
- **Épaisseur :** définit l'épaisseur des contours noirs.
- **Lissage :** lisse les contours pour améliorer l'effet du filtre.

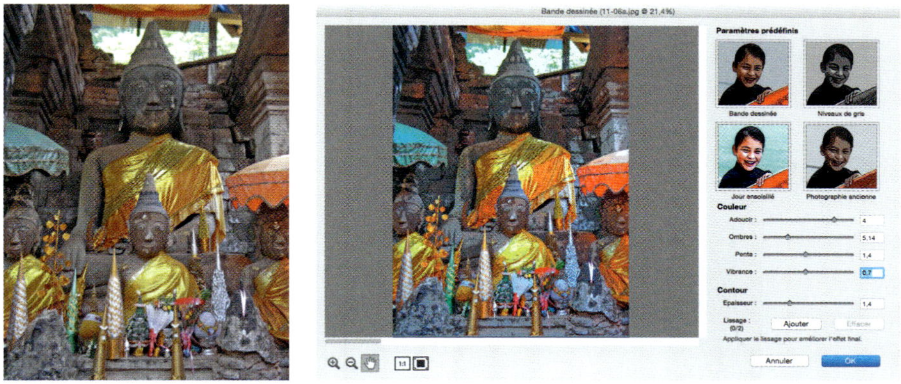

Figure 11.6 : Le filtre Bande dessinée transforme une photo en illustration.

Transformez vos photos en illustrations

Le filtre Roman illustré nécessite souvent une série d'essais avant de parvenir à obtenir l'effet souhaité. Mais une fois que vous aurez trouvé les bons paramètres, vous obtiendrez de belles illustrations en noir et blanc. Sachez que ce filtre convertit en niveaux de gris toutes les couleurs de l'image.

Vous pouvez utiliser les quatre effets prédéfinis suivants comme point de départ (voir Figure 11.7) :

- **Peint en gris :** cet effet repose largement sur les tons moyens de l'image.
- **Détails fins :** crée une image avec davantage de zones blanches et un renforcement des détails.
- **Bords nets :** produit un effet identique à l'effet Détails fins, mais avec davantage de contraste et des contours plus esquissés.
- **Tracés déformés :** accentue les détails et renforce les zones sombres.

Agissez sur les curseurs suivants pour changer les paramètres par défaut :

- **Obscurcissement :** définit des aplats blancs plus ou moins larges.
- **Aspect net :** détermine le niveau de détail du dessin avec des traits noirs plus ou moins lisses.
- **Contraste :** définit le contraste général. Une valeur faible introduit du gris dans l'image.
- **Épaisseur :** définit l'épaisseur des contours. Une valeur élevée produit un dessin plus rustique.
- **Lissage :** lisse les contours pour améliorer l'effet du filtre.

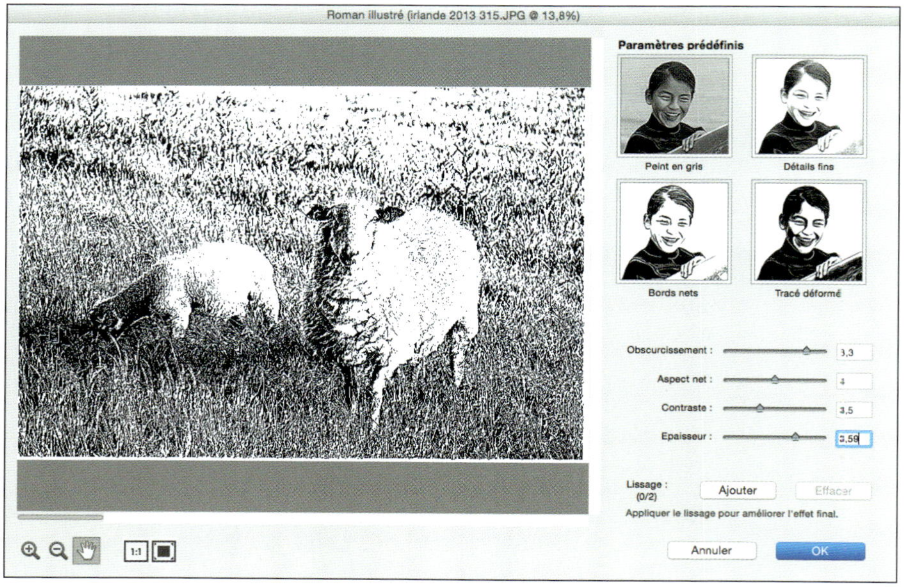

Figure 11.7 : Transformez vos photos en illustrations noir et blanc.

Appliquez le filtre Plume et encre

Ce filtre simule un dessin réalisé à la plume et à l'encre.

La Figure 11.8 montre que vous disposez de quatre variantes de couleurs : bleu, violet, gris, et vert.

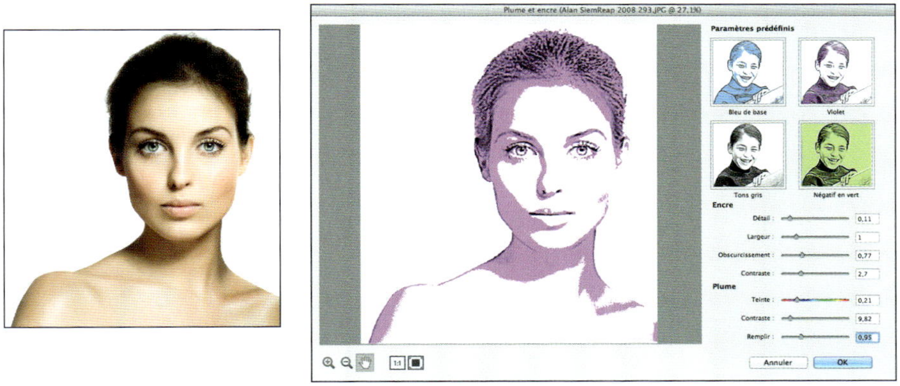

Figure 11.8 : Donnez à votre photo l'apparence d'un dessin à la plume.

Agissez sur les curseurs des paramètres Encre et Plume pour modifier les réglages par défaut.

- **Détail :** détermine le niveau de détail du dessin avec des contours plus ou moins nets.
- **Largeur :** définit des traits plus ou moins épais.
- **Obscurcissement :** définit des zones d'ombre plus ou moins larges.
- **Contraste :** définit plus ou moins de contraste en utilisant plus ou moins de traits sombres.
- **Teinte :** définit la couleur complémentaire au noir et au blanc.
- **Contraste :** définit plus ou moins de contraste, d'ombres et de zones colorées.
- **Remplir :** remplace plus ou moins les aplats blancs par la couleur complémentaire.

Faites œuvre de créativité avec les effets

Outre la multitude de filtres mis à votre disposition, Elements vous offre de nombreux effets destinés à transformer vos photos comme le montre la Figure 11.9 qui montre l'impact du filtre Craie fluorescente. Notez que certains effets créent automatiquement une copie du calque sélectionné, alors que d'autres ne fonctionnent que sur des images aplaties. Pour en savoir plus sur les calques, lisez le Chapitre 8.

N'OUBLIEZ PAS

Contrairement aux filtres, les effets n'offrent pas d'aperçu avant l'application ni de paramètres à régler.

Original

Effet Craie fluorescente

Figure 11.9 : Améliorez vos images en ajoutant des effets.

Voici comment appliquer un effet :

1. **En mode Expert, activez un calque d'image dans la palette Calques.**

   Si l'effet doit être limité à une portion de l'image, définissez une sélection au préalable.

2. **Choisissez Fenêtre/Effets, ou bien cliquez sur l'icône Effets située dans l'angle inférieur droit de l'interface.**

3. **Cliquez sur l'onglet Effets situé en haut du panneau.**

4. **Déroulez la liste dans l'angle supérieur droit du panneau pour y choisir une catégorie d'effets.**

   - *Couleur monochrome, Photo décolorée, et Vintage :* avec ces effets, l'image est désaturée, recolorée avec une seule teinte, transformée en illustration ou en photo ancienne.
   - *Lueur* : ces effets ajoutent du flou dans une lueur douce.
   - *Panneaux* : ces effets divisent l'image en sections.

- *Peinture* : ces effets donnent l'illusion d'une peinture à l'huile ou d'une aquarelle.
- *Saisons :* incluent une variété d'effets qui donnent l'impression d'une chute de neige ou d'une averse, d'une ambiance ensoleillée ou hivernale.
- *Textures* : ces effets simulent l'empreinte d'une peau de lézard ou d'un tampon encreur.

5. **Dans la palette Effets, double-cliquez sur l'effet de votre choix ou faites glisser sa vignette sur l'image.**

   Vous pouvez afficher les styles et les effets dans une liste ou sous forme de vignettes. Pour modifier cet affichage, passez par le menu d'options qui s'ouvre d'un clic dans l'angle supérieur droit du panneau.

Le mode Rapide dispose de son propre panneau Effets. Cliquez sur l'icône Effets située dans la partie inférieure droite de l'interface. Ensuite, double-cliquez sur la vignette d'un effet ou bien faites-la glisser sur l'image pour appliquer l'effet.

NOUVEAUTÉ 14

L'effet Looks intelligents disponible dans le panneau Effets du mode Rapide analyse le contenu et les couleurs de la photo, et modifie automatiquement les couleurs à partir de cette analyse. Vous avez le choix parmi cinq variantes de cet effet.

Vous pouvez également tester les effets particuliers du mode Guidée. La version 14 a entièrement remodelé l'interface du mode Guidée, où les effets sont illustrés par une vignette dynamique et répartis par catégories. Le mode Guidée s'est enrichi de l'Effet de vitesse, qui donne une impression de mouvement dans la photo.

TRUC

Les effets s'appliquent également à du texte. Sélectionnez un calque de texte et suivez les Étapes 2 à 5 des instructions précédentes. Une boîte de dialogue vous signale que le calque de texte doit être simplifié avant que l'effet puisse être appliqué. Après quoi, vous ne pourrez plus modifier le texte. Le Chapitre 13 est consacré aux calques de texte.

Ajoutez des ombres, des lueurs, etc.

Les filtres et les effets de photo vont de pair avec les styles de calque. Conçus pour améliorer eux aussi les calques d'image et de texte, les styles de calque se déclinent sous plusieurs formes, de simples ombres et biseaux aux styles bien plus complexes, comme les boutons et les motifs.

N'OUBLIEZ PAS

Le principal avantage des styles de calque est qu'ils ne touchent pas aux pixels, contrairement aux filtres. Il est possible de les modifier et même de les supprimer si les résultats ne sont pas satisfaisants.

Retenez ces quelques points importants concernant les styles de calque :

- **Les styles de calque ne s'appliquent qu'à des calques.** Par conséquent, si l'image ne comporte qu'un arrière-plan, vous devez le convertir au préalable en calque.
- **Les styles de calque sont dynamiquement liés au contenu d'un calque.** Si vous déplacez ou modifiez le contenu des calques, l'effet des styles de calque s'actualise en conséquence.
- **Lorsque vous appliquez un style de calque à un calque, le symbole *fx* apparaît à droite du nom du calque dans la palette.** Double-cliquez sur ce symbole pour ouvrir la boîte de dialogue Paramètres de style et définir les options nécessaires pour obtenir le résultat voulu.

Appliquez des styles de calque

Les styles de calque sont répartis dans plusieurs bibliothèques. Vous avez la possibilité d'ajouter des ombres, des lueurs, des bords biseautés ou estampés, comme des effets de néon, plastique, chrome, *etc*. La Figure 11.10 présente un échantillon des différents styles.

Ombre portée | Ombre interne | Biseautage

Figure 11.10 : Ajoutez du relief à votre image en appliquant des ombres et des biseautages à un objet ou à du texte.

Voici les instructions pour appliquer un style et une description de chaque bibliothèque de styles :

1. **En mode Expert, sélectionnez un calque d'image, de texte ou de forme dans la palette Calques.**

   Il est possible d'appliquer un style à un calque de texte sans avoir à le simplifier.

2. **Choisissez Fenêtre/Effets, ou cliquez sur le bouton Effets dans l'angle inférieur droit de l'interface.**

3. **Cliquez sur l'onglet Styles en haut du panneau.**

4. **Choisissez une bibliothèque de styles dans la liste déroulante :**

   - *Biseautages :* ces styles ajoutent du relief aux bords externes ou internes du contenu du calque de manière à détacher l'objet du fond. Les styles Estampage créent l'illusion que les éléments sont creusés dans la page ou s'en détachent en relief. Modifiez l'apparence de ces styles à votre guise, selon le type de biseautage choisi. Réglez l'angle d'éclairage, la distance (proximité de l'ombre par rapport au contenu du calque), la taille, le sens et l'opacité du biseautage.

   - *Ombres portées et internes :* ajoutent une ombre portée ou interne à un calque. Choisissez parmi les différentes ombres disponibles, certaines incluant du bruit ou un contour. Vous pouvez régler l'angle d'éclairage, la distance, la taille et l'opacité de l'ombre.

   - *Lueurs externes et internes :* ajoutent un léger halo au niveau des bords internes ou externes du contenu du calque. Réglez l'apparence de la lueur en modifiant son angle d'éclairage, sa taille et son opacité.

   - *Contours* : ajoutez autour de la sélection une bordure dont vous définissez la largeur, l'opacité et la couleur, ainsi que la position.

   - *Visibilité :* cliquez sur Affichage, Masquer ou Opaque pour afficher, masquer ou rendre semi-opaque le contenu du calque tout en conservant visibles les styles appliqués au calque.

   - *Complexe et autres :* les styles de calque restants rassemblent une grande variété d'effets, de simples boutons en verre aux effets plus fantaisistes. Tous ces styles de calque se personnalisent à l'aide de paramètres semblables à ceux des autres styles de la liste.

5. **Dans la palette Effets, double-cliquez sur l'effet de votre choix ou faites glisser sa vignette sur l'image.**

Le style s'applique au calque, avec ses paramètres par défaut. Notez que les styles de calque se cumulent, ce qui signifie que vous pouvez appliquer à un même calque plusieurs styles, à condition qu'ils proviennent de bibliothèques différentes.

Exploitez les styles de calque

Voici quelques conseils en ce qui concerne les styles de calque :

- **Modifier les paramètres des styles de calque :** double-cliquez sur l'icône *fx* située à droite de la vignette du calque dans le panneau Calques, ou bien choisissez Calque/Style de calque/Paramètres de style de calque.
- **Supprimer un ou plusieurs styles de calque :** choisissez Calque/Style de calque/Effacer le style de calque ou faites glisser l'icône *fx* du panneau Calques vers l'icône de corbeille.
- **Copier et coller des styles de calque sur d'autres calques :** sélectionnez le calque contenant le style de calque et choisissez Calque/Style de calque/Copier le style de calque. Sélectionnez le ou les calques auxquels appliquer l'effet et choisissez Calque/Style de calque/Coller le style de calque. Vous pouvez également copier un effet d'un calque vers un autre en maintenant enfoncée la touche Alt (Option sous Mac) pendant que vous faites glisser l'icône *fx*.
- **Masquer ou afficher les styles de calque :** choisissez Calque/Style de calque/Masquer tous les effets ou Afficher tous les effets.
- **Mettre un style de calque à l'échelle :** choisissez Calque/Style de calque/Mise à l'échelle des effets. Cochez la case Aperçu et tapez une valeur comprise entre 1 et 1 000 %. Cette commande modifie l'échelle du style indépendamment du contenu du calque.

TRUC

Si rien ne se passe quand vous appliquez un style de calque, choisissez Calque/Style de calque/Afficher tous les effets.

Appliquez des modes de fusion

Elements propose 25 modes de fusion. Les *modes de fusion* déterminent l'interaction des couleurs entre les calques et l'interaction des couleurs de dessin avec les autres calques. Non seulement ils créent des effets intéressants, mais ils s'appliquent, se modifient et se suppriment aisément, sans toucher aux pixels de l'image.

Les différents modes de fusion sont regroupés dans un menu en haut du panneau Calques, en mode Expert. Ne cherchez pas à mémoriser les descriptions de tous les modes des sections suivantes. Le meilleur moyen de comprendre leur action consiste à tous les essayer sur un ou plusieurs calques pour observer le résultat, lequel varie selon les couleurs des calques d'image.

Les modes de fusion généraux

Il est inutile de présenter le mode de fusion Normal, car c'est celui que vous utilisez le plus souvent. Fondu est le deuxième de la liste et, paradoxalement, celui que l'on emploie le moins.

La Figure 11.11 présente l'effet de ces deux modes :

- **Normal :** le mode par défaut affiche chaque pixel sans modification. Avec le niveau d'opacité maximale qui, *de facto*, ne permet pas de voir au travers le contenu des calques inférieurs.
- **Fondu :** l'effet de ce mode n'est visible que sur un calque dont le paramètre d'opacité est inférieur à 100 %. Il laisse certains pixels des calques inférieurs, sélectionnés de manière aléatoire, traverser le calque cible (sélectionné).

Normal

Fondu

Figure 11.11 : Le mode de fusion Fondu affiche de manière aléatoire les pixels d'un calque au travers d'un autre calque.

Les modes de fusion qui assombrissent

Les effets de ces modes de fusion assombrissent l'image de différentes manières, comme le montre la Figure 11.12 :

- **Obscurcir :** rend transparents les pixels du calque cible s'ils sont plus clairs que ceux des calques inférieurs. Si les pixels sont plus foncés, ils ne subissent aucune modification.

- **Produit :** modifie le calque cible d'après les calques inférieurs, en assombrissant toutes les couleurs aux endroits où elles se superposent. Lorsque vous dessinez sur le calque avec l'outil Pinceau ou Crayon, chaque trait produit une couleur plus foncée, comme si vous dessiniez au marqueur.

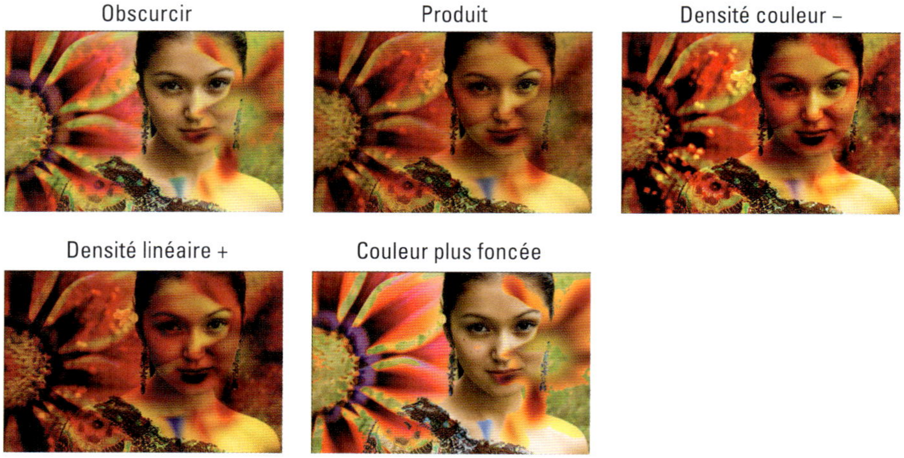

Figure 11.12 : Ces modes de fusion assombrissent les calques d'image.

- **Densité couleur + :** obscurcit les calques inférieurs avec un effet de transparence contrasté et de fusion des couleurs.
- **Densité linéaire + :** assombrit les calques inférieurs en diminuant la luminosité. Son effet est comparable à celui du mode Produit, à la différence qu'il y a moins de transparence pour un résultat beaucoup plus sombre.
- **Couleur plus foncée :** seule la couleur la plus foncée des deux calques superposés reste visible.

Les modes de fusion qui éclaircissent

Les modes de fusion qui éclaircissent les calques produisent l'effet inverse des modes de fusion de la section précédente. Ils créent des effets de lumière sur l'image, comme le montre la Figure 11.13 :

- **Éclaircir :** rend transparents les pixels du calque cible s'ils sont plus foncés que ceux des calques inférieurs. Les pixels plus clairs restent opaques. C'est l'effet inverse du mode Obscurcir.
- **Superposition :** éclaircit le calque cible là où son contenu se superpose au contenu des calques inférieurs. C'est l'effet inverse du mode Produit.

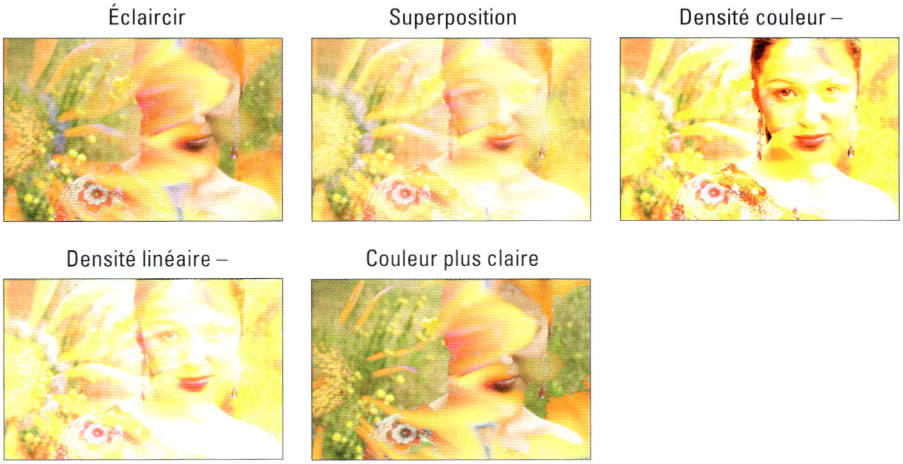

Figure 11.13 : Ces modes de fusion éclaircissent vos calques d'image.

- **Densité couleur – :** éclaircit les pixels des calques inférieurs avec un effet de transparence et de fusion des couleurs. Ce mode reproduit l'effet d'un décolorant.
- **Densité linéaire – :** éclaircit les calques inférieurs en augmentant la luminosité. Son effet est comparable à celui du mode Superposition, à la différence qu'il est plus intense et tend à blanchir des zones de l'image.
- **Couleur plus claire :** seule la couleur la plus claire des deux calques superposés reste visible.

Les modes de fusion qui changent la luminosité

Ce groupe de modes de fusion affecte la luminosité de vos calques, comme le montre la Figure 11.14 :

- **Incrustation :** ce mode multiplie les pixels foncés du calque cible et laisse voir par transparence les pixels clairs des calques inférieurs. Il renforce également le contraste et la saturation des couleurs.
- **Lumière tamisée :** ce mode assombrit les pixels foncés (luminosité inférieure à celle du gris moyen, dit gris 50 %) et éclaircit les pixels clairs (luminosité supérieure à celle du gris moyen). Cet effet équivaut à diriger un projecteur tamisé sur l'image.

Figure 11.14 : Ces modes de fusion agissent en fonction des différences de luminosité entre les calques d'image.

- **Lumière crue :** ce mode multiplie les pixels plus foncés que le gris 50 % et laisse voir par transparence les pixels clairs (plus clairs que le gris 50 %). Cet effet est comparable à celui d'un puissant projecteur sur l'image.
- **Lumière vive :** si les pixels du calque supérieur sont plus sombres que le gris 50 %, ce mode assombrit les couleurs en augmentant le contraste. Si les pixels du calque supérieur sont plus clairs que le gris 50 %, il éclaircit les couleurs en diminuant le contraste.
- **Lumière linéaire :** si les pixels du calque supérieur ont une luminosité inférieure à 50 %, ce mode assombrit les couleurs en diminuant la luminosité. Si les pixels du calque supérieur sont plus clairs que le gris 50 %, il éclaircit les couleurs en augmentant la luminosité.
- **Lumière ponctuelle :** si les pixels du calque supérieur sont plus sombres que le gris 50 %, ce mode remplace les pixels plus foncés que ceux du calque supérieur et ne modifie pas les pixels plus clairs. Si les pixels du calque supérieur sont plus clairs que le gris 50 %, il remplace les pixels plus clairs que ceux du calque supérieur et ne modifie pas les pixels plus foncés. Ce mode sert généralement à créer des effets spéciaux.

- **Mélange maximal :** ce mode est identique au mode Lumière vive, à la différence qu'il réduit les couleurs aux blanc, noir, rouge, vert, bleu, jaune, cyan et magenta, avec un effet similaire à celui du calque de réglage Isohélie.

Les modes de fusion qui inversent

Ces modes de fusion inversent les couleurs pour créer des effets plutôt surprenants, comme le montre la Figure 11.15 :

- **Différence : p**roduit un effet négatif selon les valeurs de luminosité des calques supérieurs. Si les pixels du calque supérieur sont noirs, les calques inférieurs ne subissent aucune modification. S'ils sont blancs, le mode inverse les couleurs des calques inférieurs.
- **Exclusion :** identique à Différence, mais avec moins de contraste et de saturation. Si les pixels du calque supérieur sont noirs, les calques inférieurs ne subissent aucune modification. S'ils sont blancs, le mode inverse les couleurs des calques inférieurs. Les couleurs moyennes se mélangent pour créer des teintes de gris.

Figure 11.15 : Les modes de fusion Différence et Exclusion inversent les couleurs.

Les modes de fusion TSL

Ces modes de fusion modifient les couleurs en fonction des valeurs TSL (Teinte, Saturation, Luminosité), comme le montre la Figure 11.16 :

- **Teinte :** fusionne la luminosité et la saturation des calques inférieurs avec la teinte du calque supérieur.
- **Saturation :** fusionne la luminosité et la teinte des calques inférieurs avec la saturation du calque supérieur.

Figure 11.16 : Ces modes de fusion mélangent les couleurs de différentes façons à partir de leurs valeurs de teinte, saturation et luminosité.

- **Couleur :** fusionne la luminosité des calques inférieurs avec la saturation et la teinte du calque supérieur. Ce mode permet d'appliquer de la couleur tout en préservant les ombres, les zones claires et les détails des calques inférieurs.
- **Luminosité :** à l'opposé du mode Couleur, celui-ci fusionne la teinte et la saturation des calques inférieurs avec la luminosité du calque supérieur. Il préserve également les ombres, tons clairs et détails du calque supérieur et les mélange avec les couleurs des calques inférieurs.

Utilisez Photomerge

Elements offre une fonctionnalité époustouflante, Photomerge, qui permet de réaliser un montage parfait à partir de plusieurs images. Par exemple, vous pouvez rassembler tous vos amis sur une photo ou améliorer une photo de vacances en retirant les voitures et les passants. Les sections suivantes expliquent comment les commandes de Photomerge vous aideront à réaliser plusieurs types de montage.

NOUVEAUTÉ 14

Dans Elements 14, toutes les commandes Photomerge sont disponibles uniquement en mode Guidée.

Panorama Photomerge

La commande Panorama Photomerge combine plusieurs photos en une seule image panoramique : elle permet d'assembler en une seule image une série de photos dont le contenu se chevauche.

Les conseils suivants vous aideront à disposer de bons fichiers sources pour réussir votre panorama :

- Lorsque vous prenez les photos, faites en sorte qu'elles se chevauchent de 15 à 40 %, mais pas au-delà de 50 %.
- Évitez d'employer un objectif générateur de distorsion, du type *fish-eye*, et de varier la focale du zoom.
- Essayez de conserver les mêmes conditions d'exposition à chaque prise.
- Gardez l'appareil à la même hauteur, sur un trépied de préférence, en vous décalant petit à petit. Sinon, restez à la même position en faisant pivoter l'appareil sur le trépied. Mais avec cette méthode, vous risquez de ne pas avoir les mêmes conditions d'éclairage pour toutes les prises, en fonction de l'angle de l'appareil par rapport à la source d'éclairage. Vous risquez aussi d'obtenir des différences de perspective en faisant pivoter l'appareil.

Voici comment créer un panorama avec Photomerge :

1. **Sélectionnez les photos à combiner dans la corbeille des photos.**
2. **En mode Guidée, cliquez sur l'onglet Photomerge puis sur la vignette Photomerge Panorama.**

   La fenêtre du panorama Photomerge apparaît, comme à la Figure 11.17.
3. **Choisissez un mode d'assemblage dans Paramètres de panorama.**

   Vous avez le choix parmi les modes suivants :

   - *Panorama automatique :* Elements analyse vos images.
   - *Perspective :* choisissez ce mode si vous avez pris vos photos avec de la perspective ou sous un angle inhabituel. Essayez-le si vous avez utilisé un trépied avec une tête pivotante.

- *Cylindrique :* ce mode convient très bien si vous avez pris vos photos avec un objectif grand-angle ou si vous avez des photos panoramiques à 360°.
- *Sphérique :* ce mode fait pivoter les images, les positionne et les redimensionne avant de les aligner. Il convient très bien pour les panoramas classiques et aussi pour accoler deux photos.
- *Collage :* ce mode est pratique pour réaliser une vue panoramique à 360°, dans laquelle il y a un large champ de vision horizontal et vertical. Optez pour ce mode pour les photos prises avec un objectif grand-angle.
- *Repositionnement :* Elements ne prend aucune distorsion en compte, il analyse simplement les images et les place dans la meilleure position.

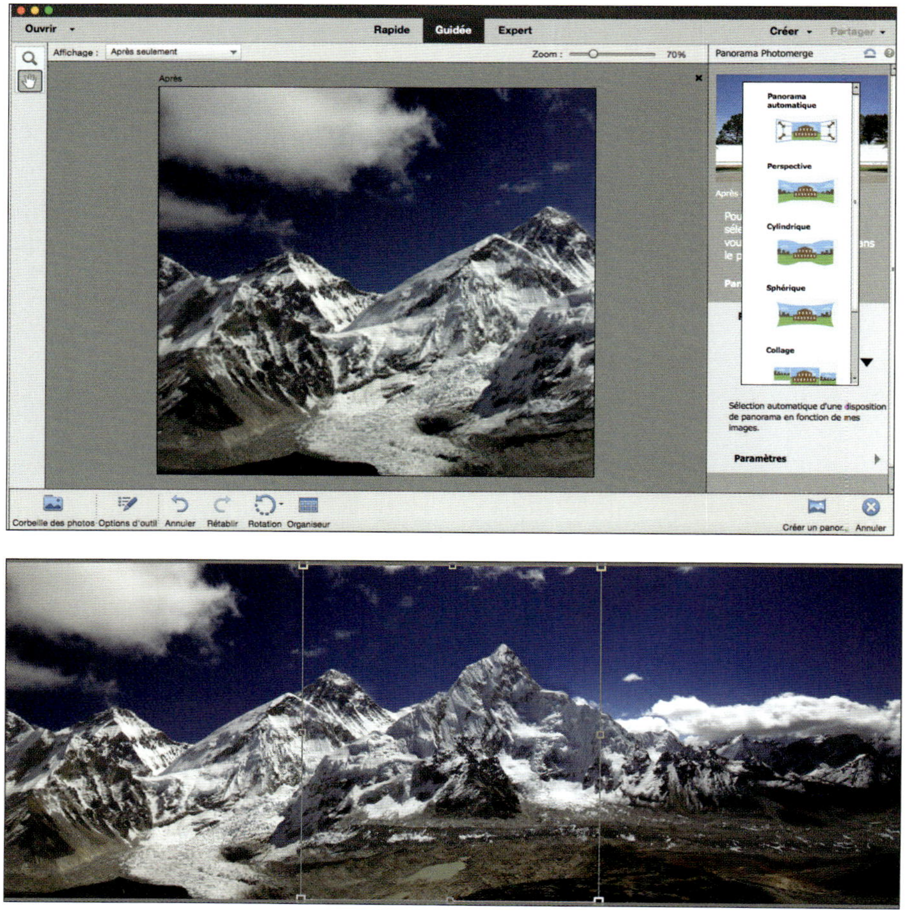

Figure 11.17 : Combinez plusieurs images en un panorama avec Photomerge.

4. **Cliquez sur Paramètres et cochez l'une des options suivantes :**

   - *Fusion des images* : corrige les différences de couleur quand il y a des différences d'exposition.
   - *Correction du vignetage* : élimine les différences de luminosité dues à l'effet de vignetage produit par l'objectif (quand les bords paraissent plus sombres).
   - *Correction de la déformation géométrique* : corrige les déformations, en barillet ou en coussinet, produites par l'objectif.

5. **Cliquez sur Créer un panorama.**

   Elements ouvre et assemble automatiquement les fichiers sources afin de composer le panorama. Il se peut qu'Elements vous propose de combler les bords du panorama. Auquel cas, cliquez sur Oui.

6. **Après l'assemblage des photos, Elements vous propose d'enregistrer le panorama ou de continuer à le perfectionner en mode Rapide ou Expert. Vous pouvez aussi cliquer sur Terminer pour revenir en mode Guidée.**

   TRUC

   Elements place les éléments du panorama sur des calques. Vous remarquerez également qu'un masque de fusion a été ajouté à chaque calque pour faciliter la fusion du panorama. Vous pouvez ensuite modifier les masques de fusion ou décaler les calques pour parfaire le panorama. Les masques de fusion sont étudiés au Chapitre 8.

   Elements vous avertit quand il ne peut pas assembler les fichiers. Dans ce cas, vous devez y procéder manuellement en créant un document de grande taille dans lequel vous positionnerez les images à assembler.

Vue de groupe Photomerge

Tout le monde sait à quel point il est difficile d'avoir une photo de groupe où tout le monde se présente bien. Grâce à la commande Vue de groupe Photomerge, vous pouvez prendre plusieurs photos de la même session et fusionner les meilleures portions.

Voici comment créer une vue de groupe Photomerge :

1. **En mode Guidée, sélectionnez au moins deux photos dans la corbeille des photos.**

2. **Cliquez sur l'onglet Photomerge puis sur la vignette Photomerge Group Shot.**

3. **Choisissez la meilleure photo du groupe et faites-la glisser dans le volet Finale.**

4. **Dans la corbeille des photos, sélectionnez l'une des autres photos à définir comme image source. Faites-la glisser vers le volet Source.**

5. **À l'aide de l'outil Crayon, entourez les portions de la photo Source à fusionner avec la photo Finale, comme le montre la Figure 11.18.**

   Le crayon entoure le sujet sélectionné d'un trait bleu quand l'option Afficher les contours est cochée. L'option Afficher les régions signale par un voile bleu les portions de l'image Source insérées à l'image Finale.

6. **Répétez les Étapes 4 et 5 avec les photos restantes.**

   Si vos photos ne sont pas alignées, servez-vous de l'outil Alignement disponible sous Options avancées.

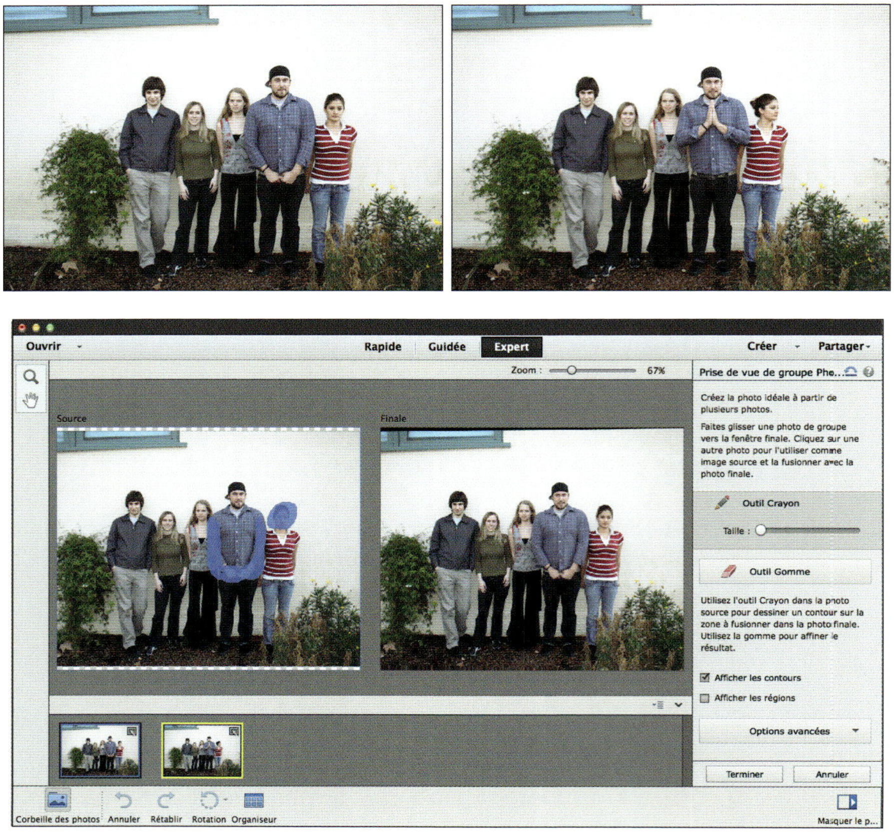

Figure 11.18 : Composez la meilleure photo de groupe à partir de plusieurs prises.

7. **Avec l'outil Alignement, cliquez sur l'image Source pour y poser trois repères à trois emplacements importants. Placez également trois repères dans l'image Finale en choisissant les mêmes emplacements.**

8. **Cliquez sur le bouton Aligner les photos.**

   Comme pour la fusion d'un panorama, le résultat sera meilleur si les photos Source et Finale ont le même cadrage, les mêmes dimensions, *etc.*

TRUC

9. **(Facultatifs) Si des démarcations apparaissent dans l'image finale autour de la zone copiée, cliquez sur le bouton Fusion des pixels pour atténuer ce défaut.**

10. **Quand le résultat vous convient, cliquez sur Suivant.**

    L'image s'ouvre en tant que nouveau fichier dans Elements.

11. **Choisissez d'enregistrer l'image composite ou de continuer à la modifier en mode Rapide ou Expert. Vous pouvez aussi cliquer sur Terminer pour revenir en mode Guidée.**

Visages Photomerge

La fonction Visages Photomerge est un outil ludique qui vous permet de mélanger les parties de plusieurs visages pour constituer une sorte de visage hybride. Commencez par sélectionner au moins deux photos dans la corbeille des photos, puis choisissez Photomerge Faces dans l'onglet Photomerge du mode Guidée. Ensuite, servez-vous des outils Crayon et Alignement pour définir la composition selon les instructions fournies à la section précédente, « Vue de groupe Photomerge ».

Nettoyage de scène Photomerge

Nettoyage de scène Photomerge (voir Figure 11.19) permet d'obtenir la meilleure image possible en supprimant des éléments indésirables, comme des voitures, des passants, *etc.*

TRUC

Pour rassembler les meilleures conditions, prenez plusieurs photos avec le même angle et à la même distance. La commande fonctionne mieux lorsque les éléments à éliminer sont en mouvement.

Voici comment composer une image parfaite avec Nettoyage de scène Photomerge :

1. **En mode Guidée, sélectionnez au moins deux photos dans la corbeille des photos.**

Figure 11.19 : Éliminez les éléments indésirables à l'aide de Nettoyage de scène Photomerge.

2. **Cliquez sur l'onglet Photomerge puis sur la vignette Photomerge Scene Cleaner.**

3. **Choisissez la meilleure photo de la scène et faites-la glisser dans le volet Finale.**

4. **Dans la corbeille des photos, sélectionnez l'une des autres photos à définir comme image Source. Faites-la glisser vers le volet Source.**

5. **Avec l'outil Crayon, entourez dans la photo Source les éléments à copier dans la photo Finale.**

   Dans l'exemple de la Figure 11.19, nous avons entouré la zone à hauteur de la roue arrière, masquée par un passant dans la photo Finale.

6. **Répétez les Étapes 4 et 5 avec les autres photos de la scène.**

   Si vos photos ne sont pas alignées, servez-vous de l'outil Alignement disponible sous Options avancées.

7. **Avec l'outil Alignement, cliquez sur l'image Source pour y placer trois repères à trois emplacements clés. Placez également trois repères dans l'image Finale en choisissant les mêmes emplacements.**

8. **Cliquez sur le bouton Aligner les photos des Options avancées.**

   Comme pour les autres types de collage de Photomerge, le résultat sera meilleur si les photos Source et Finale ont le même cadrage, les mêmes dimensions, *etc*.

9. **(Facultatifs) Si des démarcations apparaissent dans l'image finale autour de la zone copiée, cliquez sur le bouton Fusion des pixels pour atténuer ce défaut.**

   Elements génère l'image nettoyée.

10. **Cliquez sur Suivant et choisissez d'enregistrer l'image ou de continuer à la modifier en mode Rapide ou Expert.**

    Vous pouvez aussi cliquer sur Terminer pour revenir au mode Guidée.

Exposition Photomerge

Selon les conditions d'éclairage, certaines prises sont difficiles à réaliser correctement, surtout quand le premier plan et l'arrière-plan nécessitent des réglages d'exposition différents. C'est le cas notamment quand le sujet se trouve en contre-jour devant une fenêtre ou le soir devant un immeuble illuminé. Grâce à la fonction Exposition Photomerge, vous pouvez faire les prises avec des expositions différentes puis les fusionner pour obtenir une composition idéale où le premier et l'arrière-plan sont correctement exposés.

Vous pouvez prendre les photos en bracketing d'exposition (série de prises avec des réglages d'exposition différents) ou avec flash puis sans flash. Elements est ensuite capable d'identifier les réglages de l'appareil photo. Il est conseillé d'utiliser un trépied pour un meilleur alignement, ce qui facilite la tâche de l'algorithme de fusion. Avec un trépied, utilisez la fonction de retardateur de l'appareil photo pour éviter de toucher le boîtier au moment du déclenchement.

Voici comment exploiter cette fonction :

1. **En mode Guidée, sélectionnez au moins deux photos dans la corbeille des photos.**

2. **Cliquez sur l'onglet Photomerge puis sur la vignette Photomerge Exposure.**

3. **Optez pour le mode Automatique ou Manuel.**

   Si votre cadrage n'a pas bougé entre les deux expositions, travaillez sans souci en mode Automatique et passez immédiatement à l'Étape 4.

   En revanche, si vous sentez la nécessité de contrôler certains aspects de cette fusion d'images, cliquez sur l'onglet Manuel et passez à l'Étape 5.

4. **Choisissez une des options du mode Automatique, puis passez à l'Étape 11.**

   - *Fusion simple :* Elements se charge de fusionner automatiquement les deux images.

   - *Fusion dynamique :* servez-vous des curseurs pour régler les tons clairs et foncés et la saturation de l'image Finale.

   Si vos réglages n'arrangent rien, cliquez sur le bouton Rétablir (flèche courbée en haut à droite).

5. **En mode Manuel (voir Figure 11.20), faites glisser l'une des photos de la corbeille des photos vers l'image Finale. Si l'autre image n'est pas déjà définie comme image Source, cliquez sur sa vignette pour la définir comme telle.**

6. **Avec l'outil Crayon, délimitez les zones bien exposées de l'image Source.**

   Elles viennent aussitôt s'inclure à l'image Finale, comme le montre la Figure 11.20.

7. **Si vous avez inclus par erreur des zones à ne pas conserver, activez l'outil Gomme et effacez la sélection marquée en bleu.**

   Choisissez les options d'affichage pour voir les portions reprises symbolisées par un trait bleu ou un voile.

Figure 11.20 : Combinez deux prises pour obtenir une photo parfaitement exposée.

8. **Atténuez le résultat de la fusion en faisant glisser le curseur Opacité.**

   Poussez le curseur vers la droite pour réduire l'impact de l'image source dans l'image Finale. Cochez l'option Fusion du contour pour optimiser la fusion des deux photos.

9. **Si les photos ne sont pas parfaitement alignées, activez l'outil Alignement des Options Avancées.**

   Avec l'outil Alignement, cliquez sur l'image Source pour y placer trois repères à trois emplacements clés.

Placez également des repères dans l'image Finale en choisissant les mêmes emplacements.

10. **Cliquez sur le bouton Aligner les photos.**

    Comme pour les autres commandes Photomerge, le résultat sera meilleur si les photos Source et Finale ont le même cadrage, le même angle, *etc.*

11. **Cliquez sur Suivant et choisissez d'enregistrer l'image composite ou de continuer à la modifier en mode Rapide ou Expert. Vous pouvez aussi cliquer sur Terminer pour revenir en mode Guidée.**

    L'image s'ouvre en tant que nouveau fichier dans Elements. La version avec le collage se trouve sur le Calque 1 et le calque Arrière-plan contient l'image Finale de départ. À ce stade, vous pouvez aplatir l'image, elle conservera l'apparence du Calque 1. Vous pourriez aussi double-cliquer sur l'Arrière-plan pour le convertir en calque puis le supprimer en le faisant glisser vers l'icône de corbeille au bas du panneau Calques.

Composition Photomerge

Bien qu'il existe plusieurs méthodes pour sélectionner et extraire des portions d'une image afin de les inclure dans une autre, la fonction Composition Photomerge propose de remplir ce rôle en toute simplicité.

Voici comment extraire un élément d'une image pour le coller avec réalisme dans une autre photo :

1. **En mode Guidée, sélectionnez deux photos dans la corbeille des photos.**

   Notre exemple exploite la photo d'une jeune femme assise dans l'herbe et celle d'un petit chasseur de papillons (voir Figure 11.21).

Figure 11.21 : Choisissez deux photos à combiner.

2. **Cliquez sur l'onglet Photomerge puis sur la vignette Photomerge Compose.**

3. **Faites glisser de la corbeille des photos vers le document la photo qui contient l'élément à extraire.**

4. **Choisissez un outil de sélection :**

   • *Rapide :* passez l'outil sur l'élément à extraire. Cet outil s'emploie comme l'outil Sélection rapide de l'Éditeur, décrit au Chapitre 7. Choisissez le mode de l'outil : nouvelle sélection ou ajouter ou soustraire à la sélection. Vous pouvez aussi changer le diamètre de l'outil.

   • *Contour :* tracez autour de l'élément à extraire. Quand vous relâchez la souris, un voile rouge apparaît sur la portion non sélectionnée. Agrandissez ou réduisez la surface du voile rouge et adaptez le diamètre de l'outil en fonction des besoins.

5. **Affinez la sélection à l'aide de l'outil Améliorer.**

   En plus des options décrites pour les autres outils de sélection, vous disposez des options suivantes :

   • *Magnétisme :* déplacez le curseur pour choisir la force d'attraction du magnétisme.

   • *Repousser :* placez le pointeur à l'intérieur de la sélection pour agrandir la sélection dans les limites du cercle externe du pointeur. Le contour de sélection va se coller au bord de l'élément le plus proche du pointeur. Placez le pointeur à l'extérieur de la sélection pour réduire la sélection dans les limites du cercle externe du pointeur.

   • *Lisser :* si le contour de sélection semble trop crénelé, activez cette option pour le lisser.

6. **Cliquez sur Amélioration avancée des contours.**

   Vous pouvez choisir de conserver l'arrière-plan (c'est-à-dire la portion non sélectionnée de l'image active) en choisissant l'option Image source ou de le remplacer par un fond transparent, noir ou blanc ou par un voile rouge.

   Vous avez aussi accès à la fonction Améliorer le contour, décrite au Chapitre 7.

7. **Cliquez sur Suivant.**

   La portion extraite est collée dans la deuxième image.

8. **Si nécessaire, déplacez et redimensionnez la portion collée en agissant sur son cadre de transformation.**

   Vous pouvez affiner davantage la sélection à l'aide des outils Masquer et Afficher pour ajouter ou supprimer des pixels à la sélection. Vous pouvez modifier la taille, l'opacité et la dureté de l'outil pour un travail plus précis.

9. **Cliquez sur Suivant.**

10. **Cliquez sur le bouton Correspondance automatique pour fusionner avec naturel la portion collée dans son nouvel environnement.**

    Vous pouvez parfaire le montage en réglant les curseurs Luminance, Contraste, Température et Saturation.

    Si le résultat vous déplaît, cliquez sur le bouton Rétablir.

11. **Cliquez sur Suivant et choisissez d'enregistrer l'image composite ou de continuer à la modifier en mode Rapide ou Expert. Vous pouvez aussi cliquer sur Terminer pour revenir en mode Guidée.**

    La portion extraite de la première photo vient s'intégrer dans la seconde, comme le montre la Figure 11.22.

Figure 11.22 : Assemblez deux images sans démarcation avec la fonction Composition Photomerge.

12

Dessiner et peindre

Dans ce chapitre :

- Choisissez les couleurs.
- Dessinez avec le Crayon.
- Peignez avec le Pinceau.
- Remplissez des sélections et ajoutez-leur une bordure.
- Appliquez de la couleur avec le Pot de peinture.
- Créez des dégradés et des motifs.
- Créez et modifiez toutes sortes de formes.

Vous l'avez compris, Elements est un programme de retouche d'image très perfectionné qui ne se contente pas d'offrir des outils pour sélectionner, corriger, organiser et partager des images. C'est aussi un logiciel de dessin qui vous permet de dessiner librement au pinceau ou de tracer des formes géométriques ou figuratives. Rassurez-vous, les fonctions de dessin ne nécessitent pas de talent artistique particulier. Grâce aux multiples formes prédéfinies que propose Elements, il vous suffit de savoir sélectionner un outil et de faire glisser le pointeur pour composer un dessin.

Choisissez les couleurs

Avant de commencer à dessiner, vous aurez sans doute envie de changer la couleur par défaut. Si vous avez lu les précédents chapitres de ce livre, vous connaissez déjà la boîte à outils d'Elements et avez remarqué les deux cases de couleur au bas de la palette. Il s'agit des deux couleurs de dessin : *premier plan* et *arrière-plan*.

Voici comment elles fonctionnent selon les outils :

- **Premier plan :** lorsque vous ajoutez du texte, dessinez avec l'outil Pinceau ou insérez une forme, vous appliquez la couleur de premier plan.
- **Arrière-plan :** quand vous utilisez la Gomme sur le calque Arrière-plan ou augmentez la taille de la zone de travail, la couleur d'arrière-plan remplit les zones découvertes.
- **Premier plan et arrière-plan :** lorsque vous utilisez l'outil Dégradé avec ses paramètres par défaut, vous obtenez un dégradé entre les deux couleurs de premier et d'arrière-plan.

Elements propose trois manières de définir les couleurs de premier et d'arrière-plan : le Sélecteur de couleurs, le panneau Nuancier et la Pipette, qui prélève une couleur dans l'image.

Utilisez le Sélecteur de couleurs

Par défaut, Elements définit le noir et le blanc comme couleurs de premier et d'arrière-plan. Après avoir modifié les couleurs de dessin, vous pouvez rétablir les couleurs par défaut en appuyant sur la touche D. Pour intervertir la couleur de premier plan et celle d'arrière-plan, appuyez sur X. Pour choisir une autre couleur, cliquez sur l'une des cases et définissez une couleur dans le Sélecteur de couleurs, illustré à la Figure 12.1.

Voici comment définir une couleur à l'aide du Sélecteur de couleurs :

1. **Dans la palette d'outils, cliquez sur le carré de couleur Premier plan ou Arrière-plan.**

   Le Sélecteur de couleurs apparaît.

2. **Faites glisser le curseur de teinte ou cliquez dans la barre chromatique pour vous rapprocher de la couleur souhaitée.**

3. **Cliquez dans le grand carré de gauche, appelé *champ chromatique*, pour définir la couleur avec précision.**

   Le cercle posé par le pointeur de la souris identifie la couleur ainsi choisie. Les deux cases de couleur dans l'angle supérieur droit de la boîte de dialogue spécifient la nouvelle couleur et celle de premier plan ou d'arrière-plan d'origine.

   Les valeurs numériques à droite dans la boîte de dialogue changent en fonction de la couleur sélectionnée. Si d'aventure vous connaissez les valeurs de la couleur dont vous avez besoin, il vous suffit de les saisir dans les champs de texte. Les valeurs RVB (rouge, vert, bleu) décrivent des niveaux de luminosité compris entre 0 (noir) et 255 (blanc). Vous avez également la possibilité de taper des valeurs TSL (teinte, saturation, luminosité) ou encore la formule hexadécimale des couleurs Web.

4. **Lorsque vous avez défini la bonne couleur, cliquez sur OK.**

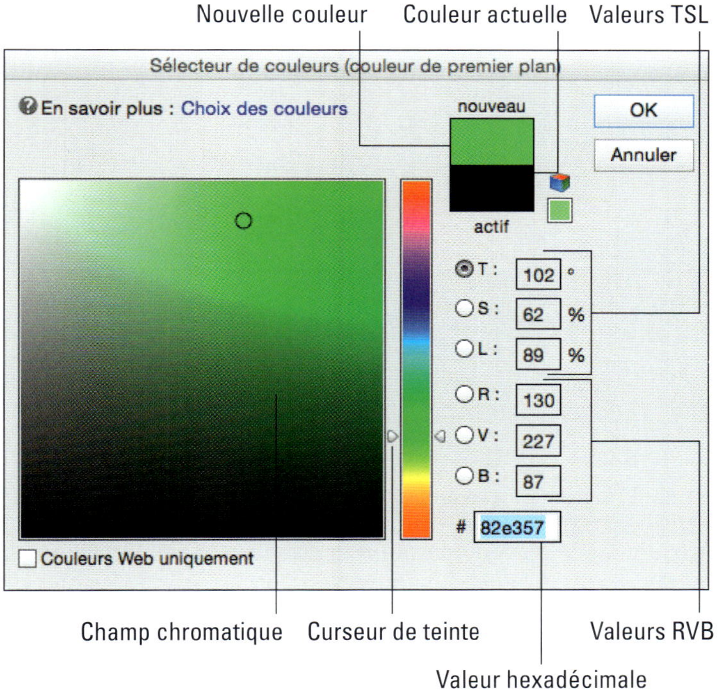

Figure 12.1 : Définissez une couleur dans le Sélecteur de couleurs.

TRUC

Si vous désirez conserver cette nouvelle couleur pour un usage ultérieur, vous pouvez le faire à l'aide du panneau Nuancier selon les instructions de la section suivante.

Passez par le Nuancier

Elements vous permet de sélectionner une couleur de premier plan ou d'arrière-plan dans le panneau Nuancier. C'est la version numérique d'une palette de peintre. Vous pouvez y choisir l'une des couleurs prédéfinies et y ajouter d'autres couleurs à conserver pour un usage ultérieur. Vous pouvez définir différentes palettes pour certains types de projets. Par exemple, vous pouvez avoir une palette de couleurs de peau pour retoucher des portraits. Choisissez Fenêtre/Nuancier pour afficher le panneau de la Figure 12.2.

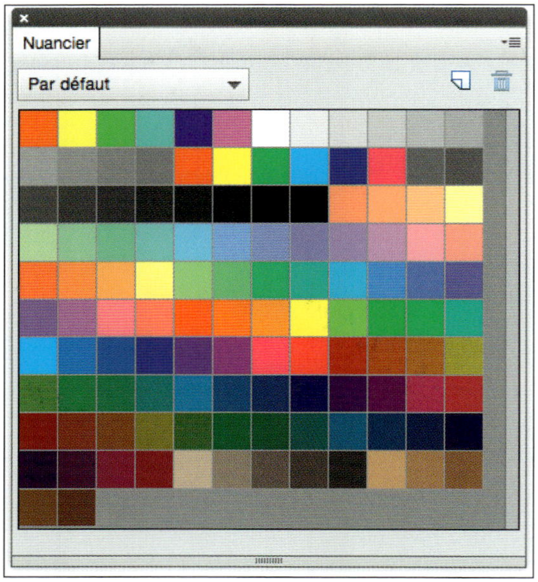

Figure 12.2 : Sélectionnez et enregistrez des couleurs dans le panneau Nuancier.

Pour sélectionner une couleur dans le panneau Nuancier, cliquez sur la case de couleur de votre choix. Peu importe l'outil actif, car dès que vous survolez le panneau avec le pointeur, il se transforme en pipette pour le prélèvement d'une couleur qui sera définie comme nouvelle couleur de premier plan ou d'arrière-plan.

Bien que le panneau Nuancier ne présente aucune difficulté, voici quelques conseils concernant son emploi :

- **Changer la couleur d'arrière-plan :** cliquez sur la case de couleur d'arrière-plan dans la palette d'outils ou cliquez directement sur une case du Nuancier en appuyant sur Ctrl (⌘ sous Mac).
- **Employer un jeu de couleurs prédéfinies :** pour charger une bibliothèque de nuances prédéfinies, sélectionnez-la dans le menu déroulant du panneau Nuancier. Elements propose des bibliothèques spécifiques aux images Web, aux filtres photo et aux systèmes Mac ou Windows.
- **Ajouter une couleur au panneau Nuancier :** choisissez Nouvelle nuance dans le menu d'options du panneau ou cliquez sur une portion vide dans le panneau. Attribuez un nom à cette couleur et cliquez sur OK.

Peu importe que vous ayez défini la couleur à l'aide du Sélecteur de couleurs ou que vous l'ayez prélevée avec l'outil Pipette, la technique est la même pour ajouter une couleur au Nuancier.

- **Enregistrer des nuances :** choisissez Enregistrer le nuancier dans le menu d'options du panneau. Nous vous conseillons d'enregistrer la bibliothèque dans le dossier Color Swatches du dossier Presets qui se présente par défaut. Si Elements ne proposait pas ce dossier, vous le trouveriez sous `Fichiers programmes\Adobe\Photoshop Elements 14\Support files\Presets\Color Swatches` (Windows) ou `Application\Adobe\Photoshop Elements 14\Support files\Presets\Color Swatches` (Mac).
- **Enregistrer le nuancier pour l'échange :** choisissez cette commande pour utiliser votre nuancier dans un autre logiciel Adobe. Attribuez un nom au fichier et placez-le dans le dossier par défaut, Color Swatches.
- **Charger un nuancier :** pour charger une bibliothèque personnalisée, créée sur votre ordinateur ou importée, choisissez Charger un nuancier dans le menu d'options du panneau. Dans la boîte de dialogue, sélectionnez la bibliothèque dans le dossier Color Swatches. La nouvelle bibliothèque s'ajoute à celle en cours.

  Le Gestionnaire des paramètres prédéfinis donne également accès aux nuanciers. Pour en savoir plus, consultez le Chapitre 3.
- **Supprimer des nuances :** pour supprimer une nuance, faites-la glisser vers l'icône de corbeille en haut du panneau ou cliquez dessus en appuyant sur Alt (Option sous Mac).
- **Changer la présentation du nuancier :** cliquez dans l'angle supérieur droit du panneau pour choisir d'afficher les vignettes, petites ou grandes, avec ou sans le nom des nuances.
- **Remplacer la bibliothèque de nuances en cours par une autre bibliothèque :** dans le menu d'options du panneau, choisissez Remplacer le nuancier. Sélectionnez une bibliothèque dans le dossier Color Swatches.

Prélevez une couleur avec la Pipette

Elements permet de définir une couleur en la prélevant directement dans l'image grâce à l'outil Pipette. Par exemple, vous pouvez colorer le texte avec une nuance de mauve prélevée dans l'image, comme le montre la Figure 12.3. Pour ce faire, activez l'outil Pipette (ou appuyez sur I) et cliquez dans l'image. L'outil prélève la couleur sous le pointeur et la définit comme nouvelle couleur de premier plan. Il ne vous reste plus qu'à créer le texte avec cette couleur.

N'OUBLIEZ PAS

L'emploi de l'outil Pipette implique quelques considérations techniques :

- **Prélever une nouvelle couleur de premier plan ou d'arrière-plan :** la Pipette sert à définir la couleur de premier plan quand vous cliquez. Pour définir la couleur d'arrière-plan, appuyez sur la touche Alt (Option sous Mac) quand vous cliquez dans l'image.
- **Choisir une couleur à partir de n'importe quelle image :** si vous avez ouvert plusieurs images, vous avez la possibilité de prélever une couleur dans l'une d'elles et de l'appliquer dans n'importe quelle autre image.

Figure 12.3 : L'outil Pipette prélève une couleur de l'image à appliquer à d'autres éléments, comme du texte.

- **Choisir la taille du prélèvement dans les options d'outil :** avec l'option Échantillon ponctuel, vous copiez la couleur du pixel cliqué. Autrement, Elements peut calculer la moyenne des couleurs des pixels d'une zone de 3 × 3 ou 5 × 5 pixels.
- **Sélectionner des couleurs Web sécurisées :** si vous cliquez sur l'image du bouton droit, le menu contextuel propose l'option Copier la couleur en HTML, laquelle récupère la formule hexadécimale Web de la couleur prélevée et la copie dans le Presse-papiers. Collez ensuite cette formule dans un fichier HTML ou sélectionnez l'outil Texte et choisissez Édition/Coller pour afficher la formule dans l'image.
- **Choisissez de prélever sur le calque actif ou sur tous les calques :** si l'image comporte plusieurs calques, vous pouvez choisir de prélever sur le calque sélectionné ou sur tous.
- **Basculez entre la Pipette et les autres outils :** Elements vous permet d'activer temporairement l'outil Pipette lorsque vous utilisez les outils Pinceau, Crayon, Remplacement de couleur, Dégradé, Pot de peinture, Emporte-pièce ou Forme. Il suffit dans ce cas d'appuyer sur Alt (Option sous Mac) pendant le prélèvement, puis de relâcher la touche pour retrouver l'outil de dessin.

Dessinez à l'aide des outils Crayon et Pinceau

Si vous avez lu la première partie de ce chapitre et découvert tous les moyens de choisir une couleur, vous êtes probablement impatient de savoir comment dessiner avec cette couleur. Les outils Crayon et Pinceau vous permettent d'exprimer votre créativité, comme l'expliquent les sections suivantes.

Avec ces deux outils, l'utilisation d'une tablette graphique numérique sensible à la pression est fortement conseillée. En effet, le maniement du stylet est plus intuitif que le dessin avec la souris ou sur le trackpad, car plus proche de l'emploi d'un crayon ou d'un pinceau.

Dessinez avec l'outil Crayon

L'outil Crayon produit des traits aux bords nets et bien définis. Impossible d'obtenir des bords doux et estompés, comme avec l'outil Pinceau. En fait, il est tout simplement impossible de *lisser* les bords d'un trait de crayon (voir section suivante pour le lissage). N'oubliez pas que si vous tracez des lignes obliques ou des courbes, les bords du trait apparaîtront dentelés quand vous grossirez l'affichage. Cela ne signifie évidemment pas qu'il faut jeter le Crayon aux oubliettes. Ces traits aux contours nets peuvent être parfaits pour des éléments de pages Web. De plus, le Crayon peut s'effacer lui-même, ce qui est très pratique pour les illustrations, comme celle de la Figure 12.4.

Figure 12.4 : L'outil Crayon peut vous servir à dessiner à l'écran.

Voici comment maîtriser l'utilisation de l'outil Crayon :

1. **Activez l'outil Crayon dans la palette d'outils.**

   Vous pourriez aussi appuyer sur la touche N. La forme par défaut du Crayon mesure 1 pixel de diamètre.

2. **Cliquez sur la flèche pour ouvrir la palette de formes prédéfinies et y sélectionner une forme d'outil.**

3. **Si vous le souhaitez, cliquez sur le menu Forme en haut de la palette pour charger une autre bibliothèque.**

Vous n'êtes pas limité aux formes traditionnelles par défaut. Découvrez par exemple les formes Effets spéciaux ou Formes d'outil variées, disponibles dans la liste déroulante Formes du panneau (voir Figure 12.5). Vous serez surpris de la diversité des formes qui s'offrent à vous pour créer des images ou dessiner sur vos photos.

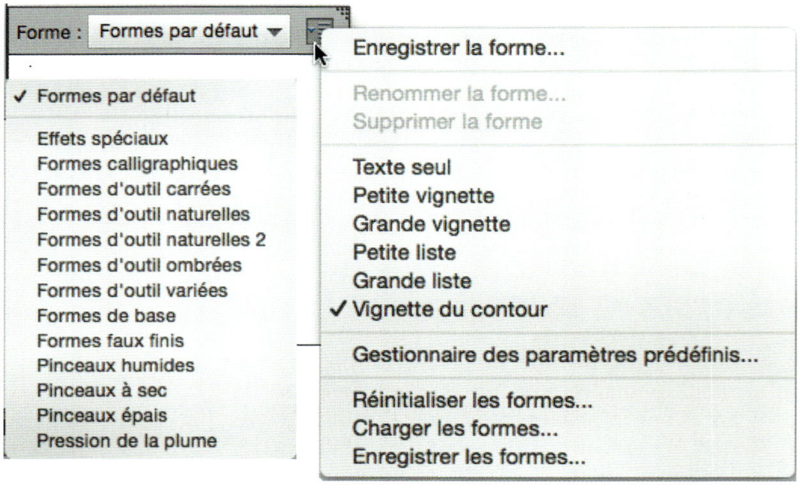

Figure 12.5 : Faites votre choix dans les bibliothèques de formes.

Le menu d'options de la palette de formes vous permet d'enregistrer, renommer ou supprimer des formes individuelles et enregistrer, charger et réinitialiser des bibliothèques de formes. Reportez-vous à cet effet à la section suivante.

4. **Sélectionnez un diamètre dans la palette Forme.**

   Si nécessaire, faites glisser le curseur Taille.

5. **(Facultatif) Si vous voulez que l'arrière-plan apparaisse sous les traits du Crayon, réglez l'opacité en faisant glisser le curseur ou en tapant un pourcentage d'opacité inférieur à 100 %.**

   Plus ce pourcentage est faible, plus les traits du Crayon sont transparents.

   Il faut dessiner sur un calque séparé situé au-dessus de l'image pour pouvoir régler l'opacité et les modes de fusion après coup. Pour en savoir plus sur les calques, consultez le Chapitre 8.

6. **Choisissez un mode de fusion.**

   Le mode de fusion détermine la manière dont la couleur de dessin interagit avec celle du document (voir Chapitre 11).

7. **(Facultatif) Cochez l'option Inversion auto si vous voulez l'activer.**

   Cette option sert à gommer les traits de crayon. Par exemple, supposons que la couleur de premier plan est le noir et que l'arrière-plan est blanc, vous dessinez donc en noir sur fond blanc. Si l'option Inversion auto est cochée, quand vous débutez un trait sur une zone déjà noire, le Crayon dessine en blanc, ce qui efface le noir et ne trace rien sur le fond blanc. En revanche, quand vous débutez un trait sur le fond blanc, vous dessinez en noir comme d'habitude.

8. **Cliquez et faites glisser la souris pour dessiner.**

   Pour tracer une ligne droite, cliquez au point de départ, relâchez le bouton de la souris, puis cliquez en appuyant sur Maj à l'autre extrémité de la ligne.

Dessinez avec l'outil Pinceau

L'outil Pinceau crée des traits aux bords estompés. La netteté des traits au pinceau dépend de la forme utilisée. Par défaut, même la forme la plus nette produit des traits légèrement estompés parce qu'ils sont lissés. Le *lissage* rend partiellement transparente la rangée de pixels en bordure du trait pour créer l'illusion de bords adoucis. Vous pouvez également sélectionner des formes douces qui produisent des traits avec un contour flou, sur le même principe que le contour progressif des sélections (voir Chapitre 7).

Les options de l'outil Pinceau sont quasiment les mêmes que celles de l'outil Crayon, à la différence que la fonction Inversion auto n'est pas disponible. Voici un aperçu des options propres au Pinceau :

- **Aérographe :** cliquez sur le bouton Aérographe dans les options d'outil pour activer le mode Aérographe. Ce faisant, quand vous maintenez enfoncé le bouton de la souris, le Pinceau continue d'appliquer de la couleur pour déposer un trait plus épais.
- **Paramètres de tablette :** si vous travaillez avec une tablette graphique sensible à la pression, définissez les options relatives à la pression du stylet : taille, diffusion, opacité, arrondi, variation de teinte. L'effet de ces options est proportionnel à la pression que vous exercez sur le stylet en dessinant au Pinceau.
- **Paramètres de forme :** ces options, dites *options de forme dynamique*, ont pour effet de faire varier le trait sur sa longueur. La Figure 12.6 illustre l'effet de ces options. En voici la liste :

Figure 12.6 : Définissez les options de la forme pour la personnaliser.

- *Estomper :* plus la valeur est faible, plus le trait de pinceau s'estompe rapidement. Avec la valeur zéro, le trait n'est pas estompé du tout.

- *Variation de teinte :* fait varier la couleur du trait entre les couleurs de premier et d'arrière-plan. Plus la valeur est élevée, plus la variation est fréquente.

- *Diffusion : au lieu de dessiner un trait continu, la forme éparpille des points de couleur le long du tracé.* Plus la valeur est élevée, plus les points sont nombreux et éloignés du tracé.

- *Pas : au lieu de dessiner un trait continu, la forme dépose des points de couleur espacés de la distance définie par le Pas.*

- *Dureté : définit la netteté du contour des traits. Une forme dure, avec une* valeur élevée, produit des traits nets.

- *Arrondi :* avec 100 %, la forme est totalement circulaire. Avec un pourcentage inférieur, elle devient ovale.

- *Angle :* si vous créez une forme ovale en réduisant l'arrondi, cette option détermine l'angle d'application des traits. Il est plus intuitif de faire glisser les points et la flèche sur le diagramme que d'essayer de deviner la valeur à entrer dans le champ de texte.

TRUC

Pour verrouiller les paramètres de forme dynamique et les appliquer à toutes vos formes, cochez la case Définissez ce paramètre comme valeur par défaut.

À l'instar de l'outil Crayon, le Pinceau présente des commandes relatives aux formes dans le menu d'option de la palette de formes prédéfinies. En voici une brève description :

- **Enregistrer la forme :** enregistre dans la bibliothèque en cours la forme que vous venez de personnaliser. Reportez-vous à cet effet à la section suivante.
- **Renommer la forme :** le nom d'une forme ne vous convient pas ? Cette option vous permet de lui en attribuer un autre.
- **Supprimer la forme :** une forme vous déplaît ? Supprimez-la *via* cette option.
- **Options d'affichage :** jeu de commandes qui régit l'affichage des formes dans la palette. L'affichage est défini par défaut à Vignette du contour, qui présente un aperçu des traits produits par la forme. Les autres options disponibles incluent Texte seul, Petite vignette, Grande vignette, Petite liste et Grande liste.
- **Réinitialiser les formes :** rétablit les paramètres par défaut de la bibliothèque de formes en cours.
- **Charger les formes :** charge une bibliothèque de formes prédéfinies ou personnalisées.
- **Enregistrer les formes : enregistre vos formes personnalisées dans** une bibliothèque à part.

Les bibliothèques de formes se gèrent également *via* le Gestionnaire de paramètres prédéfinis. Reportez-vous au Chapitre 3 pour en découvrir l'usage.

Utilisez la Forme impressionniste

L'outil Forme impressionniste a été conçu pour retoucher des photos en les transformant en tableaux peints à la main. Des options vous permettent de modifier le style des traits et de varier les effets.

Voici comment utiliser ce pinceau artistique :

1. **Activez l'outil Forme impressionniste dans la palette d'outils.**

   Il s'agit d'un pinceau orné d'une courbe. Vous pouvez aussi appuyer sur la touche B de votre clavier pour activer successivement les variantes de l'outil Pinceau.

2. **Définissez les options de la forme.**

   Les options Taille, Opacité et Mode sont identiques à celles de l'outil Pinceau, décrites à la section « Dessinez avec l'outil Pinceau », précédemment dans ce chapitre. La Forme impressionniste possède ses propres options, accessibles d'un clic sur le bouton Avancé :

   - *Style :* cette liste déroulante contient plusieurs styles de traits, comme Étroit long ou Courbure large longue.
   - *Zone :* détermine la zone affectée par l'outil. Plus la valeur est élevée, plus la zone couverte est large.
   - *Tolérance :* détermine le niveau de similarité entre les pixels pour qu'ils soient transformés par l'outil.

3. **Faites glisser le pointeur dans l'image pour repeindre la photo avec une touche personnelle, comme dans la Figure 12.7.**

   Le meilleur moyen de comprendre l'effet produit par cet outil est d'ouvrir une image et d'y essayer la Forme impressionniste avec divers styles de traits.

Figure 12.7 : La Forme impressionniste transforme la photo en peinture.

Créez votre propre forme

Maintenant que vous avez défini toutes ses options et que vous adorez votre nouvelle forme, nous vous conseillons de l'enregistrer de manière à pouvoir la réutiliser ultérieurement.

1. **Dans le menu d'options de la palette de formes prédéfinies, choisissez Enregistrer la forme.**

2 **Attribuez un nom à votre forme et cliquez sur OK.**

   Votre nouvelle forme personnalisée apparaît au bas de la palette de formes.

Il existe une autre manière de créer une forme, et ce à partir d'une portion ou de la totalité d'une image, qu'il s'agisse d'une photo ou d'un dessin.

Voici comment créer une forme à partir d'une image :

1. **Sélectionnez une portion de l'image à l'aide d'un outil de sélection.**

   Si vous voulez exploiter l'image ou le calque dans sa totalité, ne tracez pas de sélection.

   Pour en savoir plus sur les sélections, consultez le Chapitre 7.

2. **Choisissez Édition/Définir une forme ou Édition/Définir une forme d'après la sélection.**

   L'une ou l'autre des commandes apparaît, selon qu'il y a ou non une sélection dans l'image.

3. **Attribuez un nom à la forme et cliquez sur OK.**

   La nouvelle forme apparaît au bas de la palette de formes. La vignette de la forme représente une version en niveaux de gris de l'image. Lorsque vous utilisez cette forme, elle applique automatiquement la couleur de premier plan, comme le montre la Figure 12.8.

Figure 12.8 : Créez une forme personnalisée à partir d'une portion de votre image.

Remplissez une sélection et ajoutez-lui une bordure

Vous peinerez parfois à dessiner certaines formes avec le Crayon ou le Pinceau, alors que ce serait très simple par une autre technique. Essayez par exemple de tracer à main levée un cercle parfait ou une étoile à cinq branches. Si vous avez une sélection, vous pouvez la remplir ou colorer son contour pour créer cet élément par une simple commande au lieu d'essayer de le dessiner à la main. La commande Remplir la sélection ajoute une couleur ou un motif sur toute la surface sélectionnée, tandis que Contour de la sélection n'applique la couleur que sur son contour.

Remplissez la sélection

Vous ne trouverez pas d'outil Remplissage dans la palette d'outils. Adobe a préféré ne pas surcharger cette palette et placer les commandes Remplir la sélection et Contour de la sélection dans le menu Édition.

Voici comment remplir une sélection :

1. **Activez l'outil de sélection de votre choix et tracez une sélection sur un nouveau calque.**

Il n'est pas obligatoire de créer un nouveau calque pour définir la sélection à remplir, mais nous vous le conseillons. De cette manière, si la sélection remplie ne vous convient pas, il vous suffit de supprimer le calque pour récupérer l'image dans son état d'origine. Reportez-vous aux Chapitres 7 et 8 pour en savoir plus sur les sélections et sur les calques.

2. **Cliquez sur la case de couleur de premier plan ou d'arrière-plan, puis choisissez la couleur que vous utiliserez en remplissage.**

   Reportez-vous à la section « Choisissez les couleurs » si vous avez besoin d'un petit rappel.

3. **Choisissez Édition/Remplir la sélection.**

   La boîte de dialogue Remplir le calque s'affiche, illustrée par la Figure 12.9.

   Pour un remplissage express sans passer par la boîte de dialogue Remplir le calque, servez-vous de ces raccourcis clavier :

   - *Pour remplir avec la couleur de premier plan* : appuyez sur Alt + Suppr (Option + Retour arrière sous Mac).

- *Pour remplir avec la couleur d'arrière-plan :* appuyez sur Ctrl + Suppr (⌘ + Retour arrière sous Mac).

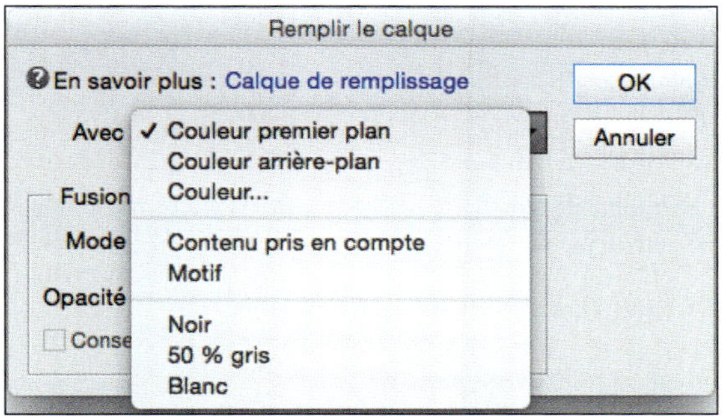

Figure 12.9 : Remplissez la sélection ou le calque avec une couleur ou un motif.

4. **Choisissez votre remplissage dans la liste Avec.**

   Vous pouvez remplir la sélection avec la couleur de premier plan ou d'arrière-plan ou choisir Couleur, Motif, Noir, 50 % gris ou Blanc. Si vous sélectionnez Couleur, le Sélecteur de couleurs apparaît. Si vous choisissez Motif, vous sélectionnerez un motif dans la palette déroulante Motif personnalisé. Pour en savoir plus à ce sujet, reportez-vous à la section « Appliquez des motifs », plus loin dans ce chapitre.

   S'il n'y a pas de sélection dans l'image, la commande s'intitule Remplir le calque et va remplir la totalité du calque.

   Vous pouvez aussi remplir la sélection au moyen de l'option Contenu pris en compte qui remplit avec des pixels prélevés du contenu environnant la sélection. Pour en savoir plus sur cette fonction étonnante, reportez-vous au Chapitre 11.

5. **Dans la zone Fusion, indiquez si vous voulez conserver la transparence, ce qui remplit uniquement les portions de la sélection qui contiennent des pixels (les zones non transparentes).**

   TRUC

   Bien qu'il soit possible de choisir un *mode de fusion* (manière dont la couleur de remplissage interagit avec les couleurs des calques inférieurs) et un pourcentage d'opacité, il est préférable de ne pas régler ces paramètres dans cette boîte de dialogue. Vous modifierez le mode et l'opacité ultérieurement pour le calque dans le panneau Calques avec davantage de flexibilité.

6. **Cliquez sur OK.**

   La couleur ou le motif remplit la sélection.

Appliquez la commande Contour de la sélection

Une simple commande permet d'ajouter un trait de couleur tout autour d'une sélection ou d'un calque. Libre à vous de placer ensuite la bordure colorée à l'intérieur ou à l'extérieur du contour de la sélection ou de la centrer. Voici comment procéder :

1. **Choisissez une couleur de premier plan et tracez une sélection.**
2. **Choisissez Édition/Contour de la sélection.**

   La boîte de dialogue Contour apparaît.
3. **Définissez les paramètres à votre convenance.**

   De nombreux paramètres sont les mêmes que ceux de la boîte de dialogue Remplir le calque, étudiée à la section précédente. Voici un bref aperçu des options propres aux contours :

   - *Épaisseur :* tapez une valeur comprise entre 1 et 250 pixels.
   - *Position :* spécifiez comment le trait de couleur va se placer le long du contour : sur le bord extérieur, le bord intérieur ou centré.
4. **Cliquez sur OK pour appliquer le trait de contour.**

   Dans la Figure 12.10, nous avons appliqué à la sélection un contour centré de 30 pixels d'épaisseur.

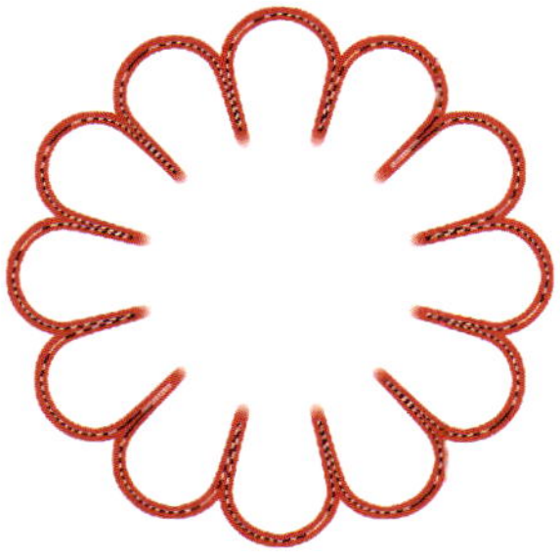

Figure 12.10 : Appliquez un contour à une sélection pour créer une bordure colorée.

Appliquez de la couleur avec le Pot de peinture

L'outil Pot de peinture est un très vieux résident de la palette d'outils. Reconnaissable à son icône de pot de peinture, il combine l'effet de la commande Remplir la sélection et de l'outil Baguette magique. Il définit une sélection en fonction de la similarité de couleur des pixels et la remplit avec une couleur ou un motif. À l'instar de la Baguette magique, le Pot de peinture est plus efficace dans une image possédant peu de couleurs, comme dans la Figure 12.11.

Pour utiliser le Pot de peinture, il suffit de cliquer à l'intérieur de la zone à remplir. Définissez tout de même vos options au préalable :

- **Peinture : le mode Peinture applique la couleur de premier plan**.
- **Motif : activez le mode** Motif et choisissez un motif prédéfini dans la palette déroulante. Pour de plus amples informations sur les motifs, reportez-vous à la section « Appliquez des motifs », plus loin dans ce chapitre.
- **Opacité :** réglez l'opacité pour ajuster la transparence du remplissage.
- **Tolérance :** choisissez une valeur de tolérance qui spécifie le niveau de similarité de couleur des pixels pour qu'ils soient sélectionnés et remplis. Plus la valeur est faible, plus les couleurs doivent être proches. Pour un complément d'information, voyez la section consacrée à la Baguette magique au Chapitre 7.

Figure 12.11 : L'outil Pot de peinture effectue une sélection et la remplit simultanément.

- **Mode :** sélectionnez un mode de fusion pour modifier l'interaction de la couleur de remplissage avec les couleurs de l'image.
- **Lissage :** estompe les transitions entre les zones remplies et non remplies.
- **Pixels cont. :** cochez cette option pour sélectionner et remplir uniquement les pixels autour du point cliqué avec l'outil. Sinon, le Pot de peinture recolore les pixels de couleur similaire partout dans l'image.
- **Tous les calques :** l'outil prélève la couleur de référence sur tous les calques.

Appliquez des dégradés de couleurs

Si une couleur ne vous suffit pas, sachez qu'il est possible de remplir une sélection ou un calque avec un dégradé de plusieurs couleurs. Elements propose un grand nombre de dégradés prédéfinis, mais vous pourrez vous amuser à créer les vôtres en toute simplicité.

Appliquez un dégradé prédéfini

Comme pour les couleurs, les motifs et les formes, vous avez un large choix de dégradés prédéfinis à votre disposition. Il est également possible de charger des bibliothèques à partir du menu déroulant de la palette de dégradés.

Voici comment appliquer un dégradé prédéfini :

1. **Définissez la sélection à remplir d'un dégradé.**

   En traçant la sélection sur un nouveau calque, vous gardez la possibilité de modifier le dégradé ultérieurement sans endommager l'image.

   Si vous n'effectuez pas de sélection, le dégradé s'applique à la totalité du calque ou de l'arrière-plan.

2. **Activez l'outil Dégradé dans la palette d'outils ou appuyez sur la touche G.**

   Son icône représente un dégradé de gris dans un rectangle.

3. **Dans les options d'outil, cliquez sur la flèche à droite de la vignette de dégradé.**

   Une palette de dégradés apparaît.

4. **Cliquez sur un dégradé prédéfini.**

   Vous êtes libre de charger d'autres bibliothèques de dégradés prédéfinis. Certaines, comme Harmonies des couleurs ou Métaux, proposent des dégradés très intéressants.

5. **Choisissez un type de dégradé en cliquant sur l'une des icônes.**

   Observez la Figure 12.12 pour découvrir chaque option.

6. **Définissez les autres options :**

   - *Mode :* sélectionnez un mode de fusion pour modifier l'interaction des couleurs du dégradé avec celles de l'image.
   - *Opacité :* spécifiez l'opacité ou la transparence du dégradé.
   - *Invers. :* inversez l'ordre d'application des couleurs.
   - *Transp. :* si cette option est désactivée, la transparence des calques n'est pas préservée, et le dégradé va colorer les pixels transparents.
   - *Simul. :* ajoutez du *bruit* pour estomper, par simulation, les démarcations qui pourraient apparaître à l'impression.

7. **Placez l'outil au point de départ du dégradé, à l'intérieur de la sélection ou du calque.**

8. **Faites glisser l'outil vers le point d'arrivée du dégradé dans la direction de votre choix.**

TRUC

Avec un mouvement long, vous obtenez une transition plus subtile entre les couleurs, tandis qu'un mouvement court produit une transition plus brutale. Maintenez enfoncée la touche Maj pour diriger le dégradé sur un angle multiple de 45 degrés.

9. **Relâchez le bouton de la souris pour appliquer le dégradé.**

Dans la Figure 12.13, nous avons appliqué un dégradé radial Orange Jaune – de la bibliothèque prédéfinie Harmonies des couleurs 2 – à un soleil sélectionné. Nous avons coché l'option Inverser et fait glisser le pointeur du centre du soleil vers la pointe d'un rayon.

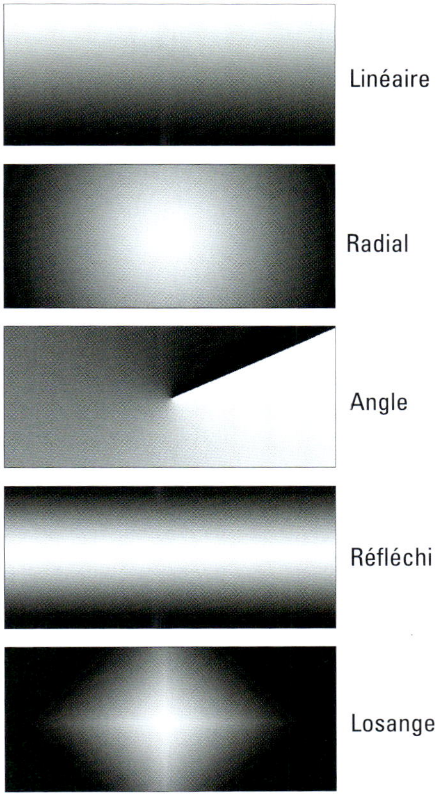

Figure 12.12 : Choisissez l'un des cinq types de dégradés.

Personnalisez les dégradés

Si aucun des dégradés prédéfinis ne vous convient, il vous suffit de définir le vôtre. L'Éditeur de dégradé vous permet de créer un dégradé personnalisé avec autant de couleurs que vous voulez. Après création d'un dégradé, vous pouvez l'enregistrer comme dégradé prédéfini pour un usage ultérieur.

Figure 12.13 : Nous avons rempli notre sélection en forme de soleil avec un dégradé radial Orange Jaune.

Voici comment définir un dégradé personnalisé :

1. **Activez l'outil Dégradé dans la palette d'outils.**
2. **Cliquez sur le bouton Modifier sous la vignette dans les options d'outil.**

   La boîte de dialogue Éditeur de dégradé s'affiche, illustrée à la Figure 12.14.

3. **Sélectionnez un dégradé prédéfini qui servira de base au nouveau dégradé.**

   Si vous voulez utiliser un dégradé d'une autre bibliothèque, sélectionnez cette bibliothèque dans la liste Paramètre prédéfini.

4. **Dans la liste Type, choisissez le type Uniforme ou Bruit.**

   Le dégradé Bruit contient des couleurs aléatoires et crée chaque fois un résultat différent.

   Notez qu'à l'instant où vous commencez à modifier le dégradé existant, son nom change et devient Personnalisé.

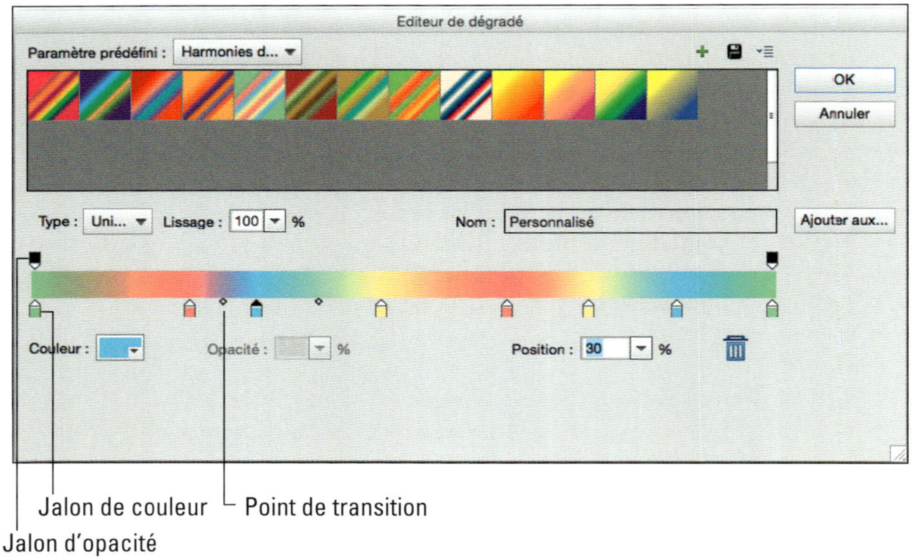

Figure 12.14 : Servez-vous de l'Éditeur de dégradé pour modifier et personnaliser des dégradés.

5. **Définissez les options concernant le dégradé Uniforme ou Bruit, selon votre choix à l'Étape 4 :**

   - *Si vous avez choisi Uniforme :* réglez le pourcentage Lissage pour ajuster la douceur des transitions entre les couleurs.

   - *Si vous avez choisi Bruit :* sélectionnez un modèle de couleur pour définir les couleurs en RVB ou en TSL. Vous pouvez également régler le paramètre Cassure, qui détermine la douceur des transitions entre les couleurs. Cochez l'option Restreindre les couleurs pour éviter les couleurs trop saturées. L'option Ajouter de la transparence ajoute de la transparence aux couleurs aléatoires. Cliquez sur le bouton Phase initiale aléatoire pour générer un nouveau dégradé aléatoire. Passez ensuite directement à l'Étape 13 pour terminer la procédure.

6. **Si vous créez un dégradé uniforme, double-cliquez sur le premier jalon de couleur à gauche sous la barre du dégradé (voir Figure 12.14).**

   Le triangle blanc au sommet du jalon devient noir pour signaler le jalon actif et le Sélecteur de couleurs apparaît pour le choix d'une couleur.

   Vous pourriez aussi cliquer sur la vignette Couleur pour ouvrir le Sélecteur de couleurs. Un clic sur la flèche de la vignette ouvre une palette avec un nuancier où vous pouvez choisir de charger un autre nuancier depuis le menu déroulant de la palette.

7. **Sélectionnez la couleur de fin du dégradé en double-cliquant sur le jalon de couleur à droite. Répétez l'Étape 6 pour définir la couleur.**

8. **Pour changer la proportion d'une couleur par rapport à l'autre, faites glisser le jalon de départ ou d'arrivée vers le centre. Faites glisser le curseur du milieu (icône de losange) pour déterminer le point où les couleurs se trouvent à niveau égal.**

   Vous pouvez aussi définir la position du point de transition en tapant une valeur dans le champ Position.

9. **Pour ajouter une autre couleur, cliquez sous la barre du dégradé à l'endroit où vous voulez insérer la couleur. Définissez cette couleur de la même manière qu'aux Étapes 6 à 8.**

10. **Répétez l'Étape 9 pour ajouter des couleurs.**

11. **Pour ajouter de la transparence à votre dégradé, sélectionnez un jalon d'opacité (voir Figure 12.14) et réglez l'option Opacité pour spécifier le degré de transparence voulu.**

Par défaut, un dégradé possède des couleurs opaques à 100 %. Vous pouvez y introduire de la transparence de manière à faire apparaître une portion de l'image au travers du dégradé.

Les jalons d'opacité s'ajoutent comme les jalons de couleur.

12. **Réglez la position des jalons de couleur et d'opacité et leur point de transition pour déterminer les pourcentages de chaque couleur.**

    Vous redéfinissez les couleurs à votre guise. Pour supprimer une couleur, faites glisser son jalon en l'éloignant de la barre du dégradé.

13. **Lorsque vous avez terminé, nommez votre dégradé dans le champ Nom et cliquez sur le bouton Ajouter aux paramètres prédéfinis.**

    Votre dégradé s'ajoute dans la bibliothèque actuelle de dégradés prédéfinis.

TRUC

Pour que tous ces efforts ne soient pas perdus, il est conseillé d'enregistrer vos dégradés. Pour ce faire, cliquez sur l'icône Enregistrer dans la boîte de dialogue Éditeur de dégradé. Enregistrez dans un fichier la bibliothèque de dégradés prédéfinis en cours avec votre nouveau dégradé. Vous pourrez ainsi charger cette bibliothèque à l'avenir. Les dégradés prédéfinis se gèrent également à l'aide du Gestionnaire de paramètres prédéfinis, comme l'explique le Chapitre 3.

Appliquez des motifs

Si vous voulez vous amuser à vêtir une personne d'un pantalon léopard, d'un tricot jacquard et d'une veste à carreaux, vous allez adorer les motifs. Il ne faut pas en abuser bien sûr, mais les motifs peuvent servir parfois à remplir des sélections ou des calques. Ils s'appliquent également à l'aide de l'outil Tampon de motif. Elements propose de nombreux motifs prédéfinis. Si, malgré tout, vous ne trouvez pas votre bonheur, il ne vous reste plus qu'à créer les vôtres.

Appliquez un motif prédéfini

Si les motifs s'appliquent à l'aide de plusieurs outils, nous nous en tiendrons à leur emploi en tant que remplissage. Pour remplir un calque ou une sélection avec un motif prédéfini, procédez comme suit :

1. **Activez le calque, ou définissez une sélection à remplir.**

   TRUC

   Une nouvelle fois, nous vous conseillons d'effectuer votre sélection sur un calque vide pour pouvoir le modifier facilement.

2. **Choisissez Édition/Remplir la sélection ou Remplir le calque et choisissez Motif dans la liste Avec.**

3. **Cliquez sur la vignette et sélectionnez un motif dans la palette déroulante Motif personnalisé, comme le montre la Figure 12.15.**

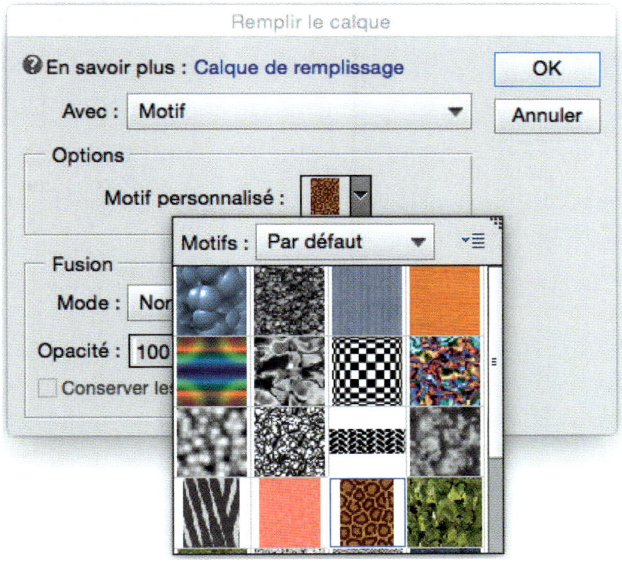

Figure 12.15 : Remplissez la sélection avec l'un des nombreux motifs prédéfinis d'Elements.

Si aucun des motifs proposés ne vous convient, choisissez une autre bibliothèque prédéfinie dans le menu Motifs.

4. **Définissez les autres options de remplissage à votre convenance comme Mode, Opacité ou Conserver les zones transparentes.**

   Ces options sont détaillées à la section « Remplissez une sélection et ajoutez-lui une bordure », précédemment dans ce chapitre.

5. **Cliquez sur OK pour remplir le calque ou la sélection avec le motif choisi.**

Créez un nouveau motif

Il est parfois nécessaire de créer son propre motif. Les motifs se créent aisément à partir de n'importe quelle photo ou dessin. Vous pouvez ainsi numériser votre signature ou un logo et en faire un motif que vous appliquerez avec l'outil Tampon de motif pour signer vos œuvres numériques.

Voici comment créer un motif :

1. **Ouvrez la photo ou le dessin qui contient la zone à employer comme motif.**

2. **Définissez la zone à convertir en motif avec l'outil Rectangle de sélection.**

   N'OUBLIEZ PAS

   Vérifiez que l'option Contour progressif est définie à 0. Autrement la commande de création de motifs ne serait pas disponible.

   Si vous n'effectuez aucune sélection, Elements crée le motif à partir du calque entier.

3. **Choisissez Édition/Définir le motif d'après la sélection ou Édition/ Utiliser comme motif.**

   La boîte de dialogue Nom du motif apparaît.

4. **Tapez un nom pour votre motif.**

   Votre nouveau motif apparaît maintenant dans le panneau de motifs pour toutes les fonctions exploitant les motifs.

Outre remplir une sélection avec un motif, vous pouvez l'appliquer comme un tampon à l'aide de l'outil Tampon de motif. Appuyez sur S pour activer le Tampon de motif. Si vous obtenez le Tampon de duplication, appuyez de nouveau sur S. Sélectionnez votre motif dans la palette déroulante de motifs. Réglez la taille, l'opacité et le mode de l'outil, puis cliquez ou faites glisser l'outil dans l'image. L'option Impressionniste rend le motif plus flou.

Tracez des formes vectorielles

Cette section va quitter le monde des pixels pour vous conduire dans un tout autre univers, celui des vecteurs. Avant de voir l'emploi des formes vectorielles, attardons-nous un instant sur la différence entre les pixels et les vecteurs :

- **Les images composées de pixels décrivent une forme par la juxtaposition de pixels de couleurs.** Quand vous agrandissez une image à pixels, vous diminuez sa qualité. Les carrés de couleurs qui la composent deviennent visibles, et l'image perd en finesse. Pour en savoir plus sur le redimensionnement d'images à pixels, reportez-vous au Chapitre 2.

- **Les vecteurs décrivent une forme par des formules mathématiques.** Les formes vectorielles se composent de tracés comprenant des lignes, des courbes et des points d'ancrage. Comme les formes vectorielles sont mathématiques, elles se redimensionnent à volonté sans perte de qualité.

La Figure 12.16 présente les deux types d'images.

Lorsque vous tracez une forme dans Elements, vous créez un élément vectoriel. Les formes s'installent sur un calque spécial appelé, sans surprise, *calque de forme*. Elles permettent de créer des logos, des boutons Web et autres graphismes précis.

Figure 12.16 : Les images dans Elements peuvent être vectorielles (haut) ou composées de pixels (bas).

Dessinez une forme

Elements offre un riche assortiment d'outils de forme. Pour dessiner une forme dans le document, procédez comme suit :

1. **Dans la palette d'outils, activez l'outil de forme de votre choix.**

   Appuyez sur U pour activer successivement les outils de forme disponibles. Tous les outils suivants possèdent des options de géométrie, décrites dans la section « Spécifiez les options de géométrie », plus loin dans ce chapitre. Voici les outils disponibles :

   - *Rectangle et Ellipse* : comme vous le faites avec le Rectangle et l'Ellipse de sélection, maintenez enfoncée la touche Maj en faisant glisser le pointeur pour produire un carré ou un cercle et maintenez enfoncée la touche Alt (Option sous Mac) pour tracer la forme à partir du centre.

   - *Rectangle arrondi :* cet outil fonctionne comme le Rectangle normal à la différence qu'il possède une option Rayon qui arrondit les angles du rectangle.

   - *Polygone :* cet outil crée un polygone avec un nombre spécifié de côtés, compris entre 3 et 100.

   - *Étoile :* cet outil crée une étoile avec un nombre spécifié de branches, compris entre 3 et 100.

- *Ligne :* cet outil trace un trait dont l'épaisseur est comprise entre 1 et 1 000 pixels. Vous pouvez ajouter des flèches aux extrémités du trait.
- *Forme personnalisée :* cet outil permet de tracer l'une des nombreuses formes prédéfinies qui sont à votre disposition. Maintenez enfoncée la touche Maj pour conserver les proportions ou Alt (Option sous Mac) pour dessiner la forme à partir du centre.

2. **Dans les options d'outil, déroulez le menu au-dessus de L et H pour spécifier les options de géométrie.**

   La valeur par défaut est Libre. Les sections qui suivent décrivent en détail les différentes options de géométrie.

3. **Si vous avez choisi l'outil Forme personnalisée à l'Étape 1, cliquez sur la vignette de forme pour dérouler la palette de formes vectorielles et sélectionner celle de votre choix.**

   Pour accéder à d'autres bibliothèques de formes prédéfinies, ouvrez le menu déroulant de cette palette.

4. **Cliquez sur la vignette de couleur pour ouvrir le nuancier et y sélectionner une couleur.**

   Cliquez sur l'icône de roue chromatique, dans l'angle inférieur droit du nuancier, pour ouvrir le Sélecteur de couleurs.

5. **Choisissez un style dans la palette déroulante Style.**

   Si vous voulez doter la forme d'effets de biseautage ou autres, choisissez un style dans la palette. Les styles sont décrits au Chapitre 11.

6. **Faites glisser l'outil dans le document pour dessiner la forme que vous avez définie.**

   La forme apparaît dans la fenêtre d'image sur son propre calque de forme, comme le montre le panneau Calques. La Figure 12.17 présente une perruque japonaise issue de la palette Déguisement.

Figure 12.17 : Les formes personnalisées sont extrêmement diversifiées.

Dessinez plusieurs formes

Après avoir créé un calque de forme, vous pouvez y dessiner d'autres formes et ainsi ajouter, soustraire, chevaucher et croiser des formes exactement comme vous le faites avec les sélections (voir Chapitre 7). Voici comment procéder :

1. **Sélectionnez l'un des boutons de mode dans les options d'outil.**

   Voici les possibilités :

   - *Créer un nouveau calque de forme :* chaque forme se place sur un nouveau calque de forme.
   - *Étendre la zone de la forme : les nouvelles formes se placent sur le même calque et se combinent entre elles.*
   - *Soustraire de la zone de forme :* soustrait une forme d'une autre forme.
   - *Intersection des zones de forme :* crée une forme à partir des zones qui se chevauchent.
   - *Exclure les zones de forme se chevauchant :* crée une forme à partir des zones qui ne se chevauchent pas.

2. **Choisissez un outil de forme et dessinez une autre forme.**

   Dans la Figure 12.18, nous avons terminé notre forme en ajoutant un visage.

Figure 12.18 : Complétez votre calque de forme.

Spécifiez les options de géométrie

Les options de géométrie définissent l'apparence des formes. Déroulez le menu central dans les options d'outil pour accéder à ces options.

Options de géométrie du Rectangle et du Rectangle arrondi

Voici la liste des options des formes Rectangle et Rectangle arrondi :

- **Libre :** vous donne carte blanche en ce qui concerne la taille et les proportions du rectangle.

- **Extrémité carrée :** trace un carré.
- **Taille fixe :** trace des rectangles de taille fixe, spécifiée par vos valeurs de largeur et de hauteur.
- **Rapport L/H :** permet de définir la proportion du rectangle. Par exemple, définissez la largeur (L) à 2 et la hauteur (H) à 1 pour tracer un rectangle deux fois plus large que haut.
- **À partir du centre :** trace la forme à partir du centre.
- **Magnétisme :** aligne la forme sur un quadrillage invisible.

TRUC

- **Rayon :** option du Rectangle arrondi qui définit l'arrondi des angles. Cette option se trouve devant la vignette de couleur à gauche.

Options de géométrie de l'Ellipse

La forme Ellipse possède les mêmes options que les rectangles, à l'exception de l'option Magnétisme. L'option Cercle permet de tracer un cercle parfait.

Options de géométrie du Polygone

Voici les options de géométrie de la forme Polygone :

- **Côtés :** spécifie le nombre de côtés du polygone.
- **Lissage : Angles :** arrondit les angles.

Options de géométrie de l'Étoile

Les options de géométrie de la forme Étoile sont les suivantes :

- **Côtés :** spécifie le nombre de branches de l'étoile.
- **Retrait :** forme des branches plus ou moins pointues.
- **Lissage : Angles :** arrondit les pointes de la forme.
- **Lissage : Retrait :** arrondit les angles internes de l'étoile.

Options de géométrie du Trait

Les paramètres de géométrie du Trait concernent les flèches que l'on peut ajouter aux extrémités du trait. Vous avez également la possibilité de régler l'épaisseur, la taille et la concavité du trait pour modifier la forme des pointes de flèche.

Options de géométrie de la Forme personnalisée

Les options de la Forme personnalisée sont semblables à celles des autres formes, avec deux options supplémentaires :

- **Proportions définies :** dessine une forme de proportions fixes, identiques à la forme d'origine.
- **Taille définie :** dessine une forme de la même taille que la forme d'origine.

Modifiez des formes

De nombreux outils et techniques permettent de modifier les formes vectorielles que vous avez tracées. Voici les opérations possibles :

- **Sélectionner : activez** l'outil Sélection de forme pour déplacer une ou plusieurs formes sur leur calque. Cet outil se trouve dans les options d'outil avec les autres outils de forme vectorielle.
- **Déplacer :** activez l'outil Déplacement (appuyez sur V) pour déplacer ensemble toutes les formes d'un même calque de forme.
- **Supprimer :** sélectionnez une forme à l'aide de l'outil Sélection de forme et appuyez sur Suppr pour la supprimer.
- **Transformer les formes :** activez l'outil Sélection de forme et sélectionnez une forme. Choisissez Image/Forme Transformation et sélectionnez l'opération à appliquer.
- **Changer la couleur :** double-cliquez sur la vignette du calque de forme dans le panneau Calques. Dans le Sélecteur de couleurs qui s'affiche, choisissez la nouvelle couleur.
- **Dupliquer une forme :** maintenez enfoncée la touche Alt (Option sous Mac) pendant que vous faites glisser la forme avec l'outil Déplacement.

TRUC

Pour convertir en pixels un calque de forme, cliquez sur le bouton Simplifier dans les options d'outil ou choisissez Calque/Simplifier le calque. Il devient impossible de modifier les formes pixellisées, mais vous pouvez agir sur les pixels et appliquer des filtres au calque simplifié. Reportez-vous au Chapitre 11 pour découvrir l'emploi des filtres.

13

Travailler avec le texte

Dans ce chapitre :

- Les principes du texte dans Elements.
- Insérez des lignes et paragraphes de texte et placez du texte sur un tracé.
- Définissez les options de texte.
- Modifiez et pixellisez le texte.
- Créez des masques de texte.
- Stylisez et déformez du texte.

Une photo est certes toujours plus parlante que des mots pour décrire une scène, mais nous serions bien négligents si nous ne mentionnions pas ici le pouvoir du texte. Vous pensez peut-être n'avoir jamais besoin d'utiliser les outils de texte. D'accord. Nous n'insisterons pas : sautez ce chapitre.

Supposons cependant que vous deviez ajouter un titre, une manchette, voire un court paragraphe à une image. Bien que Photoshop Elements ne soit en aucun cas un logiciel de traitement de texte ou même de mise en page, il met à votre disposition des outils de création, d'édition, de stylisation et de déformation du texte.

Les principes du texte dans les images

Elements propose sept outils de texte. Deux d'entre eux servent à saisir du texte horizontalement et deux autres à taper du texte à la verticale. Ne vous souciez pas des outils de texte verticaux. Bien que vous puissiez les exploiter, ils sont surtout destinés au marché asiatique, pour saisir des caractères chinois ou japonais. Les autres outils de texte servent à taper du texte aligné sur une sélection, une forme vectorielle ou un tracé.

Les outils de texte

Les outils de texte horizontaux et verticaux possèdent des attributs identiques, nous n'étudierons donc que les deux outils horizontaux et, dans un but de simplification, nous les appellerons outils Texte et Masque de texte :

- **Texte :** utilisez cet outil pour saisir du texte. Le texte est créé sur son propre calque de texte, excepté en modes Bitmap et Couleurs indexées, qui ne prennent pas en charge les calques.

  TRUC

  Nous parlerons beaucoup de calques dans ce chapitre, aussi, si vos connaissances en la matière laissent à désirer, reportez-vous au Chapitre 8.

- **Masque de texte :** cet outil ne crée pas de vrai texte, mais un contour de sélection de la forme du texte saisi. Le contour de sélection s'ajoute au calque actif. Vous pouvez ensuite l'exploiter comme toute autre sélection. (Reportez-vous au Chapitre 7 au sujet des sélections.)

Les trois autres outils de texte créent tous du texte curviligne par différentes méthodes :

- **Texte sur la sélection :** cet outil vous permet de dessiner une sélection sur l'image, comme avec l'outil Sélection rapide. La sélection se convertit en un tracé, sur lequel vous pouvez taper du texte qui s'aligne le long du tracé.

- **Texte sur la forme :** cet outil vous permet de tracer une forme vectorielle et de taper du texte sur le contour de la forme.

- **Texte sur tracé personnalisé :** ce dernier outil de texte vous permet de dessiner sur l'image un tracé de forme libre sur lequel le texte viendra s'aligner.

  Ces trois outils de texte créent un calque de texte. Découvrez leur emploi à la section « Créez du texte curviligne ».

  NOTE TECHNIQUE

  Le tracé est un objet vectoriel qui se compose de trois éléments ; des points d'ancrage, des segments droits et des courbes. Le tracé réside au-dessus de l'image, dans son propre espace, sans aucune incidence sur les pixels de l'image. Dans ce contexte, le tracé est la ligne de forme libre sur laquelle repose le texte. Vous pouvez modifier le tracé après coup à l'aide de l'outil Améliorer le tracé, dont l'emploi est expliqué à la section « Créez du texte curviligne ».

Les modes de texte

Il existe trois modes de saisie du texte dans Elements : le texte de ligne, le texte de paragraphe et le texte sur tracé. Les outils Texte et Masque de texte forment tous deux du texte de ligne ou de paragraphe. Voici une brève description de chacun (nous détaillerons le processus de création de texte au cours des prochaines sections) :

- **Ligne :** utilisez ce mode si vous ne devez saisir que quelques mots. Pour créer une ligne de texte, activez l'outil Texte, cliquez dans l'image et tapez sur les touches de votre clavier. Le texte apparaît en même temps que votre saisie et, de fait, se poursuit même au-delà de la limite de l'image !

  Retenez que le texte de ligne ne passe *jamais* à la ligne. Pour passer à la ligne suivante, vous devez appuyer sur Entrée (Retour arrière sous Mac).

- **Paragraphe :** servez-vous de ce mode pour saisir des blocs de texte plus conséquents sur une image. Pour créer un texte de paragraphe, cliquez et faites glisser l'outil Texte. Vous déterminez ainsi une zone de texte dans laquelle vous pouvez saisir. Tout le texte est alors saisi dans cette zone de texte délimitée et redimensionnable. Si une ligne de texte est trop longue, Elements passe automatiquement à la ligne.
- **Tracé :** Elements permet de placer du texte sur un tracé de forme libre grâce à trois outils de texte spéciaux. Double-cliquez sur le tracé et tapez votre prose. Le texte apparaît le long du tracé.

Les formats de texte

Elements affiche et imprime le texte dans deux formats différents. Chaque format possède ses avantages et ses inconvénients. Vous devrez choisir en fonction de vos besoins. Voyons ce qu'il en est pour chacun d'eux :

- **Vectoriel :** initialement, tout le texte saisi dans Elements est créé sous forme vectorielle. Le texte vectoriel génère des contours redimensionnables sans produire de bords dentelés dans les diagonales et les courbes. Le texte vectoriel reste entièrement modifiable et s'imprime toujours avec la meilleure qualité possible, propre et net. Il s'agit du format de texte par défaut dans Elements, sauf dans le cas des images en mode Bitmap et Couleurs indexées.
- **Pixellisé :** quand Elements convertit le texte vectoriel en pixels, il est pixellisé. Elements appelle ce processus *simplification*. Lorsque le texte est simplifié, il n'est plus modifiable, car il est converti en image composée de pixels. On simplifie généralement un texte vectoriel pour

y appliquer des filtres et produire un effet spécial ou fusionner le texte avec l'image. Il n'est pas possible de simplifier le texte sans perdre en qualité ou risquer des bords dentelés. Pour de plus amples informations, reportez-vous à la section « Simplifiez le texte », plus loin dans ce chapitre.

Créez du texte de ligne

Le plus souvent, vous saisirez du texte en mode texte de ligne. Ce type de texte sert à insérer quelques mots pour taper des manchettes, des étiquettes, des logos ou des titres de page Web.

Le texte de ligne a pour particularité d'être précédé d'un seul point d'ancrage, lequel marque le point de départ de la ligne de texte. N'oubliez pas qu'il n'y a pas de retour automatique à la ligne avec ce type de texte, comme le montre la Figure 13.1.

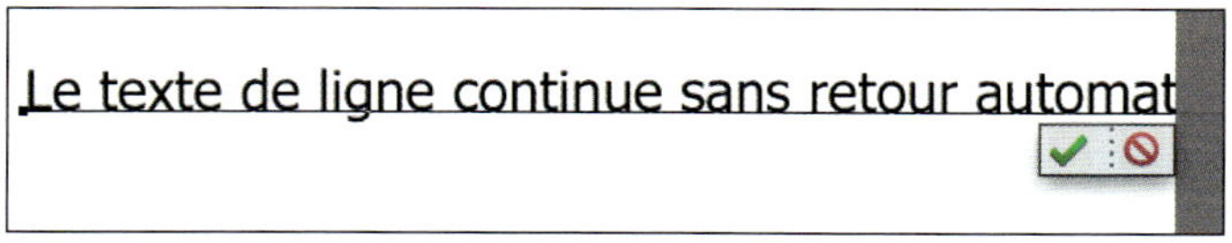

Figure 13.1 : Le texte de ligne ne passe pas automatiquement à la ligne et peut sortir de l'image.

Voici comment créer une ligne de texte :

1. **Ouvrez l'Éditeur et passez en mode Expert.**
2. **Ouvrez une image ou créez un fichier vide en choisissant Fichier/ Nouveau/Fichier vide.**
3. **Activez l'outil Texte dans la palette d'outils.**

   Vous pouvez aussi appuyer sur la touche T pour défiler entre les différents outils de texte. Sinon, activez l'outil de texte à utiliser dans les options d'outil d'un autre outil de texte.
4. **Sur l'image, cliquez à l'endroit où vous voulez insérer le texte.**

   Un *pointeur en forme de I*, appelé point d'insertion, apparaît dès que vous cliquez.

   Une petite barre horizontale, à environ un tiers de la hauteur du pointeur en I, désigne la *ligne de base* (la ligne sur laquelle reposent les lettres) du texte horizontal.

5. **Définissez les options de texte dans la zone Options d'outil.**

   Toutes les options sont détaillées plus loin dans ce chapitre, à la section « Spécifiez les options de texte ».

6. **Tapez le texte et appuyez sur Entrée (Retour sous Mac) pour commencer une nouvelle ligne.**

   Lorsque vous appuyez sur Entrée (ou Retour), vous insérez un retour chariot qui ne bouge pas.

7. **Une fois la saisie terminée, cliquez sur la coche de validation sous le texte.**

   Si vous préférez annuler la saisie, cliquez sur le bouton d'annulation.

   Vous pouvez également valider la saisie en appuyant sur la touche Entrée du pavé numérique ou en activant un autre outil dans la palette d'outils. Elements crée un nouveau calque de texte. Les calques de texte apparaissent dans le panneau Calques, identifiés par l'icône T.

Créez du texte de paragraphe

Pour saisir un texte d'une certaine longueur, il est préférable de saisir du texte de paragraphe. La saisie est identique à celle d'un logiciel de traitement de texte ou de mise en page, excepté que le texte se trouve délimité dans une zone de texte. Lorsque vous saisissez le texte et atteignez la limite de la zone de texte, Elements passe automatiquement à la ligne suivante.

Voici comment saisir un bloc de texte :

1. **Ouvrez l'Éditeur et passez en mode Expert.**

2. **Ouvrez une image ou créez un nouveau fichier vide en choisissant Fichier/Nouveau/Fichier vide.**

3. **Activez l'outil Texte dans la palette d'outils, ou appuyez plusieurs fois sur la touche T pour défiler entre les outils de texte.**

   Vous pouvez aussi activer l'outil Texte dans les options d'un autre outil de texte.

4. **Sur l'image, insérez la zone de texte et définissez ses dimensions en vous servant de l'une des deux méthodes suivantes :**

   Faites glisser le pointeur pour créer une zone de texte de la taille souhaitée. Une fois le bouton de la souris relâché, servez-vous des poignées d'angle et de bord pour redimensionner la zone.

Maintenez la touche Alt (Option sous Mac) enfoncée et cliquez dans l'image. La boîte de dialogue Taille du texte de paragraphe s'ouvre. Indiquez les dimensions exactes de la zone de texte. Cliquez sur OK pour créer la zone de texte. Si nécessaire, servez-vous des poignées pour la redimensionner.

5. **Définissez les options de texte dans la zone Options d'outil.**

   Nous détaillerons les options dans la prochaine section.

6. **Saisissez le texte ; pour débuter un nouveau paragraphe dans la zone de texte, appuyez sur Entrée (Retour sous Mac).**

   Le texte revient à la ligne automatiquement dès qu'il atteint le bord de la zone de texte, comme le montre la Figure 13.2.

   TRUC

   Si vous saisissez plus de texte que la zone ne peut en contenir, une icône de débordement apparaît. Redimensionnez la zone de texte en faisant glisser l'une des poignées de dimensionnement.

7. **Cliquez sur la coche de validation sous le texte ou appuyez sur la touche Entrée du pavé numérique.**

   Si le texte ne vous convient pas, cliquez sur le bouton d'annulation.

   Si vous validez, Elements crée un nouveau calque de texte.

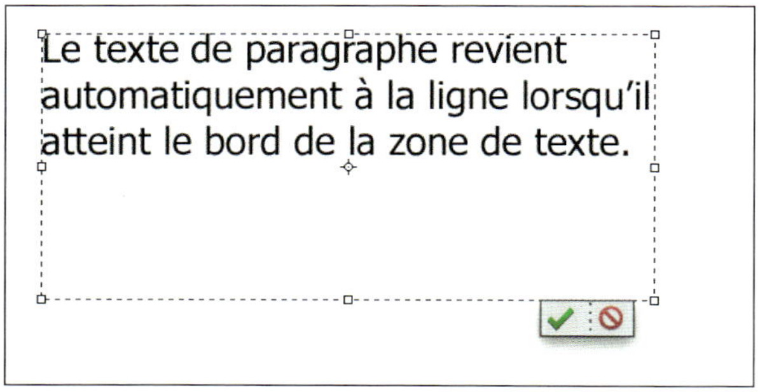

Figure 13.2 : Le texte de paragraphe passe automatiquement à la ligne pour s'adapter à la zone de texte.

Créez du texte curviligne

Si vous voulez taper du texte curviligne qui s'aligne autour d'un cercle, le long d'une vague, d'un escalier ou de toute autre forme libre, vous disposez de l'outil adéquat. Elements propose trois outils de texte pour répondre à ce besoin. De plus, le texte sur tracé est facile à réaliser, reste entièrement modulable et réside sur son propre calque.

Utilisez l'outil Texte sur la sélection

Vous pouvez taper du texte curviligne en créant d'abord une sélection dans l'image, de la même manière qu'avec l'outil Sélection rapide. Voici comment procéder :

1. **Ouvrez l'Éditeur en mode Expert.**

2. **Ouvrez une image ou un nouveau fichier vide en choisissant Fichier/Nouveau/Fichier vide.**

3. **Activez l'outil Texte sur la sélection dans la palette d'outils ou appuyez sur T pour défiler entre les outils de texte.**

   Autrement, vous pouvez activer cet outil dans les options d'outil d'un autre outil de texte. Son icône représente un T majuscule encadré de pointillés.

4. **Faites glisser l'outil dans l'image pour former une sélection.**

5. **Agrandissez ou réduisez la surface sélectionnée par l'une de ces quatre méthodes :**

   - Appuyez sur Maj pendant que vous faites glisser l'outil sur une portion à ajouter à la sélection.
   - Appuyez sur Alt (Option sous Mac) pendant que vous faites glisser l'outil sur une portion à retirer de la sélection.
   - Activez le mode Addition ou Soustraction dans les options d'outil et faites glisser l'outil sur les zones concernées.
   - Déplacez le curseur Décalage vers la gauche pour contracter la sélection ou vers la droite pour la dilater.

   Les autres options sont communes à tous les outils de texte et sont décrites plus loin dans ce chapitre.

6. **Une fois la sélection terminée, cliquez sur la coche de validation pour convertir le contour de sélection en tracé.**

   Si vous préférez recommencer de zéro, cliquez sur le bouton d'annulation.

7. **Placez la souris sur le tracé et, quand le pointeur se transforme en curseur de saisie (I majuscule avec une barre ondulée), cliquez sur le tracé pour commencer à saisir votre texte.**

   Le texte vient s'aligner le long du tracé. Si le tracé est trop court pour contenir tout le texte, une icône de débordement apparaît. Agrandissez alors la sélection de manière à faire apparaître le texte entier.

8. **Quand vous avez fini de saisir le texte, cliquez sur la coche de validation.**

   Elements crée un nouveau calque de texte. Vous pouvez modifier les attributs du texte, police et taille, comme vous le faites pour le texte de ligne et de paragraphe, selon les instructions de la section « Modifiez le texte ».

Utilisez l'outil Texte sur la forme

Cet outil sert à taper du texte qui vient s'aligner sur le pourtour d'une forme vectorielle. Il s'utilise de la manière suivante :

1. **Ouvrez l'Éditeur en mode Expert.**
2. **Ouvrez une image ou un nouveau fichier vide en choisissant Fichier/ Nouveau/Fichier vide.**
3. **Activez l'outil Texte sur la forme dans la palette d'outils ou appuyez sur T pour défiler entre les outils de texte.**

   Autrement, vous pouvez activer cet outil dans les options d'outil d'un autre outil de texte.

4. **Sélectionnez une forme dans la série d'icônes des options d'outil.**
5. **Tracez une forme en faisant glisser l'outil dans l'image.**
   - Pendant le mouvement, appuyez sur Maj pour conserver les proportions de la forme.
   - Pendant le mouvement, appuyez sur Alt (Option sous Mac) pour tracer la forme depuis son centre.
6. **(Facultatif) Vous pouvez agir sur la forme en choisissant une opération dans le sous-menu Image/Forme transformation.**

   Vous pouvez définir d'autres options qui sont communes à tous les outils de texte et décrites plus loin dans ce chapitre.

   Pour en savoir plus à propos des transformations, reportez-vous au Chapitre 8.

7. **Placez la souris sur le tracé et, quand le pointeur se transforme en curseur de saisie (I majuscule avec une barre ondulée), cliquez sur le tracé pour commencer à saisir votre texte.**

   Le texte vient s'aligner le long du tracé, comme le montre la Figure 13.3.

   Si le texte est plus long que le tracé, une icône de débordement apparaît. Modifiez le tracé afin que le texte apparaisse en entier.

Figure 13.3 : Le texte curviligne suit le contour du tracé.

8. **Quand vous avez fini de saisir le texte, cliquez sur la coche de validation.**

   Si vous décidez d'annuler la saisie, cliquez sur le bouton d'annulation.

   Elements crée un nouveau calque de texte. Vous pouvez modifier les attributs du texte, police et taille, comme vous le faites pour le texte de ligne et de paragraphe, selon les instructions de la section « Modifiez le texte ».

TRUC

Vous pouvez modifier le tracé de la forme au moyen de l'outil Améliorer le tracé (noté Modifier), qui apparaît dans les options d'outil de l'outil Texte sur tracé personnalisé. Pour exploiter cet outil, assurez-vous que le calque de texte est le calque actif dans le panneau Calques.

Utilisez l'outil Texte sur tracé personnalisé

Si vous voulez placer le texte sur un tracé dessiné par vos soins, exploitez l'outil Texte sur tracé personnalisé de la manière suivante :

1. **Ouvrez l'Éditeur en mode Expert.**

2. **Ouvrez une image ou un nouveau fichier vide en choisissant Fichier/Nouveau/Fichier vide.**

3. **Activez l'outil Texte sur tracé personnalisé dans la palette d'outils ou appuyez sur T pour défiler entre les outils de texte.**

   Autrement, vous pouvez activer cet outil dans les options d'outil d'un autre outil de texte.

4. **Faites glisser l'outil dans l'image pour dessiner un tracé.**

5. **Si nécessaire, cliquez sur le bouton Modifier dans les options d'outil pour activer la fonction Améliorer le tracé. Déplacez les points d'ancrage ou déformez les segments courbes avec le pointeur en forme de plume jusqu'à obtenir la forme voulue.**

   Vous pouvez aussi modifier le tracé en choisissant Image/Forme transformation. Les commandes de transformation sont décrites au Chapitre 8.

   Les autres options sont communes à tous les outils de texte et sont décrites plus loin dans ce chapitre.

6. **Placez la souris sur le tracé et, quand le pointeur se transforme en curseur de saisie (I majuscule avec une barre ondulée), cliquez sur le tracé pour commencer à taper.**

   Le texte vient s'aligner le long du tracé.

   Si le texte est plus long que le tracé, une icône de débordement apparaît. Modifiez le tracé de sorte que le texte apparaisse en entier.

7. **Quand vous avez fini de saisir le texte, cliquez sur la coche de validation.**

   Elements crée un nouveau calque de texte. Vous pouvez modifier les attributs du texte, police et taille, comme vous le faites pour le texte de ligne et de paragraphe, selon les instructions de la section « Modifiez le texte ».

8. **Pour ajouter un tracé personnalisé, activez le calque Arrière-plan et répétez les Étapes 3 à 7.**

Spécifiez les options de texte

Les options d'outil proposent plusieurs attributs de caractères et de paragraphe (voir Figure 13.4). Ces options vous permettent de choisir une mise en forme adaptée à vos goûts et à l'image.

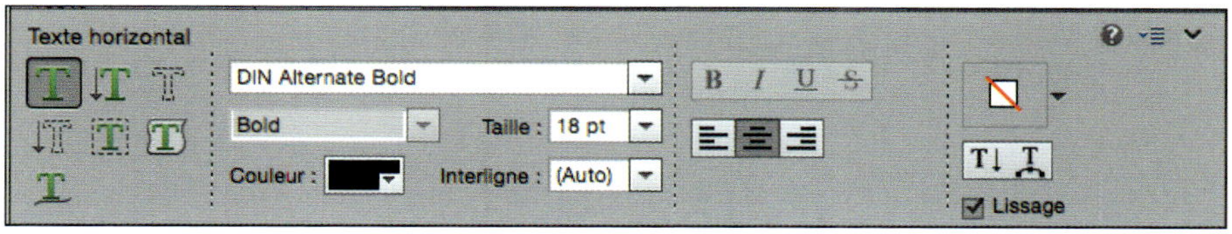

Figure 13.4 : Spécifiez les options de texte, comme la police et la taille, avant de commencer la saisie.

Voici une description de chaque option disponible pour les outils de texte :

- **Police :** sélectionnez une police dans le menu déroulant. Elements propose un menu de polices avec aperçu. Après chaque nom de police, le mot *Sample* donne un aperçu de son rendu.

  Chaque police est également précédée d'un symbole qui indique son type :

  - *a* : polices Adobe Type 1 (PostScript).
  - *TT* : polices TrueType.
  - *O* : polices OpenType.

  Les polices sans abréviation sont des polices bitmaps.

- **Style :** certaines polices possèdent des styles supplémentaires comme *light* ou *condensed*. Seuls les styles disponibles pour la police active apparaissent dans la liste. Ce menu fournit également un aperçu de l'effet des styles.
- **Corps :** sélectionnez une taille dans la liste déroulante ou tapez la taille souhaitée dans le champ de texte. La taille de texte se mesure généralement en points (72 points correspondent à 1 pouce avec une résolution de 72 ppp). Pour changer d'unité de mesure du texte, choisissez Édition//Préférences/Unités et règles (ou sous Mac, Photoshop Elements/Préférences/Unités et règles).
- **Couleur :** cliquez sur la vignette de couleur pour sélectionner la couleur du texte dans un nuancier. Pour accéder au Sélecteur de couleurs, cliquez sur l'icône colorée dans l'angle inférieur droit de la palette déroulante Nuancier.
- **Interligne :** l'interligne définit l'espace entre les lignes de base des lignes de texte. La *ligne de base* est une ligne imaginaire sur laquelle repose le texte. Vous pouvez opter pour un interligne automatique ou préciser l'espacement à appliquer. Avec l'interlignage automatique, Elements utilise 120 % de la taille du texte. Ainsi, un texte d'une taille de 10 points aura un interligne de 12 points. Elements ajoute 20 % pour éviter que

le bas des lettres les plus basses ne touche le haut des lettres les plus hautes de la ligne suivante.

- **Alignement :** ces trois options alignent le texte horizontalement sur le bord gauche ou droit ou au centre de la zone de texte. Si vous avez saisi du texte verticalement, ces options alignent le texte en haut, en bas et au centre.

TRUC

- **Lissage :** activez l'option Lissage pour adoucir les contours crénelés du texte. Le lissage adoucit le bord sur une largeur d'un pixel, comme le montre la Figure 13.5. Vous activerez le lissage du texte dans la plupart des cas. La seule occasion pour laquelle vous le désactiverez sera sans doute pour la création de texte de petite taille destiné à être affiché à l'écran, comme dans une page Web. Le texte lissé est parfois plus difficile à lire.

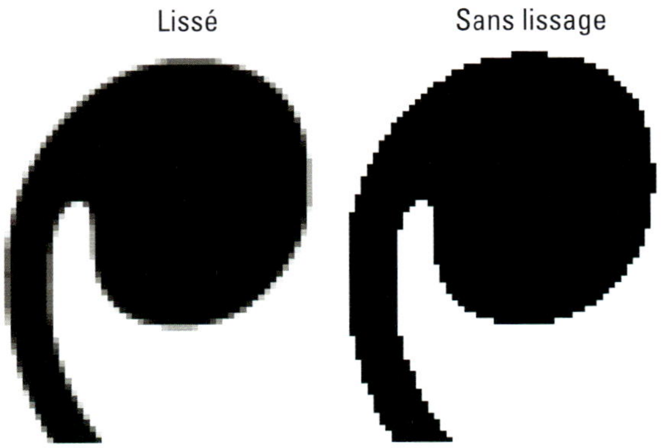

Figure 13.5 : Le lissage adoucit les bords du texte.

- **Faux gras :** servez-vous de cette option pour simuler le style gras lorsqu'il n'existe pas de vrai style gras (dans la liste Style) pour la police choisie. Sachez cependant que l'application de faux styles risque de déformer les proportions de certaines polices. Choisissez de préférence des polices disposant de vrais styles et, s'ils n'existent pas, prenez le risque.

- **Faux italique :** cette option crée un style italique factice et amène le même avertissement que l'option Faux gras.

- **Souligné :** ce paramètre souligne le texte, de la manière suivante.

- **Barré :** choisissez cette option pour barrer le texte, ~~comme ceci~~.

- **Style de calque :** cliquez sur la vignette de style pour accéder à une palette déroulante de styles prédéfinis que vous pouvez appliquer au calque de texte. Cette option devient disponible une fois que vous avez validé la saisie du texte (voir « Stylisez et déformez du texte », plus loin dans ce chapitre).

- **Modifier l'orientation du texte :** sélectionnez le calque de texte et cliquez sur cette option pour basculer entre les orientations de texte horizontale et verticale.
- **Créer un texte déformé :** cette option amusante déforme le texte de plus d'une dizaine de manières différentes (voir « Stylisez et déformez du texte », plus loin dans ce chapitre).

N'OUBLIEZ PAS

Ces paramètres peuvent s'appliquer avant ou après la saisie du texte.

Modifiez le texte

Pour corriger les fautes de frappe, ajouter ou supprimer du texte et modifier les options de texte, procédez comme suit :

1. **Activez l'outil Texte dans la palette d'outils.**
2. **Double-cliquez sur le texte dans l'image pour activer automatiquement son calque.**
3. **Effectuez l'une des actions suivantes pour agir sur le texte :**
   - *Pour modifier la police, la taille, la couleur ou toute autre option de texte* : si vous voulez modifier tout le texte, sélectionnez simplement le calque de texte dans le panneau Calques. Si vous souhaitez uniquement modifier une portion du texte, sélectionnez-la en faisant glisser le pointeur de l'outil Texte. Ensuite, changez les paramètres dans les options d'outil, selon les instructions de la section « Spécifiez les options de texte ».
   - *Pour supprimer du texte* : sélectionnez le texte en faisant glisser le pointeur de l'outil Texte. Appuyez sur la touche Retour arrière/ Suppr.
   - *Pour ajouter du texte* : placez le point d'insertion en cliquant avec le pointeur en I dans la ligne de texte. Tapez votre texte.

   Ces opérations sont possibles avec tous les types de texte : texte de ligne, de paragraphe et curviligne.
4. **Lorsque vous avez terminé les modifications de texte, cliquez sur la coche de validation.**

TRUC

Vous devrez occasionnellement appliquer des transformations au texte. Pour ce faire, vérifiez que le calque de texte est bien sélectionné dans le panneau Calques. Dans le menu Image, choisissez Transformation/Transformation manuelle. Cliquez sur une poignée du cadre de transformation et faites glisser pour faire pivoter ou redimensionner. Appuyez sur Ctrl (⌘ sous Mac) et faites glisser une poignée pour déformer le texte. Une fois cela terminé, double-cliquez dans la zone de texte pour valider la transformation. Pour de plus amples informations sur les transformations, reportez-vous au Chapitre 8.

Dans le cas du texte curviligne, la transformation s'applique au tracé. Quand vous double-cliquez dans le cadre de transformation pour valider, le texte vient se coller sur le tracé transformé.

Simplifiez le texte

Comme nous l'avons vu au début de ce chapitre, Elements propose deux formats d'affichage et d'impression du texte : *vectoriel* et *pixellisé*.

Tant que le texte demeure de nature vectorielle dans un calque de texte, il peut être modifié et redimensionné.

Vous aurez parfois besoin de *simplifier* le texte, autrement dit, de le convertir en pixels. Après quoi, vous pourrez lui appliquer des filtres, des dégradés et des motifs ou des couleurs de remplissage. Quand vous aplatissez l'image (fusion de tous les calques en un seul calque d'arrière-plan), les calques de texte sont simplifiés et fusionnés avec les autres pixels de l'image. Quand vous tentez d'appliquer un filtre à un calque de texte, Elements vous signale que le calque de texte doit être simplifié avant de poursuivre et vous laisse le choix de cliquer sur OK (vous acceptez la simplification) ou Annuler.

Pour simplifier le texte, sélectionnez le calque de texte dans le panneau Calques puis choisissez Calque/Simplifier le calque. Elements convertit alors le calque de texte (l'icône T disparaît) en calque ordinaire sur lequel le texte s'affiche désormais sous forme de pixels sur un arrière-plan transparent, comme le montre la Figure 13.6.

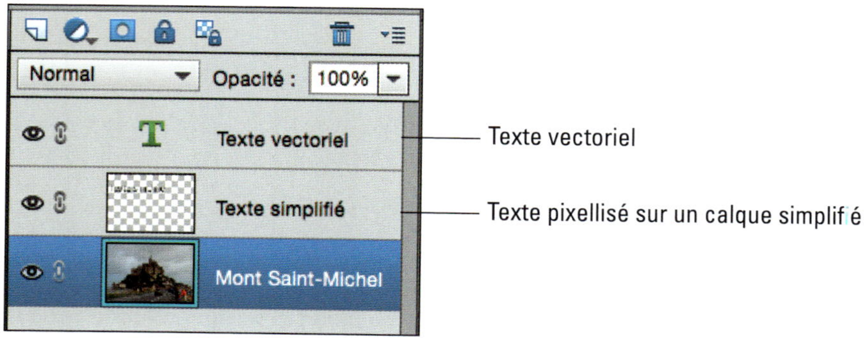

Figure 13.6 : La simplification d'un calque de texte convertit le texte vectoriel en pixels.

Pour ne pas avoir à recréer le texte depuis le début, n'oubliez pas d'y apporter toutes les modifications nécessaires avant la simplification, y compris le redimensionnement. Une fois le texte simplifié, il n'est plus possible de changer ses dimensions sans risquer l'effet de contours dentelés. Le texte simplifié engendre un autre inconvénient : bien qu'à l'écran il ressemble au texte vectoriel, il ne s'imprime jamais de manière aussi claire et nette que ce dernier. Même si vous optez pour des paramètres haute résolution, le texte simplifié s'accompagne toujours d'un léger crénelage. Aussi, si vous tentez d'appliquer des couleurs ou des filtres à votre texte, faites une copie du calque de texte avant de le simplifier, puis masquez la copie.

Utilisez un masque de texte

L'outil Masque de texte sert à combiner du texte et une image. Contrairement à l'outil Texte ordinaire, l'outil Masque de texte ne crée pas de nouveau calque, mais une sélection sur le calque actif. Optez pour cet outil si vous devez remplir du texte avec une image ou découper du texte dans l'image de façon à laisser voir l'arrière-plan au travers du texte, comme dans la Figure 13.7.

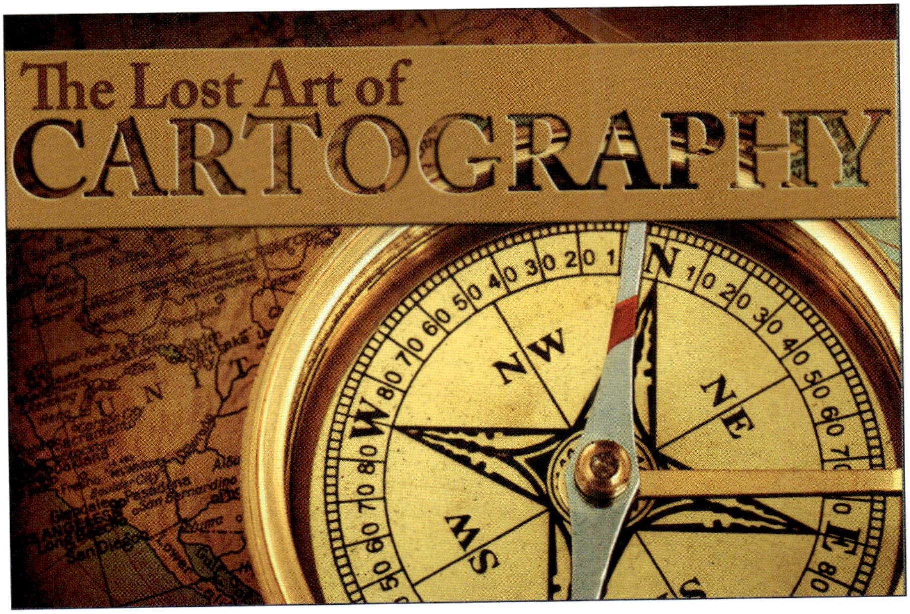

Figure 13.7 : L'outil Masque de texte découpe le texte dans l'image.

N'OUBLIEZ PAS

Une sélection reste une sélection, peu importe la manière dont elle a été créée. En conséquence, même si elle prend la forme de lettres, elle fonctionne comme une sélection. Il est possible de la déplacer, de la modifier et de la mémoriser.

Voici comment créer un masque de texte :

1. **Ouvrez l'image de votre choix en mode Expert.**

   Notre image contient la texture Marbre noir.

2. **Convertissez l'arrière-plan en calque en double-cliquant sur le mot Arrière-plan dans le panneau Calques. Dans la boîte de dialogue qui apparaît, cliquez sur OK.**

   Cette étape permet d'habiller ultérieurement le texte avec des styles.

3. **Dans la palette d'outils, activez l'outil Masque de texte horizontal.**

4. **Spécifiez les options de texte, comme la police, le style et le corps dans les options d'outil.**

5. **Cliquez dans l'image et saisissez le texte. Une fois cela terminé, cliquez sur le bouton de validation.**

   Un contour de sélection de la forme du texte apparaît sur l'image.

6. **Dans le menu Sélection, choisissez Intervertir pour désélectionner les lettres et sélectionner tout le reste.**

7. **Appuyez sur la touche Retour arrière/Suppr pour supprimer tout hormis le texte.**

   Votre texte est à présent rempli par l'image.

8. **Choisissez Sélection/Désélectionner.**

9. **Essayez d'appliquer différents styles au calque contenant le texte.**

   a. *Choisissez Fenêtre/Effets ou cliquez sur le bouton fx au bas de la fenêtre pour ouvrir le panneau Effets (ce bouton apparaît seulement dans l'espace de travail de base).*

      Si vous souhaitez revenir à l'espace de travail de base, cliquez sur la flèche du bouton Plus dans l'angle inférieur droit de la fenêtre et choisissez Espace de travail de base dans le menu du bouton.

   b. *Cliquez sur le bouton Styles en haut du panneau.*

   c. *Sélectionnez une catégorie de styles de calque dans le menu déroulant, comme Ombres portées ou Biseautages.*

d. *Double-cliquez sur la vignette d'un style pour l'appliquer.* Dans la Figure 13.8, nous avons utilisé une ombre portée et un biseautage. Pour de plus amples informations sur les styles de calque, reportez-vous au Chapitre 11.

Figure 13.8 : Remplissez le texte avec un motif ou une image en vous servant de l'outil Masque de texte.

TRUC

Pour voir le texte sur un arrière-plan uni, comme nous l'avons fait, créez un nouveau calque, choisissez Édition/Remplir le calque et sélectionnez sa couleur dans la liste déroulante Avec.

Stylisez et déformez du texte

Si vous avez créé un masque de texte dans la précédente section, vous savez qu'Elements ne se limite pas à l'ajout de lettres noires sur une image. En quelques clics, vous pouvez déformer et styliser le texte. Mais si vous n'y prêtez pas garde, votre typographie artistique risque de faire de l'ombre à l'image.

Réglez l'opacité du texte

Si vous avez déjà consulté le Chapitre 8, vous savez que les calques sont la version numérique du papier calque. Il est possible de modifier l'opacité des éléments placés sur les calques pour faire apparaître, à divers degrés de transparence, le calque placé en dessous. Cette option est également valable pour un calque de texte. Examinez la Figure 13.9 pour voir l'effet de différents pourcentages d'opacité des calques de texte sur une image aquatique.

Figure 13.9 : Vous pouvez régler l'opacité des calques de texte pour laisser voir l'image du calque inférieur.

Pour modifier l'opacité d'un calque de texte, sélectionnez-le dans le panneau Calques, cliquez sur la flèche à droite du pourcentage d'opacité et faites glisser le curseur. Plus le pourcentage est faible, moins le texte est opaque (et plus le calque à l'arrière est visible).

Appliquez des filtres au texte

L'une des choses les plus intéressantes que l'on puisse faire avec le texte dans Elements, et qu'il est impossible de réaliser dans un traitement de texte ou un programme de mise en page, est l'application d'effets spéciaux, comme des filtres. Il est possible de donner l'impression que le texte s'embrase, coule ou se déplace, comme dans l'exemple de la Figure 13.10 où nous avons appliqué un flou directionnel.

N'OUBLIEZ PAS

Le seul inconvénient est qu'il faut simplifier (pixelliser) le texte avant de lui appliquer un filtre. Veillez donc à réaliser toutes les tâches d'édition avant d'appliquer un filtre.

Pour appliquer un filtre, il suffit de sélectionner un calque de texte simplifié dans le panneau Calques et de choisir un filtre dans le menu Filtre. Pour de plus amples informations sur les filtres, reportez-vous au Chapitre 11.

Figure 13.10 : Application d'un flou directionnel à du texte pour donner une impression de mouvement rapide.

Peignez le texte avec des couleurs et des dégradés

Pour modifier la couleur du texte, il suffit de le sélectionner et de choisir une couleur dans le Sélecteur de couleurs. Mais comment procéder si l'on souhaite obtenir un effet plus original, comme celui des coups de pinceau de la Figure 13.11 ? L'opération est plus simple qu'il n'y paraît. Comme pour l'application de filtres au texte, il faut d'abord simplifier le calque de texte. Cela fait, sélectionnez une couleur, prenez l'outil Pinceau avec les paramètres de votre choix et peignez. Dans notre exemple, nous avons employé la forme Flux de granit, qui se trouve dans les formes prédéfinies Effets spéciaux. Nous avons employé un diamètre de 39, 15 et 6 pixels et avons simplement donné quelques coups de pinceau.

TRUC

Pour limiter la couleur ou le dégradé à l'intérieur du texte, cliquez la vignette du calque du texte en appuyant sur Ctrl (⌘ sous Mac), ce qui sélectionne le texte, ou verrouillez la transparence du calque dans le panneau Calques.

Vous pouvez également appliquer un dégradé au texte. Voici comment procéder après avoir pixellisé le texte en simplifiant son calque :

1. **Activez l'outil Dégradé dans la palette d'outils.**

2. **Dans les options d'outil, cliquez sur la flèche à droite de la vignette de dégradé pour dérouler la palette de dégradés.**

3. **Choisissez un dégradé prédéfini.**

   Pour créer un dégradé personnalisé, reportez-vous au Chapitre 12.

4. **Positionnez le pointeur sur le texte, à l'emplacement où le dégradé doit démarrer, et faites glisser jusqu'à la position finale du dégradé.**

   Vous n'aimez pas le résultat ? Faites à nouveau glisser le pointeur jusqu'à obtenir le résultat souhaité. Vous pouvez varier l'angle et faire glisser sur n'importe quelle longueur, même en dehors du texte. Dans l'exemple de la Figure 13.11, nous avons employé le dégradé Cuivre en faisant glisser le pointeur sur les lettres de haut en bas. Nous avons également verrouillé les pixels transparents sur le calque pour confiner le dégradé au texte.

Figure 13.11 : Appliquez au texte des traits de couleur (haut) ou un dégradé (bas).

Déformez le texte

Si un texte rectiligne vous semble trop rigide, essayez l'une des déformations que propose la commande Déformer le texte. L'avantage de ces déformations est que le texte reste modifiable. Cette fonction est amusante et simple d'emploi. Dans les options d'outil, cliquez sur le bouton Créer un texte déformé (le bouton marqué d'un T souligné d'une ligne courbe). Cette action ouvre la boîte de dialogue Déformer le texte. Le menu Style propose un assortiment de déformations avec des noms descriptifs comme Dilatation, Renflement ou Compression.

Une fois le style de déformation sélectionné, réglez l'orientation, l'inflexion et le degré de déformation en faisant glisser les curseurs. Le paramètre Inflexion définit la direction et l'amplitude de la déformation ; les paramètres Déformation horizontale et verticale définissent la perspective de la déformation. L'effet des réglages est instantanément visible sur le texte. Nous pourrions vous fournir des explications techniques sur ces réglages, mais la meilleure manière de comprendre leur fonctionnement reste de les essayer. Reportez-vous à la Figure 13.12 pour un aperçu des styles de déformations. Les noms parlent d'eux-mêmes.

TRUC

Il est également possible d'utiliser une commande Transformation, comme Perspective ou Inclinaison, pour déformer le texte. Reportez-vous au Chapitre 8 pour découvrir tous les détails sur les transformations.

Figure 13.12 : Le texte reste modifiable après déformation avec la commande Déformer le texte.

Cinquième partie

Imprimez, réalisez des projets et partagez

Dans cette partie...

Gérez la couleur et appliquez des profils pour obtenir des impressions qui représentent le plus fidèlement possible les couleurs affichées à l'écran.

Imprimez vos photos.

Partagez des photos avec vos amis et votre famille *via* des réseaux sociaux et des services de partage en ligne.

Exploitez vos photos dans un album imprimé, des cartes, des calendriers et des diaporamas.

14

Couchervos images sur papier

Dans ce chapitre :

- Préparez les fichiers pour l'impression.
- Exploitez les profils d'imprimante.
- Définissez les options d'impression.

Avec un logiciel d'imagerie comme Photoshop Elements, le plus difficile pour un particulier, comme pour un professionnel armé de Photoshop, est de retrouver sur papier à peu près la même chose qu'à l'écran. Vous trouverez toutes sortes d'ouvrages sur l'impression couleur (comment obtenir la bonne couleur, étalonner son équipement et créer des profils colorimétriques) ayant tous pour objectif de vous aider à limiter les différences entre la version écran et la version papier de vos photos. Rien n'est plus décourageant que de passer du temps à retoucher une image avec un ciel bleu éclatant à l'écran, qui finalement va sortir violacé à l'impression.

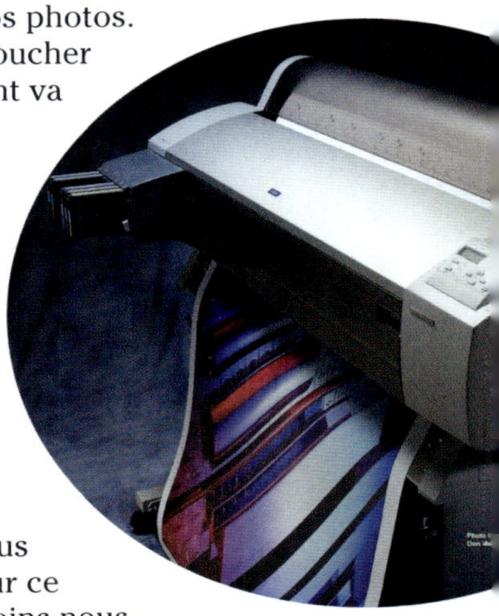

Si vous avez lu le Chapitre 2, vous avez déjà quelques notions sur la gestion des couleurs, les profils colorimétriques et la résolution d'impression. Il vous faut maintenant comprendre les subtilités de votre imprimante et savoir comment imprimer vos photos sans en dénaturer les couleurs.

Dans ce chapitre, nous détaillerons les options, très nombreuses, qui définissent les attributs d'impression de votre imprimante couleur. S'il le faut, relisez ce chapitre plusieurs fois pour être sûr de bien comprendre le processus d'impression d'images de bonne qualité. Le temps passé sur ce chapitre devrait vous éviter quelques désagréments, du moins nous l'espérons.

Préparez les images pour l'impression

Avant de transférer vos photos vers l'imprimante, vous devez préparer chacune d'elles pour un résultat optimal. Dans le cadre de la préparation des fichiers, plusieurs points doivent être pris en considération, dont les suivants :

- **Définissez la résolution et la taille :** autrefois, on obtenait de meilleurs résultats en réduisant la résolution des images pour l'adapter à la résolution d'impression. Mais les pilotes de la majorité des nouveaux modèles d'imprimantes sont tout à fait capables de gérer ce détail. Du moment que la résolution des photos est suffisante pour une impression de qualité, laissez le pilote d'impression se charger d'adapter la résolution.
- **Effectuez toutes les corrections de luminosité et de couleur avant l'impression :** améliorez vos photos autant que possible avant de les envoyer à l'imprimante. Si votre moniteur est correctement étalonné, comme nous l'avons vu au Chapitre 2, vous devriez voir une représentation fidèle de ce que vos photos donneront sur papier. Les techniques de correction sont expliquées aux Chapitres 9 et 10.
- **Choisissez la gestion des couleurs avant l'impression :** comme nous le verrons dans la prochaine section, il existe trois méthodes de gestion des couleurs pour l'impression. Il est important que vous connaissiez les profils de votre imprimante et que vous sachiez les exploiter avant de lancer l'impression.
- **Préparez votre imprimante :** avant d'utiliser votre imprimante couleur, vérifiez que les cartouches d'encre sont pleines et propres au niveau des buses. Assurez-vous d'avoir configuré les bons paramètres pour l'encre et le papier. N'hésitez pas à relire la documentation de l'imprimante pour connaître la configuration à choisir pour une impression de bonne qualité.

L'encre de votre imprimante existe sous différentes formes. D'abord, il y a l'encre créée par la marque de votre imprimante. Ensuite, il existe ce que l'on appelle des encres compatibles qui sont beaucoup moins chères que celles proposées par le constructeur de votre périphérique d'impression.

ATTENTION

Toutefois, les encres dites compatibles ne donnent pas toujours des résultats aussi précis que celles de la marque de votre imprimante. Pourquoi ? Le plus souvent parce qu'elles ne permettent pas d'utiliser des profils de couleurs adaptés. *De facto*, en fonction du papier utilisé, la qualité d'impression peut être désastreuse. En conclusion : pour imprimer des photos, privilégiez les encres vendues par le fabricant de votre imprimante.

De plus, les différentes qualités de papier s'emploient chacune avec un profil particulier, c'est pourquoi il est important de respecter les recommandations du fabricant.

Appliquez les profils colorimétriques de l'imprimante

Au Chapitre 2, nous avons vu comment créer des profils colorimétriques pour un moniteur et comment sélectionner un espace colorimétrique dans Elements. La dernière phase de la gestion des couleurs consiste à convertir les couleurs du profil colorimétrique de l'espace de travail en couleurs du profil colorimétrique de l'imprimante. Pour l'essentiel, cette conversion va remplacer le plus fidèlement possible les couleurs du moniteur par celles que l'imprimante est capable de produire. Pour retrouver sur papier les mêmes couleurs qu'à l'écran, vous devez avoir installé sur l'ordinateur un profil colorimétrique conçu pour votre imprimante et pour le papier qu'elle utilise.

Photoshop Elements propose trois méthodes de gestion des couleurs pour l'impression de fichiers :

- **Laisser l'imprimante gérer les couleurs :** cette méthode laisse l'imprimante décider du profil employé lors de l'impression de la photo. Votre imprimante fait son choix en fonction du papier que vous avez sélectionné pour l'impression des photos. Par exemple, si vous avez opté pour du Papier Photo Glacé Premium, l'imprimante choisit le profil associé à ce papier. Si vous choisissez un autre papier, l'imprimante prend un autre profil colorimétrique. Cette méthode est entièrement automatique. Le choix du profil colorimétrique s'effectue au moment de l'impression.

- **Laisser PSE gérer les couleurs :** si vous faites ce choix, ce n'est plus l'imprimante qui gère les couleurs, mais Elements. Vous devez ensuite choisir un profil colorimétrique. Si des profils ont été installés avec l'imprimante, vous choisirez dans une liste le profil adapté à votre imprimante et au papier.

- **Aucun système de gestion des couleurs :** optez pour cette solution si le profil colorimétrique est incorporé à l'une de vos photos. Vous emploierez rarement cette option. En effet, sauf si vous savez comment incorporer des profils ou si vous recevez des fichiers avec des profils déjà intégrés, ne choisissez pas cette option dans la boîte de dialogue Imprimer. Du fait que peu d'utilisateurs de Photoshop Elements manipulent des images avec des profils intégrés, nous ne verrons pas ici cette méthode d'impression.

Chacune de ces trois solutions demande d'effectuer un choix relatif à la gestion des couleurs au moment de l'impression des fichiers. Les options d'impression disponibles pour la gestion des couleurs dépendent de votre modèle d'imprimante et se trouvent dans les boîtes de dialogue Imprimer et Plus d'options de Photoshop Elements.

Les profils colorimétriques dépendent aussi de l'encre utilisée, c'est pourquoi la fidélité des couleurs n'est pas toujours garantie si vous rechargez vos cartouches avec de l'encre générique. De même, si la buse des cartouches n'est pas très propre et diffuse l'encre de façon irrégulière, vous risquez d'avoir des surprises.

Imprimez une photo en laissant l'imprimante gérer les couleurs

Sans décrire toutes les options à régler dans les boîtes de dialogue Imprimer et Plus d'options, voyons la procédure à suivre pour imprimer une photo en laissant l'imprimante gérer les couleurs. Nous expliquons les options d'impression plus loin, à la section « Imprimez des transferts, des cadres et d'autres détails ».

À moins que vous ne vouliez imprimer avec l'option Collection d'images ou Planche contact (depuis l'Organiseur sous Windows), nous vous encourageons à imprimer vos photos depuis l'Éditeur où vous bénéficiez d'options plus précises pour la gestion des couleurs.

Dans les exemples de ce chapitre, nous utilisons une imprimante Epson sous Windows et une imprimante HP sous Mac. Avec une autre imprimante, certaines options ne porteront pas le même nom. Les instructions qui suivent s'appliquent néanmoins à tous les modèles d'imprimante :

1. **Une photo étant ouverte dans l'Éditeur, choisissez Fichier/Imprimer ou appuyez sur Ctrl + P (⌘ + P sous Mac).**

   La boîte de dialogue Imprimer qui s'ouvre contient tous les paramètres nécessaires pour l'impression d'une image (voir Figure 14.1).

2. **Cliquez sur Format d'impression au bas de la boîte de dialogue Imprimer et sélectionnez l'orientation. Cliquez sur OK.**

   Vous avez le choix entre Portrait et Paysage. Après avoir cliqué sur OK, vous revenez à la boîte de dialogue Imprimer.

3. **Sélectionnez votre imprimante dans le menu en haut à droite.**

4. **Définissez les attributs de l'impression.**

Sélectionnez le format de papier, le type d'impression et le nombre d'exemplaires à sortir (voir Figure 14.1).

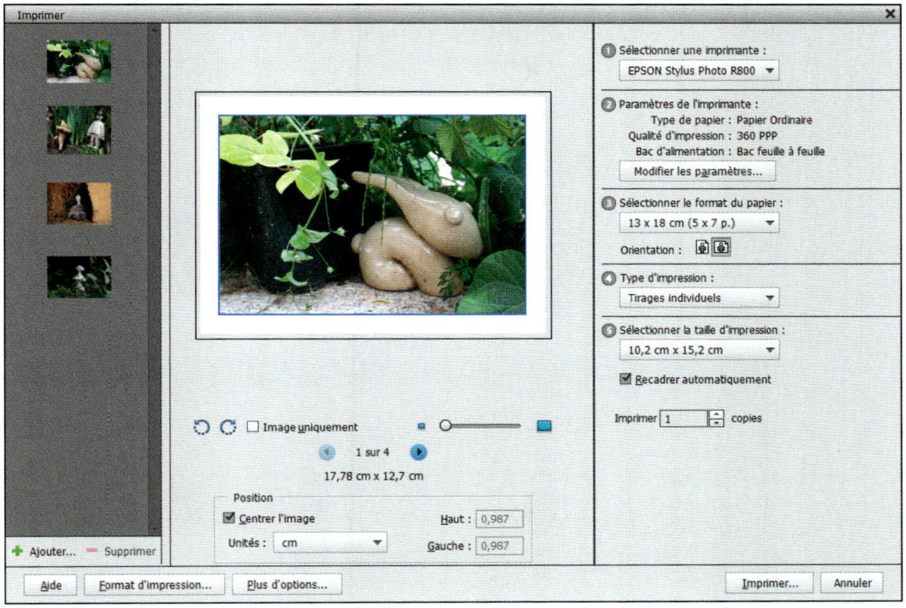

Figure 14.1 : Boîte de dialogue Imprimer.

5. **Cliquez sur le bouton Plus d'options et choisissez Gestion des couleurs dans la boîte de dialogue Plus d'options.**

   Dans le volet Gestion des couleurs, illustré par la Figure 14.2, vous choisirez comment gérer les couleurs à l'impression.

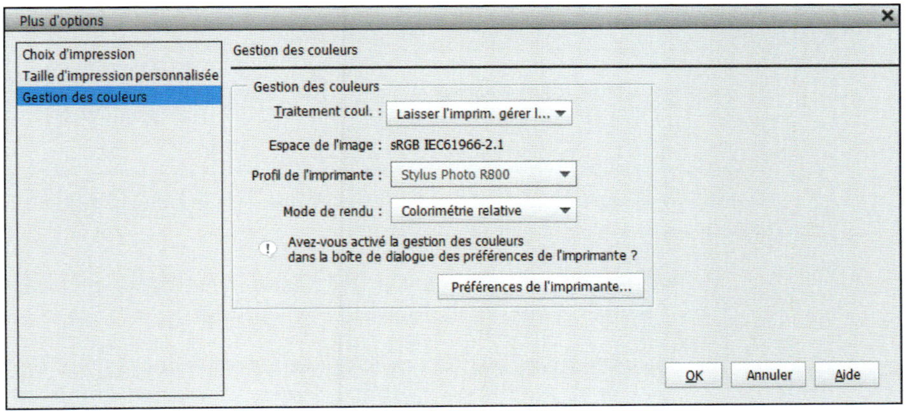

Figure 14.2 : La gestion des couleurs se définit dans le volet Gestion des couleurs de la boîte de dialogue Plus d'options.

6. **Dans la liste déroulante Traitement coul., sélectionnez Laisser l'imprim. gérer les couleurs. Cliquez sur OK.**

   Cette option exploite l'espace de travail colorimétrique de l'image (sRGB ou Adobe RGB-1998) et convertit plus tard les couleurs de cet espace dans le fichier envoyé à l'imprimante lorsque vous ouvrez la boîte de dialogue Imprimer. (Les espaces colorimétriques sont étudiés au Chapitre 2.)

7. **Définissez les préférences de l'imprimante.**

   • *Sous Windows,* cliquez sur le bouton Préférences de l'imprimante dans la boîte de dialogue Plus d'options. Vous obtenez l'affichage des propriétés de votre imprimante, comme le montre la Figure 14.3. Passez à l'Étape 8.

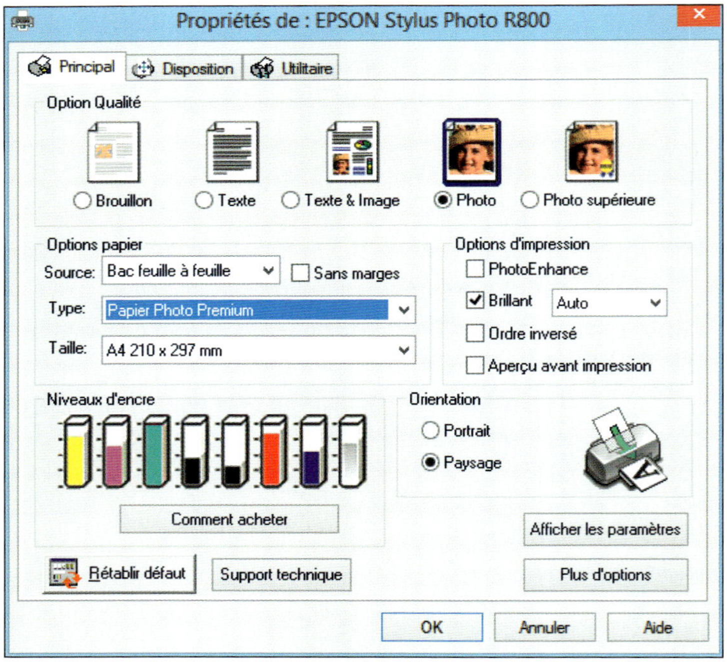

Figure 14.3 : Cliquez sur Préférences de l'imprimante dans la boîte de dialogue Plus d'options pour accéder aux propriétés de l'imprimante.

   • *Sous Mac OS,* il n'y a pas de bouton Préférences de l'imprimante dans la boîte de dialogue Plus d'options.

   Commencez par définir les paramètres d'impression dans la boîte de dialogue Plus d'options : choisissez Laisser l'imprim. gérer les coul. dans le volet Gestion des couleurs.

a. Cliquez sur OK dans la boîte de dialogue Plus d'options.

b. Cliquez sur Imprimer.

   La boîte de dialogue Imprimer du système OS X apparaît.

c. Déroulez le menu central, sous les options Pages, choisissez Type/qualité du papier.

d. Choisissez un type de papier et une qualité d'impression (voir Figure 14.4).

e. Pour définir la gestion des couleurs, sélectionnez Concordance des couleurs dans le menu central.

f. Activez l'option Mode fournisseur (voir Figure 14.5).

   C'est l'option à utiliser lorsque les couleurs sont gérées par l'imprimante.

g. Cliquez sur Imprimer.

Vous avez fait le nécessaire, l'impression est maintenant en route.

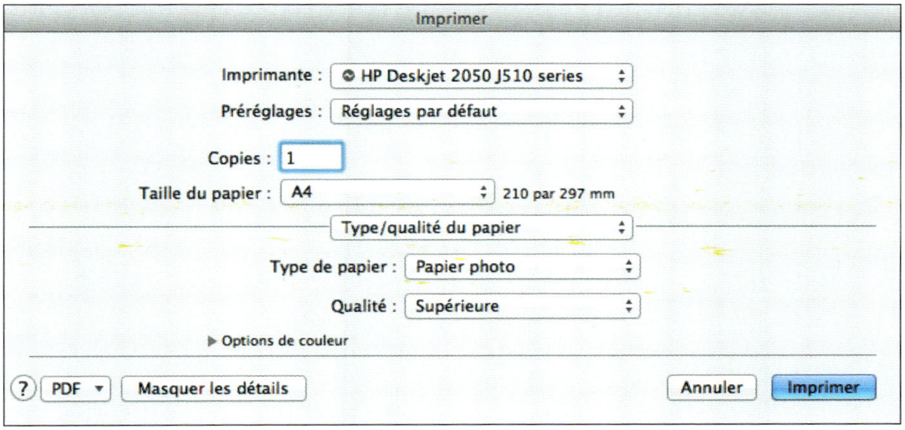

Figure 14.4 : Sous Mac, indiquez le type de papier et le niveau de qualité.

8. (Windows) Définissez les attributs d'impression.

Sélectionnez le Papier Photo Premium (ou un autre papier) dans la liste déroulante Type et sélectionnez une option de qualité d'impression comme Photo ou Photo supérieure (voir Figure 14.3).

Il est maintenant temps de gérer les couleurs du fichier. Cette étape est essentielle pour l'impression de photos.

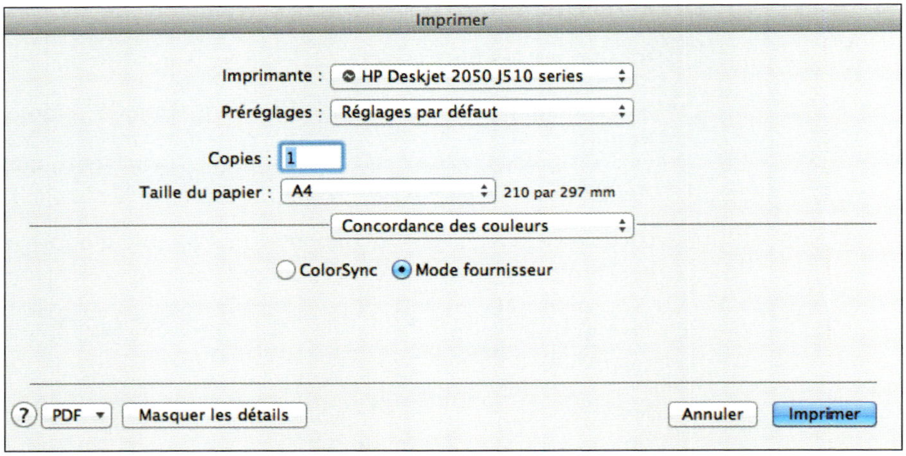

Figure 14.5 : Dans les options Concordance des couleurs, activez Mode fournisseur.

9. **(Windows) Cliquez sur le bouton Plus d'options en bas à droite.**

   La boîte de dialogue Propriétés de l'imprimante présente les options avancées (voir Figure 14.6).

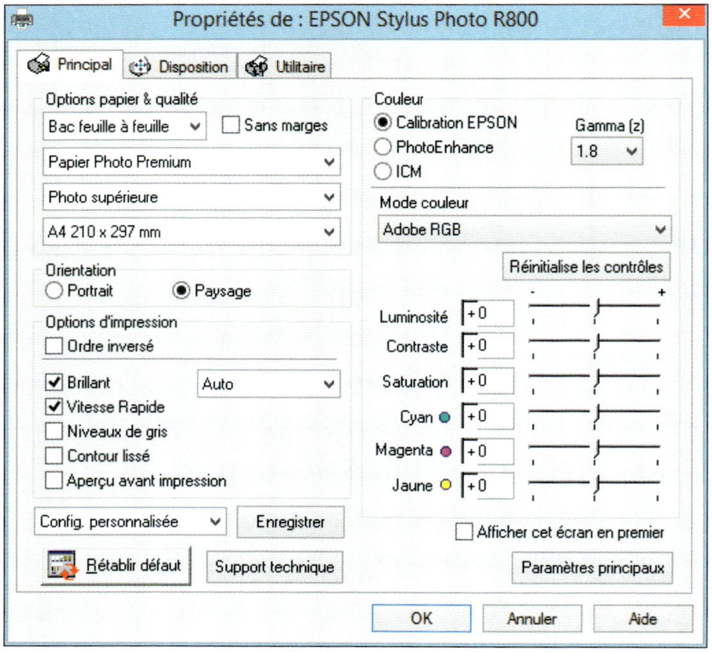

Figure 14.6 : Cliquez sur le bouton Plus d'options des propriétés de l'imprimante pour afficher cette série d'options.

10. **(Windows) Définissez les paramètres avancés.**

    Les paramètres les plus importants sont les suivants :

    - *Sélectionnez un type de papier.* Dans notre exemple, nous imprimons au format A4 sur du papier Photo Premium ; nous avons donc choisi ces paramètres dans la section Options papier & qualité de la boîte de dialogue. Choisissez ici le même papier qu'à l'Étape 8.
    - *Activez la gestion des couleurs.* Puisque vous laissez l'imprimante gérer la couleur, activez l'option Calibration Epson (ou son équivalent chez vous). Cette option commande au pilote de l'imprimante de sélectionner automatiquement un profil d'imprimante pour le type de papier choisi.

    - *Sélectionnez le mode de couleur.* Ne choisissez pas Couleurs vives Epson, car cette option donne de moins bons résultats pour l'impression de photos. Choisissez Photo supérieure, Standard Epson ou Adobe RGB selon votre modèle d'imprimante.

    Si vous imprimez souvent des photos avec les mêmes paramètres, vous pouvez les enregistrer en cliquant sur le bouton Enregistrer.

11. **(Windows) Pour imprimer la photo, cliquez sur OK pour fermer les propriétés de l'imprimante, puis sur OK dans la boîte de dialogue Plus d'options et enfin sur Imprimer.**

    Votre fichier est envoyé à l'imprimante. La couleur est automatiquement convertie de l'espace de travail source sRGB ou Adobe RGB (1998) dans le profil sélectionné automatiquement par le pilote de l'imprimante.

Imprimez une photo en laissant Photoshop Elements gérer les couleurs

Il est également possible de gérer les couleurs en sélectionnant un profil d'imprimante dans la liste des profils disponibles installés avec l'imprimante. Alors que dans la précédente section nous avons laissé l'imprimante gérer la conversion des couleurs, cette fois nous demanderons à Photoshop Elements de la prendre en charge.

Les étapes de cette section sont les mêmes que celles décrites dans la précédente section pour l'impression de fichiers avec la sélection automatique d'un profil. Pour laisser Elements gérer la conversion des couleurs, procédez comme suit dans la boîte de dialogue Imprimer :

1. **Choisissez Fichier/Imprimer depuis l'Éditeur et cliquez sur le bouton Plus d'options.**

   La boîte de dialogue Plus d'options apparaît.

2. Cliquez sur Gestion des couleurs dans le volet gauche pour afficher les options correspondantes. Dans le menu Traitement coul., sélectionnez Laisser PSE gérer les couleurs (voir Figure 14.7).

3. Dans la liste Profil de l'imprimante, sélectionnez le profil adapté au papier que vous utiliserez.

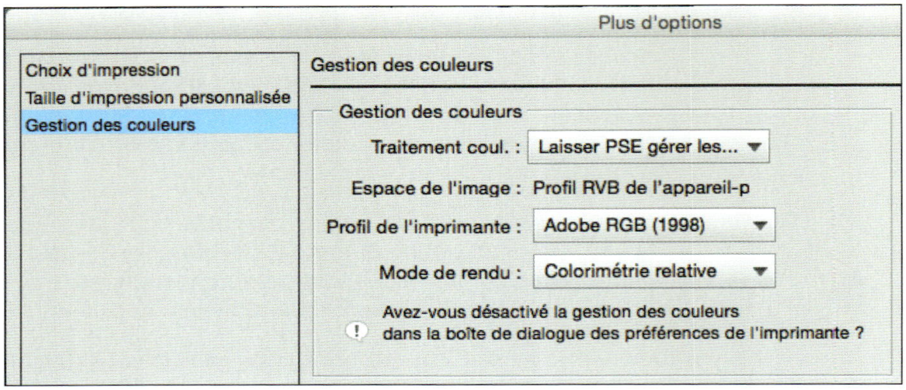

Figure 14.7 : Choisissez un profil d'imprimante adapté au papier utilisé.

Dans cet exemple, nous avons choisi un profil Epson conçu pour notre modèle d'imprimante, comme le montre la Figure 14.7. (Notez que les profils colorimétriques personnalisés, que vous achetez chez les prestataires de services de profilage, s'accompagnent de modes de rendu spécifiques). Pour ce profil, on recommande la Colorimétrie relative, sélectionnée dans la liste Mode de rendu (voir Figure 14.7.)

4. Cliquez sur Préférences de l'imprimante.

Sous Windows, vous parvenez à la boîte de dialogue de la Figure 14.3. Sous Mac OS, vous passerez par la boîte de dialogue Imprimer du système d'exploitation, illustrée à la Figure 14.4.

5. Sélectionnez le type de papier.

- *Sous Windows,* activez l'option Photo supérieure. Dans la liste Type, choisissez le type de papier recommandé pour le profil.
- *Sous Mac,* choisissez un type de papier comme le montre la Figure 14.4.

Les profils colorimétriques personnalisés s'accompagnent de recommandations quant au papier à sélectionner.

6. Accédez aux options avancées.

- *Sous Windows*, cliquez sur le bouton Plus d'options et cliquez sur Continuer pour ouvrir la boîte de dialogue de la Figure 14.6.

- *Sous Mac*, choisissez Concordance des couleurs dans le menu central pour obtenir les options de la Figure 14.5.

Le type de papier sélectionné dans la boîte de dialogue Propriétés reste actif (voir Figure 14.6). Les seuls paramètres à changer se trouvent dans la section Couleur et Profil.

7. **Choisissez le mode de gestion des couleurs.**

   - *Sous Windows*, activez l'option ICM de la section Couleur. Ensuite, dans la section Profil ICC, choisissez Désactivé (Pas de calibrage couleur) comme dans l'exemple de la Figure 14.8.

   - *Sous Mac*, les options de gestion des couleurs sont automatiquement désactivées puisque vous avez déjà indiqué que cette tâche revient à Elements.

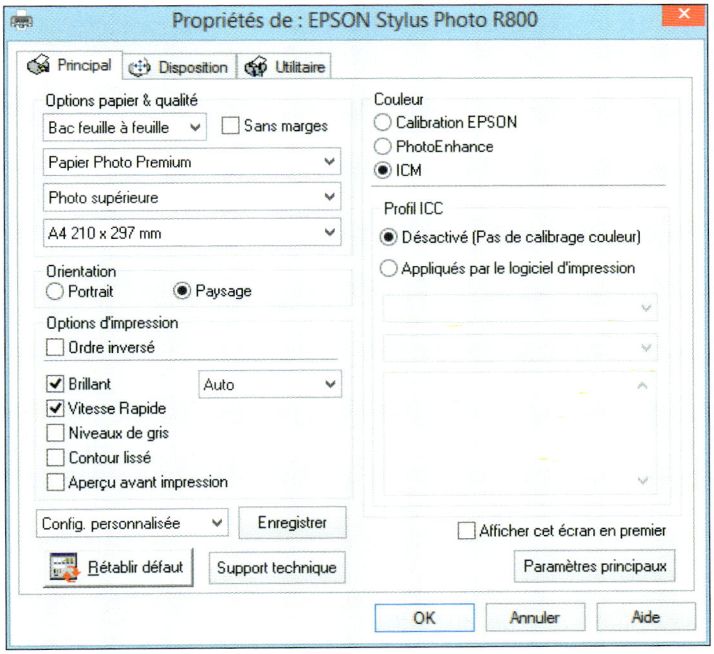

Figure 14.8 : Activez les options ICM et Désactivé.

8. **Après définition de toutes les options de gestion des couleurs, cliquez sur OK pour revenir à la boîte de dialogue Imprimer.**

9. **Cliquez sur Imprimer.**

   La photo est imprimée par l'imprimante.

Dans la mesure où vous avez sélectionné le profil colorimétrique à l'Étape 3 et où vous laissez Elements gérer la couleur, vérifiez que la gestion des couleurs est désactivée. Si vous ne la désactivez pas, vous obtiendrez un double profilage.

TRUC

Le choix entre une gestion personnelle ou automatique des couleurs a été simplifié dans Photoshop Elements. Dans le volet Gestion des couleurs de la boîte de dialogue Plus d'options, un message s'affiche chaque fois que vous effectuez une sélection dans le menu Traitement coul. Sous Mode de rendu, le message vous demande si vous avez pensé à activer ou désactiver la gestion des couleurs. Chaque fois que vous changez le mode de traitement couleur, prenez le temps de lire ce message (voir Figure 14.7). Il vous rappelle ce qu'il faut faire pour réussir la gestion des couleurs.

Chaque fois que vous lancez l'impression d'un fichier, qu'il s'agisse d'une seule photo, d'une planche contact ou d'une collection d'images, il faut répéter ces mêmes étapes pour définir la gestion des couleurs. La prochaine section présente les diverses options disponibles pour l'impression de photos. N'oubliez pas qu'il vous faudra gérer les couleurs pour chaque type d'impression.

Imprimez une collection d'images ou une planche contact

Elements propose deux autres options d'impression qui ne sont pas disponibles au même emplacement dans la version Windows et Mac :

- **Collection d'images :** cette option, illustrée par la Figure 14.9, vous permet de disposer plusieurs photos sur une page et de les imprimer dans différents formats standard.
- **Planche contact :** choisissez cette option pour imprimer sur une page les vignettes d'une série de photos. (Du temps de la photo argentique, la planche contact permettait au photographe d'évaluer les prises d'une pellicule.)

Pour imprimer une collection d'images ou une planche contact, vous devez lancer l'impression depuis l'Organiseur (sous Windows) ou choisir la commande Collection d'images ou Planche contact dans le menu Fichier de l'Éditeur (sous Mac).

Toutes les étapes de la procédure d'impression sont à peu près les mêmes que celles décrites plus tôt à la section « Imprimez une photo en laissant l'imprimante gérer la couleur ». La différence principale concerne les options de gestion des couleurs disponibles. Celles-ci vous permettent seulement de choisir un espace colorimétrique (tel que sRGB ou Adobe RGB). Reportez-vous à la section précédente, « Imprimez une photo en laissant Photoshop Elements gérer les couleurs », pour le choix d'un espace colorimétrique.

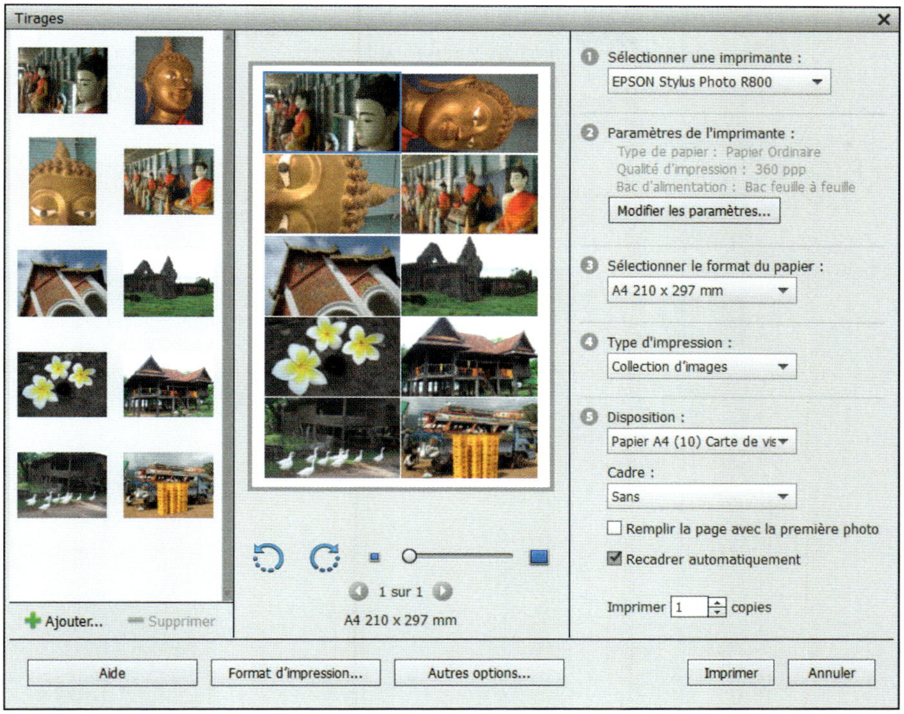

Figure 14.9 : La boîte de dialogue Tirages (Windows) de l'Organiseur vous permet de préparer l'impression d'une collection d'images ou d'une planche contact.

Sous Windows, l'Éditeur propose davantage d'options de gestion des couleurs. Préférez toujours lancer l'impression des photos depuis l'Éditeur, à moins que vous ne vouliez exploiter la fonction Collection d'images ou Planche contact, disponible uniquement dans l'Organiseur. En lançant l'impression depuis l'Éditeur, vous avez accès à toutes les options de gestion des couleurs disponibles dans la boîte de dialogue Plus d'options.

Définissez les options d'impression

Vous disposez des mêmes menus et boutons lorsque vous choisissez Fichier/Imprimer dans l'Organiseur ou dans l'Éditeur (à l'exception des options de gestion des couleurs). Sous Mac, la commande Imprimer de l'Organiseur vous renvoie vers l'Éditeur.

La boîte de dialogue Tirages (Organiseur) ou Imprimer (Éditeur) se compose des éléments suivants (voir Figure 14.10) :

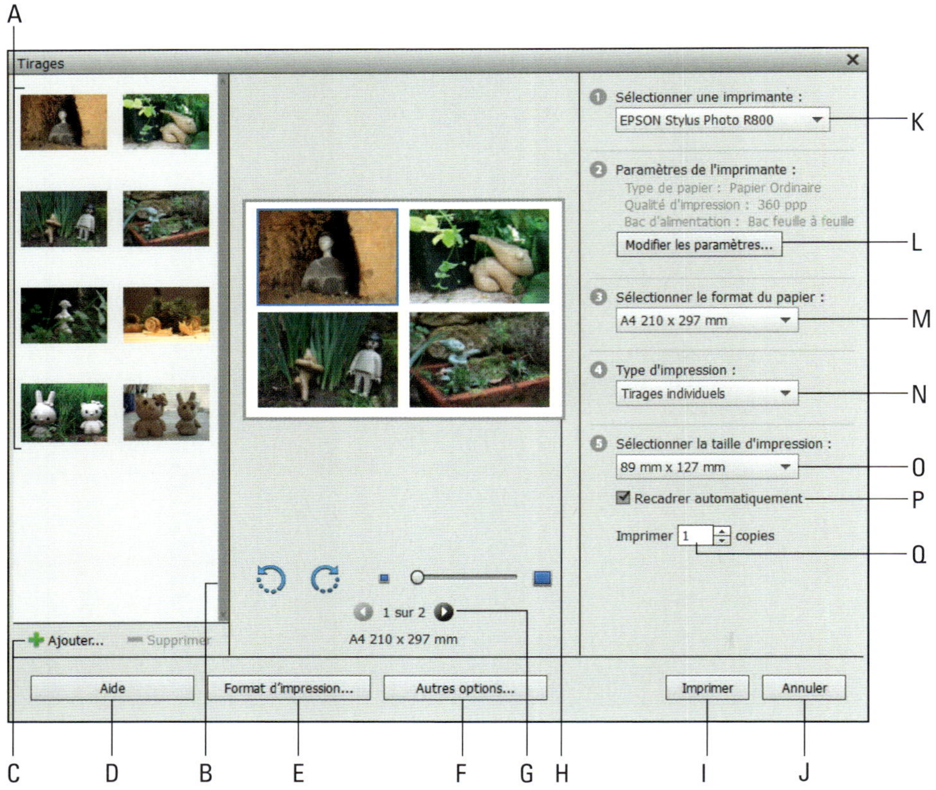

Figure 14.10 : La boîte de dialogue Tirages/Imprimer fournit toute une série d'options.

A. Vignettes des images : toutes les images sélectionnées dans l'Organiseur apparaissent dans cette liste, que vous ferez défiler à l'aide de la barre de défilement.

B. Barre de défilement : quand la liste contient un grand nombre d'images, utilisez la barre de défilement pour atteindre le bas de la liste.

C. Ajouter/Supprimer : vous pouvez ajouter des photos à imprimer en cliquant sur l'icône Ajouter (+) pour ouvrir la boîte de dialogue Ajouter des photos. Une liste de vignettes apparaît, présentant le contenu actuel du navigateur multimédia. Cochez la case des photos que vous voulez imprimer. Vous pouvez aussi accéder au catalogue entier ou choisir d'afficher le contenu d'un album ou les vignettes associées à une étiquette ou notées par des étoiles.

Pour supprimer des photos de la liste à imprimer, sélectionnez-les dans la liste à gauche et cliquez sur l'icône Supprimer (–).

D. **Aide :** cliquez sur ce bouton pour accéder aux rubriques d'aide décrivant l'impression de photos.

E. **Format d'impression :** cliquez sur ce bouton pour ouvrir la boîte de dialogue Mise en page (voir la section « Définissez la mise en page » plus loin dans ce chapitre).

F. **Autres options/Plus d'options :** cliquez sur ce bouton pour atteindre une boîte de dialogue proposant des options complémentaires (voir la section « Imprimez des transferts, des cadres et d'autres détails » plus loin dans ce chapitre).

G. **Page suivante/précédente :** cliquez sur les boutons fléchés pour faire défiler l'aperçu de toutes les images de la liste. Déplacez le curseur pour grossir la photo dans l'aperçu.

H. **Aperçu des tirages :** aperçu des pages ou images à imprimer.

I. **Imprimer :** cliquez sur Imprimer après avoir réglé toutes les options dans la boîte de dialogue Tirages/Imprimer.

J. **Annuler :** ce bouton ferme la boîte de dialogue sans rien envoyer à l'imprimante.

K. **Sélectionner une imprimante :** sélectionnez dans la liste l'imprimante à utiliser.

L. **Modifier les paramètres (Windows) :** cliquez sur ce bouton pour changer certains paramètres et atteindre les propriétés de l'imprimante.

M. **Format du papier :** choisissez l'un des formats disponibles. La liste de formats proposés dépend de l'imprimante sélectionnée.

N. **Type d'impression :** sous Windows, trois choix sont possibles parmi Tirages individuels, Planche contact et Collection d'images. Sous Mac, les trois types de tirages sont des commandes du menu Fichier en mode Expert. L'impression d'une planche contact et d'une collection d'images est décrite plus tôt à la section « Imprimez une collection d'images ou une planche contact ».

O. **Taille d'impression :** sélectionnez l'une des tailles d'impression prises en charge par l'imprimante.

P. **Recadrer automatiquement :** cochez cette option pour recadrer les images en fonction du format de papier choisi.

Q. **Imprimer *[x]* copies de chaque image :** définit le nombre d'exemplaires à imprimer.

Définissez la mise en page

Le bouton Format d'impression ouvre la boîte de dialogue Mise en page (Windows) ou la section Mise en page de la boîte de dialogue Imprimer du système OS X. Celle-ci permet de définir des options qui seraient propres à l'imprimante, mais dans la majorité des cas, toutes les options d'impression sont disponibles dans la boîte de dialogue Imprimer/Tirages de Photoshop Elements.

Imprimez des transferts, des cadres et d'autres détails

Pour ajouter des informations sur vos tirages, passez par la boîte de dialogue Plus d'options/Autres options (voir Figure 14.2). Nous avons étudié les options de gestion des couleurs au début de ce chapitre à la section « Appliquez les profils colorimétriques de l'imprimante ». Nous décrivons ici des options accessoires, disponibles dans le volet Choix d'impression de la boîte de dialogue Plus d'options/Autres options :

- **Détails de la photo :** cochez les informations (date, légende ou nom du fichier) que vous voulez imprimer sur la page.
- **Transfert à repasser :** cette option inverse l'image pour l'imprimer sur un papier spécial qui servira à un transfert à chaud sur tissu ou un autre support.
- **Cadre :** cochez les cases pour encadrer l'image imprimée d'une bordure.

  Si vous voulez une bordure plus fantaisie qu'un simple filet, tournez-vous vers d'autres fonctions d'Elements :

  - La fonction Collection d'images permet l'impression de cadres fantaisie, comme Ovale antique. Pour y accéder, reportez-vous à la section « Imprimez une collection d'images ou une planche contact » plus tôt dans ce chapitre.
  - Vous pouvez définir un cadre de couleur au moyen d'un calque de remplissage, comme l'explique le Chapitre 8.
  - Le mode Rapide fournit des cadres graphiques (voir Chapitre 9).
  - Sans oublier toute la série de cadres fantaisie disponibles dans le panneau Graphiques et qui s'appliquent comme les effets (voir Chapitre 11).
- **Repères de coupe :** cochez la case pour imprimer des traits de coupe.

15

Diffuser vos photos

Dans ce chapitre :

- Découvrez les options de conditionnement et de partage.
- Travaillez avec de la vidéo.
- Envoyez des photos par e-mail.
- Créez une photo de couverture Facebook.
- Préparez vos images pour le Web.

Elements est un outil polyvalent très perfectionné que vous pouvez exploiter pour préparer vos photos et projets afin de les visualiser sur écran, et pas uniquement l'écran de votre ordinateur. Vous pouvez retoucher des photos ou créer des projets qui seront exportés dans un format adapté à une diffusion sur le Web. Il est même possible de préparer les fichiers pour les visionner sur un téléviseur.

Le Chapitre 2 traite des résolutions et des modes de couleur. Nous avons vu au Chapitre 14 la procédure à suivre et les résolutions recommandées pour sortir les photos sur papier, et celles-ci sont très différentes pour les images à afficher sur écran.

Dans ce chapitre, nous allons étudier les options à définir pour publier vos images sur le Web, c'est-à-dire les afficher sur les écrans des internautes, mais aussi pour les inclure à un diaporama ou les partager sur des réseaux sociaux tels que Facebook.

Tour d'horizon des fonctions de partage d'Elements

TRUC

Avant de plonger dans le vif du sujet, vous devriez vous familiariser avec les options disponibles pour les images à visionner sur écran et à partager, en particulier avec les services de partage en ligne. Vous devez aussi connaître les formats et poids de fichiers autorisés par les services d'hébergement en ligne, où et comment vous enverrez vos créations et quels types d'appareils vos amis utiliseront pour les visionner.

Questions préalables

Vous devriez répondre à quelques questions avant de choisir une activité de partage et de vous lancer dans une création.

- **Sur quels matériels mes créations seront-elles affichées ?** Les photos et vidéos peuvent s'afficher sur des ordinateurs (ordinateur de bureau, portable ou netbook), des appareils mobiles (téléphone et tablette du type iPad et Samsung Galaxy) ou des téléviseurs. Si vous voulez rendre vos créations compatibles avec tous ces appareils, vous n'utiliserez pas les mêmes outils dans Elements que si vous prévoyiez uniquement un affichage sur téléviseur ou ordinateur.

  Deux questions techniques se posent en ce qui concerne les appareils de visionnage :

  - *Adobe Flash :* certains sites d'hébergement convertissent au format Flash les vidéos que vous rendez publiques. Pour partager vos photos avec des utilisateurs d'iPhone/iPod/iPad (qui se comptent en centaines de millions), évitez les sites d'hébergement qui convertissent vos fichiers en Flash.

  - *Espace de stockage :* l'espace de stockage alloué varie grandement entre les différents services d'hébergement. Si vous avez l'intention de partager de gros fichiers vidéo, vérifiez au préalable que le service choisi met suffisamment d'espace à votre disposition.

- **Quels sont les services d'hébergement les plus fréquentés ?** Depuis Photoshop Elements, vous pouvez exporter des photos directement vers Facebook, Flickr et Twitter. Vos vidéos, quant à elles, peuvent être envoyées directement vers YouTube et Vimeo.

  Elements propose un lien direct vers la plate-forme Twitter, qui a accru sa prise en charge de l'hébergement de photos.

- **Quels types de créations puis-je partager ?** Vous pouvez publier des photos sur un service en ligne. Vous passerez par le menu Partager pour publier directement sur Flickr, Facebook, Twitter, YouTube ou Vimeo. En plus des photos, vous pouvez partager les créations suivantes :

  - *Albums :* vous pouvez créer et partager des albums photo sur différents sites Web.

  - *Diaporamas :* sous Windows, les diaporamas peuvent être exportés au format vidéo `.wmv` ou au format universel PDF. Sous Macintosh, vous êtes limité au format PDF. Après avoir exporté le diaporama en `.wmv` sous Windows, transférez le fichier sur un site d'hébergement. L'intérêt des diaporamas est qu'on peut y adjoindre un fichier audio qui sera lu sur tous les appareils si le diaporama est mis en ligne sur Facebook.

  - *Vidéos :* si vous souhaitez héberger des vidéos sur votre site Web personnel et en permettre l'affichage sur des iPhone, des iPod ou iPad tout en restant accessible sur un écran d'ordinateur, vous devrez recourir au programme Adobe Premiere Elements. Dans Premiere Elements, vous pouvez exporter des vidéos pour les appareils mobiles, et les fichiers obtenus peuvent être visualisés sur iPhone/iPod/iPad ou sur ordinateur. De plus, Premiere Elements fournit certaines fonctions absentes de la version Mac de Photoshop Elements, comme la possibilité d'exporter les diaporamas en fichiers vidéo.

Les services de partage accessibles dans Elements

Tous les fournisseurs d'un espace de partage en ligne ne sont pas répertoriés par Photoshop Elements. Il est donc tout à fait possible de télécharger manuellement vos images vers ces services ignorés d'Elements. Le Tableau 15.1 dresse la liste des sites Web les plus populaires du moment.

Tableau 15.1 : Les fournisseurs d'espace de partage en ligne

Source	*URL*	*Description*
Facebook	`www.facebook.fr`	Hébergement gratuit de photos et de vidéos. La Figure 15.1 montre une vidéo publiée sur Facebook.
Flickr	`www.flickr.fr`	Hébergement gratuit de photos et de vidéos jusqu'à 1 To.
Google+	`https://plus.google.com`	Hébergement gratuit de photos et de vidéos jusqu'à 15 Go, combiné aux services Gmail et Drive.
Joomeo	`www.joomeo.com`	Hébergement gratuit de photos et de vidéos jusqu'à 150 Mo par mois ou espace illimité pour un abonnement annuel de 30 €.
Shutterfly	`www.shutterfly.com`	Service spécialisé dans la vente de produits personnalisés par des photos (calendriers, coques pour iPhone, cartes, housses de coussins, *etc.*) et offrant un espace stockage en ligne illimité.
SlickPic	`www.slickpic.com`	Stockage de 1000 photos de taille limitée pour les comptes gratuits. 50 à 500 Go d'espace de stockage pour les comptes payants.
SmugMug	`http://smugmug.com`	Abonnement mensuel de 5 $ pour l'hébergement de photos et de vidéos avec certaines restrictions.
Twitter	`https://twitter.com`	Autorise jusqu'à 100 images (de 3 Mo maximum chacune) et n'affiche que les publications les plus récentes.
Vimeo	`https://vimeo.com`	Hébergement gratuit de vidéos dans la limite de 500 Mo par semaine.
YouTube	`www.youtube.com`	Hébergement gratuit de vidéos dans la limite de 10 minutes et de 100 Mo chacune.

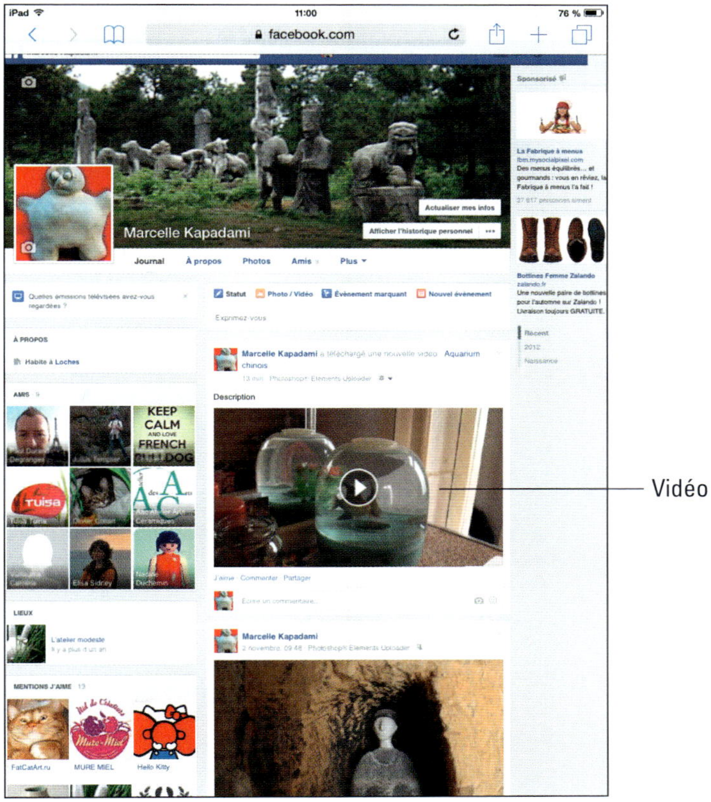

Figure 15.1 : Vidéo publiée sur Facebook et affichée sur un iPad.

Qu'est devenu le service Adobe Revel

Si vous connaissiez les dernières versions d'Elements, vous êtes peut-être surpris de ne pas voir Adobe Revel mentionné dans le Tableau 15.1. La société Adobe ayant cessé ce service, Elements 14 ne propose plus le partage de photos vers Adobe Revel.

Utilisez le menu Partager

Deux cas de figure se présentent lorsque vous choisissez une option dans le menu Partager :

- Certaines options vous conduisent vers une série de commandes particulières.

- D'autres options ouvrent une fenêtre de connexion à un service de partage en ligne. Il vous est demandé de vous identifier pour accéder à votre compte puis de suivre les étapes pour préparer et télécharger des photos.

La Figure 15.2 présente le menu Partager de l'Organiseur (à gauche) et de l'Éditeur (à droite). Le menu Partager de l'Éditeur présente moins d'options.

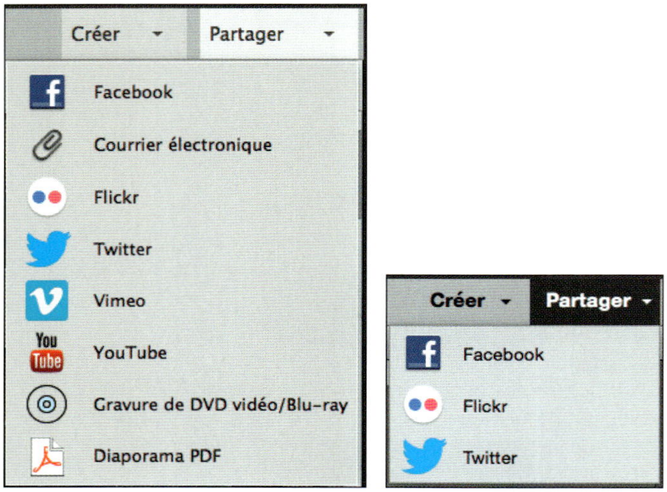

Menu Partager de l'Organiseur — Menu Partager de l'Éditeur

Figure 15.2 : Le menu Partager de l'Organiseur et de l'Éditeur.

Dans les prochaines sections, nous décrivons l'emploi des options de partage depuis l'Organiseur et la préparation d'images à partager.

Envoyez des photos par e-mail

Plutôt que d'enregistrer une photo dans Elements puis d'ouvrir un logiciel de messagerie pour rédiger un message et y insérer la photo en pièce jointe, vous pouvez utiliser Elements pour partager facilement des photos par e-mail.

Pour envoyer par e-mail une photo ou une création, comme celles dont nous traitons au Chapitre 16, procédez ainsi :

1. **Sélectionnez dans l'Organiseur les photos à envoyer par courrier électronique.**

2. **Ouvrez le menu Partager et cliquez sur Courrier électronique.**

   La première fois que vous lancez cette commande, les préférences de l'Organiseur s'ouvrent pour vous permettre de spécifier un compte de messagerie. Répondez à cette demande et cliquez sur OK.

3. **Dans le volet Pièces jointes, cochez l'option Convertir les photos en JPEG, choisissez le niveau de qualité des pièces jointes, puis cliquez sur Suivant.**

   Déplacez le curseur Qualité et voyez comment ce paramètre agit sur le poids total des pièces jointes, indiqué au bas du volet (voir Figure 15.3). Si les images originales sont de grandes tailles, choisissez une taille inférieure dans le menu Taille.

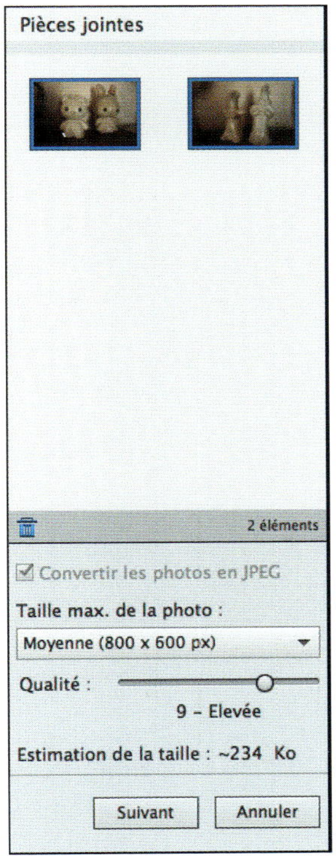

Figure 15.3 : Choisissez une taille et une qualité moyennes pour accélérer le transfert du message.

4. **(Facultatif) Ajoutez un destinataire.**

   Le volet qui apparaît, illustré à la Figure 15.4, vous permet de saisir un message et de choisir des destinataires dans votre carnet d'adresses Adobe.

   Si vous ne choisissez pas le destinataire à cette étape, vous le ferez plus tard dans la fenêtre de message de votre logiciel de messagerie.

5. **Cliquez sur Suivant.**

   Les photos sont insérées en pièces jointes d'un nouveau message du logiciel de messagerie spécifié dans les préférences.

   Vous devez passer à votre programme de messagerie pour terminer le message et l'envoyer.

6. **Vérifiez ou complétez les champs À et Objet avant de cliquer sur le bouton Envoyer.**

La fonction Courrier électronique de l'Organiseur fait appel au logiciel ou service de messagerie que vous avez indiqué dans le volet Messagerie électronique des préférences de l'Organiseur. Pour choisir un autre programme par défaut, appuyez sur Ctrl + K (ou ⌘ + K sous Mac) depuis l'Organiseur et affichez le volet Messagerie électronique.

Elements est aussi compatible avec les services de messagerie Web. Si vous utilisez Yahoo, Gmail ou un autre service de messagerie Web, vous pouvez envoyer vos photos avec ce service. Si vous choisissez l'option Autre dans la liste Fournisseur de service de la boîte de dialogue Nouveau profil pour les préférences Messagerie électronique, il vous est demandé d'indiquer le nom du serveur SMTP et un numéro de port SMTP. Si vous avez besoin d'aide pour configurer un compte de messagerie qui n'apparaît pas dans la liste Fournisseur de service des préférences Messagerie électronique, contactez votre fournisseur d'accès Internet.

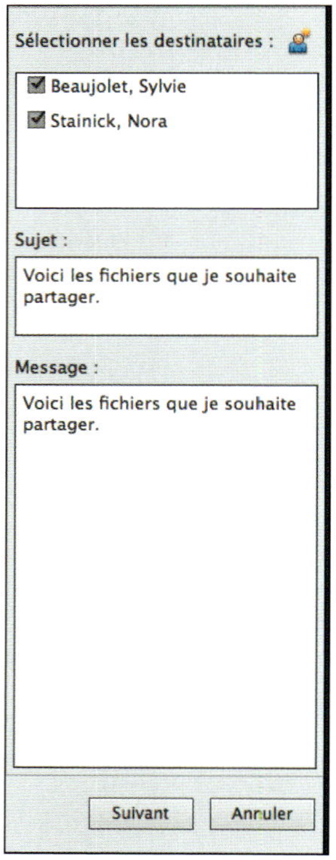

Figure 15.4 : Saisissez un message et sélectionnez ses destinataires.

Exploitez Adobe Premiere Elements

Certaines options des menus Partager et Créer font appel à Premiere Elements. C'est le cas des options Gravure de DVD vidéo/Blu-Ray, Article en vidéo et Film instantané.

Si vous voulez exploiter ces options relatives à la vidéo, vous pouvez télécharger une version d'évaluation gratuite de Premiere Elements valable pendant trente jours. Si vous appréciez ce logiciel, vous pourrez l'acheter en ligne sur l'Adobe Store. Si vous n'avez pas encore acheté Photoshop Elements 14, sachez que l'achat groupé des deux logiciels est plus économique que de les acquérir séparément.

Quand vous cliquez sur une option de partage de Photoshop Elements nécessitant Premiere Elements, la boîte de dialogue qui apparaît propose un lien direct pour télécharger la version d'essai.

Publiez vos photos sur des réseaux sociaux

Vous disposez de plusieurs options pour partager des photos et commander des tirages en ligne. Nous n'avons pas assez d'espace dans ce livre pour détailler tous les services proposés par Elements. Nous nous contentons donc de décrire en exemple la procédure de connexion aux services les plus courants (Flickr, Facebook et Twitter). Si d'autres services vous intéressent, libre à vous de les essayer.

Partagez vos photos sur Flickr, Facebook et Twitter

La procédure est la même pour mettre des photos en ligne sur Flickr, Facebook et Twitter. Vous commencez par sélectionner des photos, albums ou projets dans l'Organiseur, puis vous cliquez sur la commande Flickr, Facebook ou Twitter dans le menu Partager.

Vous devez autoriser Elements à communiquer avec le service en ligne avant de pouvoir y transférer des fichiers. Cliquez sur le bouton Autoriser, et vous obtenez l'affichage d'une page Web où vous devrez vous identifier.

Une fois connecté à votre compte, la procédure de transfert de photos est très simple, comme le montre la Figure 15.5, où nous sommes connectés à Facebook.

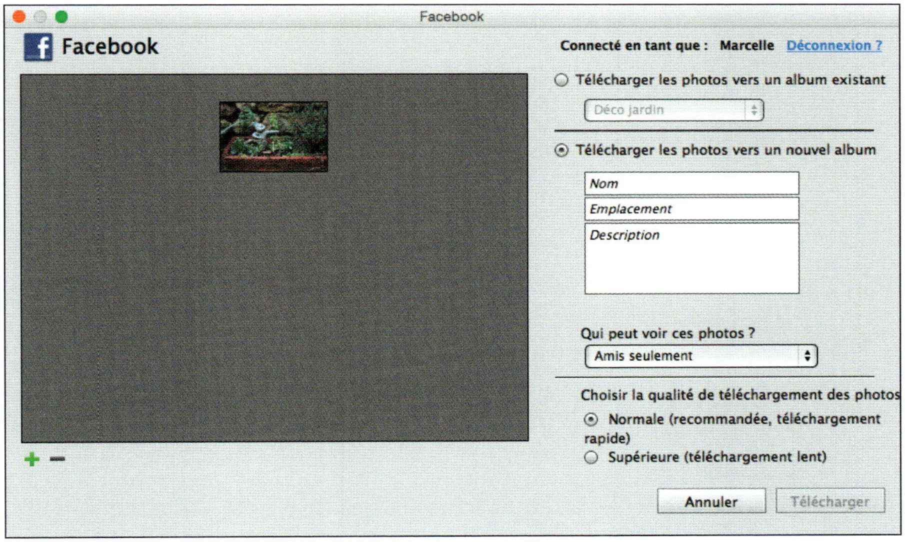

Figure 15.5 : Après votre autorisation, la fenêtre Facebook vous permet de télécharger des photos sur votre compte Facebook.

Les options de la fenêtre Facebook sont évidentes à comprendre. Voyez plutôt :

- **Pour ajouter d'autres photos**, cliquez sur le bouton plus (+). Sélectionner une vignette dans la fenêtre et cliquer sur le signe moins (–) élimine la photo du lot à publier.
- **Vous pouvez ajouter les photos à l'un de vos albums Facebook ou en créer un nouveau** en sélectionnant l'option correspondante, comme le montre la Figure 15.5.

- **Remarquez les options de confidentialité.** Sur Facebook, ouvrez la liste *Qui peut voir ces photos ?*. Vous avez le choix parmi Tout le monde, Amis d'amis ou Amis seulement. Vous pourrez affiner le filtrage plus tard depuis votre compte Facebook. Sur Flickr, les photos en ligne ont le statut public ou privé. Vous choisissez de rendre les photos privées visibles pour les amis ou la famille.

Après sa mise en ligne sur Facebook, la photo apparaît dans un album ou dans votre Journal.

Utilisez d'autres services en ligne

Après avoir téléchargé des photos sur un service en ligne, vous pourrez facilement en faire autant sur un autre service en ligne pris en charge par Elements. La procédure reste la même. La première fenêtre sert à autoriser l'accès à un compte. Si nécessaire, vous configurerez un nouveau compte et l'utiliserez pour vous connecter au service en ligne.

Quand vous allez sur un site de partage ou d'impression de photos, suivez les instructions fournies à l'écran par le service en ligne. C'est tout simple.

Composez une photo de couverture pour Facebook

Nous avons vu comment publier des photos sur Facebook à partir du menu Partager. Le menu Créer, quant à lui, contient une option qui permet de créer une photo de couverture pour votre compte Facebook.

Sélectionnez une ou plusieurs images dans l'Organiseur et ouvrez-les dans l'Éditeur. Affichez la corbeille des photos pour voir les fichiers ouverts. Pour créer une couverture pour Facebook et télécharger le ou les fichiers vers votre compte Facebook, procédez ainsi :

1. **Sélectionnez les photos dans la corbeille des photos.**

2. **Ouvrez le menu Créer et choisissez Couverture de Facebook.**

   L'assistant Couverture de Facebook apparaît (voir Figure 15.6).

3. **Choisissez une catégorie de thème et un thème, puis cliquez OK.**

   Choisissez d'utiliser une seule ou plusieurs photos.

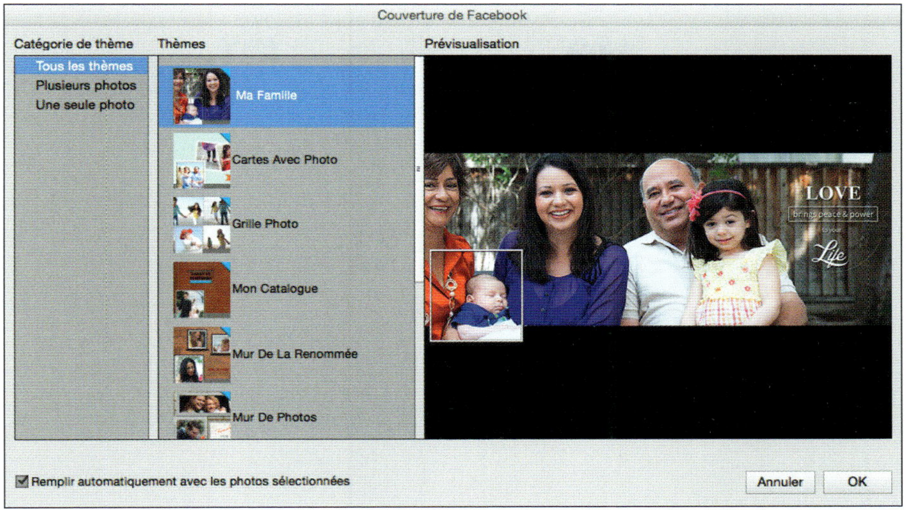

Figure 15.6. : Choisissez un thème pour votre photo de couverture Facebook.

4. **Modifiez la position et la taille des images (voir Figure 15.7).**

   Cliquez sur la coche de validation quand l'assemblage vous convient.

Figure 15.7 : Manipulez les images et positionnez-les à votre convenance.

5. **(Facultatif) Cliquez sur le bouton Enregistrer dans la barre d'outils au bas de la fenêtre pour enregistrer votre travail dans un fichier PSE que vous pourrez rouvrir et modifier ultérieurement.**

6. Cliquez sur le bouton Télécharger pour transférer l'image terminée vers votre compte Facebook.

7. Cliquez sur Suivant dans la fenêtre Couverture de Facebook, illustrée à la Figure 15.8, et suivez la procédure guidée pour finir de transférer votre nouvelle photo de couverture.

Figure 15.8 : Cliquez sur Suivant et suivez les instructions pour utiliser l'image en couverture de votre compte Facebook.

Adobe a fourni un formidable outil avec l'ajout de la fonction Couverture de Facebook dans Elements 14. Mais la procédure de personnalisation des modèles laisse à désirer. Les modèles vous proposent seulement de faire pivoter les images et de supprimer le texte par défaut. Si besoin, vous pouvez supprimer tous les éléments et ajouter vos photos et votre texte pour réaliser une couverture sans recours à un modèle. L'intérêt de la fonction Couverture Facebook est surtout la possibilité de positionner précisément la photo de profil et de décaler la photo d'arrière-plan.

16

Réalisez des créations

Dans ce chapitre :

- Tour d'horizon des créations disponibles.
- Assemblage de créations : les fondamentaux.
- Réalisez un diaporama.
- Créez d'autres projets.

Photoshop Elements permet de réaliser un certain nombre de projets que l'on peut afficher à l'écran ou imprimer. Les volets Créer de l'Organiseur et de l'Éditeur présentent des séries d'options pour la création de divers projets destinés au partage.

Dans ce chapitre, nous verrons en détail la réalisation de créations pour l'impression et le partage. Tout ce dont vous avez besoin pour mener à terme ces projets se trouve dans Photoshop Elements dans la version Windows comme dans la version Macintosh. Pour savoir comment préparer des fichiers à visualiser sur écran, reportez-vous au Chapitre 15.

Découvrez le menu Créer

Pour voir les projets disponibles dans le menu Créer, illustré à la Figure 16.1, cliquez sur le bouton Créer au-dessus de la corbeille des panneaux. Comme le menu Partager présenté au Chapitre 15, le menu Créer est disponible à la fois dans l'Organiseur et dans l'Éditeur.

Le menu Créer contient les mêmes options sous Windows et sous Mac. Celles-ci permettent de réaliser des tirages, des catalogues de photos, des cartes de vœux, des calendriers illustrés, des collages, des étiquettes et jaquettes de CD/DVD, ainsi que deux projets à composer dans Adobe Premiere Elements

(Film instantané et Article vidéo). Pour rappel, il faut posséder les deux programmes, Photoshop Elements et Premiere Elements, pour réaliser les projets liés à la vidéo.

Vous remarquerez que les projets vidéo n'apparaissent pas dans le menu Créer de l'Éditeur.

Composez des créations

Les projets du menu Créer, tels que Catalogue de photos, Collage photo et Carte de vœux (voir Figure 16.1), sont destinés à être imprimés ou partagés.

Figure 16.1 : Le menu Créer de l'Organiseur (à gauche) et de l'Éditeur (à droite).

Pour la plupart des projets, vous suivrez la même procédure pour produire un fichier à partager ou à envoyer à un service de tirage en ligne. Vous trouverez dans la corbeille des panneaux tous les outils nécessaires pour vous assister dans la mise en page et la production de vos créations. La création d'un projet se déroule ainsi :

1. **Sélectionnez les photos.**

   Dans l'Organiseur ou dans la corbeille des photos de l'Éditeur, sélectionnez les photos à utiliser dans le projet. Triez les photos ou filtrez l'affichage à l'aide d'étiquettes (comme l'expliquent les Chapitres 5 et 6) pour retrouver plus facilement les photos à utiliser.

2. **Cliquez sur le bouton Créer.**

   Dès que vous cliquerez sur une option du menu Créer, vous basculerez automatiquement vers l'Éditeur.

3. **Choisissez le type de création à réaliser.**

   Vous pouvez cliquer sur Catalogue de photos, Carte de vœux, Collage photo, Calendrier, *etc.*

   Après la sélection d'un type de projet, un assistant apparaît pour présenter les options propres au projet choisi.

4. **Choisissez une taille d'impression.**

   La Figure 16.2 présente les options de l'assistant Catalogue de photos. Les tailles d'impression proposées apparaissent dans le volet gauche.

5. **Choisissez un thème et/ou une disposition.**

   La plupart des projets proposent un assortiment de modèles. L'assistant de création présente les options de mise en page : thème, arrière-plan, bordures et disposition. Vous choisissez la mise en page de votre création en sélectionnant un thème dans le volet central. Vous voyez à la Figure 16.2 les thèmes proposés pour la réalisation d'un catalogue de photos.

   Elements crée automatiquement le nombre de pages adapté au nombre de photos sélectionnées dans l'Organiseur ou dans la corbeille des photos.

   Les composants des thèmes ne sont pas tous installés avec Photoshop Elements. Aussi, quand vous sélectionnez un thème, il se peut que le programme aille chercher les composants depuis le site Web d'Adobe. Un message s'affiche alors pour vous informer de la progression du téléchargement. Attendez la fin du téléchargement pour passer à l'étape suivante.

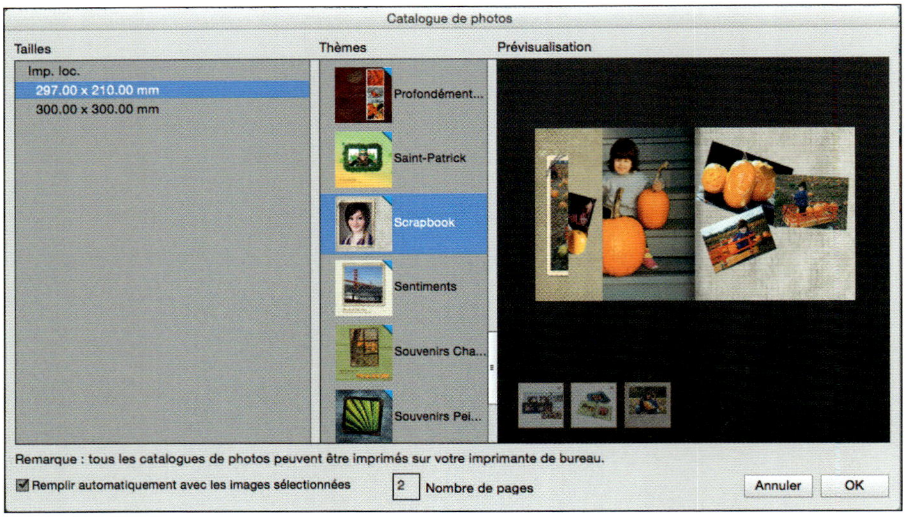

Figure 16.2 : Choisissez un thème pour la création.

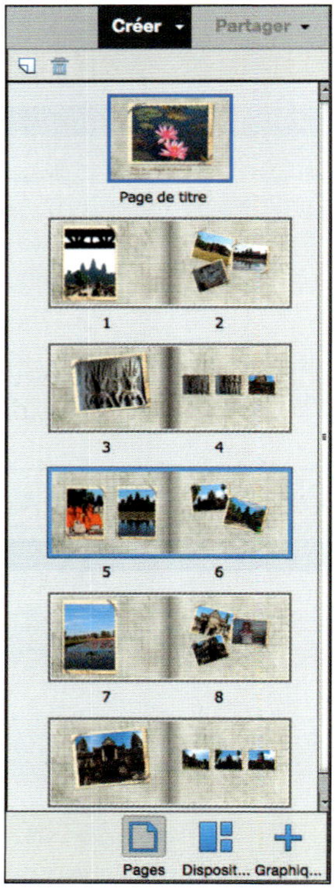

Figure 16.3 : Le panneau Pages.

6. **Choisissez vos options dans le volet droit.**

   Le volet Créer présente un autre assistant qui se compose de trois panneaux accessibles par les trois boutons au bas du volet (voir Figure 16.3).

   • *Pages* : permet d'ajouter ou de supprimer des pages.

   • *Disposition* : sert à choisir la disposition des photos dans les pages (voir Figure 16.4). Vous pouvez cliquer tour à tour sur plusieurs dispositions pour voir leur résultat dans l'aperçu central.

   • *Graphiques* : permet d'ajouter un arrière-plan fantaisie, des illustrations et du texte. Ouvrez les panneaux et utilisez les options disponibles pour finaliser votre projet.

7. (Facultatif) Choisissez des options dans le mode de création Avancé.

La réalisation d'un projet se fait dans une interface spéciale où les outils habituels ne sont plus disponibles. Vous pouvez seulement changer d'échelle et faire pivoter les photos.

Cliquez sur le bouton Mode avancé, dans l'angle supérieur gauche de la fenêtre, pour afficher la palette d'outils de l'Éditeur, comme dans la Figure 16.5.

Pour revenir aux outils de base, vous cliquerez sur le bouton Mode de base qui s'est substitué au bouton Mode avancé.

8. Cliquez sur une option de sortie dans la partie inférieure de l'assistant.

- *Enregistrer* : pour enregistrer le fichier sous le format Projets photo (PSE). Vous pourrez ensuite revenir au projet et le modifier.
- *Imprimer* : vérifiez l'aperçu du projet avant de générer la sortie. Si vous êtes en mode avancé, cliquez sur le bouton Mode de base et faites défiler toutes les pages dans l'aperçu.

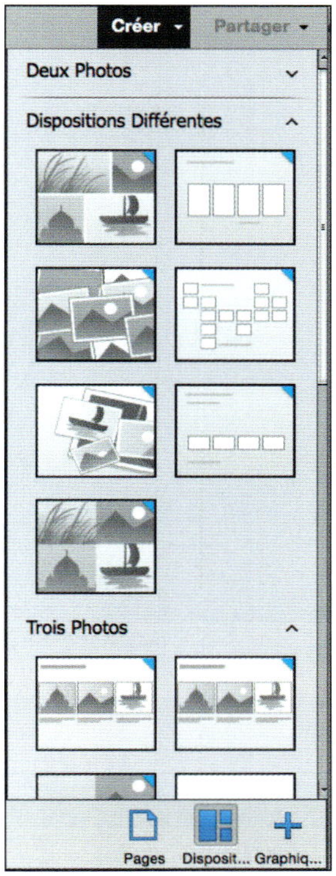

Figure 16.4 : Le panneau Dispositions propose différentes dispositions des photos dans les pages.

Vous suivrez les mêmes étapes pour réaliser les cinq premiers projets proposés dans le menu Créer.

Lorsque vous composez un projet pour l'imprimer ou le partager, vous *devez* toujours commencer par sélectionner les photos à y incorporer. Par exemple, avant de créer un album photo en cliquant sur le bouton Catalogue de photos dans le menu Créer, vous devez d'abord sélectionner les photos.

Il est indispensable de sélectionner les photos au préalable, dans l'Organiseur ou dans la corbeille des photos de l'Éditeur, parce que la réalisation du projet se fait dans un mode spécial où il est impossible d'ajouter des photos au projet.

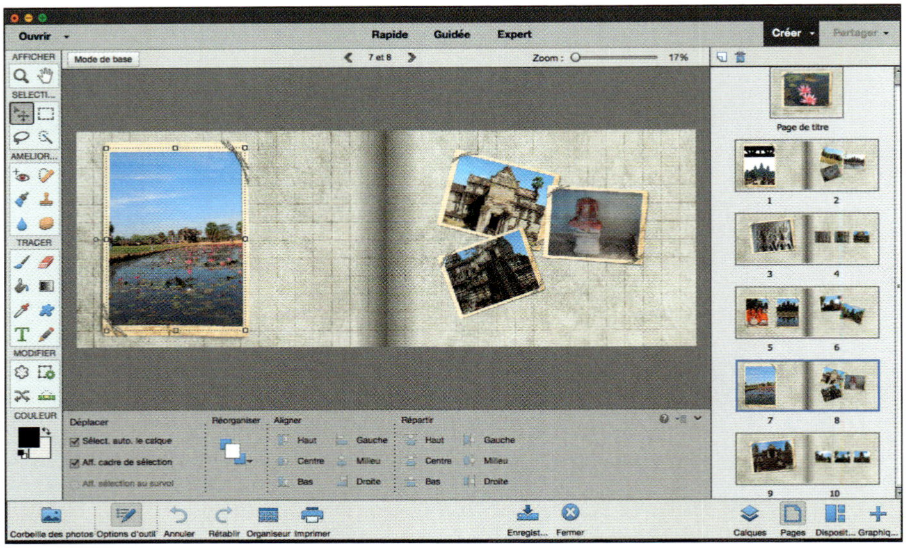

Figure 16.5 : Le mode avancé donne accès aux outils de l'Éditeur pour retoucher les photos du projet avant de l'enregistrer ou de l'imprimer.

Créez un diaporama vidéo

Les options de création de diaporamas que propose Photoshop Elements sont incroyables. Elles vous permettent de mettre en œuvre votre créativité pour personnaliser vos montages avec fond sonore et effets de transition fantaisie. Sous Mac comme sous Windows, vous avez le choix d'exporter les diaporamas sous format vidéo ou PDF.

Au Chapitre 6, nous avons évoqué la fonction Diaporama de l'Organiseur, accessible d'un clic sur le bouton Diaporama. Celle-ci donne le même résultat que la commande Diaporama du menu Créer, mais en passant par le menu Créer, vous pouvez choisir un thème au départ.

Voici comment créer un diaporama à partir du menu Créer :

1. **Sélectionnez des photos dans l'Organiseur et cliquez sur Diaporama dans le menu Créer.**

   L'assistant de diaporama apparaît (voir Figure 16.6).

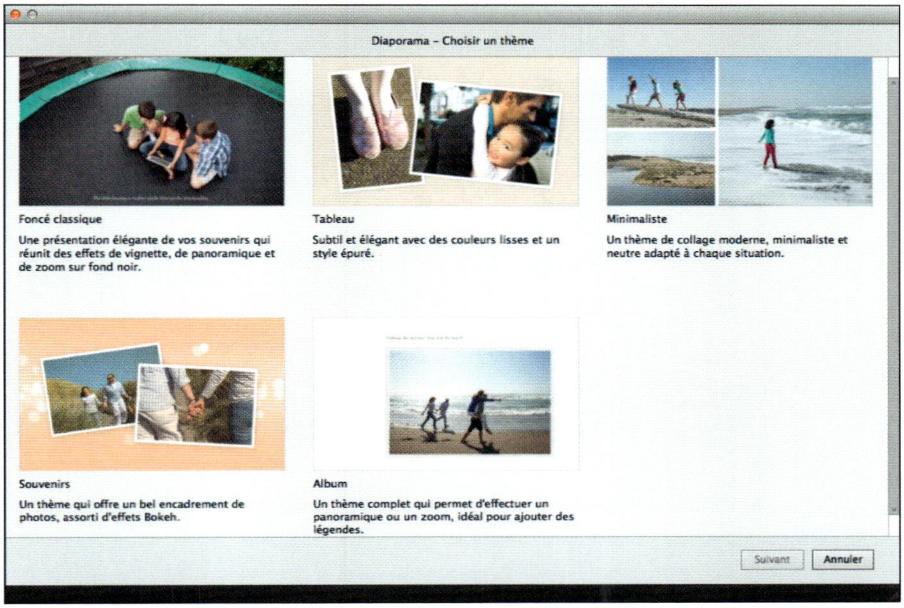

Figure 16.6 : L'assistant de diaporama.

2. **Sélectionnez un thème et cliquez sur Suivant.**

   Le diaporama commence à défiler.

3. **Si vous voulez modifier le diaporama, cliquez sur le bouton Modifier.**

   Le Créateur de diaporama apparaît. Il vous permet d'ajouter ou de supprimer des photos (voir Figure 16.7). Vous pouvez changer le thème ou le fond sonore à partir des boutons de la barre d'outils en bas et vous avez le choix d'enregistrer le diaporama ou de l'exporter.

4. **Pour exporter le diaporama en un fichier vidéo, dans le menu Exporter, choisissez Exporter vers le disque local. Deux tailles sont proposées :**

   - *740P* fournit une résolution moyenne adaptée au Web et à l'affichage sur téléviseur et sur tablette.
   - *1080i* produit une haute résolution adaptée à l'affichage sur téléviseur et sur tablette.

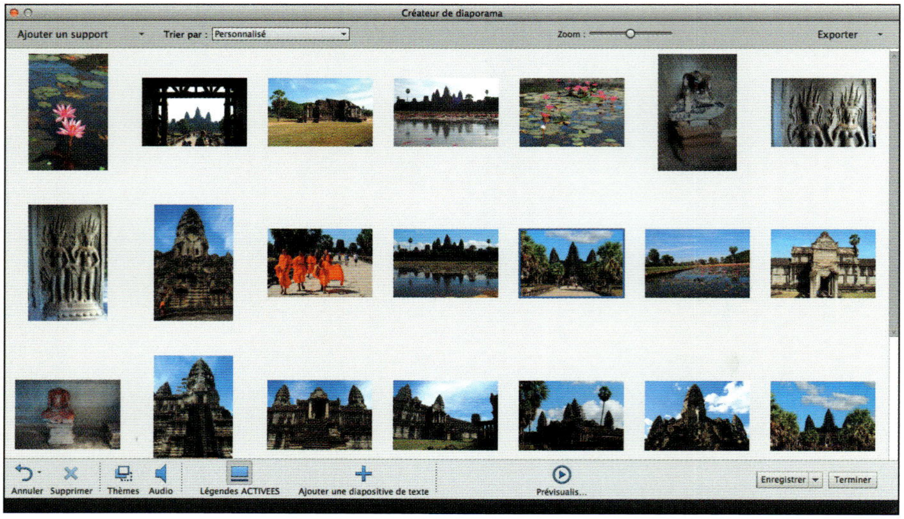

Figure 16.7 : Le Créateur de diaporama.

Créez un diaporama PDF

Le menu Partager de l'Organiseur propose l'option Diaporama PDF. Quand vous sélectionnez des photos dans l'Organiseur et choisissez cette option, le volet Partager affiche le même assistant que pour l'envoi de photos en pièces jointes avec la commande Courrier électronique (voir Chapitre 15). La seule différence est que les photos seront enregistrées dans un fichier PDF qui sera envoyé par e-mail aux destinataires que vous aurez indiqués dans le volet Partager.

Réalisez d'autres projets

Nous n'avons pas la place dans ce livre de décrire la réalisation de tous les projets disponibles dans Photoshop Elements. La procédure étant intuitive, vous n'aurez aucun mal à la maîtriser. Pour créer un film instantané, il vous faut Premiere Elements. Les autres projets faciles sont les albums de photos à imprimer (Catalogue de photos), les cartes de vœux, les calendriers et les folioscopes. Vous pourrez graver vos créations sur CD ou DVD depuis Elements sous Windows uniquement. Pour chaque type de projet, Elements fournit un grand nombre d'options de personnalisation. Explorez chacune des créations proposées et référez-vous à l'aide en ligne pour suivre les étapes dans le bon ordre.

Sixième partie

Les dix commandements

Dans cette partie...

Découvrez nos dix meilleurs conseils pour réaliser vos prises de vue, comme respecter la règle des tiers, et d'autres astuces qui amélioreront considérablement vos photographies.

Découvrez des idées de projets que vous réaliserez dans le cadre de vos loisirs ou de votre travail, comme des flyers, des affiches, et bien d'autres choses encore.

17

Dix astuces pour composer de meilleures photos

Dans ce chapitre :

- Localisez la zone de mise au point et appliquez la règle des tiers.
- Cadrez la photo en éliminant les éléments inutiles.
- Exploitez le contraste, les lignes directrices et les angles de vue.
- Maîtrisez l'éclairage et donnez une direction.
- Prenez en compte le mouvement.

Nous vous prodiguerons plusieurs conseils simples sur la manière de prendre une photo originale et bien cadrée. Certains de ces conseils se recoupent et reposent sur des concepts voisins, mais ils sont tous gratuits et n'exigent aucun équipement supplémentaire.

Trouvez où faire la mise au point

La bonne composition d'une photo dépend essentiellement du point choisi comme sujet central. La zone la plus nette focalise l'intérêt de l'observateur.

Voici quelques conseils pour le cadrage de vos prises de vue :

- Choisissez un sujet et rapprochez-vous de lui.
- Capturez un élément intéressant dans vos photos de paysage ou de monuments.
- Essayez d'inclure un élément au premier plan, au milieu ou à l'arrière-plan pour ajouter de la profondeur et donner une notion d'échelle.

Appliquez la règle des tiers

Lorsque vous composez la prise de vue, essayez de diviser mentalement le cadre en tiers horizontaux et verticaux, et positionnez l'élément visuel le plus important sur l'un des points d'intersection de cette grille imaginaire (voir Figure 17.1). Lorsque vous photographiez des paysages, souvenez-vous qu'une ligne d'horizon placée dans le tiers inférieur du cadre procure une sensation d'espace invitant au rêve, tandis que dans le tiers supérieur l'horizon crée une ambiance plus intime, ancrée dans la réalité. Pour les portraits rapprochés, essayez de placer les yeux du sujet sur l'un des points d'intersection.

Figure 17.1 : Selon la règle des tiers, placez le sujet à l'un des points d'intersection de la grille.

Si vous possédez un appareil autofocus, calculez et verrouillez la mise au point sur le sujet avant de décentrer le cadrage.

Éliminez les éléments inutiles

Voici comment éliminer les éléments qui encombrent la scène derrière le sujet :

- Remplissez le cadre avec le sujet.
- Changez l'angle de vue.
- Déplacez-vous autour du sujet.
- Déplacez le sujet.
- Servez-vous des éléments d'arrière-plan pour mettre le sujet en valeur.

- Utilisez l'espace autour du sujet pour évoquer une certaine ambiance.
- S'il n'y a pas moyen d'éviter un arrière-plan distrayant, essayez de le rendre flou en réglant une plus grande ouverture (comme f/4).

Encadrez la scène

Lorsque cela est possible, servez-vous des éléments du premier plan pour encadrer le sujet. Un élément ainsi ajouté dans le cadre délimite la scène et donne une direction au regard. Insérez dans le cadre des éléments comme des branchages ou les bords d'une fenêtre, d'une voûte ou d'une porte, comme dans la Figure 17.2. Les éléments ainsi ajoutés n'ont pas besoin de sortir nets. D'ailleurs, s'ils sont trop nets, ils deviennent distrayants, donc nuisibles.

Figure 17.2 : Placez dans le cadre des éléments qui encadrent le sujet.

Jouez sur les contrastes

Retenez cette règle d'or : sujet clair sur fond sombre, sujet foncé sur fond clair.

Un sujet clair a plus d'impact et ressort mieux s'il est pris en photo devant un arrière-plan sombre, et *vice versa*, comme l'illustre la Figure 17.3. Rappelez-vous toutefois d'exploiter prudemment le contraste. Il est parfois distrayant, en particulier si les éléments très contrastés ne constituent pas le point d'intérêt.

Figure 17.3 : Un fort contraste donne du poids à la photo.

Variez les angles de vue

Tout semble banal quand la photo est prise à l'horizontale à une hauteur comprise entre un mètre cinquante et un mètre quatre-vingt. Tentez de rompre cette habitude en cherchant un angle de vue plus original. Essayez, par exemple, de prendre la photo avec une vue plongeante (prise du dessus) ou en contre-plongée (vue d'en bas). Un angle inhabituel produit des photos plus originales.

Exploitez les lignes directrices

Les *lignes directrices* dirigent l'œil dans l'image, et de préférence, vers le point d'intérêt. Les meilleures lignes directrices démarrent dans l'image à partir de l'angle inférieur gauche. Routes, murs, clôtures, rivières, ombres, gratte-ciel et ponts fournissent des lignes directrices naturelles dans les photos de paysage. La photo de la Figure 17.4 de la Grande Muraille de Chine est un exemple de lignes directrices courbes.

Figure 17.4 : Inutile d'aller jusqu'en Chine pour trouver des lignes directrices, même s'il est difficile de trouver une courbe ininterrompue aussi longue que la Grande Muraille.

Maîtrisez l'éclairage

Voici quelques conseils relatifs à l'éclairage :

- La lumière est plus belle très tôt le matin et en fin de journée.
- Évitez de faire des portraits à midi.
- Un ciel nuageux convient très bien pour les prises de vue, en particulier pour les portraits.
- Les prises de vue à contre-jour donnent parfois des résultats époustouflants (voir Figure 17.5).
- Vérifiez que la source lumineuse la plus forte n'est pas dirigée directement vers l'objectif, pour éviter des halos de lumière dans la photo.
- Utilisez le flash quand nécessaire. Pour les portraits, il est recommandé de placer le flash au-dessus de la tête du modèle avec un angle de 30 à 45 degrés pour obtenir plus de profondeur et éliminer le phénomène des yeux rouges.
- Soyez créatif en recherchant des motifs et des effets générés par la lumière.

Figure 17.5 : Un contre-jour peut produire des effets saisissants.

Mettez en scène

N'hésitez pas à mettre votre prise de vue en scène :

- Prenez un assistant pour positionner les sujets.
- Donnez des directives, indiquez aux sujets où se placer, comment se tenir, *etc.* (voir Figure 17.6).

Figure 17.6 : Donnez des directives aux personnes à photographier tout en cherchant à capturer leur personnalité.

- Choisissez l'emplacement.
- Disposez les personnes à proximité d'accessoires comme une voiture ou un arbre.
- Multipliez les poses.
- Essayez de détendre les sujets.

Cadrez un espace évocateur de mouvement

Lorsqu'un sujet est susceptible de se déplacer, comme une voiture, une personne ou un animal, gardez plus d'espace devant le sujet que derrière lui, comme dans la Figure 17.7. De même, si une personne observe quelque chose, pensez à inclure dans le cadre l'objet de son regard pour donner un point de vue et un contexte à la scène.

Figure 17.7 : Laissez de l'espace vers lequel le sujet pourrait avancer.

18

Dix autres idées de projets

Dans ce chapitre :

- Décorez l'écran de l'ordinateur.
- Affichettes et petites annonces en ligne.
- Personnalisez des vêtements.
- Créez des affiches.
- Réalisez l'inventaire de vos biens ou des photos documentaires.
- Illustrez un rapport pour l'école ou le bureau.
- Illustrez votre blog.

Bien qu'Elements propose déjà un large assortiment de créations à réaliser, des catalogues de photos aux cartes de vœux en passant par les diaporamas, vous pouvez réaliser d'autres projets. Dans ce chapitre, vous trouverez des idées pour exploiter votre collection d'images numériques de façon utile ou amusante. Ce chapitre ne fait qu'effleurer la surface. Avec un peu d'imagination, avant de vous en rendre compte, plus rien dans votre vie ne sera dénué de photos.

Écran de veille

Avec plusieurs photos, vous pouvez créer un écran de veille personnalisé. Procédez comme suit sous Windows 8.1 :

1. **Copiez dans un nouveau dossier les photos à utiliser en écran de veille.**

2. **Faites un clic droit sur le bureau de Windows 8.1.**

3. **Dans le menu contextuel qui apparaît, choisissez Personnaliser.**

4. **Dans la fenêtre Personnalisation, cliquez sur Écran de veille en bas à droite.**

5. **Dans la liste déroulante Écran de veille de la boîte de dialogue Paramètres de l'écran de veille, choisissez Photos.**

6. **Cliquez sur Paramètres.**

7. **Cliquez sur le bouton Parcourir et localisez le dossier créé à l'Étape 1.**

8. **Choisissez la vitesse de défilement du diaporama dans le menu déroulant.**

   Si vous le souhaitez, cochez l'option Lecture aléatoire des images pour changer l'ordre des photos de façon aléatoire.

9. **Cliquez sur Enregistrer.**

10. **Cliquez sur le bouton Aperçu pour vérifier votre écran de veille.**

11. **Dans le champ Délai, définissez le délai d'inactivité qui déclenche l'écran de veille.**

12. **Cliquez sur OK.**

Il est encore plus facile de définir l'écran de veille sous Mac OS X :

1. **Choisissez Préférences Système dans le menu Pomme.**

2. **Cliquez sur Bureau et éco. d'écran puis sur l'onglet Économiseur d'écran.**

3. **Pour définir vos photos en écran de veille, cliquez sur l'une des quatorze premières vignettes, puis déroulez le menu Source à droite et sélectionnez Choisir un dossier.**

4. **Localisez et sélectionnez le dossier des images et cliquez sur Choisir.**

5. **Définissez les options.**

   Choisissez après quelle durée d'inactivité l'écran de veille se déclenche.

6. **Fermez la boîte de dialogue des Préférences Système.**

Prospectus et petites annonces

Que vous vendiez des chiots ou une maison, en ajoutant une photo à votre annonce, votre message sera plus percutant. Voici une procédure pour créer rapidement une annonce publicitaire ou un prospectus :

1. **Dans l'Éditeur en mode Expert, choisissez Fichier/Nouveau/Fichier vide.**

2. **Dans la boîte de dialogue Nouveau, choisissez les paramètres du document et cliquez sur OK.**

N'OUBLIEZ PAS

Nous vous recommandons de définir maintenant les dimensions et la résolution en fonction de la sortie prévue. Pour imprimer votre prospectus sur une imprimante de bureau ou chez un imprimeur, optez de préférence pour une résolution de 300 pixels par pouce (ppp). Conservez le mode colorimétrique Couleur RVB et Blanc pour le Contenu de l'arrière-plan.

Pour remplir l'arrière-plan avec une couleur unie, comme nous l'avons fait dans l'exemple de la Figure 18.1, choisissez Édition/Remplir le calque et sélectionnez Couleur dans le menu déroulant Avec. Choisissez la couleur dans le Sélecteur de couleurs et cliquez sur OK.

3. **Ouvrez les photos à utiliser et faites-les glisser vers le nouveau document avec l'outil Déplacement.**

Chaque image ainsi insérée est automatiquement placée sur un calque distinct.

TRUC

Choisissez Fenêtre/Images/Cascade pour visualiser simultanément toutes les images ouvertes.

4. **Activez l'outil Texte, cliquez dans l'image, tapez le texte, puis positionnez-le avec l'outil Déplacement.**

Si vous voulez ajouter une ombre portée au texte, comme dans la Figure 18.1, sélectionnez le calque de texte, affichez le volet Styles du panneau Effets et choisissez Ombres portées dans le menu. Double-cliquez sur le style d'ombre à appliquer.

5. **Lorsque vous avez terminé, choisissez Fichier/Enregistrer.**

6. **Attribuez un nom au fichier. Dans le menu Format, choisissez Photoshop (.PSD) et vérifiez que les cases Calques et Profil ICC sont cochées.**

N'OUBLIEZ PAS

Si vous prévoyez de faire imprimer le document chez un professionnel, enregistrez-le au format Photoshop PDF (`.pdf`).

7. **(Facultatif) Si vous voulez ajouter la vignette du document dans l'Organiseur, cochez la case Enregistrer dans Elements Organizer. Cochez aussi les cases Calques et Profil ICC avant de cliquer sur Enregistrer.**

8. **Cliquez sur Enregistrer.**

Figure 18.1 : Créez rapidement des affichettes et des prospectus.

Vêtements, casquettes et autres

Achetez des T-shirts, tabliers ou sacs unis, puis faites l'acquisition d'un papier transfert chez un vendeur de matériel de bureau ou d'informatique. Imprimez les photos sur le papier transfert (sans oublier d'inverser les images au préalable) et servez-vous d'un fer à repasser pour les imprimer sur le tissu. Vous pouvez ainsi réaliser des cadeaux très personnels à moindres frais.

Affiches

Pour des événements particuliers, demandez à un imprimeur ou à un labo photo d'imprimer des affiches ou posters, mais aussi de réaliser des tirages grand format. Adressez-vous à votre prestataire de services d'impression pour savoir comment préparer le fichier. Voici quelques questions à poser :

- Quel format de fichier et quelle résolution faut-il choisir ?
- Quelles sont les tailles d'impression proposées ?
- Le tirage peut-il être monté sur cadre ou laminé ?

Inventaires des biens personnels et professionnels

Photographiez vos équipements et biens de valeur. Sélectionnez la photo dans l'Organiseur et choisissez Édition/Ajouter une légende pour indiquer le nom du produit, son prix et sa date d'achat. Créez ensuite un document PDF en réunissant les différents fichiers dans un diaporama. Pour ce faire, choisissez la commande Diaporama PDF dans le menu Partager. Après création du fichier PDF, vous pouvez le télécharger sur un site d'archivage en ligne, comme iCloud, ou graver un CD/DVD et le placer hors site, par exemple dans un coffre ou tout autre endroit sécurisé.

Documentation

Si vous participez à une formation ou un atelier et que l'instructeur le permet, apportez l'appareil photo en classe. Documentez les différentes positions ou étapes de votre groupe de yoga, poterie ou jardinage pour pratiquer seul ensuite. Importez les photos dans l'Organiseur, ajoutez des notes pour chaque phase du projet dans la zone de légende, puis exportez les images dans un fichier PDF, grâce à la commande Partager/Diaporama PDF (voir le Chapitre 16 pour la création d'un diaporama PDF).

Rapports et projets scolaires

Vous devez rendre un devoir sur les habitudes des lémuriens de Madagascar ? Aventurez-vous dans le zoo local et prenez quelques clichés. Créez un simple collage des lémuriens en train de manger, de dormir et de faire toutes ces choses que font les lémuriens. Servez-vous de la commande Collage photo du menu local Créer, ou réalisez le collage vous-même en définissant des sélections dans l'Éditeur (voir Chapitre 7) avant de les faire glisser sur une image vide.

Créez un blog

La tenue d'un blog est une solution idéale pour partager vos meilleures photos et donner des nouvelles de la famille. Il existe de nombreux sites qui hébergent des blogs : www.blogger.com, www.over-blog.com et www.livejournal.com, entre autres.

Ce n'est pas tout !

Voici quelques autres idées intéressantes : cartons d'invitation fantaisie, cartes de visite professionnelles ou papier à lettres à en-tête, marque-pages, enveloppes cadeaux ou étiquettes de boîtes de rangement avec photo du contenu. Les possibilités sont infinies. Allez voir le site www.pinterest.com pour trouver d'autres suggestions d'emploi de vos photos.

Index

A

D

E

F

G

H

I

J

L

M

N

O

P

Q

R

S

T

U

V

W

Y

Z